深圳市人文社会科学重点研究基地成果
深圳市综研软科学发展基金会资助项目

CHINA'S OPENING UP BEIGE BOOK 2018—2019

中国开放褐皮书

（2018—2019）

建设更高水平开放型经济新体制

中国（深圳）综合开发研究院◎著

中国经济出版社
CHINA ECONOMIC PUBLISHING HOUSE
北京

图书在版编目（CIP）数据

中国开放褐皮书．2018-2019：建设更高水平开放型经济新体制／中国（深圳）综合开发研究院 著．—北京：中国经济出版社，2021.8

ISBN 978-7-5136-6607-7

Ⅰ.①中… Ⅱ.①中… Ⅲ.①对外开放-研究报告-中国-2018-2019 ②对外投资-直接投资-研究报告-中国-2018-2019 Ⅳ.①F125

中国版本图书馆 CIP 数据核字（2021）第 175670 号

责任编辑　张利影
责任印制　巢新强
封面设计　久品轩

出版发行　中国经济出版社
印 刷 者　北京九州迅驰传媒文化有限公司
经 销 者　各地新华书店
开　　本　787mm×1092mm　1/16
印　　张　27.75
字　　数　450 千字
版　　次　2021 年 8 月第 1 版
印　　次　2021 年 8 月第 1 次
定　　价　168.00 元
广告经营许可证　京西工商广字第 8179 号

中国经济出版社　**网址** www.economyph.com　**社址** 北京市东城区安定门外大街 58 号　**邮编** 100011

本版图书如存在印装质量问题，请与本社销售中心联系调换（联系电话：010-57512564）

编委会

总　序

陈锦华

2012 年 9 月 29 日，我到综合开发研究院进行座谈交流，建议研究院编撰一本《中国开放报告》，系统研究中国的开放问题。我当时设想的是这样一本书：能够及时反映中国开放的理念、制度、政策和举措，能够长期跟踪分析中国开放的发展轨迹、成就和问题，能够充分展示中国开放的包容性、多元性和创新性。

这样一本书，最适合深圳来做，为什么？现在我们要向世界宣传中国，拿深圳做样板是最具有说服力的。几十年前深圳还是个"小渔村"、边陲小镇，现在已经快速发展成为国际化大都市，靠的是什么？靠的是开放，靠的是以开放促改革。深圳是中国改革开放的重要窗口，是中国和平崛起、快速发展的前沿示范城市。证明中国的和平崛起，证明开放对经济社会发展的推动作用，还有比深圳更好的例子吗？综合开发研究院地处深圳，伴随深圳开放而成长、壮大，最有条件也最应该研究开放问题。这一问题的研究不仅是深圳未来发展路径选择和文化、制度软实力提升的现实需要，而且对推动全国其他地区的开放发展具有非常重要的意义。因此，我建议研究院把开放问题的研究作为一个品牌来打造，并长期坚持做下去。

2010 年，我和综合开发研究院的专家合作撰写了一本书，就是《开放与国家盛衰》。在这本书的序言中我说过，通过研究世界各国历史，可以发现一个带有规律性的现象，凡是追求富国强兵的国家，如果能适应世界潮流、实行对外开放，不断调整和完善开放理念、政策和方法，制定相应的内政改革举措，消除不适合本国国情的负面影响，这个国家就会充满生机和活力，经济发展，国力昌盛，人民生活不断改善，即使国土疆域不大，也能登上世界舞台，在全球博弈中建立强势地位。相反，如果只重个人统治、实行劣政治理，视对外开放为洪水猛兽，甚至闭关锁国，就必定背离世界潮流，思想保守，国家肌体丧失活力，不能与别国互通有无、互惠发展，经济社会状况每况愈下，人民生活难以改善，在世界格局中处于劣势地位，直至被强国欺凌宰割。

回首中华民族的发展模式与开放史，自汉唐以后的历代盛世，无不与对应朝代实行开明、开放政策呈正相关效应，而由于封闭导致国家与社会逆势而行，国策反动、积贫积弱的历史教训比比皆是。中国在晚清时期国力一落千丈，由世界首位大国败落成受西方列国侵略压迫的半殖民地半封建国家，其根源并不完全在19世纪中期以后百年间的荏弱无能，而应溯源到18世纪后半叶的乾隆盛世。自15世纪“世界地理大发现”以来的500年间，中国因王朝更迭、体制和政策执行者的因循守旧，三次丧失了主动对外开放的战略机遇，包括明代海禁首次错失开放机遇，清代康乾时期再失开放机遇，晚清时期又失强国机遇。一而再再而三地丧失开放机遇，错过了与世界保持同步发展的时机，最终导致国运式微。了解历史，就会发现开放对一个国家的发展、民族繁荣和人民福祉有多么重要。

回到现实，开放对于中国的发展又起了怎样的作用呢？我国改革开放有几个重要的节点。第一个重要节点是1978年的改革开放，第二个节点是1992年提出建立社会主义市场经济体制，第三个节点是2001年中国加入世界贸易组织（WTO）。在这几个重要节点之间，中国经济获得了怎样的发展？1978年，中国的经济总量只有3600亿元，到了1992年中共十四大确定建立社会主义市场经济体制的时候，中国经济总量是2.7万亿元，由3000多亿元到接近3万亿元，大约用了15年。2001年加入WTO时，中国经济总量是11万亿元，到2012年，中国经济总量达到52万亿元。也就是说，前20多年总共增加了10多万亿元，后10年增加了40多万亿元。哪一阶段发展最快？显然是加入WTO后的最近10年。这说明什么？说明开放尤其是对外开放，极大地促进了中国和平崛起和跨越发展。中国开放发展又不断为地区和世界带来新的机遇，多方位、多层次地实行互补、互惠，造福广大合作伙伴国家和地区，为人类的共同发展和繁荣增添持续的动力。

因此，我认为无论是历史还是现实，开放对国家的发展和民族的福祉都十分重要，这也是我提出研究开放这个问题的根本原因。2008年，纪念中共十一届三中全会召开30周年的时候，我曾经讲的一个观点就是“改革”讲得多，“开放”没怎么讲，讲得不够、不深、不透。实际上，改革和开放是中国走向现代化的“两个轮子”，二者相互促进，缺一不可。没有开放的改革不会走得太远，没有改革的开放将会失去底气。

党的十八届三中全会通过的《中共中央关于全面深化改革若干重大问题的决定》明确指出：“改革开放是党在新的时代条件下带领全国各族人民进行的新的伟

大革命，是当代中国最鲜明的特色。”习近平同志于 2012 年在广东考察时指出，“改革开放是决定当代中国命运的关键一招，也是决定实现‘两个一百年’奋斗目标、实现中华民族伟大复兴的关键一招”，他强调要做到“实践发展永无止境，解放思想永无止境，改革开放也永无止境”，做到“改革不停顿，开放不止步”。作为一个发展中的大国，开放是中国的长期任务，是国家的基本国策，是符合人类进步规律、符合中国历史发展规律的必然选择。

我希望研究院要高度重视《中国开放报告》这个公共研究项目，不仅要坚持下去，而且要越做越好，既能为推进国家的开放事业向纵深发展做出自己的贡献，又能充分展示研究院作为中国特色现代智库的研究水平和研究能力。

是为序。

前言

2018年，正逢中国改革开放四十周年，中国创造了人类经济和发展历程中的奇迹，从一穷二白的国家一跃成为世界第二大经济体。自2016年英国公投“脱欧”以来，西方发达国家民粹主义和反全球化声浪甚嚣尘上，欧洲极右翼势力战后首次进入主流政坛，而处于大西洋对岸的美国也不外于这一趋势。外部环境的快速变化可谓改革开放四十周年之际的一场“大考”，将从短、中、长期影响中国经济，对我国产业的转型升级造成一定阻碍。尽管如此，我国积极应对外部压力，坚定不移地“做好自己的事”，采取了各种措施深化改革开放，维护完善多边贸易体制，积极参与全球经济治理体系变革，并取得了一系列成就。

第一，加强与各国顶层对话，以实际行动促进自由贸易，维护全球多边体制。在当前紧张的国际贸易局势下，我国增强了与20国集团、金砖五国、东南亚国家联盟、拉美太平洋联盟、中东欧诸国的政策沟通，努力在各个领域消除壁垒，促进贸易流通。与上述各国家集团沟通的最终目的在于签订自贸协定，建立自由贸易区，由此巩固互惠与基于规则的贸易体制，使美国试图孤立中国经济的企图难以实现。

第二，进一步开放国内经济，国民经济的多个领域放开市场准入，允许外资参与，优化国内营商环境，鼓励优质产能移入。除了传统的货物贸易外，国家还对服务贸易、金融业、物流业和科技领域的对外开放持鼓励态度。在气候变化、海洋经济与能源领域，加强与国外先进生产力的对接。在保证国内口粮生产安全和种质基因资源保护的前提下放松对进口农产品的管制。全国人大通过《中华人民共和国外商投资法》，并推动外资外商相关法案的更新及“废改立”。在“引进来”的同时，中国企业也在“一带一路”框架下积极“走出去”，发挥中国当前作为国际主要投资国之一的影响力，提高中国海外投资的数量和质量。

第三，建构更加包容、外向的中国社会。组建国家移民局，为中国公民和访华外籍人士提供更高效、便捷的服务，提高证件办理和签证效率，建立外国人来华工作许可制度，颁发外国人永久居留身份证，为国际高端人才提供居住便利。持续保持世界第一大留学输出国地位，出国留学与留学归国人数稳步增加。在允许国外大学来华参与兴办高校的同时，国内高校积极“走出去”，取得了境外办学的历史性突破。在医疗卫生领域，欢迎国际顶尖医院进入中国，与国内医疗机构合作建立医院。在社会组织方面，党的十九届三中全会明确提出“推进社会组织改革”以及“激发群团组织和社会组织活力”，给予了社会组织前所未有的重视并鼓励其发展。

第四，整合区域优势，推动各城市协同发展，打造全球化城市群。从北至南，将京津冀、长三角、粤港澳大湾区三大城市群作为龙头区域，带动全国发展和对外开放。加紧建设雄安新区，疏解北京非首都功能，实现绿色发展，提质升级，推进京津冀机制改革。将长江三角洲区域一体化纳入国家战略，深度加强内部一体化，进一步发挥长三角的辐射和带动作用。制定《粤港澳大湾区规划纲要》，充分利用“一国两制”制度优势，便利区域内要素流动，鼓励香港居民到大湾区内地城市创业和生活。大力支持海南自由贸易试验区建设，放开相关签证政策，建设国际旅游岛，在自贸区内实施金融、医疗行业的试点开放，变海南岛为“海上丝绸之路”的重要节点。

中国（深圳）综合开发研究院本次编写的《中国开放褐皮书（2018—2019）：建设更高水平开放型经济新体制》重点分析了在当前国际压力增大、全球化正处于关键十字路口的背景下，我国坚持改革开放所面临的挑战以及所取得的成果。在改革开放进入新阶段之际，我国将实行更加积极主动的开放战略，推动由商品要素流动型开放向制度型开放转变，吸取和借鉴国际成熟市场经济制度经验和人类文明有益成果；全面对接国际高标准市场规则体系，实施更大范围、更宽领域、更深层次对外开放，以高水平开放促进深层次市场化改革。

前文所述的深化开放的措施和成果，本书中皆有论述。中国在过去两年中面临着前所未有的外部压力，但仍通过一系列改革措施保持了经济基本盘的稳定，并尽己所能消除壁垒，迎难而上，扩大开放。这其中的诸多细节，编者不可能面面俱到，只求“管中窥豹”，勾勒出这段时期改革开放的大致脉络。本书共分为 5 个部分，共 25 章。

在改革开放的新阶段，中国（深圳）综合开发研究院将牢记自身国家高端智库的使命，密切关注国内、国际的政治经济动向，对新环境下改革开放所遇到的问题和所取得的成就进行研究，以独到的视角为国家政策制定者提供建议和参考。

2019 年 6 月

目　录

第一部分　中国与世界的开放

第二部分　中国经济领域的开放

第三部分 中国社会文化领域的开放

第四部分　中国区域的开放

第五部分 特殊功能区的开放

第一部分

中国与世界的开放

第一章　金砖国家与新兴市场国家

——开放合作的巩固与扩大

金砖国家包括巴西（Brazil）、俄罗斯（Russia）、印度（India）、中国（China）和南非（South Africa）五个国家，从2009年金砖国家举行第一次首脑会晤以来，到2018年共举行了10次领导人峰会。新兴市场国家是指相对于发达市场国家而言，经济发展速度较快的发展中经济体。结合摩根士丹利的新兴市场索引，本书选择了除金砖国家之外的墨西哥、智利、秘鲁、哥伦比亚、摩洛哥、埃及、尼日利亚、印度尼西亚、菲律宾、泰国、马来西亚、越南、匈牙利、捷克、波兰、土耳其等16个国家。自2017年以来，金砖国家和新兴市场国家的对外开放虽然有一定波动，但总体的开放和合作仍在不断扩大和巩固。

一、金砖国家开放的现状特点

金砖国家的经济增长形势逐渐向好，贸易开放态势开始回暖，服务贸易的比重略有下降，金砖国家间的国际贸易比重上升；金砖国家国际资金流动的波动性较大，且呈现一定的下降趋势。

（一）经济增长态势逐渐向好

2017年和2018年，金砖国家的经济全部实现了增长，经济开始出现回暖态势，且2018年的增长态势好于2017年，经济向好的态势仍在持续。巴西、南非、俄罗斯的经济增速虽然低于世界平均水平，但巴西、俄罗斯两国的经济增长实现了由负到正的变化，且2018年的增速快于2017年。中国和印度则保持了相对较高的经济增速，超过世界平均水平3~4个百分点，2018年印度的经济增速再一次超过中国。2018年中国的经济增速比2017年回落了0.3个百分点，而印度则高出0.6个百分点（见表1-1）。

表 1-1　2013—2018 年金砖国家经济增长率

单位：%

	2013 年	2014 年	2015 年	2016 年	2017 年	2018 年
巴西	3.0	0.5	-3.5	-3.5	1.0	1.2
俄罗斯	1.8	0.7	-2.8	-0.2	1.5	2.3
印度	6.4	7.4	8.2	7.1	6.7	7.3
中国	7.8	7.3	6.9	6.7	6.9	6.6
南非	2.5	1.8	1.3	0.6	1.3	0.8
世界平均	2.6	2.9	2.9	2.5	3.1	NA

数据来源：2013—2017 年数据来自世界银行数据库，2018 年数据来自各国统计局。

（二）金砖国家的国际贸易

1. 进出口总额全部实现增长

2017 年，金砖国家的国际贸易（货物和服务）全部实现增长，且增长率都在 10%以上。其中，俄罗斯的增幅最大，为 23.24%；中国的增幅最小，为 11.96%（见表 1-2）。自 2012 年以来，金砖五国首次全部实现国际贸易总额的增长，与 2015 年金砖国家国际贸易全部为负增长形成强烈对比。

表 1-2　2013—2017 年金砖国家货物和服务进出口总额增长率

单位：%

	2013 年	2014 年	2015 年	2016 年	2017 年
巴西	3.47	-3.68	-19.88	-9.87	12.45
俄罗斯	2.62	-6.61	-31.90	-11.33	23.24
印度	-2.20	0.28	-11.60	4.17	16.03
中国	8.68	5.11	-7.27	-5.10	11.96
南非	-2.36	-4.07	-13.45	-8.12	13.07

数据来源：根据《金砖国家联合统计手册（2018）》数据整理，印度 2017 年的数据来自世界银行数据库。

2. 进口与出口结构趋于合理

2017 年，金砖国家贸易顺差总额缩小，除印度外，其余四国都保持了国际贸易顺差，且各国顺差分布更加均衡。2017 年，巴西、俄罗斯和南非的国际贸易顺差额增加，而中国的国际贸易顺差额减少了 450 亿美元，规模仍为最大。印度的国际贸易赤字从 410 亿美元增加到 780 亿美元，为近五年的最大规模（见表 1-3）。

表 1-3　2013—2017 年金砖国家国际贸易顺差/赤字　　单位：亿美元

	2013 年	2014 年	2015 年	2016 年	2017 年
巴西	-460	-547	-192	146	302
俄罗斯	1223	1337	1111	662	839
印度	-627	-611	-490	-410	-780
中国	2354	2213	3579	2557	2107
南非	-84	-53	-41	18	47
合计	2406	2339	3967	2973	2515

数据来源：根据《金砖国家联合统计手册（2018）》数据整理，印度 2016—2017 年的数据来自世界银行数据库。

3. 服务贸易的比重略有下降

2017 年，金砖国家服务贸易所占比重出现小幅降低。巴西、俄罗斯、印度和南非的服务贸易占比分别下降了 1.2 个、1.0 个、1.9 个和 0.8 个百分点，中国的服务贸易占比提高了 0.4 个百分点。金砖国家中，印度的服务贸易占比依然最高，超过 30%，巴西和俄罗斯服务贸易占比保持在 20%左右（见表 1-4）。

表 1-4　2013—2017 年金砖国家服务贸易占比　　单位：%

	2013 年	2014 年	2015 年	2016 年	2017 年
巴西	18.6	20.3	20.8	21.9	20.7
俄罗斯	18.7	18.8	20.8	20.9	19.9
印度	21.6	21.3	25.2	32.0	30.1
中国	7.1	8.6	9.4	11.0	11.4
南非	5.6	5.3	5.0	7.2	6.4

数据来源：根据《金砖国家联合统计手册（2018）》数据整理，印度 2016—2017 年的数据来自世界银行数据库。

4. 金砖国家间的货物出口比重回升

2017 年，金砖国家间的货物出口占本国出口的比重上升。巴西、俄罗斯和中国的货物出口中金砖国家的占比上升，其中巴西提高了 8.7 个百分点；印度和南非的货物出口中金砖国家的占比出现小幅下降，印度下降了 0.2 个百分点，南非下降了 1.7 个百分点。总体来看，金砖国家间的货物出口占本国出口的比重由 9.0%提高到了 10.1%（见表 1-5）。

表 1-5　2013—2017 年金砖国家间的货物出口占比

单位：%

	2013 年	2014 年	2015 年	2016 年	2017 年
巴西	21.6	22.0	21.9	22.0	30.7
俄罗斯	8.6	9.4	10.7	12.5	13.5
印度	8.6	7.7	6.2	6.7	6.5
中国	7.0	7.1	6.4	6.6	7.0
南非	57.1	55.4	45.2	37.2	35.5
总额	9.9	9.8	8.8	9.0	10.1

数据来源：根据《金砖国家联合统计手册（2018）》数据整理，其中南非无出口数据，用其他国家向南非的进口数据替代，2017 年巴西的出口数据用其他国家向巴西的进口数据替代。

2017 年，金砖国家间的货物进口占本国进口的比重基本稳定，略有上升。巴西、俄罗斯、中国、南非的货物进口中金砖国家的占比分别上升了 2.1 个、0.2 个、0.6 个和 0.1 个百分点，只有印度下降了 0.9 个百分点。总体上看，金砖国家间的货物进口占本国进口的比重略有上升，从 12.1%提高到 12.6%，提高了 0.5 个百分点（见表 1-6）。

表 1-6　2013—2017 年金砖国家间的货物进口占比

单位：%

	2013 年	2014 年	2015 年	2016 年	2017 年
巴西	18.9	20.1	21.4	19.9	22.0
俄罗斯	17.7	19.0	21.1	22.8	23.0
印度	13.4	16.2	18.6	20.4	19.5
中国	8.9	8.5	7.7	7.5	8.1
南非	21.4	21.6	23.3	22.3	22.4
总额	11.9	12.2	12.1	12.1	12.6

数据来源：根据《金砖国家联合统计手册（2018）》数据整理，其中南非无进口数据，用其他国家向南非的出口数据替代，2017 年巴西的进口数据用其他国家向巴西的出口数据替代。

（三）金砖国家的国际投资

1. 外商直接投资出现下降

2017 年，除中国和印度外，其他金砖国家的 FDI 出现下滑趋势，只有中国的 FDI 增长率上升。2017 年，中国的 FDI 增长 4.0%，较 2016 年增长 4.2 个百分点；巴西、俄罗斯和南非出现不同程度的负增长，而 2016 年三国都有较明显的增长率；印度的 FDI 增长 3%，但相比 2016 年降低了 5.3 个百分点。俄罗斯和南非的 FDI 出现较大幅度的波动（见表 1-7）。

表 1-7　2013—2017 年金砖国家 FDI 增长率

单位：%

	2013 年	2014 年	2015 年	2016 年	2017 年
巴西	-19.5	39.5	-23.1	4.7	-10.1
俄罗斯	36.8	-68.2	-68.6	371.0	-14.2
印度	5.0	25.3	23.3	8.3	3.0
中国	5.3	1.7	5.6	-0.2	4.0
南非	80.4	-30.1	-70.7	29.4	-40.9

数据来源：根据《金砖国家联合统计手册（2018）》的数据整理，印度 2017 年的数据来自印度工业政策和促进部。

2. 对外直接投资大幅减少

2017 年，除俄罗斯外，其余金砖国家的对外直接投资出现了较大幅度的减少。巴西、南非的对外直接投资下降幅度最大，分别减少了 50.8%和 64.4%，中国的对外直接投资减少了 19.3%。俄罗斯的对外直接投资在经过大幅减少之后，增长了 73.1%（见表 1-8）。总体来看，金砖国家的对外投资规模下降，中国在 2013—2017 年首次减少，巴西则连续三年减少，俄罗斯、印度和南非的对外投资波动较大。

表 1-8　2013—2017 年金砖国家对外直接投资增长率

单位：%

	2013 年	2014 年	2015 年	2016 年	2017 年
巴西	186.5	74.5	-48.1	-5.2	-50.8
俄罗斯	77.3	-34.0	-61.3	0.9	73.1
印度	29.6	-56.5	122.5	-25.8	NA
中国	22.8	14.2	18.4	34.6	-19.3
南非	-123.3	-14.9	26.0	21.1	-64.4

数据来源：根据《金砖国家联合统计手册（2018）》的数据整理。

二、新兴市场国家开放的现状和特点

2017 年，新兴市场国家的国际贸易规模增长，服务贸易增长较快，个别国家的高新技术产品出口规模的占比较大；新兴市场国家的对外资本合作出现了下降趋势。

（一）经济保持较快增长

2017 年，新兴市场国家的经济保持了较快的增长。16 个国家中有 11 个经济增长速度超过了世界平均水平（3.1%），土耳其、越南、菲律宾、马来西亚以及印度尼西亚的经济增长 5%以上；波兰、捷克、埃及、摩洛哥、匈牙利、泰国的经济增长 3.9%~4.8%（见图 1-1）。2017 年有 11 个国家的经济增长率高于 2016 年，而 2016 年时仅有 4 个国家的经济增长率高于 2015 年，新兴市场国家的经济增长出现好转态势。

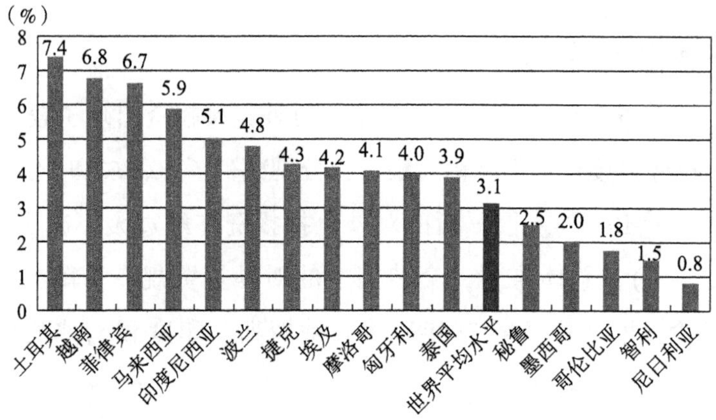

图 1-1　2017 年新兴市场国家 GDP 增长

数据来源：世界银行数据库。

（二）新兴市场国家的国际贸易

1. 国际贸易增长较快

2017 年，新兴市场国家的国际贸易（货物和服务）全部实现增长，这是自 2013 年来 16 个新兴市场国家的进出口首次实现全部增长，国际贸易出现回暖趋势。其中，越南的进出口增长最快，达到 21%；哥伦比亚的进出口增长最慢，为 8.7%；除哥伦比亚和墨西哥外，其余新兴市场国家的进出口增长均高于世界平均水平（10%），如图 1-2 所示。

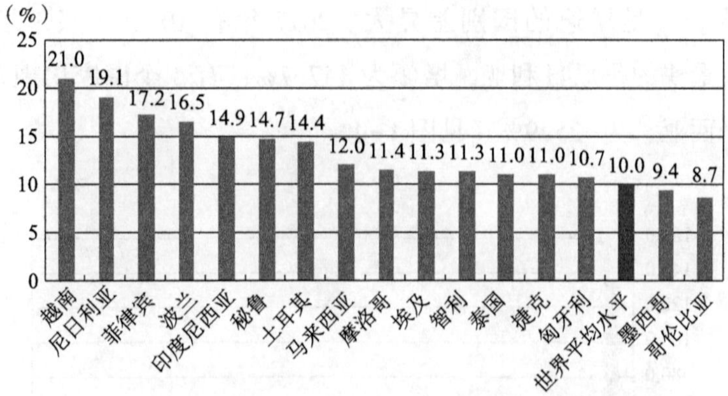

图 1-2　2017 年新兴市场国家国际贸易增长率

数据来源：世界银行数据库。

2. 大部分国家实现贸易顺差

2017 年，埃及、菲律宾、摩洛哥、土耳其、哥伦比亚和墨西哥等六国出口占进出口总额的比重低于 50%，即存在贸易逆差；尼日利亚基本实现进出口平衡；其余 9 个国家都实现了贸易顺差。从贸易顺差/逆差程度看，埃及和菲律宾的贸易逆差比重最大，泰国的贸易顺差比重最大（见图 1-3）。马来西亚、秘鲁、捷克、越南等 8 国进出口基本平衡。

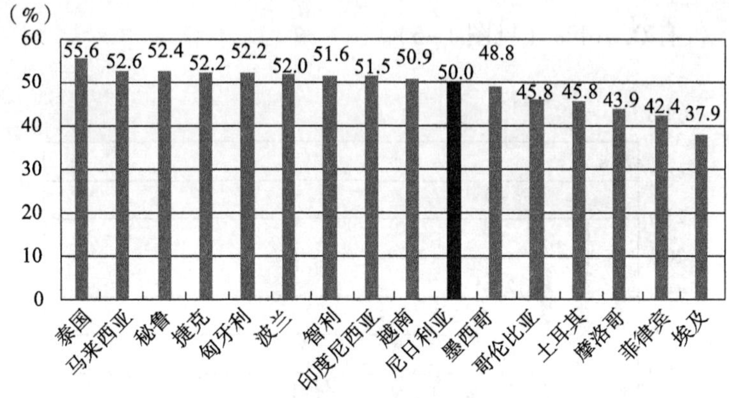

图 1-3　2017 年新兴市场国家出口占进出口总额的比重

数据来源：世界银行数据库。

3. 高新技术产品出口差异大

根据世界银行数据库界定的高新技术产品，新兴市场国家的高新技术产品出口国别的差异大。一是增速的国别差异大。2017 年有 10 个新兴市场国家为正增长，其中增长最快的是尼日利亚，增幅为 147.7%；有 3 个国家出现负增长，降幅最大的是马来西亚，为-25.9%（见图 1-4）。

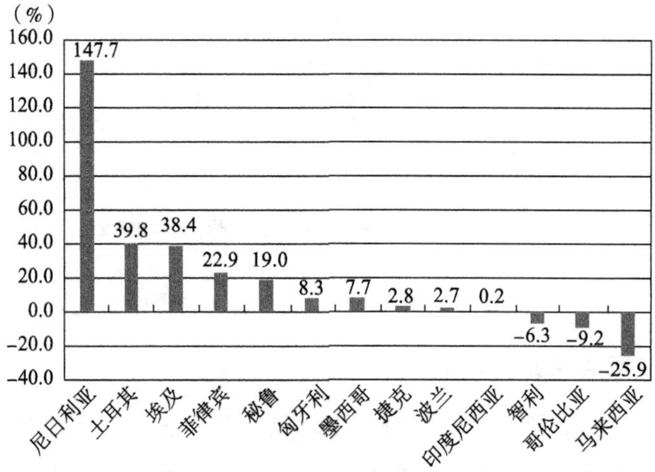

图 1-4　2017 年新兴市场国家高新技术产品出口增长率

数据来源：根据世界银行数据库的数据整理，摩洛哥、泰国、越南数据缺失。

二是比重的国别差异大。2017 年，有 7 个国家的高新技术产品占出口比重超过 10%，有 5 个国家的比重在 1%以下。比重最高的为菲律宾，接近 30%，而尼日利亚占比最低，仅有 0.014%（见图 1-5）。

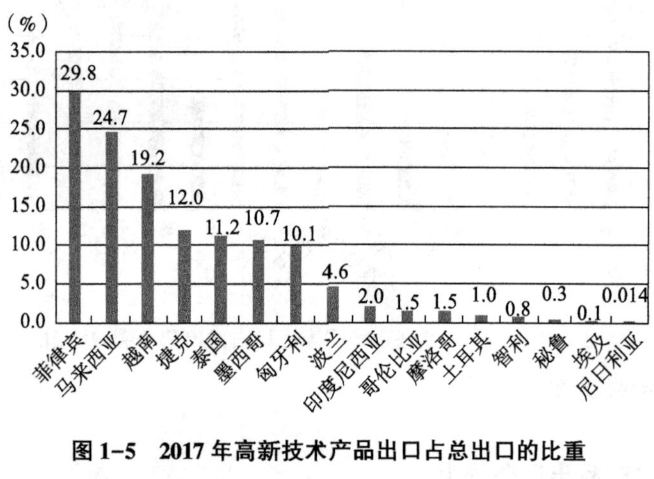

图 1-5　2017 年高新技术产品出口占总出口的比重

数据来源：根据世界银行数据库的数据整理。

4. 服务贸易增长快

2017年，11个新兴市场国家的服务贸易增长率高于世界平均水平（7.1%）。其中，尼日利亚的服务贸易增长率最高（服务贸易进口额快速增加），达到50.6%。新兴市场国家平均服务贸易增长率为11.6%（见图1-6），比世界平均水平（7.1%）高4.5个百分点。

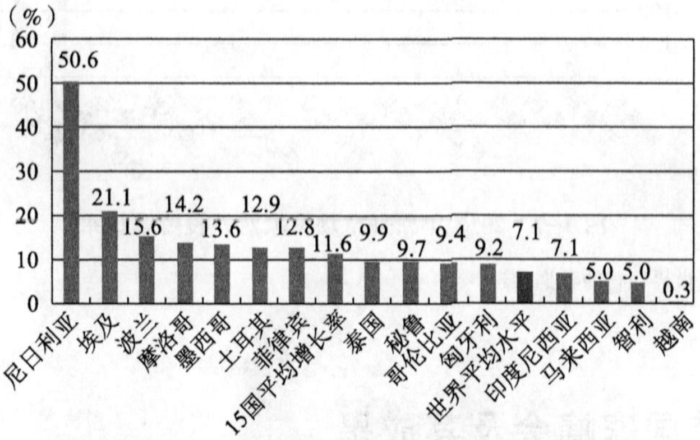

图1-6　2017年新兴市场国家服务进出口额增长率

数据来源：根据世界银行数据库的数据整理，捷克服务进口额数据缺失。

（三）新兴市场国家的国际投资

1. FDI大幅下降

根据《世界投资报告2018》，2017年，全球外商直接投资（FDI）流入额为1.43万亿美元，比2016年下降了23%；新兴市场国家的FDI比2016年下降了35.2%，其中仅有印度尼西亚、泰国、菲律宾、摩洛哥、越南和哥伦比亚等6个国家的FDI净流入比2016年有所增加。

2. 对外投资增速下降

2017年，新兴市场国家对外直接投资比2016年下降67.6%，其中摩洛哥、菲律宾、泰国、捷克、埃及5个国家的对外直接投资较2016年有所增加，其他新兴国家的对外直接投资比2016年有所下降（见图1-7）。

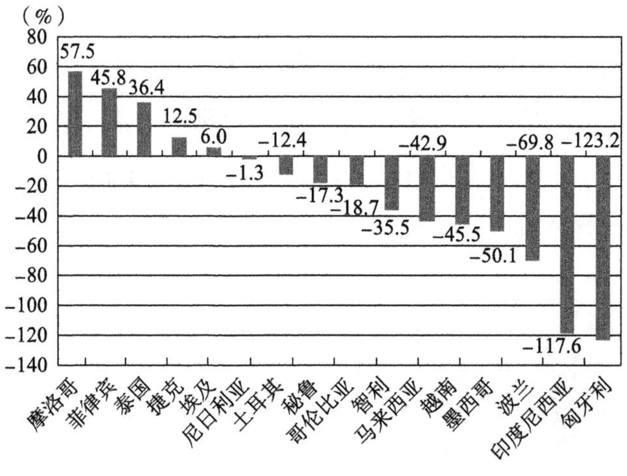

图 1-7　2017 年新兴市场国家对外投资增长率

数据来源：根据世界银行的数据整理。

三、金砖国家峰会及其成果

金砖国家领导人峰会是金砖国家合作机制的主要载体，2009—2018 年共举行了 10 次金砖国家领导人峰会，金砖国家之间的合作正在进入第二个“金色十年”。金砖国家领导人峰会正在成为一个促进金砖国家发展，建立公平、平衡国际政治经济新秩序的全方位合作机制。

（一）第一至八次峰会——建立和落实合作机制

2009 年金砖国家领导人第一次会晤，2011 年南非首次参加会晤，金砖四国扩充为金砖五国，2014 年成立金砖国家新开发银行，2016 年合作领域向农业、海关等领域扩展。金砖国家合作机制经历了从无到有，从点到面，从提议到落实的八年（见表 1-9）。金砖国家合作机制已经成为国际社会中重要的合作机制之一。

表 1-9　金砖国家第一至八次峰会及其合作成果

峰会	时间	地点	主要成果
第一次	2009 年 6 月	叶卡捷琳堡	正式启动金砖国家合作机制
第二次	2010 年 4 月	巴西利亚	初步形成金砖国家合作机制

续表

峰会	时间	地点	主要成果
第三次	2011 年 4 月	三亚	南非加入，金砖四国成为金砖五国
第四次	2012 年 3 月	新德里	加强金融合作成为会议主要议题，提出本币贸易结算
第五次	2013 年 3 月	德班	宣布设立金砖国家新开发银行和金砖国家外汇储备库
第六次	2014 年 7 月	福塔莱萨	决定成立金砖国家新开发银行
第七次	2015 年 7 月	乌法	以“金砖国家伙伴关系——全球发展的强有力因素”为主题，并通过《金砖国家经济伙伴战略》
第八次	2016 年 10 月	果阿	以“打造有效、包容、共同的解决方案”为主题，通过《果阿宣言》，签署了农业研究、海关合作等方面的谅解备忘录

（二）第九次峰会——开启合作机制的“深化”阶段

2017 年 9 月 4 日，金砖国家领导人在中国厦门举行了第九次峰会。金砖国家领导人以“深化金砖伙伴关系，开辟更加光明未来”为主题，在金砖国家已有合作的基础上，讨论开辟金砖国家合作的第二个“金色十年”。峰会通过和发表了《金砖国家领导人厦门宣言》，指出了新“十年”的基本方向。

1. 经济仍是合作的重点

经济是金砖合作机制的根基，仍将是未来合作的重点。金砖国家将共同应对内部出现的经济增长、经济结构以及外部世界经济增长动力不足等问题；金砖国家将加强发展经验的交流，打造贸易投资的大市场，促进基础设施联通、货币金融流通，实现联动发展。厦门峰会就经济务实合作、贸易投资合作、财金合作、货币合作、创新创业合作等方面进行了沟通，同时提出要在工业、能源、农业、数字经济等领域进一步深化合作。

2. 积极参与全球治理

金砖国家将持续努力建立一个更加公正合理的国际经济秩序，推动建设开放、包容、均衡的经济全球化，促进新兴市场和发展中国家的发展，为解决南北发展失衡、促进世界经济增长提供强劲动力。金砖国家坚定维护以联合国为核心的公正合理的国际秩序，维护《联合国宪章》的宗旨和原则，尊重国际法，推动国际关系民主化法治化，共同应对传统和非传统安全挑战。金砖国家依托安全事务高级代表会议、外长会晤等机制，就重大国际与地区问题加强沟通协调，推动热点政治问题的解决，做地区与国际局势的“稳定器”。

3. 不断扩展人文交流

人文交流是金砖合作的解压阀，金砖合作已经超越了经济领域，由“双轨并进”向政治、经济、人文“三轮驱动”。金砖国家将深化文化、教育、科技、体育、卫生、媒体机构、地方政府等领域合作，打造金砖国家合作的第三支柱，巩固金砖国家伙伴关系的民意基础。鼓励社会各界广泛参与金砖合作，促进各国文化和文明的互学互鉴，增进各国人民之间的沟通和理解，深化传统友谊，让金砖伙伴关系的理念深植于民心。

4. 构建更广泛的伙伴关系

提出推进“金砖+”合作模式，加强金砖国家同其他新兴市场和发展中国家的对话合作，推动建立更为广泛的伙伴关系。厦门峰会，中国邀请了埃及、几内亚、墨西哥、塔吉克斯坦和泰国五国领导人参与新兴市场国家与发展国家对话会，扩大金砖合作的辐射和受益范围，推动“金砖+”合作模式，构建更加广泛的伙伴关系网络。

（三）第十次峰会——构建新工业革命伙伴关系

2018 年 7 月 25—27 日，金砖国家领导人第十次会晤在南非约翰内斯堡举行，峰会主题为“金砖国家在非洲：在第四次工业革命中共谋包容增长和共同繁荣”。峰会发表了《金砖国家领导人约翰内斯堡宣言》，决定启动金砖国家新工业革命伙伴关系，深化经贸金融、政治安全、人文交流等合作。

峰会主要共识及成果包括如下几点。

1. 继续坚持多边主义

在单边主义、贸易保护主义盛行的形势下，金砖五国发出坚持多边主义，维护公平正义的有力信号，支持多边主义和联合国在国际事务中的核心作用，反对任何在《联合国宪章》框架之外采取的单边主义措施行为。金砖国家合作机制也是维护多边贸易体系和共同利益而协调立场、促进共识的重要平台。

2. 构建新工业革命下的伙伴关系

第四次工业革命是发展中国家不愿、不能错过的历史机遇。金砖国家将构建新工业革命的伙伴关系，成立五国工业部门及有关部门代表组成的咨询小组，加强数字化、工业化、创新、包容、投资等领域合作；发展互联网技术、建立科技园区技术企业的孵化器网络和中小企业技术网络，并强调知识产权保护，以更好地应对第四次工业革命。

3. 深化“金砖+”合作模式

延续厦门峰会“金砖+”合作模式，主办方邀请了卢旺达、安哥拉和纳米比亚等9个非洲国家的领导人参加会议，并举办“金砖+”领导人会晤，商讨金砖国家和非洲合作，促进更多金砖国家的发展战略与非盟《2063年议程》框架下的各项计划对接，把金砖国家与非洲国家合作打造成南南合作的样板。为巩固“三轮驱动”合作架构，峰会制定了金砖国家在经济、政治和人文三大领域开展全面合作与交流的具体规划和做法。

四、新兴市场国家的开放活动

新兴市场国家以经济增长较快作为分类标准，但不像金砖国家建立了合作机制，它们通过参加本区域的合作组织或联盟，进行区域间的合作和开放活动。

（一）东南亚国家联盟

东南亚国家联盟（ASEAN）成立于1967年，10个成员国中的印度尼西亚、马来西亚、菲律宾、泰国、越南等5个国家属于新兴市场国家。

东盟自由贸易区于2002年1月1日正式启动，所有成员国已将绝大多数产品的关税降至0~5%；东盟成员国致力于建成以安全共同体、经济共同体和社会文化共同体为三大支柱的东盟共同体；2009年，东盟国家启动了“亚洲货币基金”多边货币交换机制。

2018年11月12日，东盟各国在新加坡签署电子商务协议，促进区域内跨境电商贸易便利化；2018年11月，第33次东盟峰会在新加坡举行，通过了《东盟智慧城市网络框架》《关于增加绿色就业以促进东盟共同体平等与包容性增长的宣言》等文件。东盟率先发起区域合作进程，逐步形成以东盟为中心的一系列区域合作机制，如东盟与中日韩（10+3），东盟与中国（10+1），此外，东盟还与美国、日本、澳大利亚、新西兰、加拿大、韩国、中国、俄罗斯、印度等9国以及欧盟形成对话伙伴关系。

（二）拉美太平洋联盟

拉美太平洋联盟（Pacific Alliance）是于2011年由智利、哥伦比亚、秘鲁、墨西哥4个拉美国家组成的新兴经济组织，旨在促进成员国经济一体化，大力推动成员国彼此间在货物、服务、资金和人员方面的自由流动，联盟建立的基础是成员国间签订的双边贸易协定。

2016年5月1日，成员国间92%的货物和服务贸易实现零关税，剩余8%的关税将在2030年前取消；2015年7月《设立合作基金协议》生效，标志着联盟成为国际法主体；2018年第十三届首脑会议在墨西哥巴亚尔塔港举行，通过《巴亚尔塔港宣言》，联盟将共同建立企业发展中心，推出数字议程，成立基础建设基金以及地震灾害债券，并与南方共同体①4个成员签署了共同宣言，共同促进拉美地区一体化进程。

（三）维谢格拉德集团

维谢格拉德集团由匈牙利、波兰、捷克和斯洛伐克4国组成，是欧洲新兴市场国家的代表。1992年签订中欧自由贸易协定，由自由贸易区演变为中东欧国家共同市场，实现工业品自由贸易；设立国际维谢格拉德基金会，通过资助或联合资助共同的文化、科学、研究和教育项目促进4个国家间的更紧密合作；2019年3月14日，在斯洛伐克北部签署了旅游合作协议，旨在同时发挥各个国家的旅游特色，提高4国旅游营销战略的有效性。维谢格拉德集团中4个国家占据中国与所有中东欧国家贸易额排名的前四位，中国和4国的贸易总量占中国与整个中东欧16国贸易量的70%。

（四）中国与新兴市场国家的合作

目前，中国已经与11个新兴市场国家建立了全面战略伙伴关系，与3个国家建立了战略伙伴关系，与8个新兴市场国家签署“一带一路”谅解备忘录，与1个国家签署“一带一路”双边合作规划（见表1-10）。中国与新兴市场国家在双边贸

---

① 1991年3月，巴西、阿根廷、乌拉圭和巴拉圭4国在巴拉圭首都亚松森建立南非共同体。

易、投资及工程承包等领域的合作不断扩大。

表 1-10　中国与新兴市场国家合作关系

国家	合作关系	年份	“一带一路”倡议
摩洛哥	战略伙伴关系	2016	—
菲律宾	全面战略伙伴关系	2018	“一带一路”谅解备忘录
泰国	全面战略伙伴关系	2012	“一带一路”谅解备忘录
捷克	战略伙伴关系	2016	
埃及	全面战略伙伴关系	2014	“一带一路”谅解备忘录
尼日利亚	战略伙伴关系	2006	“一带一路”谅解备忘录
土耳其	—	—	—
秘鲁	全面战略伙伴关系	2013	—
哥伦比亚	—	—	—
智利	全面战略伙伴关系	2016	“一带一路”谅解备忘录
马来西亚	全面战略伙伴关系	2013	“一带一路”谅解备忘录
越南	全面战略伙伴关系	2013	“一带一路”谅解备忘录
墨西哥	全面战略伙伴关系	2013	—
波兰	全面战略伙伴关系	2016	“一带一路”谅解备忘录
印度尼西亚	全面战略伙伴关系	2013	—
匈牙利	全面战略伙伴关系	2017	“一带一路”双边合作规划

资料来源：根据外交部网站资料整理。

五、金砖国家及新兴市场国家开放的展望

金砖国家以及新兴市场国家的分类都起因于快速的经济增长，金砖国家依靠金砖国家峰会逐渐成为推动五国经济发展的全方位、多领域合作平台，而新兴市场国家由于国家众多，利益诉求各异，形成了以区域为特征的合作形势。从金砖国家和新兴市场国家的经济增长和开发现状来看，经济增长需要开放，同时开放也在促进经济增长，金砖国家和新兴市场国家的开放与合作将进一步扩大和巩固。

（一）金砖国家间扩大与深化的开放合作

根据金砖国家开放的现状和趋势判断，我们认为金砖国家的开放将表现出以下4个主要特征。

1. 开放、合作水平将进一步提高

金砖国家合作机制源于金砖国家的快速经济增长，从2008年以来，俄罗斯、巴西和南非的经济相继陷入困境，经济快速增长作为金砖国家的一个特征变得弱化。2017年和2018年，金砖五国的经济不但告别了下滑，而且在2018年普遍比2017年增长更快，国际货币基金组织、世界银行等预测金砖国家在2019年仍将全部实现经济增长，金砖国家的合作基础将进一步巩固。

金砖国家的国际贸易实现了增长，金砖国家间的贸易规模不断扩大，这意味着金砖国家的合作对促进金砖国家的经济增长起到了重要作用；金砖国家的FDI出现不同程度的下降，这意味着金砖国家要想实现持续的经济增长，还必须持续推动开放与合作，吸引更多的FDI。

从2009年的第一次峰会呼吁"共同努力改善国际贸易和投资环境""敦促各方保持多边贸易体系稳定，遏制贸易保护主义"，到2018年的第十次峰会呼吁信守多边贸易体制中的承诺，建设开放型的世界经济，金砖国家一直都在致力于推动世界的开放。

2. 分层次的合作机制将进一步完善

虽然金砖国家合作机制没有常设机构、没有规范化运作的章程，但金砖国家为推进、落实合作，构建了4个层级的合作机制：最高层次，每年举行的金砖国家领导人峰会，起到战略引领作用；第二层次，部长级会议和协调人会议，包括安全事务高级代表会议、外长会议、财长和央行行长会议、贸易部长会议等，是落实领导人峰会的重要途径；第三层次，高管会议和工作组会议，重点关注国有企业、反腐败、人口、科技经贸、文化、农业等，其中包括智库理事会、工商理事会等，起到技术支撑作用；第四层次，民众和社会交流活动，如青年科学家论坛、中小微企业圆桌会议、旅游大会、电影节等民间交流活动，创造长期合作的良好环境。

短期内期望金砖国家按照正式国际组织开展开放与合作并不现实，但可在分层级的合作模式下给予各国更多的合作机会和自由度，因此，金砖国家将会进一步完善和落实分层次合作机制。

3. 加强信息技术发展的合作

通信技术很快将进入5G时代，人工智能、机器人等将成为改变社会生产和生活的重要技术变革。第十次峰会的主题已经将合作瞄准了最新的工业革命，而且金砖五国都是区域性大国，都有发展经济、科技以实现相匹配的国际地位的需要。目前金砖国家已经在金融、电子商务、数字经济等方面进行了合作，同时还将成立工业部门及有关部门代表组成的咨询小组，加强数字化、工业化、创新、包容、投资等领域合作。金砖国家分布相对分散，各国之间的互补性多于竞争性，因此在科技应用领域的合作，有可能将成为金砖国家合作深化的又一个重要方向。

4. 持续推动“金砖+”模式

自2013年以来，金砖国家领导人峰会便开启“拓展”模式，主办国邀请区域内其他国家领导人参会，2017年厦门峰会时正式提出“金砖+”的合作理念，2018年约翰内斯堡峰会延续“金砖+”模式。

“金砖+”模式不仅能扩大金砖国家的影响力，拓展金砖国家的全球伙伴关系网络，还能让更多新兴市场国家和发展中国家参与到团结合作、互利共赢中，起到扩大开放与合作的作用。“金砖+”模式既符合金砖国家对国际合作的诉求，也符合被“+”国家参与更大范围开放合作的诉求。

（二）新兴市场区域性开放与合作

根据新兴市场国家经济增长和开放的现状，我们认为新兴市场国家的开放将表现出以下3个方面的主要特征。

1. 仍将以区域性开放合作为主

区域性的经济开放和合作组织以新兴市场国家为主。新兴市场国家的经济增速快，有更强烈的对外合作需求。从2017年的经济增长态势看，新兴市场国家的经济仍将保持较快的增长，对开放与合作的需求依然强烈。世界上的新兴市场国家数量多、差异性大，与金砖五国的经济体量相比较小，因此，跨区域合作的动力不足，区域性开放与合作是目前符合新兴市场国家的开放合作模式。

2. 仍将重视贸易的开放与合作

新兴市场国家的国际贸易，不论是货物贸易还是服务贸易，都实现了较快的增长，结合新兴国家的发展阶段来看，国际贸易的需求仍是新兴国家最重要的对外开放与合作的需求。从新兴市场国家区域性的开放合作来看，主要集中在贸易自由化、降低关税等方面，因此，未来的一定时期内，新兴市场国家仍将以贸易的开放与合作为主。

3. 需要重视和加强资本市场的开放

2017 年世界 FDI 出现大幅度下降，而新兴市场国家的下降幅度更大。由于 FDI 对新兴市场国家更加敏感，新兴市场国家需要更加完善、健康的投资环境，更加持续的国际投资的开放。新兴市场国家的资本市场开放，也将从区域的开放与合作开始。

参考文献

［1］孙艳晓．金砖国家的扩容：基础、路径与风险［J］．俄罗斯研究，2019（1）：56-85.

［2］刘栩畅．金砖国家 2019 年经济形势研判［J］．中国经贸导刊，2019（2）：36-38.

［3］吕萍．从约翰内斯堡峰会看金砖国家合作：以俄罗斯为视角［J］．拉丁美洲研究，2018（6）：46-65.

［4］赵春哲．完善金砖国家合作平台的思路和路径设计［J］．全球化，2018（11）：81-93.

［5］迟歌．新兴经济体合作机制探索：基于金砖国家视角［J］．现代管理科学，2018（4）：55-57.

第二章　中国与国际区域经济一体化

——CPTPP 的发展及对策建议

2017—2018 年，国际区域经济一体化形势错综复杂。一方面，悬而未决的英国脱欧、美国政府的频繁“退群”等，拖缓了国际区域经济一体化的步伐；另一方面，面对日益激烈的国际竞争，各国积极谋求各种形式的双边和多边区域经济一体化，从而推动国际区域经济一体化继续深化。特别是曾经几近夭折的 TPP 转型为 CPTPP 并正式生效，对国际区域经济一体化形势产生了重大影响。在复杂多变的国际形势下，中国继续积极主动地参与国际区域经济一体化，并取得了较大进展。本章研究 2017—2018 年中国与国际区域经济一体化的发展情况，重点分析 CPTPP 的发展背景、特点及其影响，并提出相应的对策建议。

一、中国与国际区域经济一体化发展概况

（一）国际区域经济一体化发展概况

从量上看，2017—2018 年国际区域经济一体化发展势头继续趋缓。根据 WTO 的有关统计，2017—2018 年向 WTO 通报的区域经济一体化组织（含成立和新加入）为 25 个，同期正式生效的区域经济一体化组织（含成立和新加入）为 13 个（见表 2-1、表 2-2），两者均为 20 世纪 90 年代国际区域经济一体化快速发展以来的较低水平。截至 2018 年底，全球已向 WTO（和其前身 GATT）申报的区域经济一体化组织为 681 个，其中正在运行的区域经济一体化组织 467 个，全球已有 291 个国家和地区参与区域经济一体化组织（见图 2-1）。

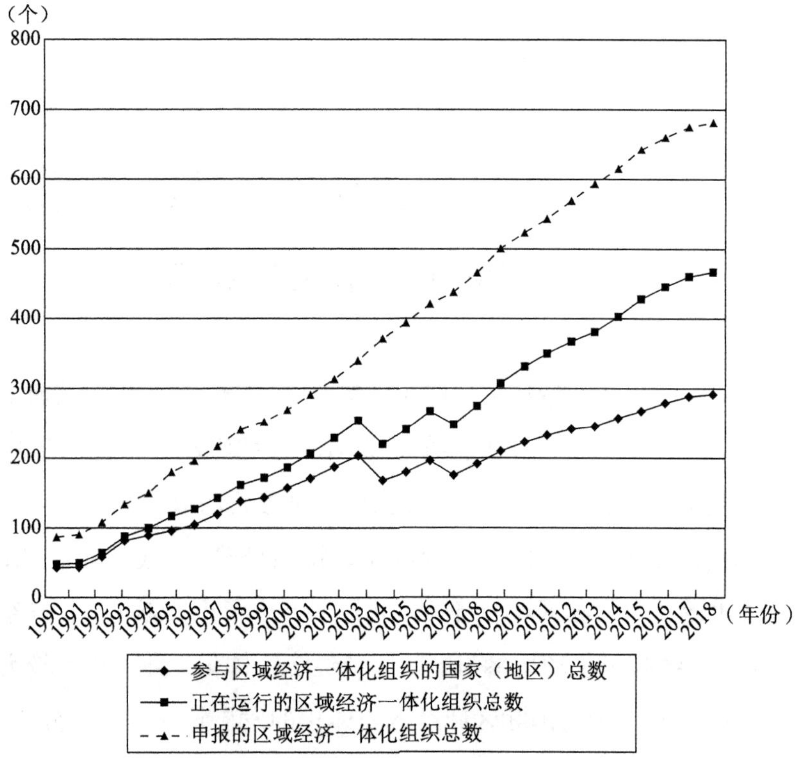

图 2-1 1990—2018 年国际区域经济一体化数量演变

资料来源：根据 WTO 网站有关资料整理。

表 2-1 2017—2018 年向 WTO 通报的国际区域经济一体化组织

名称	通报 WTO 时间
东部和南部非洲共同市场（埃及加入）	2017 年 1 月 3 日
土耳其—马来西亚自由贸易区	2017 年 2 月 20 日
欧盟—哥伦比亚和秘鲁自由贸易区（厄瓜多尔加入）	2017 年 3 月 2 日
欧盟—加纳自由贸易区	2017 年 4 月 3 日
欧盟—南非发展共同体	2017 年 4 月 3 日
格鲁吉亚、乌克兰、阿塞拜疆和摩尔多瓦自由贸易区（GUAM）	2017 年 4 月 3 日
中美洲共同市场（巴拿马加入）	2017 年 4 月 24 日
欧亚经济联盟—越南自由贸易区	2017 年 5 月 4 日
阿根廷—巴西自由贸易区	2017 年 6 月 15 日
南方共同市场—智利自由贸易区	2017 年 6 月 15 日
南方共同市场—墨西哥自由贸易区	2017 年 6 月 15 日
印度—泰国自由贸易区	2017 年 6 月 18 日
南方共同市场—南部非洲关税同盟自由贸易区	2017 年 7 月 19 日

续表

名称	通报 WTO 时间
欧洲自由贸易联盟—格鲁吉亚自由贸易区	2017 年 8 月 29 日
智利—泰国自由贸易区	2017 年 9 月 12 日
加拿大—乌克兰自由贸易区	2017 年 9 月 13 日
欧盟—加拿大自由贸易区	2017 年 9 月 19 日
香港—澳门自由贸易区	2017 年 12 月 18 日
南方共同市场—埃及自由贸易区	2018 年 2 月 19 日
萨尔瓦多—厄瓜多尔自由贸易区	2018 年 3 月 22 日
中国—格鲁吉亚自由贸易区	2018 年 4 月 5 日
土耳其—新加坡自由贸易区	2018 年 9 月 14 日
秘鲁—洪都拉斯自由贸易区	2018 年 10 月 11 日
欧洲自由贸易联盟—菲律宾自由贸易区	2018 年 10 月 26 日
全面与进步跨太平洋伙伴关系协定（CPTPP）	2018 年 12 月 20 日

资料来源：根据 WTO 网站有关资料整理。

表 2-2　2017—2018 年正式生效的国际区域经济一体化组织

名称	生效时间
欧盟—哥伦比亚和秘鲁自由贸易区（厄瓜多尔加入）	2017 年 1 月 1 日
秘鲁—洪都拉斯自由贸易区	2017 年 1 月 1 日
南方共同市场—智利自由贸易区	2017 年 3 月 10 日
加拿大—乌克兰自由贸易区	2017 年 8 月 1 日
欧洲自由贸易联盟—格鲁吉亚自由贸易区	2017 年 9 月 1 日
南方共同市场—埃及自由贸易区	2017 年 9 月 1 日
欧盟—加拿大自由贸易区	2017 年 9 月 21 日
土耳其—新加坡自由贸易区	2017 年 10 月 1 日
香港—澳门自由贸易区	2017 年 10 月 27 日
萨尔瓦多—厄瓜多尔自由贸易区	2017 年 11 月 16 日
中国—格鲁吉亚自由贸易区	2018 年 1 月 1 日
欧洲自由贸易联盟—菲律宾自由贸易区	2018 年 6 月 1 日
全面与进步跨太平洋伙伴关系协定（CPTPP）	2018 年 12 月 30 日

资料来源：根据 WTO 网站有关资料整理。

（二）中国参与国际区域经济一体化概况

1. 中国在国际区域经济一体化领域的主要进展

在复杂多变的国际背景下，2017—2018 年中国继续积极参与国际区域经济一体化，成功签署了两大新的自由贸易协定——《中国—格鲁吉亚自由贸易协定》《中国—马尔代夫自由贸易协定》，至此，中国签署的自由贸易协定已达 16 个。与此同时，中国不断推动已签署的自由贸易协定的进一步深化与升级，积极开展新的多边和双边自由贸易区谈判，并开展潜在的自由贸易区前期研究工作，从多方面积极参与和推动国际区域经济一体化（见表 2-3）。

表 2-3　截至 2018 年底中国已签署、正在谈判和进行可行性研究的自贸协定

已签署	正在谈判	正在研究
亚太贸易协定	区域全面经济伙伴关系协定	中国—哥伦比亚
内地与香港更紧密经贸关系安排	中国—海合会	中国—斐济
内地与澳门更紧密经贸关系安排	中日韩	中国—尼泊尔
海峡两岸经济合作框架协定	中国—斯里兰卡	中国—巴布亚新几内亚
中国—东盟	中国—以色列	中国—加拿大
中国—智利	中国—挪威	中国—孟加拉国
中国—巴基斯坦	中国—巴基斯坦自贸协定第二阶段谈判	中国—蒙古国
中国—新西兰	中国—新西兰升级	中国—印度
中国—新加坡	中国—毛里求斯	
中国—秘鲁	中国—摩尔多瓦	
中国—哥斯达黎加	中国—巴拿马	
中国—冰岛	中国—韩国第二阶段谈判	
中国—瑞士	中国—巴勒斯坦	
中国—韩国	中国—秘鲁升级	
中国—澳大利亚		
中国—东盟（“10+1”）升级		
中国—智利升级谈判		
中国—新加坡升级谈判		
中国—格鲁吉亚		
中国—马尔代夫		
内地—香港		
内地—澳门		
大陆—台湾		

2. 中国新签署的自由贸易协定概况

（1）《中国—格鲁吉亚自由贸易协定》。格鲁吉亚地处“一带一路”重要节点，是我国在欧亚地区的重要经贸伙伴，近年来中格经贸往来日益紧密，目前我国已成为格鲁吉亚第一大投资来源国和第三大贸易伙伴。2015 年 12 月 10 日，中国和格鲁吉亚正式启动自由贸易协定谈判。经过三轮正式谈判和三次非正式磋商，2017 年 5 月 13 日，中格两国签署了《中华人民共和国政府和格鲁吉亚政府自由贸易协定》。2018 年 1 月 1 日，该协定正式生效。该协定涵盖货物贸易、服务贸易、贸易便利化、技术壁垒、贸易救济、环境保护、电子商务、知识产权等多个领域，为两国的经贸合作提供了更加开放、便利和稳定的发展环境。该协定是我国在欧亚地区签署的第一个自由贸易协定，也是“一带一路”倡议提出后我国启动并达成的首个自贸协定，对推进自贸区战略和实施“一带一路”倡议具有重要意义。

（2）《中国—马尔代夫自由贸易协定》。2015 年 12 月 21 日，中国—马尔代夫自贸区第一轮谈判正式启动。经过五轮谈判和一次部长级磋商，2017 年 12 月，中马双方正式签署了《中华人民共和国政府和马尔代夫共和国政府自由贸易协定》。中马自贸协定是我国签署的第 16 个自贸协定，也是马尔代夫对外签署的首个双边自贸协定。该协定涵盖货物贸易、服务贸易、投资、经济技术合作等多项内容，将为双方贸易投资自由化和便利化提供坚实的制度保障，有助于促进双方经贸合作的进一步深化。

3. 中国参与国际区域经济一体化的其他重要进展

除了签署两大新的自由贸易协定外，2017—2018 年中国还积极推动已有自由贸易协定的进一步升级，积极开展新的自由贸易协定谈判和潜在自贸区的前期研究工作。

（1）积极升级已有的自由贸易协定。2017 年 6 月，内地与香港签署了《CEPA 投资协定》和《CEPA 经济技术合作协定》，协定自签署之日起生效；2017 年 12 月，内地与澳门签署了《CEPA 投资协定》和《CEPA 经济技术合作协定》，协定自签署之日起生效。上述协定的签署与生效，是内地与香港、澳门之间更紧密经贸关系的进一步深化与升级，有助于进一步深化内地与港澳地区的经济合作，进一步促进港澳地区的繁荣和稳定；有助于港澳地区更好地融入国家发展战略，深度参与到国家改革开放大局之中。

2015 年 11 月，中国与东盟签署了自由贸易协定升级协定书，这是中国在已有自贸协定基础上完成的第一个升级协定。经过中国与东盟各国的共同努力，2018 年 11 月 13 日，中国与东盟各国完成了该升级协定的所有国内程序，至此，该升级协定正式对有关各国全面生效。中国与东盟自贸协定升级版的签署与生效，对推动中国与东盟合作具有重要意义，并为中国更好地参与多边国际区域经济一体化谈判与合作积累了宝贵经验。

2017 年 11 月 11 日，中国与智利签署了《中华人民共和国政府与智利共和国政府关于修订〈自由贸易协定〉及〈自由贸易协定关于服务贸易的补充协定〉的议定书》。这是我国继中国—东盟自贸升级协定之后，在现有自贸协定基础上达成的第二个升级协定，是我国与拉美国家的第一个自贸升级协定。这一升级协定的签署，对进一步促进中智双边经贸合作提供了重要支撑，也为后续升级更多的双边自贸协定积累了经验。该升级协定于 2019 年 3 月 1 日正式生效。

2018 年 11 月 12 日，中国与新加坡签署了《自由贸易协定升级协定书》，该协定书对原中国—新加坡自由贸易协定的原产地规则、海关程序与贸易便利化、贸易救济、服务贸易、投资、经济合作等 5 个领域进行了升级，并新增电子商务、竞争政策和环境保护等内容，为中新经贸关系的进一步发展创造了有利条件。

除上述三大升级协定外，中国还积极开展与巴基斯坦、新西兰、韩国、秘鲁等已签署自贸协定国家的谈判与协商，积极推动中国—巴基斯坦、中国—新西兰、中国—韩国、中国—秘鲁等已运行自由贸易协定的进一步升级。

（2）积极开展新的自由贸易协定谈判。2017—2018 年，中国积极开展新的自由贸易协定谈判，包括《区域全面经济伙伴关系协定》（RCEP）、中国—海合会、中日韩等多边自由贸易协定谈判和中国—斯里兰卡、中国—以色列、中国—挪威、中国—摩尔多瓦、中国—巴拿马、中国—毛里求斯、中国—巴勒斯坦等双边自由贸易协定谈判，并取得了显著成效。

（3）积极开展潜在自贸区的前期研究工作。除了积极开展自由贸易协定及升级协定的谈判外，中国还积极开展潜在自贸区的前期研究，包括中国—哥伦比亚、中国—斐济、中国—尼泊尔、中国—巴布亚新几内亚、中国—加拿大、中国—孟加拉国、中国—蒙古国等潜在自贸区的前期研究，为未来进一步推进国际区域经济一体化做好理论准备。

二、CPTPP 的发展背景和主要特点

2017—2018 年，曾经几近夭折的 TPP 转型为 CPTPP 并正式生效，成为国际区域经济一体化领域的重大事件。下文介绍 CPTPP 的发展背景和主要特点。

（一）CPTPP 的发展背景

CPTPP，全称为全面与进步跨太平洋伙伴关系协定（*Comprehensive Progressive*

Trans-Pacific Partnership），其前身是 2016 年 2 月签署的《跨太平洋伙伴关系协定》（*Trans-Pacific Partnership Agreement*，TPP）。

TPP 起源于由新西兰、新加坡、智利和文莱等 4 国在 2005 年签署的《跨太平洋战略经济伙伴关系协定》（TPSEP）。2008 年美国加入 TPSEP。2009 年 11 月，以美国为主导，TPSEP 更名为 TPP，并修改了原有协定的框架与内容，加大了协定的广度和深度。此后，TPP 迅速演变为国际区域经济一体化领域最引人注目的一项多边自贸协定。经过多轮复杂的谈判，2016 年 2 月 4 日，美国、日本、加拿大、澳大利亚、新西兰、新加坡、墨西哥、智利、秘鲁、马来西亚、文莱和越南等 12 个成员国在新西兰正式签署了 TPP。TPP 的签署举世瞩目，被视为国际区域多边经济一体化的新里程碑。

然而，好景不长。2017 年 1 月 23 日，上任不久的美国总统特朗普签署了行政命令，正式宣布美国退出 TPP。按照 TPP 的生效规定，TPP 将在所有 12 个成员国批准 60 天后生效。若 12 个成员国两年后未能全部通过协定，则至少 6 个成员国（且 GDP 占 TPP 成员国总量的 85%以上）批准 60 天后才能生效。美国的退出，使上述规定无法得到满足。为了避免 TPP 就此夭折，在日本、新加坡等国的力推下，原 TPP 的 11 个成员国于 2017 年 11 月 11 日共同发布了一份联合声明，宣布 TPP 改名为 CPTPP，并对部分内容进行重新谈判和修改。2018 年 3 月 8 日，参与谈判的 11 国代表在智利首都圣地亚哥正式签署了 CPTPP；2018 年 12 月 30 日，CPTPP 正式生效。

（二）CPTPP 的主要特点

CPTPP 是亚太地区首个大型多边自贸协定，具有整体实力强、标准高、开放性等特点。

1. CPTPP 成员国横跨亚太地区，整体实力较强

作为亚太地区首个大型多边自贸协定，CPTPP 的成员国既有亚洲的日本、马来西亚、越南、新加坡、文莱，也有大洋洲的澳大利亚和新西兰，还包括美洲的墨西哥、加拿大、秘鲁、智利等，横跨整个亚太地区，是目前跨洲域最多的大型多边自贸协定。2017 年，CPTPP 的 11 个成员国国土面积合计达 2304.6 万平方千米，约占全球陆地总面积的 17.5%；其中，加拿大、澳大利亚的国土面积分别达 998.5 万平

方千米和 774.1 万平方千米，列世界面积大国的第二位和第六位，拥有非常丰富的自然资源。CPTPP 成员国总人口约 5.05 亿人，约占全球总人口的 6.7%，其中日本、墨西哥两国的人口都超过亿人。CPTPP 成员经济实力雄厚，其中日本、加拿大、新西兰、澳大利亚、新加坡等国均为发达国家，越南等国则处于快速发展之中，潜力巨大。CPTPP 成员国的 GDP 合计达 10.6 万亿美元，约占全球 GDP 总量的 13.1%；国际贸易总额达 5.3 万亿美元，约占全球贸易额的 14.9%。CPTPP 成员国的基本情况如表 2-4 所示。庞大的国土面积和人口规模、巨大的经济和贸易总量，构筑了 CPTPP 强大的经济实力基础。

表 2-4　CPTPP 成员国概况

国别	国土面积/万平方千米	人口/亿人	GDP/亿美元	进出口贸易额/亿美元
日本	37.8	12678.6	48721.4	13701
澳大利亚	774.1	2459.9	13234.2	4594
马来西亚	33.	3162.4	3147.1	4130
越南	33.1	9554	2237.8	4258
新加坡	0.07	561.2	3239.1	7009
新西兰	26.8	479.4	2058.5	782
文莱	0.58	42.9	121.3	84
智利	75.7	1805.5	2770.8	1253.7
加拿大	998.5	3670.8	16530.4	8626
墨西哥	196.4	12916.3	11508.9	8416
秘鲁	128.5	3216.5	2113.9	441
成员国合计	2304.6	50547.5	105683.4	53294.7
全球	13204	753036	806838	357540
CPTPP 成员国占全球的比重/%	17.5	6.7	13.1	14.9

注：1. 2017 年数据。

2. 各国的国土面积、人口与 GDP 数据来源于世界银行网站。秘鲁进出口贸易额数据来源于国家自然资源部网站，智利进出口贸易额数据来源于智利海关统计数据，其余各国进出口贸易额数据和全球数据来源于《2018 国际统计年鉴》。

2. CPTPP 是高标准的多边自由贸易协定

从内容来看，CPTPP 以原 TPP 协定为基础，除暂时冻结了部分涉及投资者与东道国的争端解决机制、关务行政、快递服务、政府采购、知识产权、野生动植物贸易、新药品与医疗设备核价程序的透明化义务等部分条款，以及延缓了马来西亚和文莱有关附件的承诺生效时间外，保留了原TPP协定的大部分内容，开放范围广、程度深，是目前为止全球最高标准的多边自由贸易协定。具体而言，其高标准主要体现在以下几方面。

在货物贸易方面，CPTPP规定，除少量敏感产品外，取消成员国之间的绝大部分货物贸易关税、非关税壁垒及其他限制性措施。完成降税后，日本与越南的零关税率约为97%，智利和加拿大约为98%，其余国家达99%~100%。与此同时，CPTPP禁止任何形式的出口补贴，包括针对农产品的出口补贴。CPTPP还规定了宽松易行的原产地规则，允许成员国内部的原产地累积，以促进成员国的内部贸易。

在服务贸易方面，CPTPP采取负面清单方式，规定除事先在协定附件中列出的例外条款外，通过国民待遇和最惠国待遇条款实现成员国服务贸易自由化。与此同时，CPTPP禁止限制服务提供者的数量、法律形式、股权比例等，以实现真正的服务业市场准入。

除自由贸易外，CPTPP还在监管透明度与反贪腐、政府采购、环境保护、公共事业、劳工保护、电子商务、健康与卫生、动植物保护以及知识产权保护等领域做出了高标准的开放要求。

简而言之，CPTPP不仅高标准地规定了成员国之间的货物贸易和服务贸易自由化，削减了阻碍贸易的关税和非关税壁垒，而且将自由贸易政策推到了国内政策部分，试图在成员国之间建立起监管一致、自由开放的统一市场。因此，CPTPP是目前全球标准最高的多边自由贸易协定。

3. CPTPP是开放性的多边自贸协定

CPTPP是开放性的多边自贸协定，该协定对新成员的加入和老成员的退出都做出了明确的规定。

CPTPP规定，协定生效后，任何国家或独立关税区在得到CPTPP全体成员国同意的前提下，都可以申请加入CPTPP。CPTPP还专门制定了有关新会员加入的附件。该附件规定，鼓励任何有意加入的经济体，按附件规定的程序申请加入CPTPP。有意加入的经济体必须满足以下两个要求：①国内法规符合CPTPP所要求的规范；②提出在货物、服务业、投资、金融服务业、政府采购、政府公共事业和商务人士短期进入方面的高标准市场承诺。该附件还提出，CPTPP原始成员国在削减货物关税和其他关于货物、服务贸易与投资等非关税贸易壁垒所提出的全面市场开放承诺的目标，可以作为有意加入的经济体提出市场开放承诺的标准。CPTPP 签署后，韩国、印度尼西亚、泰国、菲律宾、斯里兰卡、英国、哥伦比亚以及我国的台湾地区等亚太域内外经济体，明确表达了加入该协定的意愿。

CPTPP 还规定了成员退出的程序。成员退出时，需书面通知协定存放机构和所有 CPTPP 成员。如果各成员没有异议，退出申请将在书面通知 6 个月后生效。任一成员的退出，不影响 CPTPP 对其他成员的效力。

明确新加入和退出规定，使 CPTPP 成为一个开放性的多边贸易协定，这既有利于其未来的扩容，也为部分成员出现较大分歧时提供了一种可行的解决方案。

三、CPTPP 对我国的影响及对策

CPTPP 的签署与生效，改变了当前国际区域经济一体化格局，给我国参与国际区域经济一体化、对外贸易与投资乃至产业发展都带来了一定冲击。下文分析 CPTPP 对我国的冲击和影响，并提出对策建议。

（一）CPTPP 对中国的主要影响

1. CPTPP 加大了 RCEP 谈判的难度，扰乱了中国推进亚太经济一体化的节奏

区域全面经济伙伴关系（Regional Comprehensive Economic Partnership，RCEP）是中国参与并力推的亚太经济一体化协定。过去多年来，中国积极参与了多轮 RCEP 谈判，并取得了显著进展。

目前参与 RCEP 谈判的国家有 16 个，分别是中国、日本、韩国、澳大利亚、新西兰、印度和东盟十国，其中日本、澳大利亚、新西兰、马来西亚、新加坡、越南、文莱等 7 个国家已经成为 CPTPP 的成员，韩国、印度尼西亚、泰国、菲律宾等 RCEP 谈判国也已明确表达了加入 CPTPP 的愿望（见表 2-5）。这意味着大部分 RCEP 谈判国都已成为或即将成为 CPTPP 的成员。与此同时，CPTPP 开放内容广、开放程度深、成员国的产业互补性强，可以为成员国带来大量的贸易与合作机会。在此背景下，RCEP 的吸引力大幅削弱，谈判难度进一步加大，这在一定程度上扰乱了中国推进亚太经济一体化的节奏，对中国的亚太经济一体化进程造成了一定阻碍。

表 2-5　CPTPP 和 RCEP 成员对比

CPTPP 国家	RCEP 国家
日本	
澳大利亚	
马来西亚	
越南	
新加坡	
新西兰	
文莱	
智利	韩国（有意向加入 CPTPP）
加拿大	印度尼西亚（有意向加入 CPTPP）
墨西哥	菲律宾（有意向加入 CPTPP）
秘鲁	泰国（有意向加入 CPTPP）
	老挝
	缅甸
	柬埔寨
	印度
	中国

2. CPTPP 削弱了中国在国际经贸规则制定领域的话语权

当前，大型自贸协定已成为发达国家抢夺国际贸易规则制定主导权的重要平台。CPTPP 是当前国际上最高标准的大型多边自贸协定，不仅实现了大部分货物和服务的自由贸易，而且将监管透明度与反贪腐、劳工保护、动植物保护、政府采购、数据流通等领域的高标准规则写入了协定文本，被许多国家视为新一代自由贸易的发展方向，未来可能引领国际经贸规则体系进入高标准的新阶段。日本作为 CPTPP 的主导国家，通过 CPTPP 的签署、推广和未来的扩容，先入为主，获得了更多的国际经贸规则制定领域的话语权和主导权。相对而言，削弱了中国在相关领域的话语权。与此同时，CPTPP 的部分规则，如国有企业、数据流通等领域的部分规定，不符合中国国情。这类过高标准的先行也加大了中国的适应难度，进一步削弱了中国在国际经贸规则制定领域的话语权。

3. CPTPP 给中国对外贸易与投资带来了一定冲击

CPTPP 生效后，由于零关税、贸易投资便利化等因素的影响，CPTPP 成员国之间的贸易与投资机会将有所增加，从而通过转移效应，导致成员国与非成员国之间贸易与投资的下降。尽管在CPTPP的11个成员国中，中国已与新加坡、澳大利亚、智利、新西兰、秘鲁等国以及包括文莱、马来西亚、越南、新加坡在内的东盟十国签有自贸协定，但是，从整体上看，中国与上述国家的自贸协定的广度和深度都逊于CPTPP，不足以抵消CPTPP带来的转移效应。未来随着CPTPP的扩容，如果不采取合适的应对措施，CPTPP对中国对外贸易与投资带来的冲击有可能进一步加大。据美国著名智库彼得森国际经济研究所的预测，CPTPP的签署与生效，将使中国的货物贸易出口额下降0.2%；如果CPTPP扩容，印度尼西亚、菲律宾、韩国和中国台湾加入CPTPP，将导致中国的货物贸易出口下降0.9%；如果英国、美国等大国加入CPTPP，对中国对外贸易与整体经济的冲击将进一步加大。与此同时，CPTPP在国有企业、劳工保护、环境保护、政府补贴等方面有十分严苛的规则，中国企业如果在CPTPP成员国投资，将面临相关规则的制约，特别是中国国有企业将可能因身份问题而受到不公平待遇，这无疑不利于中国的对外投资，甚至对“一带一路”建设形成了一定挑战。

4. CPTPP给中国部分产业带来较大挑战

CPTPP的签署与运行，使CPTPP成员国形成统一的大市场，从而增强了成员国对资本的吸引力。与此同时，宽松的累积型原产地规则，更为成员国之间的产业内贸易创造了有利条件。CPTPP成员国内既有拥有资本、技术优势的日本、新加坡等发达国家，也有劳动力、土地成本低廉的越南、马来西亚等发展中国家，还有自然资源极为丰富的澳大利亚、加拿大等资源大国，具有很强的资源与要素互补优势，有利于成员国之间通过合理的布局和产业内贸易，形成高效、完善的产业链条和产业竞争优势，从而吸引更多的产业，如纺织产业、汽车产业等向CPTPP成员国转移，这将给中国的相关产业带来挑战，特别是在中国目前土地、劳动等成本高启、产业转型压力巨大的情况下，这种挑战尤为突出。

（二）对策建议

尽管CPTPP给我国带来了一定冲击，然而只要积极主动地采取适当对策，不仅可以减缓冲击，甚至可以转危为机，更好地推动我国经济发展和国际区域经济一体化进程。

第一，组织力量认真研究CPTPP条款和各种相关背景资料，及时追踪CPTPP

成员国的落实情况和进展，客观理性地分析CPTPP的各种影响，包括宏观层面的影响和对企业、消费者等微观层面的影响，做到知己知彼，为制定相关对策奠定基础。与此同时，主动向国内制造商、贸易商、投资商等微观主体提供相关信息，帮助他们了解CPTPP，以使微观主体可以更好地应对CPTPP的冲击，及时调整发展策略，争取转危为机。

第二，继续积极推行自由贸易区战略。加快实施自由贸易区战略是我国新一轮对外开放的重要内容。CPTPP的签署和运行，进一步增加了我国推行自贸区战略的紧迫性和必要性。我们应更加积极地推进RCEP、中日韩自由贸易区等多边自由贸易谈判；推进新的双边自由贸易谈判，特别是与“一带一路”沿线国家、CPTPP成员国以及具有较强互补性的经济大国之间的双边自贸谈判；推动已有自由贸易协定的进一步升级与深化，推动自贸协定的多元化和不断深入。通过积极地参与和努力，逐步构筑高质量的自贸协定网络，不断融入国际区域经济一体化进程，以此来减少CPTPP的转移效应。在推进自贸区战略的过程中，我们应以开放和包容的心态，主动学习与借鉴CPTPP，从中吸取有益的经验，以进一步提升谈判能力。在需要和合适的时候，不排除可以申请加入CPTPP。

第三，采取差异化策略，提升中国在国际经贸规则制定领域的话语权。CPTPP是当前标准最高的多边自由贸易协定，在一定程度上代表了未来国际经贸规则的一种发展方向。但是，世界发展是多元化的，未来的国际经贸规则也可能是多元化的。不同国家的国情不同，过高标准的国际经贸规则不适合一些发展中国家，也很难为这些发展中国家所接受。因此，我们可以根据不同类型国家的不同诉求，采取差异化策略，按照双方共赢的原则签订最合适而不是最高标准的自由贸易协定，用更灵活的方式取得更多国家的认同和支持，不断提升我国在国际经贸规则制定领域的话语权。

第四，进一步深化改革开放，不断提高自身的经济实力和综合竞争力。经济实力和综合竞争力是一个国家参与国际竞争和合作的根基。中国如果要进一步推进国际区域经济一体化，进一步提升在国际区域经济一体化领域的话语权和主导权，就必须进一步深化改革开放，以改革开放提升自身的经济实力和综合竞争力。因此，我国应进一步加强与市场经济相匹配的法律法规建设，不断完善社会主义市场经济体制，更好地发挥市场在资源配置中的决定性作用；不断加强科技研究，提高科技竞争力，减少对发达国家的技术依赖，以此增强国际经贸领域的话语权；加快国内经济结构调整和产业升级，提高经济质量和效益，构筑更具竞争力的产业体系，进一步提高经济实力；进一步加大开放力度，放宽市场准入，创造更有吸引力的投资环境和营商环境，以便更好地适应未来国际区域经济一体化的发展。

参考文献

［1］袁波 . CPTPP 的主要特点、影响及对策建议［J］. 国际经济合作，2018（12）.

［2］蔡彤娟，郭小静 . TPP 到 CPTPP：中国面临的新挑战与对策［J］. 区域与全球发展，2019（2）.

［3］樊莹 . CPTPP 的特点、影响及中国的应对之策［J］. 当代世界，2018（9）.

［4］张岩 . CPTPP 发展未来可期中国应积极参与分享贸易红利［J］. 中国对外贸易，2019（3）.

［5］王孝松，武睆 . CPTPP 建立的影响及中国的应对策略探究［J］. 区域与全球发展，2018（3）.

［6］曹广伟 . 亚太经济一体化视域下 CPTPP 的生成机理及其后续影响［J］. 商业研究，2018（12）.

第二部分

中国经济领域的开放

第三章　货物贸易

——中国外贸的变化与应对

一、中国对外货物贸易的状况

（一）贸易进出口规模达历史新高

2018 年，中国货物贸易进出口总额达 4.6 万亿美元，同比增长 12.6%，为历史最高水平。其中，出口总额 2.49 万亿美元，同比增长 9.9%，占全球份额为 12.8%，基本与 2017 年持平；总额 2.14 万亿美元，同比增长 15.8%（见表 3-1），占全球份额为 10.8%，相比 2017 年提高了 0.6 个百分点，为历史最高水平。2017 年中国贸易进出口情况如表 3-2 所示。随着进口规模的快速增长，2018 年中国货物贸易顺差趋于收窄，货物贸易顺差额为 3517.6 亿美元，同比降低 16.2%。

表 3-1　2018 年中国货物贸易进出口情况

项目	出口			进口		
	金额/亿美元	同比增长/%	占比/%	金额/亿美元	同比增长/%	占比/%
一般贸易	14001	13.90	56	12739.3	17.4	60
加工贸易	7974	0.05	32	4706.8	9.1	22
其他贸易	2899	0.06	12	3910.3	19.7	18
总值	24874	9.90	100	21356.4	15.8	100

数据来源：海关总署。

表 3-2　2017 年中国贸易进出口情况

项目	出口			进口		
	金额/亿美元	同比增长/%	占比/%	金额/亿美元	同比增长/%	占比/%
一般贸易	12300.9	8.7	54	10827.6	20.2	59
加工贸易	7590.4	6.0	34	4315.5	8.8	23
其他贸易	2743.9	8.5	12	3266.7	12.0	18
总值	22635.2	7.9	100	18409.8	15.9	100

数据来源：海关总署。

（二）外贸出口商品结构持续优化

2018 年，在中美贸易摩擦背景下，中国高附加值产品的出口并没有减少，反而增长迅速，外贸出口商品结构持续优化。主要原因可能是消费和生产行为的“黏性作用”，使机电和高新技术产品在加征关税前的贸易额快速放大。2018 年，我国机电产品出口额达到 1.46 万亿美元，同比增长 7.9%，占出口总额的 58.8%；高新技术产品出口额达到 0.75 万亿美元，同比增长 9.3%，占出口总额的 30.1%，其中，金属加工、手机、汽车出口分别增长 19.2%、9.8%和 8.3%。此外，纺织品、服装、鞋类、箱包、玩具、家具、塑料制品等七大劳动密集型产品合计占中国出口总额的 19.0%（见图 3-1），同比下降 1.1 个百分点。

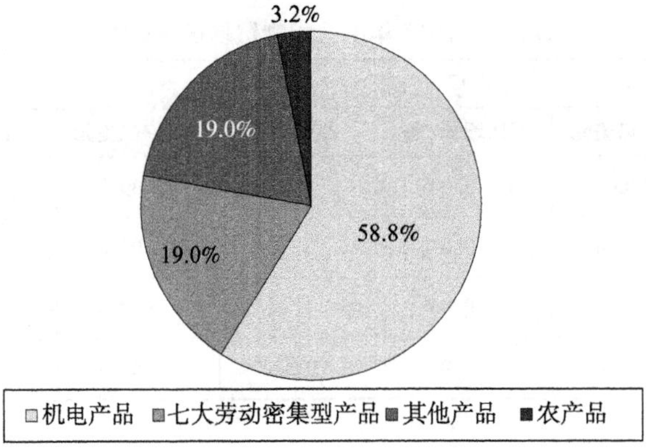

图 3-1　2018 年主要出口商品金额及占比

数据来源：海关总署。

（三）外贸新业态成为增长新亮点

2018 年，中国一般贸易实现进出口额 26749. 2 亿美元，同比增长 15. 5%，占进出口总额的 57. 8%，较 2017 年提升 1. 4 个百分点。受贸易结构持续调整等因素的影响，加工贸易进出口占比不断下降，但规模有所提升。2018 年，中国加工贸易出口额为 7971. 7 亿美元，进口额为 4706. 8 亿美元，实现进出口额 12678. 5 亿美元（见表 3-3），同比增长 6. 5%，占进出口总额的 27. 5%，同比下降 1. 5 个百分点。2017 年中国进出口商品贸易方式情况如表 3-4 所示。跨境电子商务、市场采购贸易等贸易新业态已连续 3 年保持高速增长，成为外贸发展新亮点。2018 年，通过海关跨境电子商务管理平台零售进出口总额达到 1347 亿美元，同比增长 50. 0%。其中，出口 561 亿美元，增长 67. 0%；进口 786 亿美元，增长 39. 8%。

表 3-3　2018 年中国进出口商品贸易方式情况

项目	出口			进口		
	金额/亿美元	同比增长/%	占比/%	金额/亿美元	同比增长/%	占比/%
一般贸易	14009. 9	13. 9	56	12739. 3	17. 4	60
加工贸易	7971. 7	5. 1	32	4706. 8	9. 1	22
其他贸易	2892. 4	5. 3	12	3910. 3	19. 7	18
总值	24874. 0	9. 9	100	21356. 4	15. 8	100

数据来源：海关总署。

表 3-4　2017 年中国进出口商品贸易方式情况

项目	出口			进口		
	金额/亿美元	同比增长/%	占比/%	金额/亿美元	同比增长/%	占比/%
一般贸易	12300. 9	8. 8	54	10827. 6	20. 2	59
加工贸易	7588. 3	6. 0	34	4315. 5	8. 8	23
其他贸易	2746. 0	9. 2	12	3266. 7	12	18
总值	22635. 2	7. 9	100	18409. 8	15. 9	100

数据来源：海关总署。

（四）民营企业成为外贸市场主体

从外贸企业结构来看，民营企业成为外贸增长主力军，市场主体活力持续迸发。在出口方面，2018 年民营外贸企业实现出口 11941.3 亿美元，同比增长 13.2%，占出口总额的比重为 48.0%（见表 3-5）；其中，民营企业机电产品出口和进口均占民营企业出口总额和进口总额的 40%，集成电路、液晶显示板、手机等产品的出口额分别增长 51.0%、34.1%和 16.8%，集成电路进口额增长 35.3%。2018 年，国有企业实现出口 2572.6 亿美元，同比增长 11.1%，占出口总额的 10.3%；外商投资企业实现出口 10360.2 亿美元，同比增长 6.0%，占出口总额的 41.7%。

表 3-5　2017—2018 年中国出口企业性质情况

项目	2017 年			2018 年		
	金额/亿美元	同比增长/%	占比/%	金额/亿美元	同比增长/%	占比/%
国有企业	2312.3	7.2	10.2	2572.6	11.1	10.3
外商投资企业	9775.6	6.6	43.2	10360.2	6.0	41.7
民营企业	10547.3	9.2	46.6	11941.3	13.2	48.0
总值	22635.2	7.9	100	24874.0	9.9	100

数据来源：海关总署。

（五）西部地区外贸活力进一步增强

2018 年，积极承接全球第四轮产业转移和加工贸易梯度转移的中西部地区外贸带动作用进一步增强。2018 年，中国中部地区和西部地区分别实现进出口总额 3612.3 亿美元和 3691.9 亿美元，同比分别增长 15.6%和 19.1%（见表 3-6），合计占全国进出口总额的比重为 14.4%，占比较 2017 年提升 0.3 个百分点。东部地区进出口总额 38927.7 亿美元，增速同比增长 11.8%，占全国进出口总额的 85.6%。2017 年，中国东中西部地区进出口情况如表 3-7 所示。

表 3-6　2018 年中国东中西部地区进出口情况

地区	进出口总额/亿美元	出口额/亿美元	进口额/亿美元	进出口增速/%	进出口所占比重/%
全国	46230.4	24874.0	21356.4	12.6	100.0

续表

地区	进出口总额/亿美元	出口额/亿美元	进口额/亿美元	进出口增速/%	进出口所占比重/%
东部地区	38927.7	20650.0	18277.7	11.8	85.6
中部地区	3612.3	2102.7	1509.6	15.6	7.1
西部地区	3691.1	2122.3	1569.1	19.1	7.3

数据来源：海关总署。

注：东部地区包括北京、天津、河北、辽宁、上海、江苏、浙江、福建、山东、广东和海南；中部地区包括山西、吉林、黑龙江、安徽、江西、河南、湖北和湖南；西部地区包括内蒙古、广西、四川、重庆、贵州、云南、西藏、陕西、甘肃、青海、宁夏和新疆。

表 3-7　2017 年中国东中西部地区进出口情况

地区	进出口总额/亿美元	出口额/亿美元	进口额/亿美元	进出口增速/%	进出口所占比重/%
全国	41045.0	22635.2	18409.8	11.4	100.0
东部地区	34819.7	19013.7	15806.0	10.7	85.9
中部地区	3126.0	1836.5	1289.5	10.0	7.0
西部地区	3099.3	1785.0	1314.3	20.5	7.1

数据来源：海关总署。

注：东部地区包括北京、天津、河北、辽宁、上海、江苏、浙江、福建、山东、广东和海南；中部地区包括山西、吉林、黑龙江、安徽、江西、河南、湖北和湖南；西部地区包括内蒙古、广西、四川、重庆、贵州、云南、西藏、陕西、甘肃、青海、宁夏和新疆。

（六）“一带一路”成为外贸发展新动力

2018 年，我国对全球前四大贸易伙伴欧盟、美国、东盟、日本进出口总额分别增长 7.9%、5.7%、11.2%和 5.4%，合计占我国进出口货物贸易总额的 48.8%。其中，对欧盟、美国、东盟、日本的出口分别增长 7.0%、8.6%、11.3%和 4.4%。《中国对外贸易形势报告（2019 年春季）》显示，2018 年，我国对“一带一路”沿线国家、非洲、拉丁美洲进出口分别增长 13.3%、16.4%和 15.7%，分别占进出口总额的 27.4%、4.4%和 6.7%。我国与“一带一路”沿线国家的贸易合作潜力不断释放，成为拉动我国外贸发展的新动力。其中，对俄罗斯、沙特阿拉伯和希腊进出口分别增长 24.0%、23.2%和 33.0%。2018 年中国进出口贸易排名前十的国家（地区）情况如表 3-8 所示。

表 3-8　2018 年中国进出口贸易排名前十的国家和地区情况

序号	国家和地区	进出口额占比/%
1	欧盟	15.0
2	美国	13.7
3	东盟	13.0
4	日本	7.1
5	韩国	6.8
6	中国香港	6.7
7	中国台湾	5.0
8	澳大利亚	3.3
9	俄罗斯	2.0
10	加拿大	1.0

数据来源：海关总署。

从国别区域分布情况来看，2018 年，中国出口额前五位的国家和地区分别为美国（4784.72 亿美元）、欧盟（4086.3 亿美元）、东盟（3192.4 亿美元）、中国香港（3020.7 亿美元）以及拉丁美洲（1487.9 亿美元），出口所占比重分别为 19.2%、16.4%、12.8%、12.1%和 6.0%。2018 年，中国进口额前五位的国家和地区分别为欧盟（2735.3 亿美元）、东盟（2686.3 亿美元）、韩国（2046.4 亿美元）、日本（1805.8 亿美元）和中国台湾（1776 亿美元），进口所占比重分别为 12.8%、12.6%、9.6%、8.5%和 8.3%（见表 3-9）。

表 3-9　2017—2018 年中国进出口额排名前五位的国家和地区情况

国家和地区	2017 年		2018 年	
	出口额/亿美元	出口所占比重/%	出口额/亿美元	出口所占比重/%
美国	4297.5	19.0	4784.72	19.2
欧盟	4290.6	19.0	4086.3	16.4
东盟	2791.2	12.3	3192.4	12.8
中国香港	2793.5	12.3	3020.7	12.1
拉丁美洲	1308.3	5.8	1487.9	6.0
国家和地区	2017 年		2018 年	
	进口额/亿美元	进口所占比重/%	进口额/亿美元	进口所占比重/%
欧盟	2448.7	13.3	2735.3	12.8
东盟	2357	12.8	2686.3	12.6
韩国	1775.1	9.6	2046.4	9.6

续表

国家和地区	2017年		2018年	
	进口额/亿美元	进口所占比重/%	进口额/亿美元	进口所占比重/%
日本	1656.5	9.0	1805.8	8.5
中国台湾	1553.9	8.4	1776	8.3

数据来源：海关总署。

二、中美货物贸易的发展特点

（一）中美货物贸易总额不断增长

自中国加入WTO以来，中美经贸往来日益密切，贸易额不断攀升。据中国海关统计，2018年中美双边贸易总额6335.2亿美元（见图3-2），同比增长8.5%，占中国进出口货物总额的13.7%。其中，中国对美国出口4784.2亿美元，同比增长11.3%，占中国货物出口总额的19.2%；中国自美国进口1551.0亿美元，同比增长0.7%，占中国货物进口总额的7.3%。2018年中国对美国货物贸易顺差3233.3亿美元（见图3-3），同比上升17.2%，占中美进出口贸易的比重较2017年提升4.0个百分点。美国依然是中国第二大贸易伙伴，第一大出口市场和第六大进口来源地。

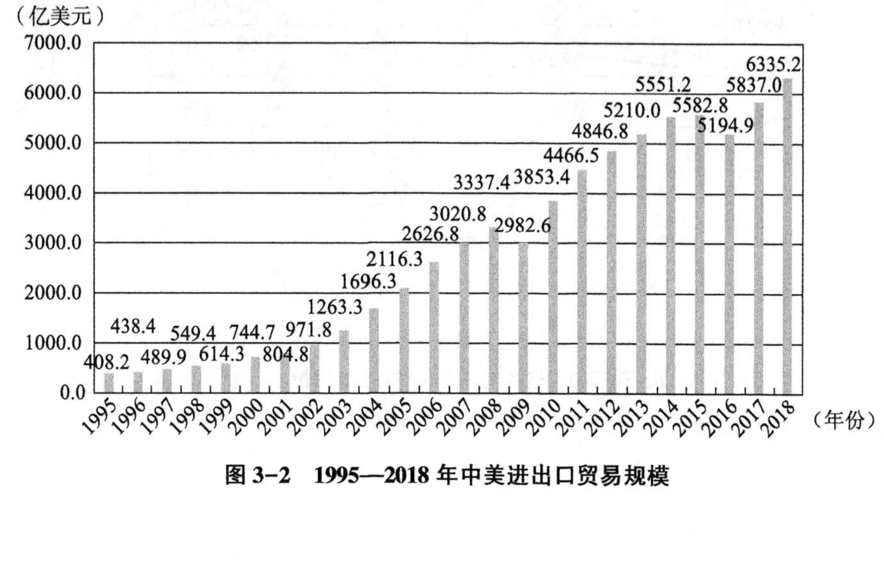

图3-2　1995—2018年中美进出口贸易规模

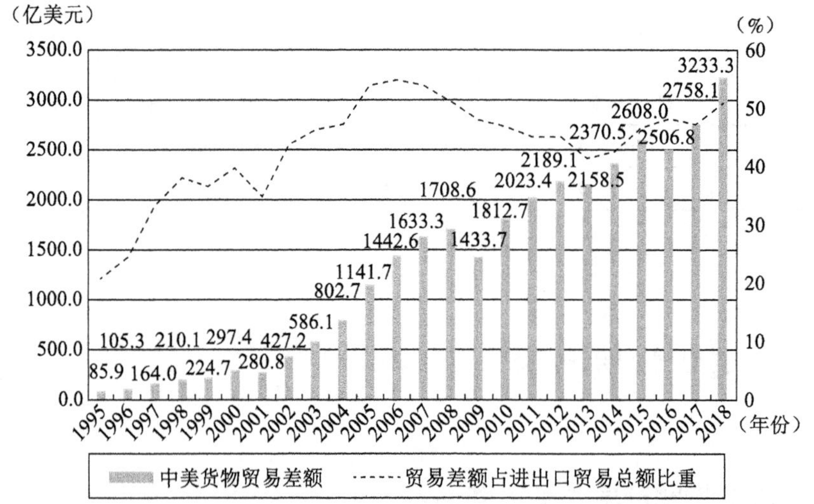

图 3-3　1995—2018 年中美货物贸易差额及占进出口贸易比重

根据美国商务部统计，2018 年美中双边贸易总额 6598.4 亿美元，同比增长 3.8%，占美国进出口总额的 15.7%。其中，美国对中国出口 1203.4 亿美元，同比下降 7.7%，占美国货物出口总额的 7.2%；美国自中国进口 5395.0 亿美元，同比增长 6.7%，占美国进口货物总额的 21.2%。美国对中国货物贸易逆差 4191.6 亿美元（见图 3-4），同比增长 11.7%。

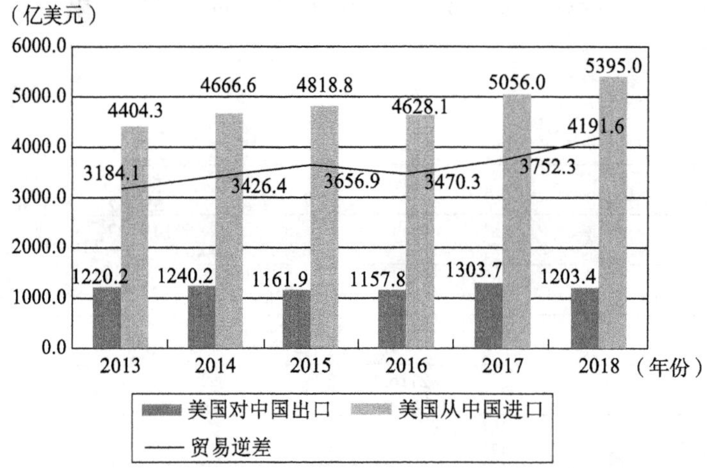

图 3-4　2013—2018 年中美双边贸易进出口情况及贸易逆差额

数据来源：美国商务部。

（二）中国是美国货物贸易逆差主要来源国

进入21世纪以来，美国对外货物贸易一直保持贸易逆差状态。根据美国商务部统计，2018年美国货物贸易逆差为8760.1亿美元，并呈现逐步扩大趋势（见图3-5）。从货物贸易逆差来源国来看，2018年美国与全球91个国家（地区）货物贸易呈现逆差，其中中国为美国货物贸易逆差的主要来源国，逆差规模为4191.6亿美元（见图3-6），占整个贸易逆差的比重高达39.5%。此外，墨西哥、德国、日本、爱尔兰、越南也是造成美国货物贸易逆差的重要来源国，占比分别为7.6%、6.4%、6.3%、4.4%和3.7%（见图3-7）。

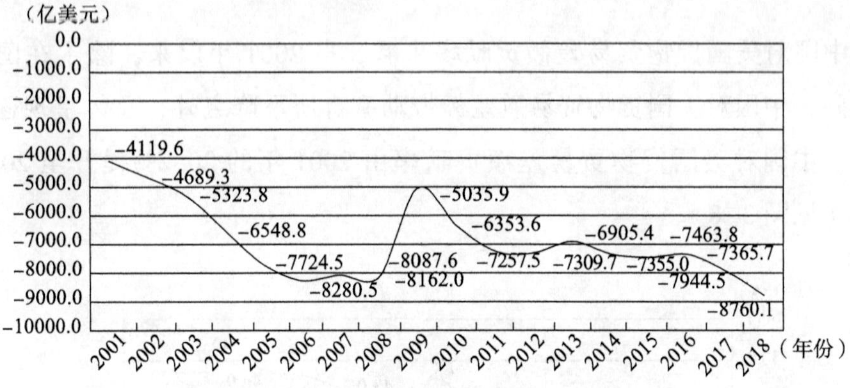

图3-5　2001—2018年美国货物贸易逆差额

数据来源：美国商务部。

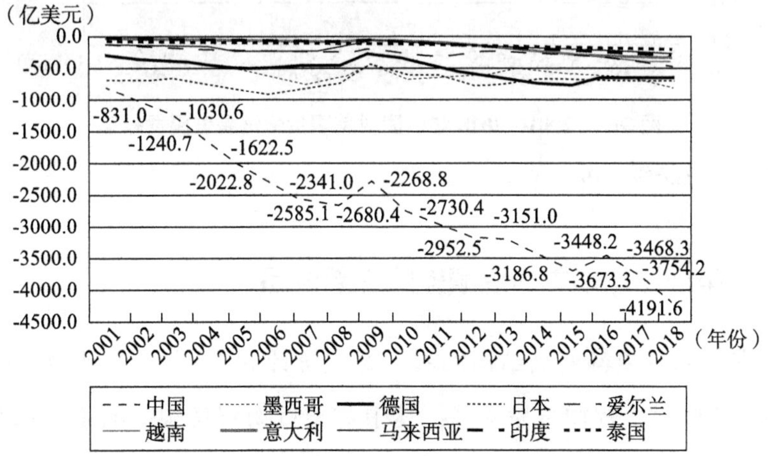

图3-6　2001—2018年美国货物贸易逆差额国家（地区）结构

数据来源：美国商务部。

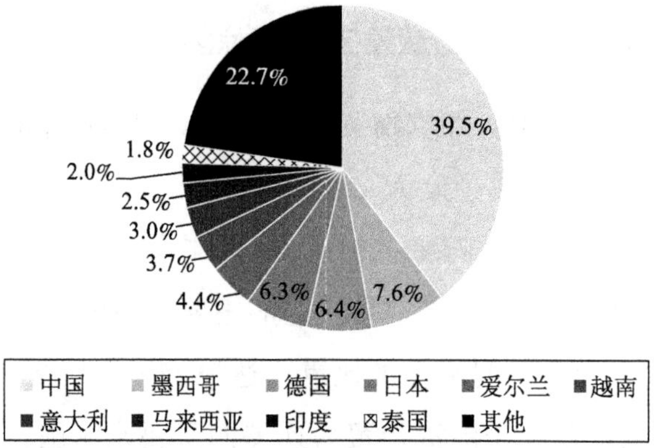

图 3-7　2018 年美国货物贸易逆差额国家（地区）结构

数据来源：美国商务部。

从中国对美国货物贸易差额贡献率来看，自 2001 年以来，除了在国际金融危机期间，中国对美国货物贸易逆差额带动率有所下降之外，总体呈现逐步增长的趋势。中国对美国货物贸易差额贡献率由 2001 年的 20.2%提升至 2018 年的 47.9%（见图 3-8）。

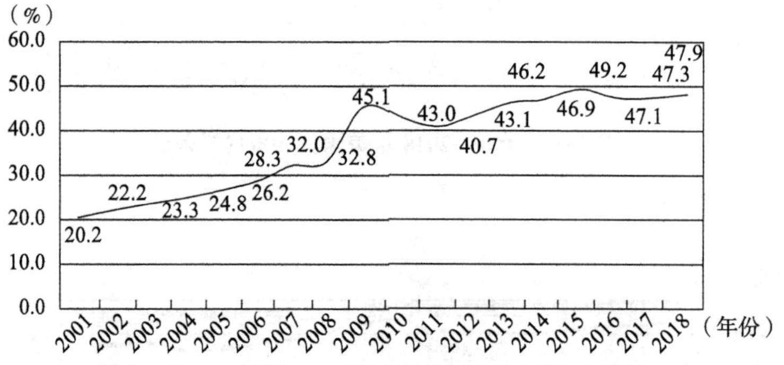

图 3-8　2001—2018 年中国对美国货物贸易差额贡献率

数据来源：美国商务部、CDI。

（三）机电产品是中美贸易顺差的主要商品

从中美货物贸易差额商品结构来看，海关统计的 22 大类商品中，14 类对美货物贸易顺差，8 类对美货物贸易逆差，其中对美货物贸易顺差的主要商品为机电产品、杂项制品、纺织原料及其制品、贱金属及其制品和鞋帽伞等轻工产品。2018 年上述商品贸易差额分别为 1841.6 亿美元、556.6 亿美元、439.2 亿美元、190.5 亿美元和165.1亿美元（见图3-9）。

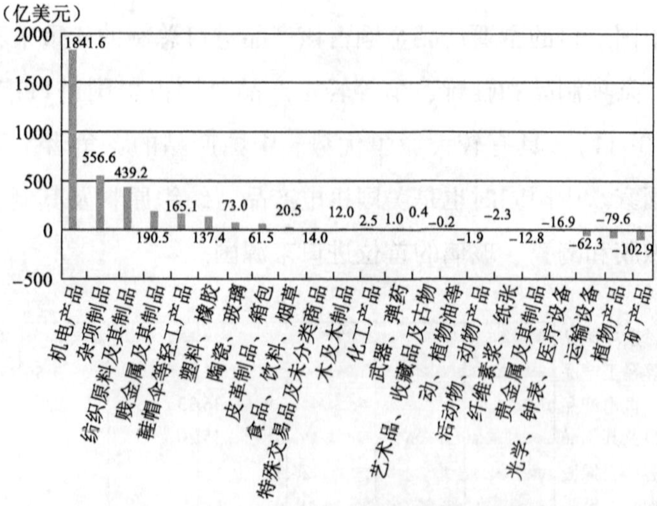

图3-9　2018年中美货物贸易差额产品类别

数据来源：海关总署、CDI。

从中美货物贸易差额商品结构的发展趋势来看，机电产品是制造中美贸易逆差的主要商品类别，顺差额占中美贸易顺差比重由2001年的23.4%增长至2018年的56.9%（见图3-10）。纺织原料及其制品、贱金属及其制品、鞋帽伞等轻工产品顺差额占中美贸易顺差比重近年来有所下降，主要原因是上述劳动密集型产业转移至东南亚等国家和地区。

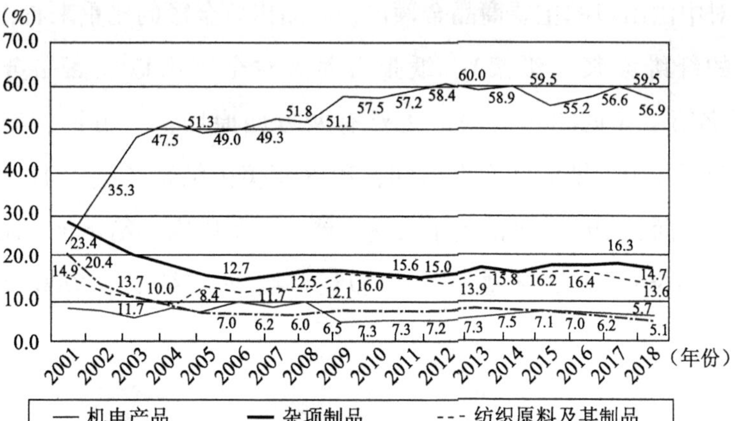

图3-10　2001—2018年中美主要顺差货物占差额比重

数据来源：海关总署、CDI。

（四）中美贸易依赖性商品重点集中于劳动及资金密集型领域

从美国从中国进口的主要产品金额占该产品进口总额的比重来看，2018 年中国的家具、玩具、杂项制品和鞋靴、伞等轻工产品分别占美国进口市场的 60.88%和 56.23%（见图 3-11），具有较大竞争优势。中国产品的竞争者主要是墨西哥、越南和意大利等国家。中国同时也是美国机电产品，纺织原料及其制品，贱金属及其制品，塑料、橡胶和陶瓷、玻璃的首位进口来源国。

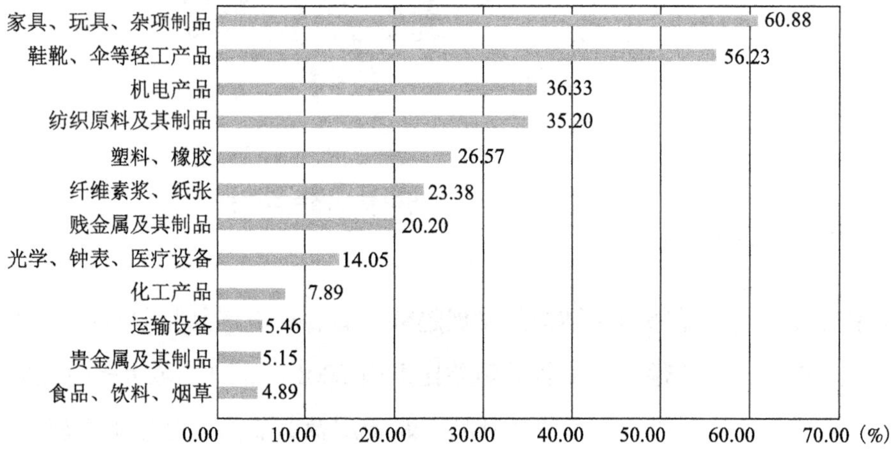

图 3-11　2018 年美国从中国进口的商品占该商品进口总额比重

数据来源：美国商务部。

从美国对中国出口的主要商品金额占该商品出口金额的比重来看，2018 年美国对中国出口的纤维素浆（纸浆）、纸张占美国对全球出口该商品金额的比重为 13.07%，排名第一（见图 3-12）。主要有两方面原因：一方面，美国的供给优势，根据联合国和中国纸业的数据可知，2018 年美国纸浆产量 4541 万吨，全球排名第一；另一方面，中国造纸的需求市场广阔，但是国内供给不足；2018 年机制纸及纸板产量为 11661 万吨，纸制品产量 5578 万吨，进口纸浆约 6700 万吨。

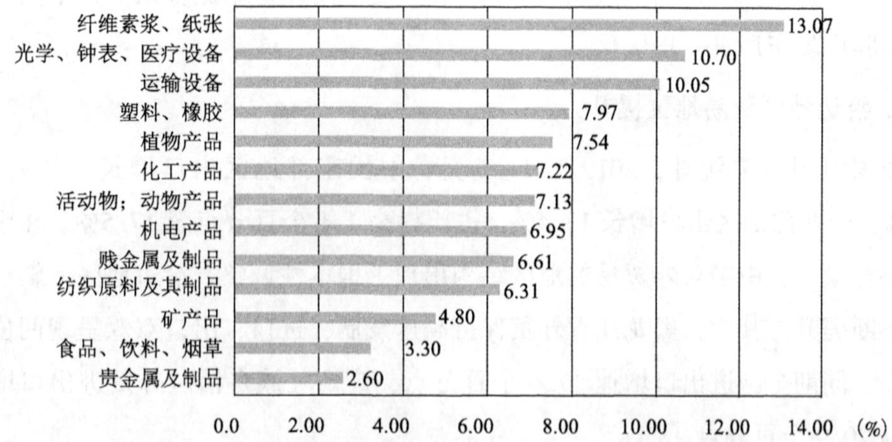

图 3-12　2018 年美国对中国出口的商品占该商品出口总额比重

数据来源：美国商务部。

三、回顾与政策建议

（一）2019 年中国对外货物贸易回顾

1. 外贸下行压力加大

根据中国海关统计，2019 年 1—6 月，我国进出口总额 2.16 万亿美元，同比下降 2.0%。其中，出口 1.17 万亿美元，增长 0.1%；进口 0.99 万亿美元，下降 4.3%；顺差 0.18 万亿美元，扩大 33.9%。虽然受全球经济贸易发展增速放缓、国内内需不振等因素影响，但 2019 年我国外贸发展呈现了总体平稳、稳中提质的态势。①

2. 外贸市场更加多元

根据中国海关统计，2019 年 1—6 月，中国与“一带一路”沿线国家和地区贸易额达 6175 亿美元，同比增长 9.7%，远高于同期中国贸易总额-2.0%的发展水平，拉动进出口增长 2.7 个百分点，占比从 2013 年的 25%提高至 2019 年的 28.9%。其中，对俄罗斯、沙特阿拉伯和埃及的进出口分别增长 11.5%、34%和 11%，与欧

① 2019 年我国外贸发展总体平稳呈现六大特点［EB/OL］. http：//www. cinic. org. cn/xw/tjsj/710428. html.

盟进出口增长 11.2%，对美进出口下降 9%。在中美贸易摩擦背景下，中国外贸发展的国际市场布局进一步优化。

3. 沿边地区贸易地位提升

根据中国海关统计，2019 年 1—6 月，中国东部地区出口增长 4.7%，占比 82.5%；中西部地区出口增长 13.4%，占比提高 1.1 个百分点至 17.5%。在中美贸易摩擦背景下，中国对外贸易的地区结构出现了根本性调整，沿边地区的辐射带动作用不断提升。其中，黑龙江省外贸保持高速发展，进口、出口双双呈现两位数增长，高于同期全国进出口增速 17.6 个百分点，广西壮族自治区外贸进出口增速较全国高 20.9 个百分点。

4. 高水平开放平台带动性进一步增强

2019 年 1 月 12 日，国务院印发《关于促进综合保税区高水平开放高质量发展的若干意见》（国发〔2019〕3 号）。在国家政策的支持下，综合保税区作为我国高水平开放高质量发展的重要平台，外贸拉动作用进一步增强。2019 年一季度，综合保税区进出口 5262.3 亿美元，增长 11.7%。其中，出口 3111.8 亿美元，增长 8.4%；进口 2150.5 亿美元，增长 16.7%。进出口、出口、进口增速分别高出外贸整体增速 8.0 个、1.7 个和 16.4 个百分点。

（二）政策建议

1. 审慎评估全球贸易前景，做好不同应对预案

在世界经济发展面临较大下行压力的形势下，全球贸易保护主义持续升温，“逆全球化”趋势导致全球经贸摩擦加剧。美国是全球第一大经济体，美国政府频繁采取强硬的贸易保护限制措施，强力推行“美国优先”的单边主义、保护主义贸易政策，不仅给中国的对外经贸合作带来了严峻挑战，而且严重扰乱了全球贸易发展秩序，对国际贸易的持续发展带来巨大风险。建议合理审慎评估中美贸易前景，高度关注贸易摩擦在全球范围的发展趋势及其对全球产业链、价值链、供应链带来的重构性影响，从贸易、投资、交流合作等多个领域做好全球贸易保护主义升温的应对预案。

2. 推动“一带一路”走深走实，深化投资贸易合作

我国要积极强化对欧、对日、对太平洋地区合作，促进与东盟、南亚、中亚等区域双边、多边合作升级版建设，增辟更大国际合作空间。一是面向重点潜在区域扩大相互市场开放，提高贸易便利化水平，挖掘新的贸易增长点；二是依托边境经济合作区、跨境经济合作区、境外经贸合作区等平台，扩大双向投资规模，带动双向贸易往来；三是深化各种形式的区域、次区域合作，积极探讨建设中国特色新型自由贸易港，在支持区内货物自由流动基础上，大力推进投资、服务贸易、金融等领域自由化进程；四是建议充分利用中国国际进口博览会、中国—东盟博览会、中国亚欧博览会、中国—非洲经贸博览会等已搭建好的各类国际化平台，进一步发挥进口贸易的平台带动作用；五是依托双边经贸联委会、混委会等合作机制，与沿线国家加强沟通，共同推动实施一批重大合作项目，让合作成果尽早惠及沿线各国人民。

3. 遵循开放经济发展规律，搭建高质量外贸平台

依托海关特殊监管区域推动“保税+制造”联动，是我国遵循世界开放经济发展一般规律、实现经济高速发展的根本经验。在转向高质量发展的今天，伴随着创新要素全球化配置和国内、国际市场的联动开发，技术创新与成果转化、面向更广细分市场的产业创新蕴含着数量级的增长空间，推动了国际贸易货物品类、价值结构及流转方式的重大变化。高附加值设备仪器、原料试料进口、转关及科研资金跨境流转需求与日俱增，样品、单品、备品备件、快件等以保税方式不定期地进行研发、加工、流通，使链条快速流转，成为新兴产业发展新常态，交付时效性和个性化诉求大幅增长。建议加快推进各类海关特殊监管区升级为综合保税区，充分借鉴国际经验，高起点、高标准建设中国特色自由贸易港，为高技术水平、高附加值外贸产业发展搭建高质量的发展平台。

参考文献

［1］中华人民共和国商务部综合司，国际贸易经济合作研究院．中国对外贸易形势报告（2019年春季）［EB/OL］. http：www. gov. cn/xinwen/2019-05/25/content_5394622. htm.

［2］杨庆．2018年中美贸易摩擦形势分析及未来展望［J］. 湖北经济学院院报，2018（6）：28-32.

［3］王斐．中美贸易摩擦背景下中国对外经济发展策略分析［J］. 才智，2019（17）：228.

［4］艳红．中美贸易战根源、趋势及中国应对［J］. 现代管理科学，2019（6）：13-15.

第四章　对外投资
——“一带一路”与中国企业对外投资

一、中国对外直接投资的现状和问题

（一）投资现状

1. 对外直接投资流量出现较大下滑

受世界投资形势总体低迷、2015—2016 年对外投资限制性政策的滞后效应影响，2017 年，我国对外直接投资流量从 2016 年的 1962 亿美元下跌至 1583 亿美元，同比下滑 19.3%，15 年来首次出现负增长（见图 4-1），占世界比重也下降了（见图 4-2）。对外直接投资存量由 2016 年的 1.36 万亿美元增至 2017 年的 1.81 万亿美元，同比增长 33.3%（见图 4-3）。2017 年，我国对外直接投资存量超过德国、荷兰，在全球各个国家（地区）中排名第二位。从近几年的存量增长来看，2016 年和 2017 年我国对外直接投资存量分别同比增长 23.6%和 33.3%，增幅仍然保持高位，反映了我国对外直接投资规模的长期增长趋势。

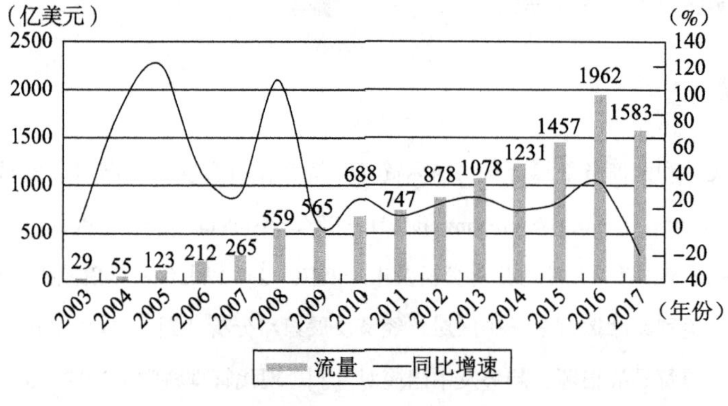

图 4-1　2003—2017 年中国对外直接投资流量及其增速

数据来源：商务部、国家统计局、国家外汇管理局《中国对外直接投资统计公报》。

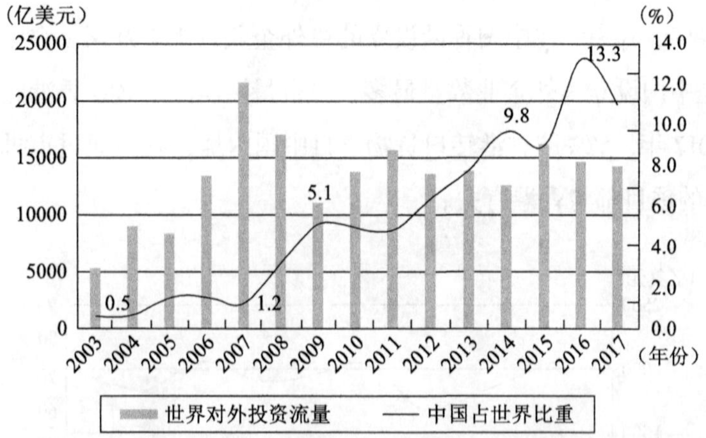

图 4-2　2003—2017 年全球对外直接投资流量及中国占比

数据来源：世界银行《中国对外直接投资统计公报》。

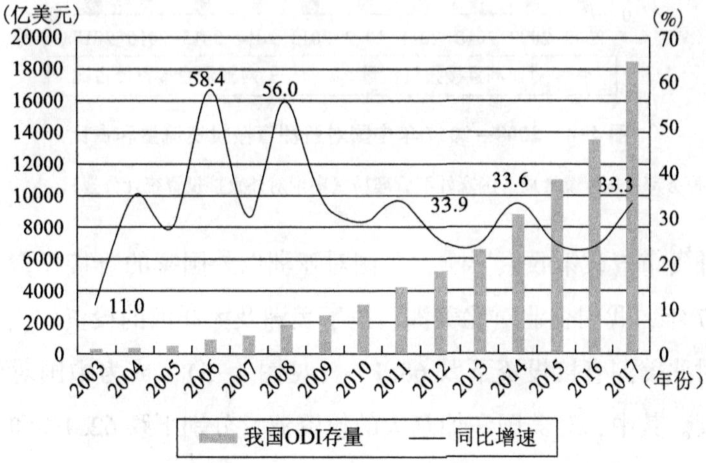

图 4-3　2003—2017 年中国对外直接投资存量及其增速

数据来源：商务部、国家统计局、国家外汇管理局《中国对外直接投资统计公报》。

2. 亚洲是对外投资的主要目的地

从对外直接投资的流向看，亚洲仍是中国企业对外直接投资的主要目的地。2017 年，我国对亚洲地区直接投资流量达到 1100.4 亿美元（见图 4-4），存量达到 11393.2 亿美元，分别占对外直接投资总量的 69.5%和 63%。其中，对中国香港的直接投资流量达到 911.5 亿美元，存量达到 8719 亿美元，分别占对外直接投资总额的 57.6%和 57.5%，占流入亚洲的对外直接投资总量的 83%和 86.1%。从境外企业的国家（地区）分布情况看，中国在亚洲设立的境外企业数量近 2.1 万家，占中国境外企业总数的 55.8%。其中，在中国香港设立的境外企业近 1.2 万家，占中国境外企业总数的 30%，是中国设立境外企业数量最多、投资最活跃的地区。香港是中国内地重要的转口港，2017 年，58%的香港转口货物产自中国内地，我国通过审批的对外投资项目中，44.9%的项目都与香港有关。

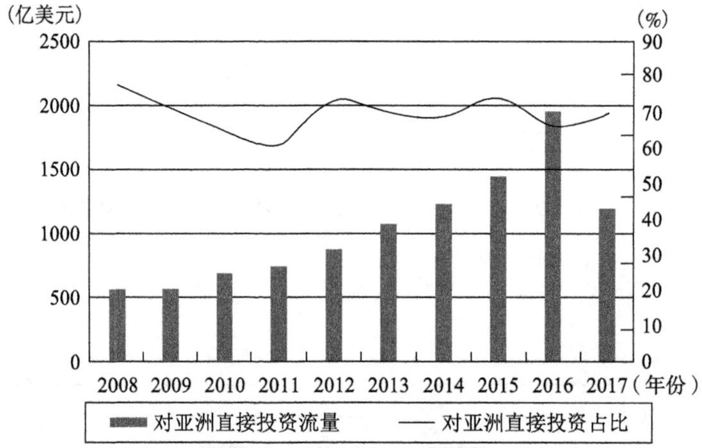

图 4-4　2008—2017 年中国对亚洲直接投资流量和占比

数据来源：商务部、国家统计局、国家外汇管理局《中国对外直接投资统计公报》。

受美国外资审查政策收紧影响，我国对亚洲以外国家的直接投资重点从北美转向欧洲。2017 年，我国企业对北美洲、拉丁美洲及大洋洲的投资均出现不同程度的下滑，尤其对北美洲直接投资下跌 68.1%（见图 4-5），成为中国对外投资总体放缓的重要因素。其中，对美国和加拿大的投资流量分别下跌 62.1%和 88.9%，特别是对美直接投资出现"断崖式"下跌，从 169.8 亿美元锐减为 64.3 亿美元。2017 年，中国企业对欧洲国际直接投资流量则大幅增长，达到 184.7 亿美元，同比增长 72.7%，达到历史最高位，占当年对外直接投资流量比重达到 11.7%。其中，投资流量在 10 亿美元以上的国家有 6 个，包括瑞士（75.1 亿美元）、德国（27.2 亿美元）、英国（20.7 亿美元）、俄罗斯（15.5 亿美元）、卢森堡（13.5 亿美元）和瑞典（12.9 亿美元）。

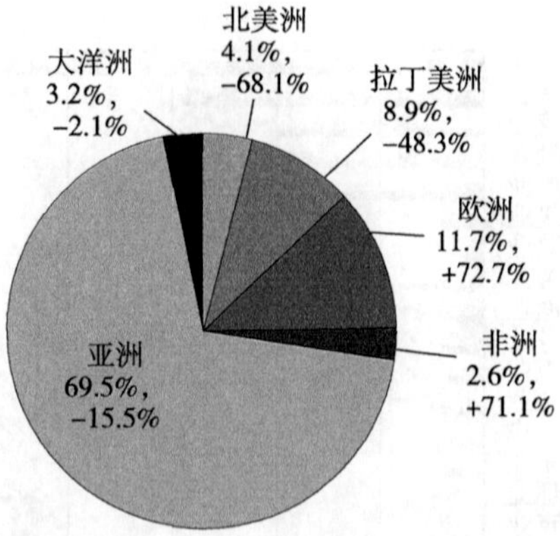

图 4-5 2017 年中国对外直接投资行业分布

数据来源：商务部《2017 年度中国对外直接投资统计公报》。

受“一带一路”倡议提出的影响，中国企业近年来加快在非洲布局。2017年，中国对非洲直接投资 41 亿美元，同比增长 71.1%，但中国对非洲直接投资占中国对外投资总量的比重仍然较低，仅为 2.6%。对非洲投资主要流向安哥拉、肯尼亚、刚果（金）、南非、赞比亚、几内亚、刚果（布）、苏丹、埃塞俄比亚、尼日利亚、坦桑尼亚等国家。

3. 对外投资的领域相对集中

2017 年，中国企业对外直接投资集中在四大领域：租赁和商业服务业对外直接投资流量 542.7 亿美元，占比达到 34.3%；制造业对外直接投资流量 295.1 亿美元，占比 18.6%；批发和零售业对外直接投资流量 263.1 亿美元，占比 16.6%；金融业对外直接投资流量 187.9 亿美元，占比 25.9%。这四大领域对外直接投资流量之和占 2017 年中国企业对外直接投资总流量的 82.5%，其他领域的投资还包括房地产业、建筑业、交通运输/仓储和邮政业、信息传输/软件和信息技术服务业、农/林/牧/渔业、科学研究和技术服务业等。2016—2017 年中国企业对外直接投资流量行业分布如图 4-6 所示。

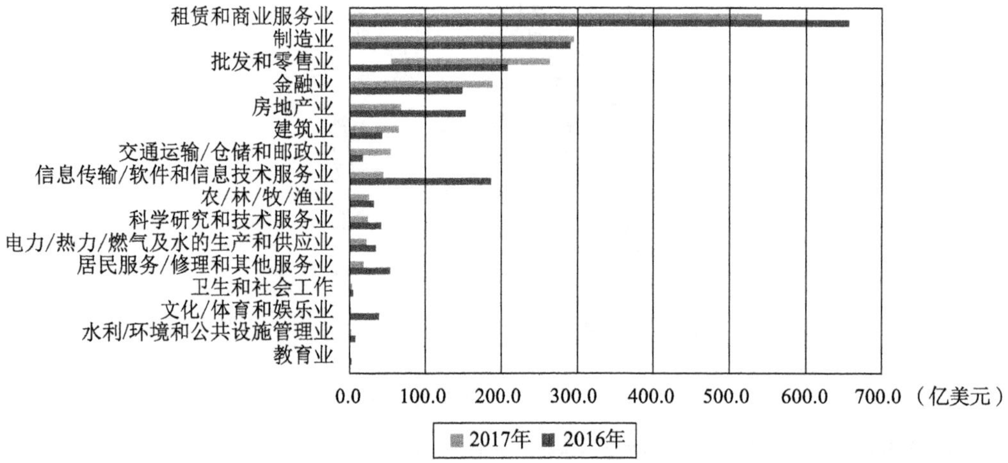

图 4-6　中国企业对外直接投资流量行业分布

数据来源：商务部、国家统计局、国家外汇管理局《中国对外直接投资统计公报》。

2017 年，12 个行业的中国对外直接投资出现大幅下滑。租赁和商业服务业对外直接投资流量从 2016 年的 657. 8 亿美元下降至 542. 7 亿美元，同比下跌 17. 5%。受技术领域外资审查收紧的影响，信息传输/软件和信息技术服务业对外直接投资流量同比下跌 76. 3%，占比下滑 6. 7 个百分点；科学研究和技术服务业同比下滑 23. 9%，占比下滑 0. 7 个百分点。受 2017 年新出台的对外投资合规政策的影响，房地产业及文化/体育和娱乐业对外直接投资流量分别下滑 55. 1%和 93. 3%。

（二）面临的问题

1. 对外投资行业结构待优化

一是资源类投资占比偏高。2017 年，我国境外企业在能源资源领域①的直接投资流量占比高达 39. 5%。在 2008 年以来发生的境外并购交易中，能源及矿业类占 70%以上，能源类投资占比仍然过高。这与发达国家对外投资早期阶段情形十分相似，如美国 1914 年在能矿领域的投资占对外投资总额的 40%以上，到 2011 年这一比重降至 4. 5%；日本 1972 年和 1974 年矿产投资占总投资比重分别高达 40%和 33%，到 1986—2007 年则降至 2%～3%，2008 年后这一比重回升并稳定在 10%左右。

① 注：包括能源和金属行业中国企业对外直接投资流量，数据来自 AEI，The Heritage Foudation。

二是制造业投资比重偏低。2017 年，我国制造业对外直接投资存量占比仅为 7.8%，这与我国制造大国的地位不相匹配。从发达国家看，其对外投资都经历过制造业投资速度加快、比重提升的阶段，如日本 1973 年制造业对外投资占比就达到 34%，1991 年以来一直在 40%以上；韩国 20 世纪 90 年代以来一直保持在 50%以上；美国在 1982 年时达到 42%；德国 1995 年境外加工制造业资产占境外资产总额的 44%。制造业对外投资占比偏低的现状，表明我国企业在国际分工体系中仍处于被动从属地位，在全球主动布局的能力还比较缺乏，制造业跨国企业仍有待培育。

2. 东道国准入审查风险加大

2017 年以来，部分发达国家以国家安全、国内企业保护为由，收紧对外资的准入门槛。美国在“301 调查”行动后的总统备忘录中提出加强对中国绿地投资、合资企业及其他在美国外国投资委员会（CFIUS）审查范围外的投资活动，并将涉及关键技术和关键基础设施、特定知识产权或关键技术转移盒子项目纳入审查范围，引入强制申报制度及事后合规性监管等外资限制措施，其后又出台了《2018 年外国投资风险审查现代化法案》（FIRRMA），扩大了美国对外直接投资委员会（CFIUS）的审查职权，延长对外商投资的初期审查时间（从 30 天延长到 45～60 天），收取申报费用（最高为交易金额的 1%或 30 万美元），并强化对关键技术、关键基础设施、数据行业、房地产行业的外商直接投资审查。澳大利亚以国家安全、本国产业保护和重要资源的所有权结构为由，加强了农业、电力、通信等行业对外商投资的限制和监管，并于 2018 年通过了《反外国干涉法》。欧盟议会通过法律，为成员国列出 FDI 审查框架，提出成员国可以在安全或者公共秩序的基础上，维护、修改或者通过 FDI 审查机制，并将以关键基础设施、关键技术、关键投入品作为对外投资的重要审查对象（见图 4-7）。根据联合国贸发会议发布的投资政策监测报告，2017 年 11 月至 2018 年 2 月，全球有 22 个国家推出了 32 条对外投资政策，限制型政策的比例提高到 29%，同比提高 15 个百分点，是 2010 年以来的最高值（见图 4-8）。

关键基础设施

• 能源、交通、通信、数据存储、空间或者金融基础设施，以及敏感设施

关键技术

• 人工智能、机器人、半导体、有潜在军民两用功能的技术、网络安全、太空技术或者核技术

关键投入品

• 关键投入品的供应安全，或获得敏感信息或者控制敏感信息的能力

图 4-7　欧盟 FDI 审查框架列出的审查考量因素

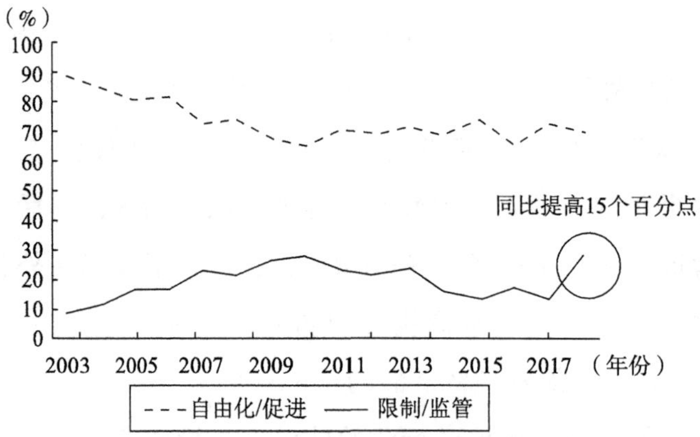

图 4-8　2003—2017 年全球投资政策变化情况

数据来源：UNCTAD。

随着欧美加强外资审查，尤其美国加强对中国的技术投资封锁，中国跨国企业打入战略性行业海外市场的难度大幅提高，体现在科技服务领域及信息传输/软件和信息技术服务领域对外投资的大幅缩减。对中资企业投资的限制性条款和额外审查流程提高了企业在境外投资的时间成本和交易成本，从而对中国投资的境外吸引力产生负面影响。一方面，加大了我国企业境外绿地投资的审批难度；另一方面，也提高了境外并购的失败率。比如，2018 年 1 月，蚂蚁金服收购美国汇款公司速汇金国际的交易因为没有通过美国外国投资委员会（CFIUS）批准而被迫终止。2017 年，中国在美国开展的并购和绿地投资等直接投资金额只有 64 亿美元，是 2014 年以来的最低水平，仅为 2016 年的 1/3 左右（见图 4-9）。

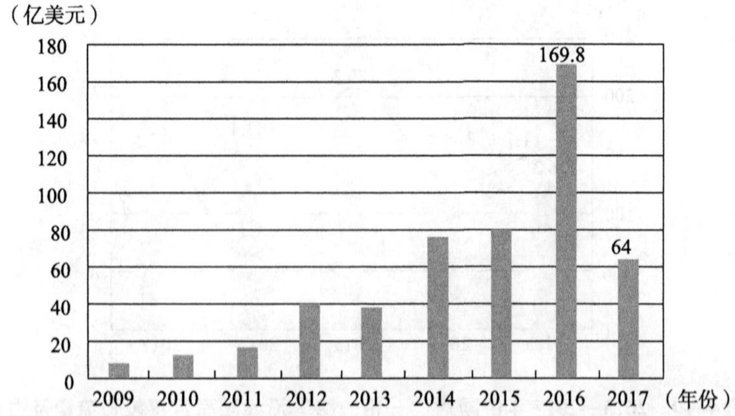

图 4-9 2009—2017 年中国企业对美直接投资流量

数据来源：商务部、国家统计局、国家外汇管理局《2017 年度中国对外直接投资统计公报》。

二、中国对“一带一路”沿线国家的投资情况

（一）投资现状

1. 投资规模稳步增长

在我国对外投资流量总体放缓的背景下，我国对“一带一路”沿线国家直接投资规模呈稳步上涨趋势。2013 年以来，我国企业对“一带一路”沿线国家的投资流量从 2013 年的 126.3 亿美元增长到 2017 年的 201.7 亿美元（见图 4-10），年投资规模增长接近 2/3。2017 年，我国对“一带一路”56 个沿线国家直接投资流量同比上涨 31.5%，占对外投资总量比重增长 3 个百分点。截至 2017 年，对“一带一路”沿线国家直接投资存量达到 1544 亿美元（见图 4-11），占我国对外投资总存量比重达到 8.5%。

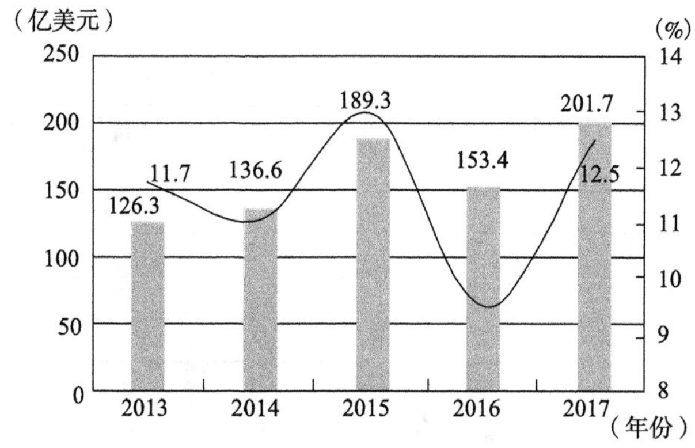

图 4-10　2013—2017 年中国对“一带一路”沿线国家直接投资流量及占比

数据来源：商务部、国家统计局、国家外汇管理局《2017 年度中国对外直接投资统计公报》。

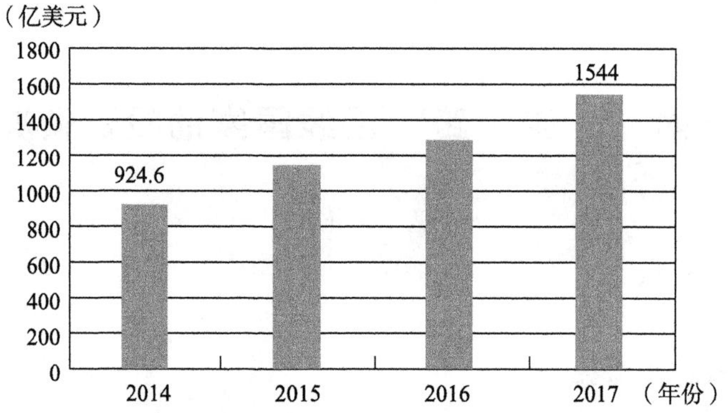

图 4-11　2014—2017 年中国对“一带一路”沿线国家直接投资存量

数据来源：商务部、国家统计局、国家外汇管理局《2017 年度中国对外直接投资统计公报》。

2. 投资领域集中于能源资源类行业

“一带一路”沿线国家广阔的市场资源、较低的劳动成本和丰富的能源资源吸引了大量的中国资本。自 2013 年“一带一路”倡议提出以来，我国企业积极“走出去”，对“一带一路”沿线国家和地区的投资领域日趋多元化。2017 年，我国企业对沿线国家的重点投资领域包括能源、金属、交通运输、技术、农业、金融、房地产、物流、健康业、公共设施等（见图 4-12）。其中，对外直接投资存量占比较高的领域包括能源（40.1%）、房地产业（11.6%）、金属业（10.5%）、交通运输（9.9%）、物流业（7.6%）、金融业（5.3%）、技术产业（4.6%）、娱乐业（4.5%）等。能源及金属行业的 OFDI 存量占比之和达到 50.6%，反映了资源寻求型 OFDI 仍是我国企业对“一带一路”沿线国家进行投资的主要类型。交通运输类

OFDI 投资存量达到 148 亿美元，仅 2017 年投资额就达到 43.6 亿美元，反映我国在基础设施领域已经建立起比较优势，企业通过输出交通设施的开发能力，积极支持“一带一路”建设，特别是支持与“一带一路”相伴而行的“五通”的“设施联通”目标的实现。

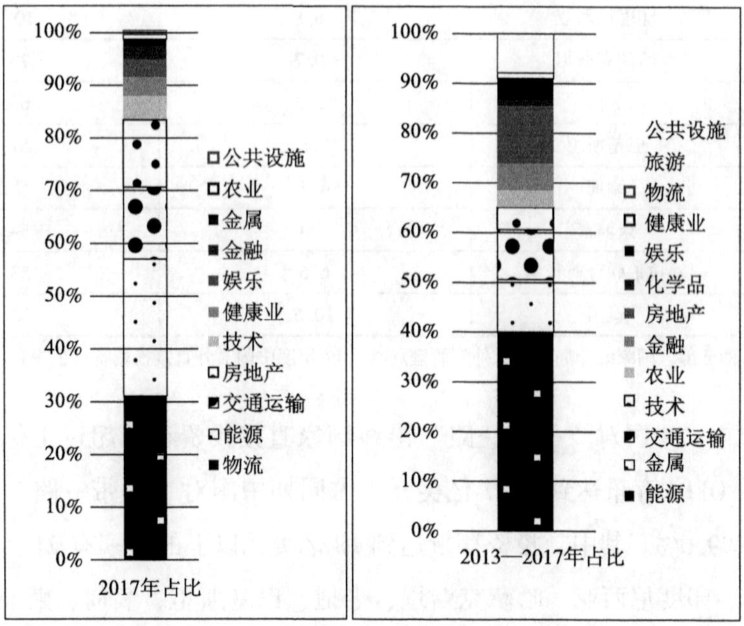

图 4-12　中国企业对“一带一路”沿线国家和地区投资行业分布结构

数据来源：AEI，The Heritage Foundation。

3. 投资地点集中于东盟及周边国家

中国企业主要投资的“一带一路”沿线国家包括新加坡、哈萨克斯坦、马来西亚、印度尼西亚、俄罗斯、老挝、泰国、越南、巴基斯坦、阿拉伯联合酋长国等。从区域布局看，中国对“一带一路”沿线国家的投资集中度高，2017 年中国在“一带一路”沿线国家直接投资规模排名前十位的国家（见表 4-1）的直接投资流量达到 164 亿美元，存量达到 1106.16 亿元，分别占中国对“一带一路”沿线国家投资总量的 81.3%和 71.6%。

表 4-1 2017 年中国对外直接投资存量前十位的"一带一路"沿线国家

位次	国别	2017 年中国 OFDI 流量/亿美元	2017 年中国 OFDI 存量/亿美元
1	新加坡	63.1	445.68
2	俄罗斯	15.5	138.72
3	印度尼西亚	16.8	105.39
4	哈萨克斯坦	20.7	75.61
5	老挝	12.2	66.55
6	巴基斯坦	6.8	57.16
7	缅甸	4.3	55.25
8	柬埔寨	7.4	54.49
9	阿拉伯联合酋长国	6.6	53.73
10	泰国	10.6	53.58

数据来源：商务部、国家统计局、国家外汇管理局《2017 年度中国对外直接投资统计公报》。

2017 年末，中国对"一带一路"沿线国家直接投资存量超过 1 亿美元的国家共有 42 个，OFDI 存量达到 1537 亿美元，占同期中国对"一带一路"沿线国直接投资存量的 99.6%。其中，投资存量达到 10 亿美元以上的国家有 21 个，包括新加坡、俄罗斯、印度尼西亚、哈萨克斯坦、老挝、巴基斯坦、缅甸、柬埔寨、阿拉伯联合酋长国、泰国、越南、马来西亚、印度、以色列、伊朗、蒙古国、沙特、塔吉克斯坦、土耳其、吉尔吉斯斯坦和卡塔尔，投资存量达到 50 亿美元的国家有 10 个，其中超过一半为东盟国家。

（二）中国对东盟国家直接投资——以印度尼西亚、柬埔寨、越南为例

2017 年，我国对东盟国家直接投资存量为 861.9 亿美元，流量为 141.4 亿美元，中国在东盟国家设立直接投资企业超过 4700 家，雇用外方员工数量达到 35.3 万人。其中，印度尼西亚、柬埔寨、越南三国吸引的中国企业直接投资存量为 163 亿美元，流量为 31.9 亿美元，占中国对东盟投资比重分别达到 18.3%和 22.6%。对印度尼西亚、柬埔寨和越南三国的直接投资表现出以下两方面的特征。

1. 投资速度明显加快

2009 年以来，中国对印尼、柬、越三国投资速度呈稳步上升趋势，直接投资流量从 5.5 亿美元增长到 31.9 亿美元，年均增速达到 24.5%。2013—2017 年，越、

柬、印尼三国引进中资的平均年增速分别达到 27.1%、16.7%和 28.5%。[①] 截至 2017 年，中国对越南的直接投资存量已经达到 54.5 亿美元，越南已经成为服装、鞋类、玩具和家电等劳动密集型行业的中资企业最青睐的投资目的地之一，晶苑国际、南旋股份、健盛集团等上市公司均已在越南投资。截至 2017 年，中国对柬埔寨的直接投资存量达到 49.7 亿美元，中国是柬埔寨的第一大外商投资来源地，申洲国际、联发股份等上市公司均在柬埔寨建厂，红豆集团已在柬埔寨建设产业园。[②] 截至 2017 年，中国对印度尼西亚的直接投资存量达到 105.4 亿美元，印尼是中国在东盟国家中直接投资规模最大的国家，仅次于新加坡。印尼广阔的国内市场和未来巨大的消费潜力吸引了大量中资企业进入，例如青山集团在印尼投资建设了全球产业链最长的不锈钢生产基地；宏桥集团投资建设了印尼首家及东南亚最大的冶炼级氧化铝厂。[③]

2. 贸易替代效应有所增强

三国均高度重视对中资企业的产业转移的承接，对我国的出口形成一定的贸易替代效应，其中劳动密集型产业最为明显，替代效应主要来自三方面：一是中资企业将生产环节转移到当地，建立一体化的生产基地，利用当地的原材料优势、劳动力优势及贸易条件优势，在当地完成生产加工后将成品转销欧美市场；二是在华外资企业减少在中国的生产环节和压缩生产规模，将部分环节的生产转移到越南、柬埔寨和印度尼西亚等东南亚国家，在当地完成加工后转销国际市场；三是大型跨国企业的转移将带动其上下游配套企业迁出，从而进一步减少我国中间品和完成品的出口。

以越南为例，2017 年越南的出口增速为 17%，比我国出口增速高 6 个百分点，三星、惠普和诺基亚等跨国企业在向越南等东南亚国家转移的同时，压缩了我国国内的产量和订单量。世贸组织的一项调查表明，2011—2015 年，我国七大类出口密集型产品占欧美市场份额下降了约 2 个百分点，同期越南、缅甸、柬埔寨、孟加拉国等国的占比之和上升了 2 个百分点。2018 年以来的中美贸易摩擦引起贸易成本的不确定性，强化了三国的贸易条件优势，进一步加强了出口平台型对外投资的贸易替代效应，具体表现为大型跨国企业逐步将生产环节迁入这些国家，预计将对

① 采用 FDI 流量的名义增速作为核算指标。

② 资料来源：东南亚——制造业海外产业转移的首选［EB/OL］. 和君咨询网站，http：//www. hejun. com/thought/research/hejunmeiriguancha/201809/9607. html.

③ 资料来源：推动中印尼经贸合作更上层楼［EB/OL］. 中国商务新闻网，http：//www. gov. cn/xinwen/2018-05/08/content_ 5289200. htm.

国内出口造成一定程度的消极影响。

三、中国对外投资的展望及建议

（一）前景展望

1. 对外投资比重将在波动中上升

世界主要经济体对外投资的经验表明，一国的对外投资流量与其经济发展水平是高度相关的。另外，对外直接投资存量占全球的比重与本国 GDP 占全球的比重，以及对外直接投资流量占本国固定资产投资的比重也有一定的相关性。

从对外直接投资存量占全球的比重与本国 GDP 占全球的比重来看，美国、德国、日本等发达国家的对外直接投资存量占全球的比重与本国 GDP 占全球的比重基本相当；英国、法国、荷兰、加拿大、瑞士等国的对外直接投资存量占全球的比重大于本国 GDP 占全球的比重。而中国的情况正好相反，2017 年中国对外直接投资存量占全球的比重为 5.9%，中国 GDP 占全球 GDP 的比重为 15.2%，说明我国对外投资还有相当大的提升空间。

从对外直接投资流量占本国的固定资产投资的比例来看，发达国家的对外直接投资流量占本国固定资产的比重平均为 9%，发展中国家平均为 5%，全球平均为 8%。2017 年中国对外直接投资流量占本国的固定资产投资的比例仅为 1.67%，远远低于世界平均水平（8%）。从对外直接投资流量占国内投资的比例来看，我国对外投资也存在很大的空间。

总体而言，我国对外投资规模目前还处于较低水平，未来增长空间大。根据著名国际投资专家邓宁提出的投资发展周期理论，我国资本净流出和净流入的现象将交替存在，但从总体趋势上看，我国对外投资将在波动中上升。

2. 制造业比重将不断提高

从我国对外投资的行业分布来看，制造业占比从 2007 年的 4.9%上升到 2016 年的 14.9%，10 年内提高了 2 倍，而且这一比重将会不断提高，主要有以下几个方面的原因。

一是大国间贸易局势的不稳定造成出口成本和风险大幅上升，会促使一部分制造类企业转移到其他国家。由于我国出口占世界比重已达到世界最高水平[①]，主要贸易国家提高了对我国出口产品的贸易壁垒，贸易摩擦事件不断，针对中国出口产品的贸易救济调查案件居高不下，导致我国出口比重较大的产品不得不转移到东南亚和非洲等具有贸易税收优惠的国家生产，再出口到主要贸易国家，以规避出口配额和高额的关税。据世界贸易组织统计，中国是连续21年成为遭遇反倾销调查最多的国家，全球约1/3的调查针对中国。2018年以来，全球贸易保护主义升温，美国财政部将中国列入“汇率操纵国”观察名单，美国多次对中国发起“301调查”。对中国发起贸易救济调查的主要国家和地区包括美国、印度、巴西、欧盟和巴基斯坦等主要贸易国。与中国相比，东南亚和非洲等地则可以享受美国和欧盟等发达国家的普惠税待遇和其他单独的税收优惠，并且没有出口配额限制。美国对非洲撒哈拉以南国家制定了AGOA法案，欧盟面向最不发达的50个国家和地区制定了EBA法案，都体现了发达国家对欠发达地区的优惠待遇。因此，贸易成本的差异将促使一部分出口型制造企业转移到东南亚、非洲等国家。

二是国内制造成本持续上升将促使企业“走出去”以提高生产效率，降低生产成本。根据综合开发研究院的调查，中国中西部地区园区的综合成本约为东南亚和南亚地区的2倍。制造业长期面临生产成本和交易成本不断提高的压力，将使更多的传统制造业加快寻求成本洼地，加大对外投资。

三是国内产能过剩行业去产能压力仍然较大。为化解过剩产能，为过剩企业提供新的生存空间和就业机会，国务院出台了《关于推进国际产能和装备制造合作的指导意见》，明确我国传统优势产业要加大对外投资力度，加强境外资源开发，推动境外投资，强化国际产能合作。目前，我国大部分过剩行业的产能利用率在60%~70%，距离80%的合理产能利用率还有较大距离。其中，钢铁过剩产能约1.8亿吨，水泥过剩产能为2.9亿吨，去产能压力仍然很大，为消化过剩产能，企业也不得不“走出去”，以提高资源的配置效率。

四是境外园区的兴起将为制造业企业“走出去”提供境外发展平台。截至目前，我国已建和在建的境外园区累计投资已经超过300亿美元，大部分园区处于招商阶段，中国企业是主要的招商对象。这些境外园区中，很大一部分位于“一带一路”沿线国家。根据综合开发研究院的调查，“一带一路”沿线国家中处于工业化

① 2016年，中国商品出口额占全球商品出口的比重达到13.8%，达到世界最高水平。个别产品如纺织服装出口占全世界的比重达到35%，钢铁出口占全世界的比重达到16%。

发展阶段的国家有57个，占比高达约86%，其中超过一半仍处于工业化发展中前期。从经济结构来看，超过80%（约83%）的国家工业增加值占比仍低于45%，超过50%（约51%）的国家制造业增加值占总商品增加值的比重仍然低于30%（新加坡达到60%）。预计未来我国企业在“一带一路”沿线国家广阔的市场和巨大的发展潜力中，将进一步吸引一批中国企业进行工业园建设和产业投资，为中国制造业企业“走出去”与中外国际产能合作提供新的发展动力。

五是从世界经验来看，我国制造业对外投资还有较大的提升空间。从世界经验来看，发达国家对外投资都经历过制造业投资速度加快、比重提升的阶段：日本1973年占比达到34%；韩国1990年以来一直保持在50%以上；美国1989年达到41.7%（见图4-13）。目前，我国制造业对外投资占比仍然很低，截至2017年，制造类对外投资存量仅占7.8%，未来仍有较大提升空间。

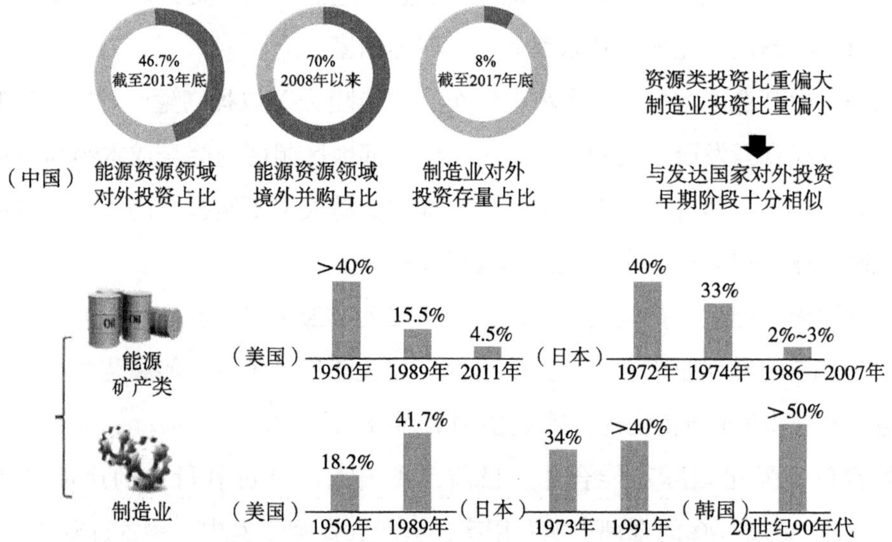

图4-13　我国制造业及能源结构与发达国家经验比较

3. 民营主体将越来越占据主导地位

近年来，民营企业在中国海外投资中扮演着越来越重要的角色。相较而言，民营企业更加注重对外投资的国别风险，其投资动机主要是开拓海外市场、获取新的品牌和技术。

一方面，对国有企业的监管越来越规范化。针对国有企业在对外投资中出现的一些问题，如投资项目的财务分析审核缺位、境外工程企业变相融资等问题，国家有关政策收紧了国有企业的对外投资，财政部在 2017 年 6 月出台了《国有企业境外投资财务管理办法》。该办法明确对国有企业境外投资项目的立项审批要严格审查，特别是对境外投资项目的投资可行性的审查，并实行境外投资审批终身负责制，对审批额度也进行了相应的限制；该办法还制定了动态管理和长期跟踪的财务管理机制，对不达标的项目，要对相应负责人问责和处理。

另一方面，民企是制造业对外投资的主力。近年来，对外投资项目中制造业的比重逐年提高，2017 年我国在境外投资的制造业企业数量达到 8056 家，占 20.6%。“走出去”的制造业大多属于竞争性行业，如汽车制造、电子信息等。在这些行业中，民营企业更具竞争力和活力，预计民营主体将在中国对外投资中越来越占据主导地位。2006—2017 年中国对外投资民营企业占比如图 4-14 所示。

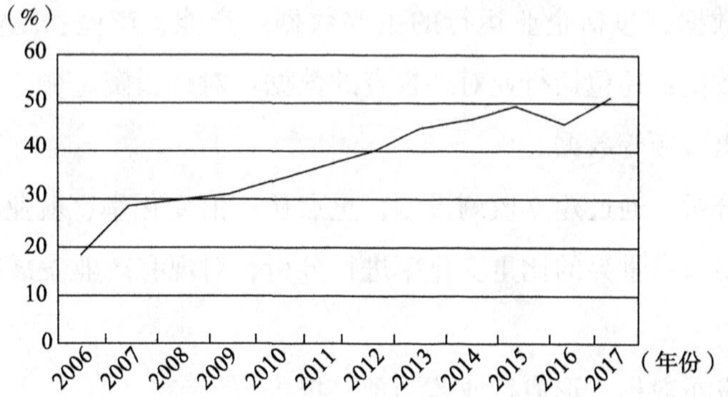

图 4-14 2006—2017 年中国对外投资民营企业占比

4. 对东南亚国家投资占比将进一步提高

截至 2017 年底，东南亚国家吸引中国企业直接投资存量达到 891.9 亿美元，是中国企业在“一带一路”沿线国家直接投资规模最大的区域。东南亚国家经济增长势头强劲，人口红利显著，原材料和要素成本较低，营商环境逐年改善，面临相对有利的国际贸易环境，对中国企业布局境外生产线具有极大的吸引力。

东盟区域贸易协定的深度一体化，一方面加强了成员国之间的要素和市场流动，使投资东盟成员国的中国企业能够借助其国内的产销平台，辐射整个区域市场；另一方面，也为其成员国参与国际贸易规则的制定争取了更大的平台，赋予了区域内经济体量相对较小的成员国参与国际多边贸易规则制定的机会，促使其在国际经贸体系中发挥更大的影响力。预计未来，中国企业将进一步加大在东南亚国家，特别是东盟国家的布局，中国在东南亚的直接投资占比将进一步提高。

（二）政策建议

1. 预防产业空心化

（1）建立产业空心化预警数据库。为实时掌控我国主要产业发展趋势，建议建立产业空心化预警数据库，该数据库的建设和运营可从以下几个方面考虑。

一是监测机构，建议由商务部牵头，建立大数据系统，整合各行业重点企业、行业协会、主管部门和统计部门的相关数据。

二是监测行业，建议基本覆盖制造业行业，并重点关注产值规模大、就业人数多、进出口额高的行业。

三是监测数据，包括企业运行的主要数据：产能、产值、就业人数、进出口额、利润率等数据；还包括行业对外投资的数据：对外投资金额、对外投资项目的产能、产量、出口额等数据。

四是监测分析，通过建立监测模型，重点从产值变化率、就业人数变化率、净出口变化率、出口占世界的比重变化率进行分析，对现有产业发展趋势进行研究和分析。

五是定期发布数据，形成行业监测预警报告。

（2）为面临产业空心化的行业提供政策支持。由于成本快速上升和国际贸易壁垒等因素，国内制造业面临较大的成本和出口压力，因此加快了对外投资的步伐。为避免我国制造业大量外迁，建议为纳入产业空心化预警名单的制造业提供税收优惠政策，并为特定行业的特定环节提供税收补贴政策。

在税收优惠方面，建议对高新技术产业开发区、经济技术开发区、海关特殊监管区内的制造业企业给予税收优惠政策，其中所得税按15%~20%征收，并适当减免其他税费，总体降低企业税负成本。

在出口补贴方面，重点补贴面临关税壁垒严重的出口产品。目前，一部分出口产品面临出口地所在国关税壁垒，对象国采用逐步向产业链上游提高关税的方式，迫使我国部分先进制造业整体外迁。给予出口补贴，可消除或缓解出口企业的关税压力，延缓企业外迁趋势。

在财政补贴方面，支持制造业企业技术转型，重点补贴有产业空心化趋势的产业开发和使用新技术、新设备。

在土地使用方面，对符合产业发展方向的重大产业项目，按“一事一议”的政策给予扶持。研究减免土地转让行政事业性收费优惠政策，对符合条件的企业，适当减免土地行政事业性收费和土地使用税。

（3）建立出口带料加工园区。我国部分垂直型对外投资行业，与东道国形成较为固定的产业分工。如纺织服装业在东盟投资纺纱厂和成衣制造厂，中国从东盟进口棉纱制作成面料后又出口给东盟，这种“定制化”的合作方式与加工贸易形式上相似，建议在国内建立带料加工园区，给予类似行业的生产加工环节贸易优惠政策，以减少制造环节的资金成本和交易成本。

2. 积极参与国际经贸规则制定

（1）积极推动双边和多边投资贸易协定谈判。中美 BIT、中日韩 FTA 以及 RECP 谈判是对冲 TPP 的重要路径，中欧 BIT 的达成也将有效缓解 TTIP 带来的压力。此外，在国际层面，积极推进和参与 RECP、中日韩 FTA 等区域谈判和中美 BIT 等双边谈判，不仅可以提升自身参与全球经济治理的议程设置能力，还有利于维护多边规则与区域规则，以及区域规则之间的良性互动，减缓中美贸易摩擦带来的不利影响，增强在国际经贸规则制定中的话语权和影响力。

（2）稳步推进国内体制机制改革。在新常态下我国“走出去”升级战略和政策时必须考虑到与现行高标准国际投资规则对接。尤其我国一些传统的与投资相关的优惠政策和区别待遇与国际规则惯例相悖，需要系统整合和修订。政府当前的首要任务是履行 WTO 承诺，稳步推进行政审批、价格、财税、金融等体制机制改革。

3. 完善对外投资服务平台

一是加快对外投资审批制度改革。加强政府部门协作，简化审批程序，逐步推行核准制，最终转向以提供咨询服务为主的登记制。

二是加快金融和外汇管理体制改革。以上海、广东等自由贸易试验园区为试点，及时总结经验，加快金融体制改革和外汇管理体制改革，提高国际资本流动的监管能力，加快人民币利率、汇率市场化进程，早日实现人民币资本项目自由兑换。

三是完善对外投资促进服务。建议设立完善对外投资促进中心，为企业提供对外投资项目的市场信息、投资环境分析、经济评估、法律咨询，树立现代化企业管理理念，引进专门人才，帮助提高人员素质，提高国际化运营能力。

四是提升“走出去”中介服务能力。大力发展中介服务机构，提供风险评估、信息咨询、融资服务、法律援助等服务，尤其要引导企业在国外设立中介服务公司，就地为企业提供综合服务。

参考文献

［1］杨挺，孟祥兆，张航．健康、规范、可持续发展：2018 年中国对外投资新特征及新趋势［J］．国际经济合作，2019（1）：12-28.

［2］刘清杰，刘倩，任德孝．中国对“一带一路”国家投资倾向于出口平台型吗？［J］．财贸经济，2019（6）：101-116.

［3］张鹏．出口平台型直接投资研究综述［J］．当代财经，2005（12）：97-100.

［4］陈佳贵．中国地区工业化进程的综合评价和特征分析［J］．经济研究，2006（6）．

［5］中华人民共和国商务部，国家统计局，国家外汇管理局．2017 年度中国对外直接投资统计公报［M］．北京：中国统计出版社，2018.

［6］中华人民共和国商务部，国家统计局，国家外汇管理局．2018 年度中国对外投资发展报告 2018［EB/OL］．https：//www. ccpitcq. orgluptiles/201901/2019013/090817850.

第五章　服务贸易

一、2017—2018年中国服务贸易发展总体情况和特点

（一）中国服务进出口特点

1. 总体情况

（1）进出口总额再创新高。2017年和2018年，中国服务进出口总额分别为6957亿美元、7918.8亿美元（见表5-1），同比分别增长5.1%和13.8%。2018年服务出口2668.4亿美元，进口5250.3亿美元，分别增长16.9%和12.2%。中国服务进出口总额保持全球第二位（见表5-2）。

表5-1　2014—2018年中国服务进出口增长　　单位：亿美元

年份	进出口额		出口额		进口额	
	金额	同比增长/%	金额	同比增长/%	金额	同比增长/%
2014	6043	12.6	2222	7.6	3821	15.8
2015	7130	14.6	2882	9.2	4248	18.6
2016	6575	1.1	2083	-4.2	4492	3.8
2017	6957	5.1	2281	8.9	4676	3.4
2018	7918.8	13.8	2668.4	16.9	5250.3	12.2

数据来源：商务部。

表5-2　2014—2018年中国服务进出口世界排名

年份	进出口	出口	进口
2014	2	5	2
2015	2	5	2
2016	2	5	2

续表

年份	进出口	出口	进口
2017	2	5	2
2018	2		

数据来源：WTO 国际贸易统计数据库（International Trade Statistics Database）。

（2）占外贸比重稳步提升。2018 年，我国外贸总值 4.62 万亿美元（见表 5-3），贸易顺差 3517.6 亿美元。服务进出口占外贸比重 17.13%，较 2017 年略升。

表 5-3　2014—2018 年中国服务和货物进出口增长比较　单位：亿美元

年份	外贸进出口总值	服务进出口	服务进出口占比重（%）
2014	43030.4	6043	14.10
2015	39586.4	7130	18.01
2016	36749.2	6575	17.89
2017	41044.7	6957	16.95
2018	46230.4	7918.8	17.13

数据来源：商务部。

（3）继续保持巨大逆差。2018 年，中国服务出口达 2668.4 亿美元，服务进口达 5250.3 亿美元，进出口逆差达 2581.9 亿美元（见表 5-4），较 2017 年增长 7.8%。旅行、运输和知识产权使用费是最主要逆差来源（见表 5-5、图 5-1）。

表 5-4　2014—2018 年中国服务进出口逆差　单位：亿美元

年份	服务进出口	服务出口	服务进口	差额
2014	6043	2222	3821	-1599
2015	7130	2882	4248	-1366
2016	6575	2083	4492	-2409
2017	6957	2281	4676	-2395
2018	7918.8	2668.4	5250.3	-2581.9

数据来源：商务部。

表 5-5　2018 年中国服务进出口逆差分类　单位：亿美元

服务类别	进出口总额	出口	进口	差额
运输	1505.9	423.0	1082.9	-659.9
旅行	3162.9	394.5	2768.3	-2373.8
建筑	351.8	265.8	86.0	179.8

续表

服务类别	进出口总额	出口	进口	差额
保险服务	168.0	49.2	118.7	-69.5
金融服务	56.0	34.8	21.2	13.6
电信、计算机和信息服务	708.2	470.5	237.6	232.8
知识产权使用费	411.5	55.6	355.9	-300.2
个人、文化和娱乐服务	46.0	12.1	33.9	-21.7
维护和维修服务	97.1	71.7	25.3	46.4
加工服务	176.8	174.2	2.6	171.6
其他商业服务	1171.8	698.9	472.8	226.1
政府服务	62.2	17.5	44.7	-27.1
总计	7918.8	2668.4	5250.3	-2581.9

数据来源：商务部。

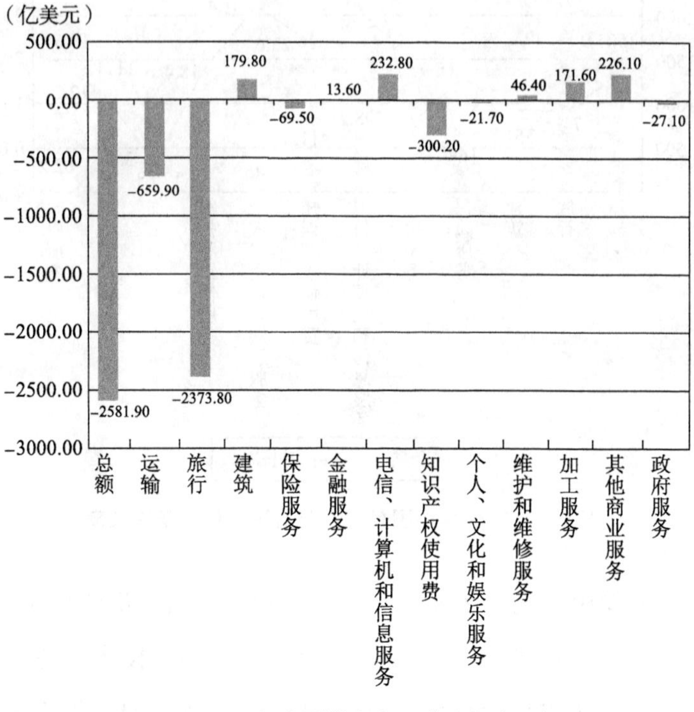

图 5-1　2018 年中国服务贸易逆差构成比较图

数据来源：商务部。

2. 中国服务进出口结构

（1）进出口结构稳步调整。2018 年，中国知识密集型服务贸易稳步增长，全年进出口 2835.4 亿美元（见表 5-6），同比增长 20.9%，比重达到 35.8%，比 2017 年提升了 2.1%。传统型服务进出口所占比重比 2017 年下降 2.1%。2018 年中国各行业服务进出口额及增长率如图 5-2 所示。

表 5-6　2014—2018 年中国服务进出口结构变化情况　　单位：亿美元

服务类别	2014 年	2015 年	2016 年	2017 年	2018 年
传统型服务	4260	4455	4410	4560	5020.6
知识密集型服务	3314	2049	2166	2344	2835.4
政府服务	31	36	41	52	62.2
总值	6520	6542	6616	6957	7918.8

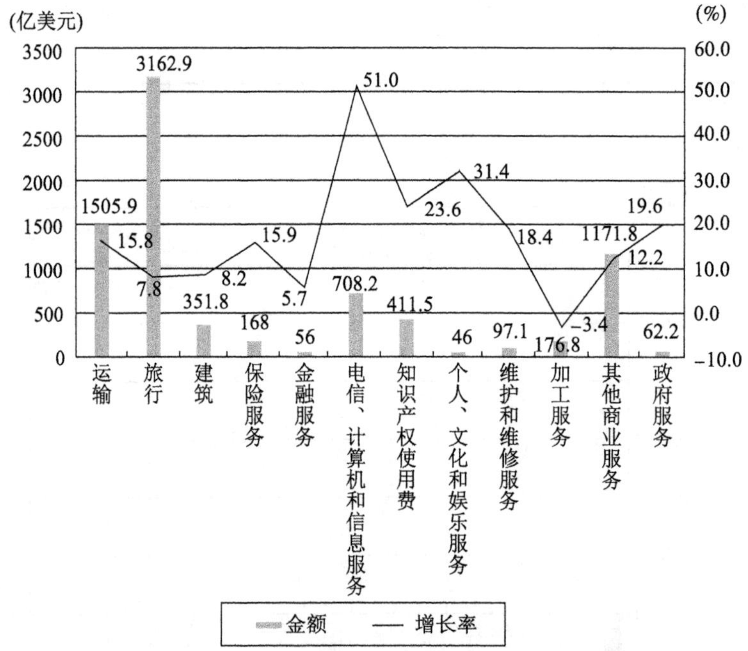

图 5-2　2018 年中国各行业服务进出口额及增长率

（2）知识产权使用费进口增幅较大。2018 年，我国知识产权使用费进口 355.9 亿美元，增长 24.5%；出口 55.6 亿美元，增长 16.7%。技术服务出口 126.8 亿美元，增长 10.1%，进口 174.3 亿美元，增长 16.8%。我国对高端生产性服务需求旺盛，生产性服务出口竞争力提升。

（3）服务外包量质并增。2018 年，中国服务外包保持较快增长，离岸服务外包合同额 1203.8 亿美元，执行额 886.5 亿美元；业务结构不断优化，知识流程外包业务占比 37%。

（二）商业存在发展状况

1. 中国境内的商业存在发展情况

（1）服务业是外商直接投资的最主要领域。2018 年，中国吸收外商直接投资企业数量 6.05 万家，实际利用外资 1349.66 亿美元；服务业新设立外商投资企业 5.37 万家，增长 78.6%；实际使用外资金额 918.5 亿美元，占外资总额的 68.1%。外资正流向高技术制造、科技研发、信息服务、商业服务等高附加值领域。

（2）主要国家和地区对华投资总体保持稳定。对华投资前十位国家（地区）依次为：中国香港（960.1 亿美元）、新加坡（53.4 亿美元）、中国台湾（50.3 亿美元）、韩国（46.7 亿美元）、英国（38.9 亿美元）、日本（38.1 亿美元）、德国（36.8 亿美元）、美国（34.5 亿美元）、荷兰（12.9 亿美元）、中国澳门（12.9 亿美元）。实际投入外资总额 1284.6 亿美元，占全部投资额比重为 95.2%，同比增长 3.1%。

2. 境外中国的商业存在发展情况

（1）我国对外投资行业结构进一步优化。2018 年，我国对外直接投资 1298.3 亿美元，同比增长 4.2%。其中，对外金融类直接投资 93.3 亿美元，同比增长 105.1%；对外投资主要流向租赁和商务服务业、制造业、批发和零售业、采矿业，分别占比 37%、15.6%、8.8%和 7.7%。

（2）对外承包工程业务保持稳步增加。2018 年，我国对外承包工程完成合同额 1690.4 亿美元，同比增长 0.3%，新签合同额 2418 亿美元，同比下降 8.8%；与“一带一路”沿线国家新签对外承包工程项目合同 7721 份，完成营业额 893.3 亿美元，占同期总额的 52.8%，同比增长 4.4%；新签合同额 1257.8 亿美元，同比下降 12.8%。

（三）自然人流动发展状况

1. 在中国工作的境外人员情况

2018 年，中国累计发放外国人才工作许可证 33.6 万份，在中国境内工作的外国人已经超过 95 万人。中国与 160 个国家建立了科技合作关系，签署政府间合作协议 114 项，人才交流协议 346 项，参加国际组织和多边机制超过 200 个。

2. 中国赴境外劳务人员情况

2018 年，我国对外劳务合作派出各类劳务人员 49.2 万人，较 2017 年减少 3 万人，年末在外劳务人数 99.7 万人，较 2017 年同期增加 1.7 万人。主要分布在中国澳门、日本、中国香港、新加坡、阿尔及利亚、印度尼西亚、巴基斯坦、老挝、马来西亚、沙特阿拉伯等国家和地区，如表 5-7 所示。

表 5-7　2018 年对外劳务前十名的国家和地区

单位：万人

国家和地区	派出各类劳务人员	国家和地区	年末在外劳务人员
中国澳门	7.31	日本	14.15
中国香港	3.53	中国澳门	13.22
新加坡	3.13	新加坡	9.71
日本	3.95	阿尔及利亚	2.26
阿尔及利亚	1.42	中国香港	5.42
沙特阿拉伯	1.36	沙特阿拉伯	2.70
印度尼西亚	1.70	安哥拉	2.72
马来西亚	1.45	印度尼西亚	2.29
安哥拉	0.94	马来西亚	2.43
巴基斯坦	1.55	老挝	2.39
合计	26.33	合计	57.28

数据来源：中国对外承包工程商会。

二、中美双边服务贸易现状特点

根据美国经济分析局（BEA）数据，2018 年中美服务贸易总额为 773.0 亿美元，占当年中美贸易总额的 10.5%，占全球服务贸易总额约 1%，占中国、美国服务贸易总额的比重分别约为 10%和 5.6%，中美服务贸易在两国的对外服务贸易和世界服务贸易中均占有重要地位。当前，美国是我国第二大服务贸易伙伴，我国是美国第四大服务贸易伙伴，第三大服务出口目的地。

（一）中美跨境服务贸易规模特征

1. 中美服务进出口规模快速增长

BEA 数据库显示，2001—2018 年，中美服务进出口总额由 89.5 亿美元扩大到

773.0亿美元，增长了7.6倍，2009年以后呈持续快速增长趋势。其中，美国对中国服务出口额增长了10倍，而从中国进口仅增长了4.1倍，同期美国对世界其他国家和地区的服务出口额仅增长了1.9倍，可见中国日益成为美国服务出口重要目的地。

2. 中美服务贸易在双边总体贸易中重要性逐渐提升

2001—2018年，中美服务进出口额在双边贸易总额中的比重总体呈上升趋势，2016年最高达到10.9%的比重（见图5-3），近两年虽然因中美货物贸易增幅更大而使占比略有下降，但仍维持在10%以上，这表明服务贸易虽然目前在双边整体贸易中比重较低，但其重要性在不断提升，而且随着服务在全球价值链的作用日益显著，该比重仍将持续提高。

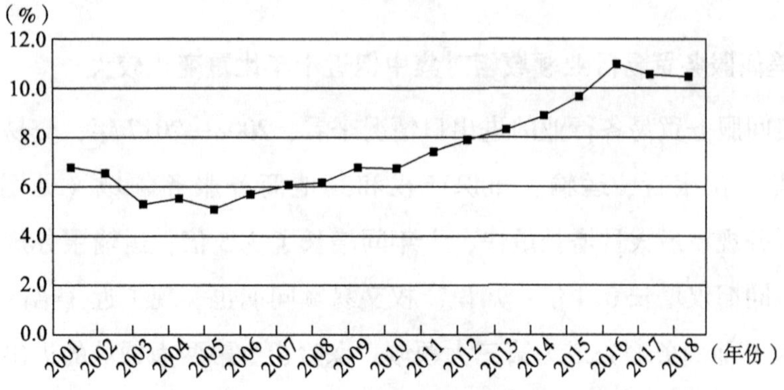

图5-3　2001—2018年中美服务贸易额在双边贸易总额中占比

数据来源：根据美国经济分析局（BEA）网站数据库数据计算。

3. 中国对美国服务贸易逆差不断扩大

2001—2018年，美国对我国服务贸易顺差由17.94亿美元扩大到405.32亿美元，增长了21.6倍，尤其2007年以来顺差规模增幅显著（见图5-4）。而同期中国对美国的货物贸易顺差仅增长了4倍。2018年，美国对中国服务贸易顺差占美国服务贸易顺差总额的15.1%，占中国服务贸易逆差总额的15.7%。中国是美国最大的服务贸易顺差来源国，美国亦是中国服务贸易逆差第一大来源国。

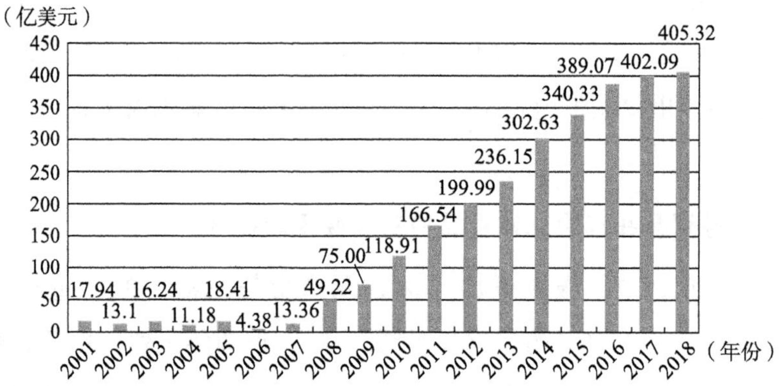

图 5-4　2001—2018 年美国对中国服务贸易顺差

数据来源：美国经济分析局（BEA）网站数据库。

（二）中美跨境服务贸易结构特征

1. 中美间服务贸易行业领域相对集中但近十年比重变化较大

从中美间服务贸易各行业的进出口情况来看，2008—2017 年，交易领域相对集中，主要集中在旅行、运输、知识产权和其他商务服务领域（见图 5-5）。其中，旅行服务规模最大且增长最快，十年间增长了 3.5 倍；运输服务规模次之，但增长平缓，同期仅增长 0.4 倍；知识产权交易额同期也实现了近 3 倍的增长，并在 2016 年超越其他商务服务成为第三大领域。保险、金融两大领域的进出口规模虽然在双边服务贸易总额中占比较小，但增幅很大，同期分别增长 7.7 倍和 3.8 倍；通信和信息服务领域贸易规模近十年仅有微弱增长。

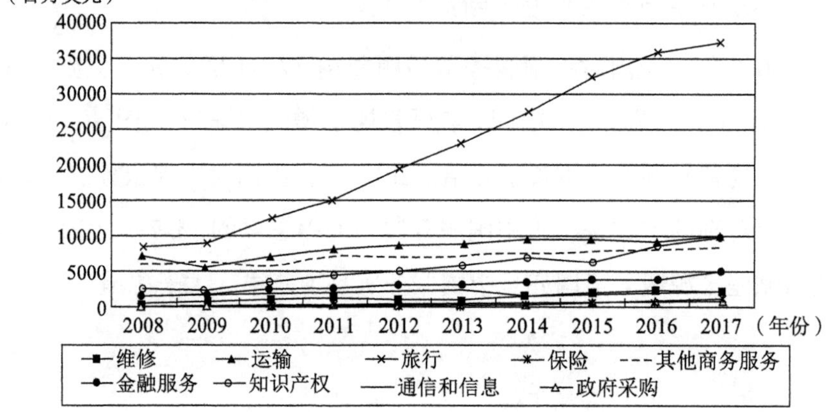

图 5-5　2008—2017 年中美服务贸易行业结构

此外，旅行、运输、知识产权和其他商务服务一直是近十年双边服务贸易规模前四大领域，2017 年四大领域进出口额占双边服务贸易总额的 87%。十年间除知识产权、金融服务分别成长为第三大、第五大服务贸易领域外，其他领域规模排位基本保持稳定，但其中比重结构变化较大：旅行从 31%增长到 50%，占据一半；知识产权和金融服务占比分别从 9%和 4%提高到 13%和 6%，提高约 50%；而运输则从 26%下降到 13%，下降 50%（见图 5-6）。

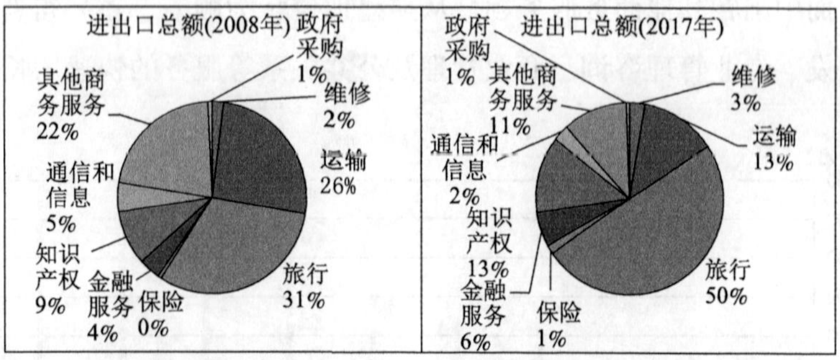

图 5-6　2008 年和 2017 年中美服务贸易进出口结构对比

2. 美国与中国的服务出口和进口项目行业结构差异较大

美国对中国出口和从中国进口的主要服务在行业类别上存在较大差异。2017 年，美国对中国出口最多的服务领域排名前三的依次为旅行（57%）、知识产权（15%）和运输（9%），从中国进口最多的服务领域排名前三的依次为其他商务服务（28%）、运输（27%）和旅行（26%），如图 5-7 所示。美国对中国服务出口和进口前三大领域总占比都为 81%，但出口主要集中在旅行，占绝对优势；进口则是三大领域平分秋色。这种差异一定程度上体现了中美服务产业的优势互补。

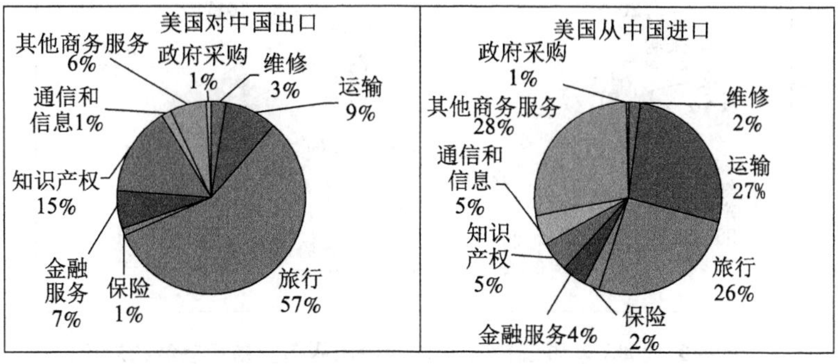

图 5-7　2017 年美国对中国服务出口和进口结构对比

3. 在服务业各领域中国对美国普遍存在逆差

2008—2017 年，中美服务贸易间美国在绝大部分领域都处于顺差地位（见图 5-8），2008 年除运输、通信和信息外，其他领域均为顺差；而到 2017 年，仅有其他商务服务为逆差，这反映出美国无论在服务业整体还是各行业的贸易竞争力都处于优势地位。美国对中国运输服务从逆差转为顺差，主要是民航客运大幅增加所致；对中国通信和信息服务从逆差转为顺差，主要是为中国提供的计算机服务大幅增加所致；而中国在其他商务服务领域从逆差地位转为顺差，主要得益于中国为美国提供的研发、专业管理咨询、商业管理及公共关系等服务的快速增长。

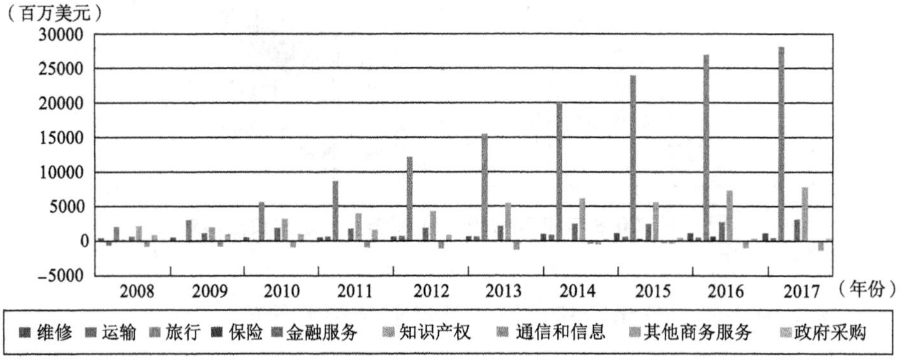

图 5-8　2008—2017 年美国对中国服务贸易差额

此外，从美国对中国的服务顺差结构来看，旅行是第一大顺差行业，且 2017 年在总体顺差中占比相对 2008 年增加 1 倍，达到 67.9%（见图 5-9），主要是因为中国前往美国旅游、商务、留学的人数和支出持续快速增长。相比之下，其他领域的顺差额虽然有所增长，但比重却有所下降。

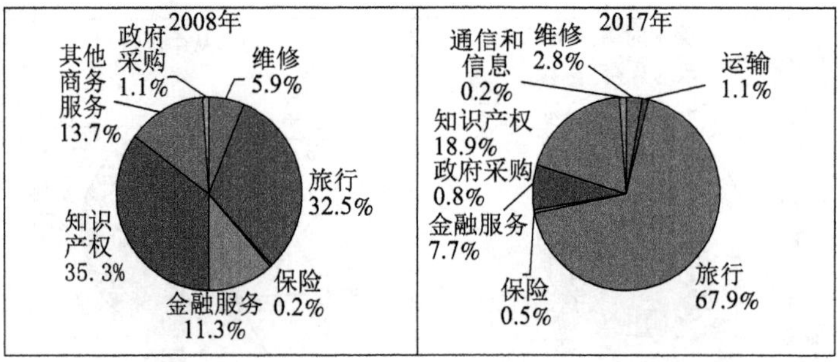

图 5-9　2008 年和 2017 年美国对中国服务贸易顺差结构对比

（三）中美商业存在形式服务贸易特征

1. 美国对中国商业存在服务出口超过跨境服务出口

2007—2016 年，中美商业存在形式服务贸易规模呈增长态势，美国对中国的进出口总额占美国对全世界商业存在服务贸易总额的比重从 0.8%增长到 2.6%，其中美国对中国的出口及顺差占比提高更快。2016 年，美国对中国的商业存在形式的服务出口和顺差分别达到 551.4 亿美元和 468.3 亿美元，超过美国对中国跨境服务出口和顺差，占美国对全世界商业存在服务出口和顺差的比重分别达 3.8%和 10.2%（见表 5-8）。这说明美国与中国商业存在形式的服务贸易联系比较紧密，中国是美国该形式下服务顺差重要来源国。美国通过在中国的分支机构实现的服务收入，是对中国服务出口的主要方式。按全口径服务贸易统计数据来看，2016 年美国对中国的服务顺差高达 857.4 亿美元，是跨境服务贸易顺差的 2.2 倍，但是，自 2014 年以来，中国对美国商业存在形式的服务逆差逐年缩小，主要是因为中国分支机构提供给美国的服务增幅较大。

表 5-8　2007—2016 年美国对中国商业存在服务贸易情况　　单位：百万美元

年份	美国对世界			美国对中国					
	出口	进口	差额	出口		进口		差额	
				金额	占比/%	金额	占比/%	金额	占比/%
2007	1019225	683840	335385	13646	1.3	300	0.0	13346	4.0
2008	1116932	701589	415343	18480	1.7	609	0.1	17871	4.3
2009	1071642	669342	402300	23011	2.1	663	0.1	22348	5.6
2010	1155178	701185	453993	29084	2.5	1111	0.2	27973	6.2
2011	1247000	781551	465449	34900	2.8	1388	0.2	33512	7.2
2012	1285947	813285	472662	39810	3.1	4475	0.6	35335	7.5
2013	1321548	891891	429657	42323	3.2	4247	0.5	38076	8.9
2014	1534775	940359	594416	55166	3.6	5165	0.5	50001	8.4
2015	1462788	957849	504939	55390	3.8	6018	0.6	49372	9.8
2016	1456288	995073	461215	55136	3.8	8304	0.8	46832	10.2

2. 批发零售等分销服务在中美商业存在服务贸易中占重要份额

从 2016 年中美双边商业存在形式服务贸易结构来看，批发和零售等分销服务占有较大比重，其中美国对中国出口金额为 224.6 亿美元，占比 40.7%；美国从中国进口金额为 15.3 亿美元，占比 18.4%。这是美国对中国商业存在服务顺差最大的领域，也反映出我国在商品分销领域的开放程度较高。此外，美国分支机构在中国提供的专业技术服务占比也较高，达 12.7%（见图 5-10）。

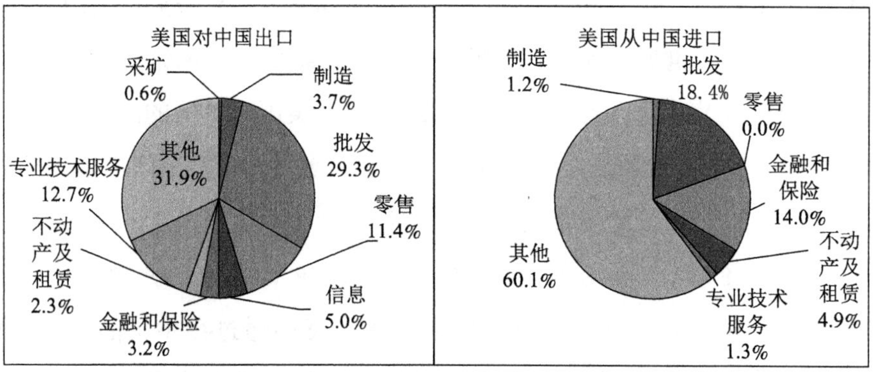

图 5-10　2016 年中美双边商业存在形式服务贸易结构

注：美国从中国进口项中信息服务数据缺失。

（四）中美双边服务业投资特征

1. 中美双边直接投资显著下降

据荣鼎咨询 2019 年 5 月发布的中美投资项目（The US-China Investment Project）报告，2018 年，中美双边直接投资总额约 180 亿美元，同比下降近 60%，相比 2016 年创纪录的 600 亿美元下降了 70%。主要是因为中国对美国的直接投资大幅下降 80%，2018 年仅为 52 亿美元，而 2017 年为 299 亿美元（见表 5-9）。但同期，美国对中国的累计直接投资（按历史成本计算）为 2690 亿美元，大约是中国对美国累计直接投资 1450 亿美元的 2 倍。中国投资者在美国面临外国投资委员会严格的投资审查，以及美国因对技术泄露的担忧而放缓对华直接投资是导致双方直接投资下降的重要原因。在服务业领域，中国对美国服务业直接投资大幅下降，从 2017 年的 285 亿美元降到 2018 年的 36 亿美元，而同期美国对中国服务业直接投资则保持微弱增长，中国对美国服务业投资锐减是中美双边直接投资下降的主因。

表 5-9 近三年中美双边直接投资行业情况

单位：亿美元

序号	行业	美国对中国直接投资			中国对美国直接投资		
		2016 年	2017 年	2018 年	2016 年	2017 年	2018 年
1	农业和食品	8	16	11	1	2	1
2	汽车	8	19	17	10	6	6
3	航空	3	1	<1	<1	1	<1
4	基础材料、金属和矿产	7	7	2	8	2	4
5	消费品及服务	25	1	1	57	1	5
6	电子电器设备	1	3	<1	42	2	<1
7	能源	6	9	<1	<1	<1	1
8	娱乐、媒体和教育	11	16	20	48	5	8
9	金融和商务服务	2	3	2	19	13	2
10	健康、医疗和生物技术	10	9	6	10	25	14
11	信息通信技术	43	39	26	33	27	2
12	机械	2	5	2	2	1	4
13	房地产和酒店业	7	12	39	173	110	4
14	交通运输和基础设施	7	1	1	60	104	1
服务业合计		105	81	95	400	285	36
合计		140	141	127	463	299	52

数据来源：Rhodium Group and National Committee on U. S. -China Relations. Two-Way Street：2019 Update US-China Investment Trends [Z].

注：服务业合计含表第 5、8、9、10、11、13、14 项。

2. 美国侧重投向中国新兴服务领域而中国对美国重点在传统服务领域

从服务业分行业领域看，美国对中国的直接投资重点投向信息通信技术、娱乐媒体和教育等新兴服务业领域，2016 年和 2017 年两个行业占比之和都在 50%以上，2018 年受房地产和酒店业投资激增影响而略低于 50%。中国对美国服务业的直接投资主要集中在房地产和酒店业、交通运输和基础设施两大传统服务业，2016 年和 2017 年两个行业占比之和分别达到 58%和 75%。而 2018 年，中国对美国这两个领域的投资骤降，占比之和仅有 14%，是整个服务业直接投资收缩的主因。此外，受中美经贸关系的影响，中国对美国健康、医疗和生物技术及信息通信技术等新兴服务业领域投资也显著下降。

（五）中美双边服务贸易总体特征

从上述分析可见，如果考虑双边服务贸易和货物贸易全貌，衡量中美贸易差额，需将中美跨境服务贸易、商业存在形式服务贸易及货物贸易差额一并计算。2016年，美国对中国全口径服务贸易顺差为857.4亿美元，对中国的货物贸易逆差为3472.7亿美元，整体贸易差额美国虽然仍处于逆差地位，却缩小至2615.3亿美元（见图5-11），约为货物贸易逆差规模的75%，在一定程度上缓冲了中美贸易失衡，而且2007—2016年，缓冲力度呈增强趋势。

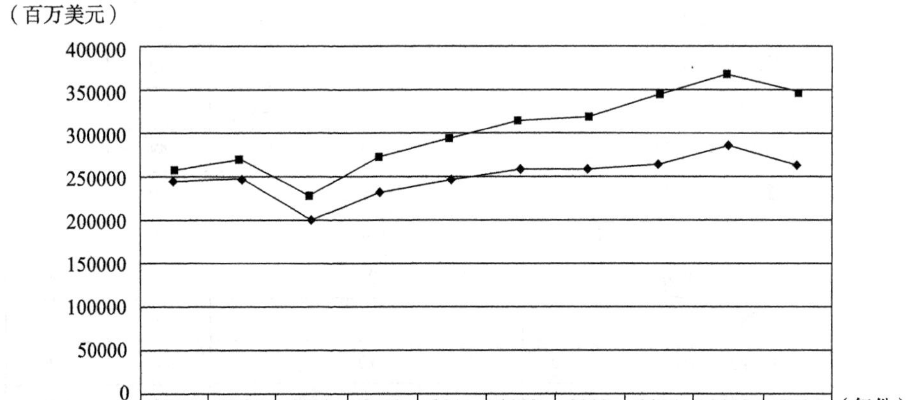

	2007	2008	2009	2010	2011	2012	2013	2014	2015	2016
整体贸易逆差	243980	245442	197388	233203	245021	259603	257074	264668	284161	261531
货物贸易逆差	258662	268234	227236	273067	295187	314937	318764	344932	367567	347270

图5-11　2007—2016年美国对中国贸易逆差情况

数据来源：根据美国经济分析局（BEA）网站数据库数据计算。

从短期来看，随着中国服务领域的进一步开放，中国对美国服务贸易逆差可能继续温和扩大，服务贸易仍将充当中美贸易平衡器的作用。但从长期来看，中国依托数字经济服务等新兴领域的优势，再加上美国对中国高技术等领域的出口管制等因素，中国与美国在服务贸易领域的竞争性将加强。

三、中美服务贸易展望与建议

（一）2017—2018年服务贸易相关政策及效应评估

1. 我国服务业领域的开放举措及效果

改革开放以来，中国服务业快速发展，服务贸易稳居世界第二，服务业利用外资比重快速上升，全面开放新格局正在形成。世界贸易组织定义的服务贸易行业有

160个，中国“入世”时承诺开放100个，“入世”后我国的服务贸易进行了更深层次、更广领域的开放，现在已经开放了120个。从2017年开始，中方按照自己扩大开放的时间表和路线图，大幅度放宽金融业，包括银行业、证券基金业和保险业的市场准入。2018年，新版的《外商投资准入特别管理措施》（负面清单）更大幅度放宽了市场准入，包括大幅扩大服务业开放。金融领域将取消银行业外资股比限制，将证券公司、基金管理公司、期货公司、寿险公司的外资股比放宽至51%，到2021年取消金融领域所有外资股比限制。

目前，中国服务业吸引的外资比重已经达到了70%，外商投资中国服务业的热情很高，服务业吸引外资有很大的潜力。中国服务贸易发展呈现出规模逐步增长、结构持续改善、开放格局进一步优化、市场更加多元的态势。中国始终支持自由贸易，提倡公平贸易，以“一带一路”建设为重点，推动形成全面开放的新格局，以高水平开放推动高质量发展，努力开启中国对外开放新的征程。

2. 服务贸易创新试点工作进展及效果

2016年，在15个省市启动了服务贸易创新发展试点，2018年6月，试点进入了深化阶段，6项开放举措基本落地，同步推进了31个服务外包示范城市，13个国家文化出口基地建设，它们与自贸试验区、北京服务业扩大开放综合试点协同发展，形成了全面推进服务贸易对外开放的体系。2018年，北京、天津、河北雄安新区、重庆两江新区等17个服务贸易创新发展试点地区服务进出口占全国服务贸易总额比重为76.7%，其增速高于全国增速5.1个百分点。

3. 主要问题

在服务业市场走向全面开放的背景下，监管缺失是一个重要问题。为适应服务业市场开放，需要推进监管变革。我国的市场监管从“管理”到“治理”的转变取得明显成效。但现行的市场监管仍存在着监管盲区、监管缺位及某些监管过度等问题。为适应服务业市场开放与新经济发展的大趋势，监管变革既要规范化，以实现公平竞争和防范风险，又要提升监管的国际化水平，以适应全面深化改革开放与创新发展的新需求。

（二）相关政策发展态势及对中美服务贸易的影响

1. 我国服务业的进一步开放

我国以服务贸易为重点的“二次开放”正式启动，集中出台多项支持政策。目前，服务贸易领域的《服务出口重点领域指导目录》《鼓励进口服务目录》《服务外包产业重点发展领域指导目录》《禁止进口限制进口技术目录》和《禁止出口限制出口技术目录》修订工作已经全部完成并即将发布。与之配套的税收优惠、医药保税研发等政策优化也将由商务部、财政部、海关总署等相关部门磋商出台。

高新技术和健康医药产业开放将成为服务业市场开放的重大突破之一。中国将更加注重数字技术发展对服务业开放领域产生的新需求，加强对国计民生切实需求的支持，如医药研发方面，推动从试验产品通关到技术人员引进等多项便利措施。

以货物贸易为重点的“一次开放”走向以服务贸易为重点的“二次开放”，加快形成以服务贸易为重点的全面开放新格局。在服务出口方面，数字经济、数字产业、互联网相关产业以及服务外包等新技术、新业态、新模式也是重点发展领域。在当前国际经济形势复杂严峻的情况下，加快服务贸易发展有利于推进外贸结构优化，培育经济新动能和带动就业。

2. 美国服务出口相关政策的影响

美国先后退出《跨太平洋伙伴关系协定》（TPP）、《巴黎气候协定》、《伊朗核协议》等，奉行美国优先，建立起对外贸易壁垒，实行严厉的贸易保护政策。美国的新贸易保护主义不仅仅针对中国，还包括加拿大、德国、日本、墨西哥和韩国等；对华则限制中国公民赴美留学，限制对中国的技术出口，以国家安全理由针对华为等中国企业采取贸易单边主义措施等。

（三）政策建议

一是中国对外贸易政策要从过去更多地重视货物贸易逐步过渡到货物贸易和服务贸易并重。应推动服务贸易规模和贡献稳步提升，促进服务贸易结构和区域显著优化、国际竞争力显著增强，高质量服务业对外开放体系初步形成；应逐步放松对服务市场的直接管制，开放服务产品市场，减少服务产品领域的非关税壁垒；应以自由贸易试验区为依托，逐步推动金融、教育、文化、医疗等服务领域的有序开放；应更加重视为服务业开放提供制度保障、新技术革命成果的运用、知识产权的保护和发挥市场主体的作用。

二是随着数字经济广泛普及，数字技术迅速发展，制造业与服务业深度融合，服务的可贸易性也大幅增强，服务外包化、数字化趋势越来越明显，要提升中国服务贸易的竞争力，需要着重聚焦数字贸易。2019 年，中国国内各地陆续启动预商用，2020 年将实现全面商用，2025 年中国有望培育出 4.3 亿用户的全球最大 5G 市场。数字贸易需要一个全球性的贸易框架来规范，需要与之相适应的统一、公平、高效的新的全球贸易规则。面向未来，中国需在全球新一轮国际贸易规则与数字贸易规则制定中争取主动，推动建立公平、透明、统一的全球贸易规则框架。

三是在保护主义抬头，部分发达国家开始收紧投资审查的情况下，中国企业对外投资将面临更大压力，中国应以“一带一路”为引领，创新对外投资方式，打造中国投资品牌，推动对外投资合作继续平稳、健康、有序发展。

参考文献

[1] 国务院发展研究中心对外经济研究部. 中美双边服务贸易研究 [R]. 调查研究报告，2018 (175).

[2] 以服务业开放为抓手推动全面开放 [N]. 经济参考报，2018-08-15 (007).

第六章　FDI和产业开放

——营造国际一流营商环境

一、2017—2018年中国利用外资概况

(一) 总体概况

2017年，在全球外商直接投资（FDI）同比下降23.4%的情况下，中国利用外资逆势上涨，实际使用外资达1363.2亿美元，同比增长2%，中国吸引外资呈现出稳中向好的势态。2018年，在世界跨国投资复苏缓慢、国际贸易关系复杂多变的背景下，中国利用外资再创历史新高，全年实际使用外商直接投资金额8856亿元，同比增长0.9%（折合1349.7亿美元，同比增长3.0%，见表6-1、图6-1）。外商直接投资（不含银行、证券、保险领域）新设立企业60533家，比2017年增长69.8%。外商单笔对华投资规模约223万美元，同比下降71.3%，下降幅度加大，这归因于2018年外商投资企业数的增量也随之加大，所以单对于一家企业的实际投资金额减少。其中“一带一路”沿线国家对华直接投资新设立企业4479家，增长16.1%；对华直接投资金额424亿元，增长13.2%。2018年，高技术制造业增长量突出，实际使用外资898亿元，增长35.1%。信息传输、软件和信息技术服务业外商投资企业数比2017年增长127.9%，增长幅度在各行业中位居第一，而在实际使用投资金额方面比2017年减少44.4%。

表6-1　2018年外商直接投资（不含银行、证券、保险领域）及其增长速度

行业	企业数/家	比上年增长/%	实际使用金额/亿元	比上年增长/%
总计	60533	69.8	8856	0.9

续表

行业	企业数/家	比上年增长/%	实际使用金额/亿元	比上年增长/%
其中：农、林、牧、渔	741	5.0	53	-26.4
制造业	6152	23.4	2713	20.1
电力、热力、燃气及水生产和供应业	284	-23.7	291	23.6
交通运输、仓储和邮政业	754	45.8	314	-16.0
信息传输、软件和信息技术服务业	7222	127.9	773	-44.4
批发和零售业	22853	86.1	643	-16.5
房地产业	1053	42.9	1489	31.4
租赁和商务服务业	9099	78.9	1196	6.4
居民服务、修理和其他服务业	485	39.0	37	-2.6

数据来源：《2018 年国民经济和社会发展统计公报》。

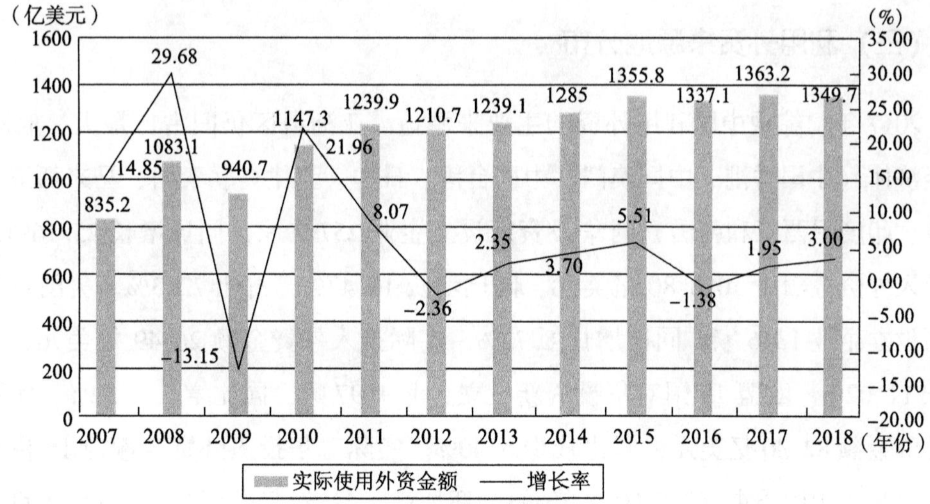

图 6-1　中国 2007—2018 年的实际使用外资金额和增长率

数据来源：商务部外资统计。

注：2018 年不含银行、证券、保险领域，之前年份包含。

（二）外商投资方式分布

2017 年，我国新设立外商投资企业 35662 家，较 2016 年增加 27.8%。外商投资方式中，外资企业和中外合资经营企业为主要的投资方式，其中外资企业占比最高，2017 年新设立 27007 家，占比 75.7%，使用外资金额 913.4 亿美元，占比

67.0%；其次是中外合资经营企业，新设立 8364 家，占比 23.5%，使用外资金额 297.4 亿美元，占比 21.8%；最后是外商投资股份制企业，占比最少，占比 0.4%（见表 6-2）。

表 6-2　2017 年外商直接投资方统计

指标	企业数		利用外资金额	
	数量/家	比重/%	金额/亿美元	比重/%
总计	35662	100.0	1363.2	100.0
中外合资经营企业	8364	23.5	297.4	21.8
中外合作经营企业	124	0.4	8.1	0.6
外资企业	27007	75.7	913.4	67.0
外商投资股份制企业	125	0.4	64.8	4.8
其他	42	0.1	79.5	5.8

数据来源：《中国外资统计公报 2018》。

（三）利用外资来源地分布

2017 年，综观中国利用外资的主要来源地，亚洲地区仍旧占比最大，亚洲 10 个经济体（中国香港、中国澳门、中国台湾、日本、菲律宾、泰国、马来西亚、新加坡、印度尼西亚和韩国）对华投资新设立企业 25792 家，同比增长 25.16%，实际投入外资金额为 1088.80 亿美元，同比增长 10.47%，占比 72.3%。美国对华投资新设立企业 1346 家，同比增长 8.72%，实际投入外资金额 26.49 亿美元，同比增长 11.02%。欧盟 15 国对华投资新设立企业 1697 家，同比增长 6.32%，实际投入外资金额 82.30 亿美元，同比减少 5.40%。实际对华投入外资金额前 15 位经济体依次为：中国香港（945.09 亿美元）、新加坡（47.63 亿美元）、英属维尔京群岛（39.91 亿美元）、韩国（36.73 亿美元）、日本（32.61 亿美元）、美国（26.50 亿美元）、开曼群岛（21.77 亿美元）、荷兰（21.74 亿美元）、中国台湾（17.72 亿美元）、德国（15.42 亿美元）、百慕大（13.42 亿美元）、萨摩亚（12.30 亿美元）、英国（10.03 亿美元）、丹麦（8.20 亿美元）、法国（7.90 亿美元），如表 6-3 所示。对华投资前 15 位经济体实际投入外资金额 1257.0 亿美元，占当年全部实际投入外资金额比重 92.2%。

表 6-3　2017 年利用外资主要来源地概况

国别（地区）	企业数/家	外商直接投资/万美元
总计	35662	13631513
亚洲	25792	10887992
中国香港	18066	9450901
中国澳门	843	63738
中国台湾	3464	177247
日本	590	326100
韩国	1627	367253
新加坡	706	476318
泰国	81	11023
马来西亚	329	10836
菲律宾	35	500
印度尼西亚	51	4076
欧盟主要国家	1697	822966
比利时	34	14759
丹麦	57	81947
英国	393	100333
德国	387	154163
法国	209	79018
爱尔兰	38	14881
意大利	201	19482
卢森堡	25	59587
荷兰	122	217398
希腊	14	85
葡萄牙	12	1499
西班牙	100	14246
奥地利	42	9488
芬兰	21	5385
瑞典	42	50695
北美洲	1805	294174
加拿大	459	29269
美国	1346	264905
部分自由港地区	685	912393
巴巴多斯	0	0
开曼群岛	105	217690

续表

国别（地区）	企业数/家	外商直接投资/万美元
英属维尔京群岛	309	399076
百慕大	6	134213
毛里求斯	15	34368
萨摩亚	250	122943
其他	5683	713988

数据来源：《中国外资统计公报 2018》。
注：外商其他投资含对外发行股票。

2018 年，中国主要投资来源地实际投入增长态势良好。2018 年 1—12 月，前 10 位经济体（以实际投入外资金额计）实际投入外资总额 1284.6 亿美元，占全国实际使用外资金额的 95.2%，同比增长 3.1%。主要投资来源地中，新加坡、韩国、日本、英国、德国、美国实际投入金额同比分别增长 8.1%、24.1%、13.6%、150.1%、79.3%和 7.7%，其中英国增长量最高。“一带一路”沿线国家、欧盟 28 个成员国、东盟实际投入金额同比分别增长 13.2%、22.6%和 13.8%，其中欧盟 28 个成员国增长量最高。

（四）利用外资投向地区分布

2017 年，按照外资投向地区分布，投资的重点区域依旧是我国东部地区，实际使用外资金额 1145.9 亿美元，占比 84.1%，较 2016 年上涨 2.37%，东部地区新设企业 32219 家，占比 90.4%，同比小幅增长 0.74%；中部地区和西部地区新设企业数较 2016 年数值上均有所增加，分别为 1672 家和 1761 家，但中部地区新设立企业数占比下降至 4.7%，西部地区上涨至 4.9%，而西部地区实际利用外资金额下降至 81.3 亿美元，占比 6.0%，减少 1.19%，中部地区实际使用外资金额上涨至 83.1 亿美元，占比 6.1%，上涨 0.79%（见表 6-4）。

表 6-4　2017 年外商直接投资地区分布

地区	企业数/家	比重/%	实际使用外资金额/亿美元	比重/%
总计	35662	100	1363.2	100
东部地区	32219	90.4	1145.9	84.1
中部地区	1672	4.7	83.1	6.1
西部地区	1761	4.9	81.3	6.0

续表

地区	企业数/家	比重/%	实际使用外资金额/亿美元	比重/%
有关部门	10	0.0	52.8	3.9

数据来源：《中国外资统计公报 2018》。

注：东部地区：北京、天津、河北、辽宁、上海、江苏、浙江、福建、山东、广东、海南。

中部地区：山西、吉林、黑龙江、安徽、江西、河南、湖北、湖南。

西部地区：内蒙古、广西、四川、重庆、贵州、云南、陕西、甘肃、青海、宁夏、新疆、西藏。

有关部门项下包含银行、证券、保险行业吸收外商直接投资数据。

2018 年，东部地区吸引外资能力保持稳中有升的状态，中部地区以及西部地区基本保持不变。其中，农、林、牧、渔业新设立外商投资企业 639 家，同比增长 10.4%；实际使用外资金额 7.1 亿美元，同比下降 10%。制造业新设立外商投资企业 6152 家，同比增长 23.4%；实际使用外资金额 411.7 亿美元，同比增长 22.9%。服务业新设立外商投资企业 53696 家，同比增长 78.6%；实际使用外资金额 918.5 亿美元，同比下降 3.8%。

（五）利用外资行业分布

2017 年，从外商直接投资的产业结构上可以看出，第三产业为利用外资主要行业。第一产业新增企业数达 579 家，同比减少 21 家，下降 3.76%，占比 1.6%，实际使用外资 7.9 亿美元，同比下降 11.08 亿美元，大幅度减少 58.38%，占比 0.6%；第二产业引进项目 6017 个，同比增加 1399 个，增长 30.29%，占比 16.9%，实际利用外资 409.5 亿美元，同比增加 7.37 亿美元，增长 1.83%，占比 30.0%；第三产业引进项目 29066 个，同比增加 6334 个，增长 27.86%，占比 81.5%，实际利用外资 945.8 亿美元，同比增加 29.79 亿美元，增长 3.25%，占比 69.4%（见表 6-5）。

表 6-5 2017 年外商直接投资产业结构

行业名称	企业数/家	比重/%	实际使用外资金额/亿美元	比重/%
总计	35662	100	1363.2	100
第一产业	579	1.6	7.9	0.6
第二产业	6017	16.9	409.5	30.0
第三产业	29066	81.5	945.8	69.4

数据来源：《中国外资统计公报 2018》。

2017年，外商直接投资涉及的行业主要集中在批发和零售业、租赁和商务服务业、制造业、科学研究和技术服务业、金融业、房地产业。其中，投资于批发和零售业的外商最多，2017年新增企业数达12283家，占比30.7%，实际使用外商资金114.8亿美元。租赁和商务服务为第二大吸引外商的行业，新增企业数5087家，同比增长9.9%（见表6-6）。制造业为第三大吸引外资行业，其中通用设备制造业，通信设备、计算机及其他电子设备制造业和化学原料及化学制品制造业为主要推动力，新增企业数分别为574家、576家和241家，同比分别增加57.7%、25.0%和19.3%。

表6-6　2017年外商直接投资行业分布

行　　业	企业数/家	同比/%	实际使用外资金额/亿美元	同比/%
总　　计	35662	27.8	1363.2	2.0
农、林、牧、渔业	706	26.5	10.8	-43.4
农业	451	32.7	3.5	-30.3
稻谷种植	23	15.0	0.4	-15.3
林业	23	64.3	0.3	-77.4
畜牧业	40	-4.8	3.8	-59.7
渔业	65	22.6	0.3	-59.7
采矿业	26	0.0	13	1251.4
石油和天然气开采业	5	0.0	11.8	6003.2
制造业	4986	24.3	335.1	-5.6
农副食品加工业	131	-3.0	5.0	-27.9
其他谷物磨制	4	100	0.1	-48.1
屠宰及肉类加工	20	25.0	0.7	-71.1
水产品加工	38	8.6	0.8	-24.4
石油加工、煤炭及其他燃料加工业	7	-46.2	4.5	81.4
化学原料及化学制品制造业	241	19.3	23.8	6.5
合成材料制造	47	17.5	4.5	-2.3
非金属矿物制品业	236	34.1	11.8	-32.6
水泥制造	1	-50.0	0.3	-87.7
轻质建筑材料制造	14	133.3	0.5	-4.9
砖瓦、石材及其他建筑材料制造	109	41.6	3.2	5.1

续表

行　　业	企业数/家	同比/%	实际使用外资金额/亿美元	同比/%
建筑陶瓷制品制造	4	100.0	0.1	-58.1
玻璃及玻璃制品制造	4	33.3	0.3	-60.9
平板玻璃制造	4	33.3	0.3	-60.9
陶瓷制品制造	26	30.0	0.4	46.1
通用设备制造业	574	57.7	28.9	-0.6
交通运输设备制造业	40	0.0	5.8	140.5
通信设备、计算机及其他电子设备制造业	576	25.0	59.0	2.6
通信设备制造	25	13.6	2.6	189
电子计算机制造	43	-14.0	3.7	65.7
电力、热力、燃气及水生产和供应业	372	19.6	35.2	64.0
电力、热力生产和供应业	263	23.5	17.5	1.4
电力生产	241	31.7	15.3	5.4
火力发电	6	0.0	2.3	42.6
水力发电	9	350.0	0.7	928.6
其他电力生产	226	29.9	12.1	0.0
燃气生产和供应业	24	0.0	9.5	2018.8
自来水生产和供应业	5	-44.4	3.7	750.0
建筑业	633	136.2	26.2	5.7
房屋建筑业	76	65.2	8.1	102.9
土木工程建筑业	110	52.8	15.6	-21.0
铁路工程建筑	62	148.0	11.3	-25.1
港口及航运设施工程建筑	13	160.0	0.7	-21.9
交通运输、仓储和邮政业	517	21.17	55.9	9.8
批发和零售业	12283	30.7	114.8	-27.2
住宿和餐饮业	703	13.4	4.2	14.8
旅游饭店	107	1428.6	1.4	105.6
金融业	1752	-29.5	132	-26.7
房地产业	737	95.0	168.6	-14.2
房地产开发经营	409	212.2	154.0	-16.8
租赁和商务服务业	5087	9.9	167.4	3.8
科学研究和技术服务业	3391	38.8	68.4	5.0

续表

行　业	企业数/家	同比/%	实际使用外资金额/亿美元	同比/%
居民服务和其他服务业	349	42.5	5.7	15.7
教育	203	111.5	0.8	-17.9
卫生和社会工作	114	48.1	3.1	20.1
文化、体育和娱乐业	476	28.3	7.0	161.3

数据来源：《中国外资统计公报 2018》。

2018 年，各行业中信息传输、软件和信息技术服务业吸引外商投资企业数的增速最快，同比增长 127.9%，实际使用外商投资金额数有所下降，降至 773 亿美元，同比下降 44.4%。批发和零售业吸引外商投资的能力依旧最强，新增企业数 22853 家，同比增长 86.1%，但在实际使用外商投资金额方面也呈下降趋势，降至 643 亿美元，同比下降 16.5%。租赁和商务服务业，信息传输、软件和信息技术服务业，制造业，房地产业，位列第二至第五，分别新增企业数 9099 家、7222 家、6152 家和 1053 家，同比分别增加 78.9%、127.9%、23.4% 和 42.9%。制造业中，高技术制造业表现突出，实际使用外资 898 亿元人民币，增长 35.1%，折合 137 亿美元，增长 38.1%。

二、深化产业开放不停歇

（一）产业开放的顶层设计

2018 年 4 月，在我国海南省召开的博鳌论坛以及 2019 年第二届"一带一路"国际合作高峰论坛上，习近平主席均表达了中国将采取一系列重大改革开放举措，继续深化产业开放结构。产业开放的顶层设计有以下几个方面。

1. 放宽市场准入，营造良好的投资环境

自中国改革开放以来，见证了经济的飞速发展，我国一跃成为世界第二大经济体，2018 年正值改革开放 40 周年，在博鳌论坛开幕式上，习近平主席表达了中国对外开放的基本国策，坚持打开国门搞建设。

经济全球化是不可逆转的趋势，中国将大幅度放宽市场准入。2017 年，吸引外商投资的行业中服务业占比超过 50%，增速超过 10%，其中金融服务业尤为突出，在深化产业开发的进程中，为进一步改革，2017 年底宣布放宽银行、证券、保险行业外资股比限制，同时要加大开放力度，加快保险行业开放进程，放宽外资金融机构设立限制。2018 年，新增 12 条金融举措，以确保重大金融业改革措施的落地。

习近平主席表示，过去中国主要靠政府的优惠政策吸引外资，外资企业主要受中国政府的保护。现在，为营造良好的投资环境，将加强同国际经贸规则对接，增强透明度，坚持依法办事，鼓励竞争、反对垄断。为此我国于 2019 年通过了《中华人民共和国外商投资法》，将有效地规范我国外商投资环境。

2. 加强知识产权保护

改革开放 40 多年来，我国的知识产权环境已经取得了显著的进步，但随着新时代的发展，中国还需要与时俱进，继续前进。习近平主席在博鳌论坛与“一带一路”高峰论坛上均表示我国需进一步强化知识产权创造，保护运用好知识产权，以达到深化产业开放、加强国际合作、共同发展的目的。中国向全世界再一次传递了我国进一步保护在华外资企业知识产权和我国企业在海外知识产权的坚定立场。

根据 2018 年我国主要知识产权统计数据，各项指标稳中有进。在专利方面，2018 年，我国发明专利申请量为 154.2 万件，同比增长 11.7%，共授权发明专利 43.2 万件，同比增长 2.8%。其中，国内发明专利授权 34.6 万件中，职务发明 32.3 万件，占 93.3%；非职务发明 2.3 万件，占 6.7%。每万人口发明专利拥有量达到 11.5 件，同比增长 17.34%。我国每万人口发明专利拥有量排名前 3 位的省（区、市）依次为：北京（111.2 件）、上海（47.5 件）、江苏（26.5 件）。共受理 PCT 国际专利申请 5.5 万件，同比增长 9.0%。其中，5.2 万件来自国内，同比增长 9.3%。

此外，在强化知识产权保护上，2018 年期间，我国进行了知识产权机构改革，重新组建国家知识产权局，将国家知识产权局的职责、国家工商行政管理总局的商标管理职责、国家质量监督检验检疫总局的原产地地理标志管理职责进行整合，解决商标、专利分头管理和重复执法问题，完善知识产权管理体制。重新组建的国家知识产权局，由国家市场监督管理总局管理，将专利、商标、地理标志统一管理，而专利、商标的行政执法将由市场监管综合执法队伍承担。这一举措将有利于加速建设创新型国家，吸引外商投资。

3. 扩大商品和服务进口

习近平指出，在进一步深化产业改革的进程中，我国要进一步扩大商品和服务进口。2017 年，中国服务进口比加入世贸组织时增长了 11 倍，占世界服务进口的比重从 2.6%提升到 9%，列全球第二位。过去 5 年，中国服务进口对全球服务进口增长的贡献率达 25.8%，是推动全球服务进口增长的最大贡献者。中国也是全球服务贸易自由化的重要推动者。我国政府积极倡导以“均衡、普惠、共赢”作为多边贸易体制改革的目标，努力推动建立公平、公正的国际服务贸易新秩序。中国还是全球服务贸易创新发展的重要探路者。2016 年，中国政府批准在天津、上海等 15 个地区开展服务贸易创新发展试点，扩大服务业双向开放、创新服务贸易发展模式、提升服务贸易便利化水平。2017 年，15 个服务贸易创新发展试点地区服务进口 2219.6 亿美元，占中国服务进口总额的 47.9%。2018 年，中国政府深化服务贸易创新发展试点，深入探索适应服务贸易创新发展的体制机制、政策措施和开放路径，加快优化营商环境，最大限度地激发市场活力，打造服务贸易制度创新高地。同时，作为拥有 14 亿人口的大国，我国拥有世界上体量最大、成长速度最快的收入群体，这些消费者具有强大的消费潜力，习近平主席表示我国将进一步降低关税水平，消除贸易壁垒，不断打开中国的大门。

（二）持续放宽外资市场准入

1. 准许“小而美”的中小外资金融机构入市

继 2018 年 4 月，银保监会发布实施 15 条对外开放措施之后，2019 年 5 月又推出 12 条对外开放新措施。我国政府希望进一步完善金融领域外商投资和经营环境，激发外资参与中国金融业发展的活力。此次银保监会拟推出的 12 条对外开放新措施中，第一条即为：按照内外资一致原则，同时取消单家中资银行和单家外资银行对中资商业银行的持股比例上限。此项措施拟在更改此前规定：取消中资银行和金融资产管理公司的外资持股比例限制措施发布后，符合条件的投资者入股大型银行、金融资产管理公司，均无持股比例限制；而符合条件的投资者入股股份制银行、城市商业银行等中小商业银行的，主要股东包括战略投资者持股比例一般不超过 20%，对于部分高风险城市商业银行，可以适当放宽比例。此次将全面取消单家中资银行和单家外资银行入股股份制银行、城市商业银行等中小商业银行的持股比例上限。12条扩大金融开放措施中还拟将取消外国银行来华设立外资法人银行和设立分行的总资产要求，分别是100亿美元和200亿美元。这一措施能够吸引更多经营稳健、具有自身特色的外国银行来华经营，提升我国银行机构产业的开放化和多元化程度，体现了我国持续放宽外资准入的决心。

此外，继2017年以来，国务院先后发布《关于扩大对外开放积极利用外资若干措施的通知》《关于促进外资增长若干措施的通知》和《关于积极有效利用外资推动经济高质量发展若干措施的通知》，明确重点放宽银行类金融机构、证券公司、证券投资基金管理公司、期货公司、保险业的新举措。

2. 减少外资准入限制

中国为适应经济全球化新形势和国际化投资规则，对外商投资实行准入前国民待遇加负面清单管理模式，即市场准入负面清单制度，是指国务院以清单方式明确列出在我国境内禁止和限制投资经营的行业、领域、业务等。而在负面清单以外的行业、领域、业务等，各类市场主体皆可依法平等进入，并在2017年首次提出在全国范围内实施的外商投资准入负面清单。近年来，外资限制措施已从180项左右减少至60多项，减少近2/3。2018年版负面清单保留48条特别管理措施，比2017年版的63条减少了15条，缩减近1/4，进一步缩小了外商投资审批范围。在第一、二、三产业全面放宽市场准入，涉及金融、交通运输、商贸流通、专业服务、制造、基础设施、能源、资源、农业等各领域，共推出22项重大开放措施。新版负面清单不仅取消了汽车、飞机、船舶等制造业领域外资准入限制，还在金融、运输等服务业及种业等领域进一步开放，体现了我国外资管理体制更加开放、灵活、高效的改革方向。2018年版负面清单减少事项如表6-7所示。

表6-7　2018年版负面清单减少事项

大类	领域	比2017年版减少的特别管理措施
采矿业	有色金属矿及非金属矿采选	贵金属（金、银、铂族）勘查、开采，属于限制类
		锂矿开采、选矿，属于限制类

续表

大类	领域	比 2017 年版减少的特别管理措施
制造业	航空制造	3 吨及以上民用直升机设计与制造须由中方控股
		6 吨 9 座以下通用飞机设计、制造与维修限于合资、合作
	船舶制造	船用低、中速柴油机及曲轴制造，须由中方控股
		海洋工程装备（含模块）制造与修理，须由中方控股
	汽车制造	新建纯电动乘用车生产企业生产的产品须使用自有品牌，拥有自主知识产权和已授权的相关发明专利
	轨道交通设备制造	轨道交通运输设备制造限于合资、合作（与高速铁路、铁路客运专线、城际铁路配套的乘客服务设施和设备的研发、设计与制造，与高速铁路、铁路客运专线、城际铁路相关的轨道和桥梁设备研发、设计与制造，电气化铁路设备和器材制造，铁路客车排污设备制造等除外）
		城市轨道交通项目设备国产化比例须达到 70%及以上
	通信设备制造	民用卫星设计与制造、民用卫星有效载荷制造，须由中方控股
	矿产冶炼和压延加工	钼、锡（锡化合物除外）、锑（含氧化锑和硫化锑）等稀有金属冶炼属于限制类
	医药制造	禁止投资列入《野生药材资源保护管理条例》和《中国稀有濒危保护植物名录》的中药材加工
交通运输业	道路运输	公路旅客运输公司属于限制类
	水上运输	外轮理货属于限制类，限于合资、合作
信息技术服务业	互联网和相关服务	禁止投资互联网上网服务营业场所
金融业	银行服务	外国银行分行不可从事《中华人民共和国商业银行法》允许经营的“代理发行、代理兑付、承销政府债券”
		外资银行获准经营人民币业务须满足最低开业时间要求
		境外投资者投资金融资产管理公司须符合一定数额的总资产要求
	保险业务	非经中国保险监管部门批准，外资保险公司不得与其关联企业从事再保险的分出或者分入业务
	会计审计	担任特殊普通合伙会计师事务所首席合伙人（或履行最高管理职责的其他职务），须具有中国国籍
租赁和商务服务业	统计调查	实行涉外调查机构资格认定制度和涉外社会调查项目审批制度
		评级服务属于限制类
	其他商务服务	因私出入境中介机构法定代表人须为具有境内常住户口、具有完全民事行为能力的中国公民
教育	教育	不得举办实施军事、警察、政治和党校等特殊领域教育机构

续表

大类	领域	比 2017 年版减少的特别管理措施
文化、体育和娱乐业	新闻出版、广播影视、金融信息	禁止从事美术品和数字文献数据库及其出版物等文化产品进口业务（上述服务中，中国“入世”承诺中已开放的内容除外）
	文化娱乐	演出经纪机构属于限制类，须由中方控股（由“为本省市提供服务的除外”调整为“为设有自贸试验区的省份提供服务的除外”）
		大型主题公园的建设、经营属于限制类

在越来越少的准入限制和开放的市场背景下，发达经济体对我国投资增长显著。中国美国商会的《2018 年中国商务环境调查报告》显示，约 60%受访企业将中国列为全球三大投资目的地之一，74%的会员企业计划于 2018 年扩大在华投资。

（三）完善公开透明的涉外法律体系

2019 年 3 月 15 日，十三届全国人大二次会议表决通过了《中华人民共和国外商投资法》。该部法律自 2020 年 1 月 1 日起施行，取代原有的三部外商投资企业法（即原有的“外资三法”，包括《中华人民共和国外资企业法》《中华人民共和国中外合作经营企业法》《中华人民共和国中外合资经营企业法》），这一举措显示了中国用立法为深化产业开放保驾护航。

新版外商投资法突出了以下几个方面。

（1）重点关注内外资企业平等待遇，突出了依法依规。法案中指出凡是在我国境内注册的企业，都要一视同仁、平等对待，外商投资企业依法同等适用国家支持企业发展的各项政策。

（2）鼓励和引导外国投资者在特定行业、领域、地区投资，并可以依照法律、行政法规或者国务院的规定给予优惠。在中国境内的外商投资企业，可以享受国家支持企业发展的各项政策，但也要承担相应义务并遵守相关法律规定。

（3）新版法案更加强调维护公平竞争的市场环境，增加了外商投资并购反垄断审查的规定，即外国投资者并购中国境内企业或者以其他方式参与经营者集中的，应当依照《中华人民共和国反垄断法》的规定接受经营者集中审查。此项更改更多的是对依法进行反垄断审查的宣示或重申，也是对外商投资行为相关法律风险进行提示，进一步体现了一视同仁、平等对待的原则。

（四）营造国际一流营商环境

在持续深化产业开放的进程中，为营造良好的营商环境，税务部门联合相关部门出台了一系列有利于促进外资增长、推动经济高质量发展的税收政策，同时不断推进税务系统“放管服”改革，加强国际税收合作，优化纳税服务。主要体现在以下 3 个方面。

1. 减轻外资税收负担

2017 年，国务院印发《关于促进外资增长若干措施的通知》，提出了 3 条促进外资持续增长的税收支持政策。根据相关文件要求和出台的政策，对境外投资者将中国境内居民企业分配的利润，直接投资于鼓励类项目实行递延纳税政策，暂不征收预提所得税，鼓励境外投资者持续扩大在华投资。

2018 年，为进一步鼓励境外投资者在华投资，吸引外商流入，我国将上述再投资递延纳税政策的适用范围，由鼓励类项目扩大至所有非禁止类外商投资项目和领域；同时，对境外机构投资境内债券市场取得的债券利息收入暂免征收企业所得税和增值税，鼓励间接投资与直接投资相结合。据统计，2018 年度享受递延纳税政策的企业共计近 500 户次，涉及股息约 480 亿元人民币，延迟缴纳或退税金额超过 47 亿元人民币。

2. 完善重点领域税收支持政策

高新技术产业是近几年发展的“排头兵”，是我国目前发展的重点产业，也是外商较关注的行业之一。在此情况下，税务部门联合财政部、科技部持续改进高新技术企业认定管理办法，提高认定管理工作效率，简化认定程序，希望降低高新技术类外资企业的办税成本。2018 年 7 月，税务总局联合财政部出台文件，将高新技术企业和科技型中小企业亏损结转年限由 5 年延长至 10 年，进一步解决外资投资高新技术领域的后顾之忧。

3. 为外商提供优质便捷办税体验

我国为提升办税的便捷性，减少“两头跑”、两头提交的情况，在近几年开始实行“一窗通办”的服务，办理者只需要去一个窗口，提交一套资料，就可以办好所有事情。为更加精准高效服务外资企业，税务部门运用“互联网+”思维，利用网络、“两微一端”等信息平台，提供多形式税收服务。此外，还开发了“三位一体”智能咨询系统，通过多轮交互模式，在12366热线系统、互联网端、多媒体端（微信）为外商提供“7×24”智能咨询、语音导航服务。

根据世界银行公布的《2019年营商环境报告》，中国纳税指标排名比2018年提升了16位，其中与税务部门工作直接关联的两个分指标纳税次数、纳税时间排名分别较上一年上升了23位、43位。

三、产业开放展望

当前世界经济面临深刻调整，中国的产业发展面临新形势和新挑战。20世纪70年代末，中国打开封闭多年的国门，不断融入经济全球化浪潮的历史进程。40多年后的今天，中国从经济全球化的旁观者变身为参与者、贡献者和受益者。经济全球化的趋势锐不可当，虽然中美贸易摩擦会给美国在华直接投资带来不确定性，但放眼未来，我国必须准确研判时代特征和变化趋势，把握机遇，趋利避害，继续深化产业开放。

我国应以“一带一路”的平台为契机。“一带一路”对于促进贸易和投资的作用非常大，今后的潜力也非常大。要以“一带一路”建设为重点，坚持“走出去”与“引进来”并重，遵循共商、共建、共享原则，加强创新能力开放与合作，形成陆海内外联动、东西双向互济的开放格局。“一带一路”沿线国家的经济发展和中国的经济发展融合度非常高，未来这块蛋糕对于中国建设开放型产业经济的作用非常显著。

我国应不断扩大内需来持续吸引外商投资。我国是拥有14亿人口的大国，而且国民生产总值正从中等收入阶段步入高等收入阶段，物质需求进入高消费阶段。依据本书的数据，我国第三产业的增速持续上升，在这些领域中国民的需求不断增加，所以面对不断增长的需求，未来的发展会吸引更多的外商投资。

展望未来，中国应持续坚持与国际社会合作，维护经济全球化大局；推进“一带一路”建设，带动国际合作模式创新。

第七章　金融业开放

——引领新一轮更高水平开放

一、新一轮金融开放取得的进展

2017年以来，金融领域成为我国新一轮更高水平开放的前沿重地。2017年，第五次全国金融工作会议指出要扩大金融开放，党的十九大报告和2018年政府工作报告逐步明确扩大金融开放的总体方向，2018年博鳌亚洲论坛年会公布扩大金融开放的具体措施和时间表，至今各项开放措施落地工作稳步推进并取得显著成效。

（一）金融机构开放

1. 银行类机构开放

（1）外资银行类机构“引进来”。2017年3月，原银监会发布《关于外资银行开展部分业务有关事项的通知》，允许外资银行采用事后报告制开展国债承销、托管、财务顾问等咨询业务，并鼓励外资银行与母行集团开展内部业务协作。2018年2月，原银监会修订《外资银行行政许可事项实施办法》，完善外资银行入股中资商业银行的条件和要求，在资本补充工具、新业务审批、高管资格审批等方面进一步简政放权。截至2017年末，共有14个国家和地区的银行在我国设立38家外商独资银行（下设分行322家）、1家合资银行（下设分行1家），30个国家和地区的73家银行在我国设立122家分行，46个国家和地区的143家银行在我国设立163家代表处。截至2017年末，外资银行资产总额3.24万亿元人民币，占银行业总资产比重为1.28%[①]（见图7-1），较2016年有所上升，停止自2011年以来连续下滑趋势。

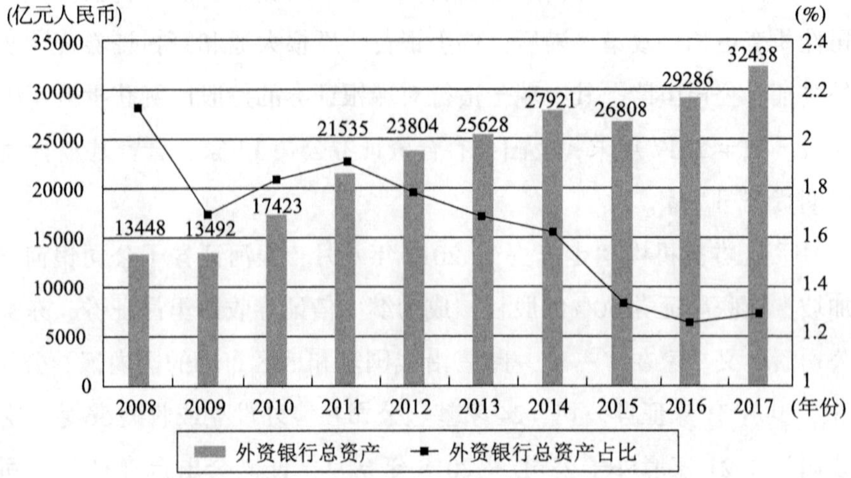

图7-1　2008—2017年外资银行总资产及占银行业总资产比重

数据来源：原中国银监会。

（2）中资银行类机构“走出去”。2017年，银行业海外机构布局不断深化，当年共有5家中资银行在13个国家和地区新设立13家一级机构。其中，3家中资银行在5个“一带一路”沿线国家和地区设立5家一级机构（4家分行、1家代表处）。截至2017年末，共有23家中资银行在65个国家和地区设立238家一级机构（55家子行、141家分行、39家代表处、3家合资银行）。其中，10家中资银行在26个“一带一路”沿线国家和地区设立68家一级机构（17家子行、40家分行、10家代表处、1家合资银行）。[②]截至2017年末，四大行境外资产合计10.4万亿元人民币，境外机构非利息收入1712.65亿元人民币，较上年增长9%，[③]表明银行业国际化水平不断提高，从加速布局的粗放式增长转向业务优化的精细化发展。

2. 证券类机构开放

（1）外资证券类机构“引进来”。2017年11月，中美元首北京会晤后，中方宣布将单个或多个外国投资者直接或间接投资证券、基金管理和期货公司的比例限制放宽至51%，三年后投资比例将不受限制。2018年4月，证监会发布《外商投

①②数据来自原中国银监会年报。

③　数据来自《2018年度中国银行业发展报告》。

资证券公司管理办法》：一是允许外资控股合资证券公司；二是允许新设合资证券公司依法有序申请证券业务；三是统一外资持有上市和非上市两类证券公司股权的比例；四是完善境外股东条件；五是明确境内股东的实际控制人身份变更导致内资证券公司性质变更相关政策。随后，瑞士银行、摩根大通和野村证券先后提交设立或控股外资证券公司申请，其中瑞士银行对瑞银证券的持股比例获批升至51%，实现绝对控股。截至2017年末，我国共有合资证券公司13家、合资基金管理公司44家、合资期货公司2家。

（2）中资证券类机构“走出去”。2017年6月，银河证券子公司银河国际宣布收购新加坡券商联昌证券50%的股权，成为继中信证券收购里昂证券、东吴证券成立中新公司后，又一家在“一带一路”沿线国家和地区布局的国内证券公司。截至2017年末，共有31家证券公司、24家基金公司在境外设立或收购56家子公司，20家期货公司设立21家境外子公司。[①] 2018年9月，证监会出台《证券公司和证券投资基金管理公司境外设立、收购、参股经营机构管理办法》，支持具备一定实力、运作规范、风控能力较强的境内证券基金经营机构在境外设立经营机构，更好地服务“一带一路”建设和中国企业“走出去”。此外，境内交易所还积极参与境外资本市场建设，通过双边股权、技术、业务等合作，共同构建资金融通平台，包括上交所、中金所与德意志交易所集团共同成立中欧国际交易所，沪深交易所联合体战略入股巴基斯坦交易所和孟加拉国达卡证券交易所，上交所参与筹建哈萨克斯坦阿斯塔纳国际交易所等。

3. 保险类机构开放

（1）外资保险类机构“引进来”。2018年4月，央行行长在博鳌论坛年会上宣布，将人身险公司外资持股比例上限放宽至51%，三年后不再设限；允许外国投资者经营保险代理和公估业务；放开外资保险经纪公司经营范围；取消外资保险公司设立前开设两年代表处要求。2018年11月，安联（中国）保险获得银保监会批准筹建，成为我国首家外资保险控股公司。截至2017年末，共有16个国家和地区的保险公司在我国设立57家外资保险法人机构，其中财产险公司22家，人身险公司28家，再保险公司6家，资产管理公司1家，下设各级分支机构1800多家；共有21个国家和地区的保险公司在我国设立141家代表机构；共有外资保险中介机构

① 数据来自中国证监会年报。

13家，其中代理公司5家，经纪公司6家，公估公司2家。[①] 2017年，外资保险公司原保费收入2140亿元，占比5.85%，市场份额有所扩大。其中，外资财产险公司206.4亿元，占比1.96%；外资人身险公司1933.7亿元，占比7.43%（见图7-2）。[②]

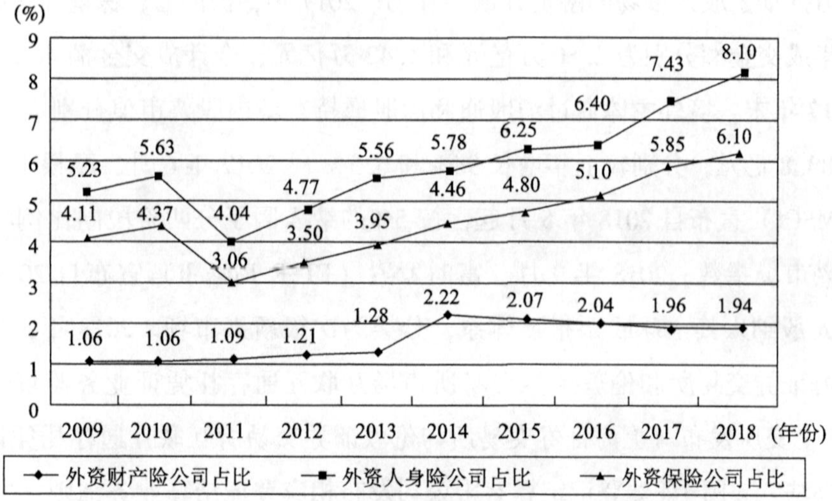

图7-2　2009—2018年外资保险公司原保险保费收入占比

数据来源：原中国保监会。

（2）中资保险类机构“走出去”。近年来，保险业抓住“一带一路”机遇，不断提升国际化业务水平。在保险机构海外布局方面，截至2016年末，共有中国太平集团、中国再保险集团、中国人保集团、中国人寿集团等12家中资保险公司在海外设立22家保险承保类营业机构、11家保险资产管理机构和5家保险中介机构。截至2017年末，中国再保险集团已与27家所在国最大的保险和再保险公司签署合作备忘录，境外服务网络覆盖121个国家和地区。在保险资金境外投资方面，截至2017年末，保险资金境外投资余额接近700亿美元，占行业上季末总资产的2.7%，其中公开市场与另类投资品种各占5%左右。在对外承保项目方面，2017年，我国在“一带一路”沿线国家新签订对外承保项目合同7217份，新签合同额1443.2亿美元，占合同总额的54.4%，完成营业额855.3亿美元，占营业总额的50.7%，合同额与营业额均创历史新高。

① 数据来自《2018年中国保险业发展报告》。
② 数据来自原中国保监会。

（二）金融市场开放

1. 股票市场开放

（1）境内外市场互联互通。2017 年以来，境外主体境内投资通道不断拓宽，有力推动了股票市场的融资开放与互动。2017 年，沪港通、深港通运行平稳有序，全年成交金额分别为 2.80 万亿元和 1.42 万亿元，合计成交金额 4.22 万亿元。截至 2017 年末，境外主体通过沪股通和深股通持有境内股票市值分别为 3322.5 亿元和 1983.8 亿元，分别较上年增长 94%和 635%。① 2017 年 6 月，摩根士丹利国际资本（MSCI）宣布自 2018 年 5 月起，按 5%的纳入因子分两阶段同比例将 A 股纳入其新兴市场指数。2018 年 9 月，富时罗素（FTSE Russell）宣布自 2019 年 6 月起，将 A 股纳入其全球股票指数体系，分类为次级新兴市场。2018 年，证监会发布《上海证券交易所和伦敦证券交易所市场互联互通存托凭证业务监管规定（试行）》，上交所发布《上海证券交易所与伦敦证券交易所互联互通存托凭证上市交易暂行办法》，中国证券登记结算有限公司发布相应登记结算业务细则，“沪伦通”基本框架落地。

（2）境内企业境外上市融资。近年来，证监会持续推进境外上市审批制度改革，通过取消财务审核和发行定价限制、精简申报文件和审核内容、公示审核关注要点和审核进度、明确 H 股公司境外再融资可采用“一次核准、分次发行”方式、启动 H 股上市公司“全流通”试点等一系列措施，优化境外上市审核制度，便利企业开展跨境融资。截至 2017 年末，累计 275 家境内企业到境外上市，融资总额 2.68 万亿港元，其中在港交所主板上市 229 家（含中国香港、纽约同时上市 10 家，中国香港、伦敦同时上市 4 家，中国香港、纽约、伦敦同时上市 1 家），在港交所创业板上市 26 家。境外上市公司有 97 家发行 A 股，1 家发行 A、B 股，1 家发行 B 股。②

2. 债券市场开放

（1）境外主体境内发行人民币债券（熊猫债）。2017 年以来，熊猫债发债主体类型进一步扩展，市场制度体系建设更加完善，债券发行规模不断扩大。2017 年 3

---

① 数据来自中国人民银行《2018 年人民币国际化报告》。
② 数据来自中国证监会年报。

月，俄罗斯铝业联合公司在上交所发行10亿元人民币债券，成为首单“一带一路”沿线国家和地区企业发行的熊猫公司债券。2018年3月，沪深交易所发布《关于开展“一带一路”债券试点的通知》，引导和支持境外政府机构、境内外企业及金融机构发行“一带一路”债券，促进沿线国家和地区资金融通。截至2017年末，熊猫债发债主体涵盖非金融企业、金融机构、国际开发机构、政府机构等境外机构，累计注册核准额5007亿元，累计发行额2203.4亿元。①

（2）境外主体投资境内债券市场。2017年，境外投资者配置人民币资产需求显著增加，年内共计866家境外机构进入境内银行间债券市场。2017年，银行间债券市场资金流入8085亿元，流出4862亿元，净流入3223亿元。截至2017年末，境外主体在境内债券市场债券托管余额合计1.2万亿元，约占全国市场的1.2%。② 2017年6月，人民银行发布《内地与香港债券市场互联互通合作管理暂行办法》，7月“债券通”的“北向通”上线试运行。截至2017年末，共有19个国家和地区的249家境外机构投资者通过“债券通”进入银行间债券市场，交易券种以国债、政策性金融债、同业存单为主；内地市场共发行178只以“债券通”为题材的债券；“债券通”交易托管余额887.9亿元，日均交易额20亿~30亿元。③ 2018年1月，彭博公司宣布自2019年4月起，分20个月将中国国债和政策性银行债券纳入彭博巴克莱全球综合指数，人民币债券将成为继美元、欧元、日元之后的第四大计价货币债券。

3. 外汇市场开放

2017年，国内银行间外汇市场人民币外汇成交折合20.3万亿美元。其中，人民币外汇即期交易成交折合6.4万亿美元，较上年增长7.9%；人民币外汇掉期交易成交折合13.4万亿美元，较2016年增长34%；人民币外汇远期交易成交折合1000亿美元，较2016年减少32.4%。2017年，人民币对外币（不含美元）直接交易即期共成交1.4万亿元，在银行间外汇市场即期交易中占比3.32%。④ 2017年10月，外汇交易中心上线人民币对卢布交易同步交收业务，处理时间较以往时滞实现突破，有效降低了双边货币的交收风险，为多币种推广同步交收机制打下了坚实

① 数据来自中国人民银行《2018年人民币国际化报告》。
② 数据来自中央结算公司《2018年债券市场统计分析报告》。
③ 数据来自债券通公司。
④ 数据来自《国家外汇管理局年报》。

基础。

4. 期货市场开放

2018年3月，作为首个对境外投资者“无特殊限制”交易的金融产品，以人民币计价结算的INE原油期货在上海国际能源交易中心正式挂牌交易。2018年5月，大连商品交易所的铁矿石期货正式引入境外交易者，实现首个已上市品种对外开放。2018年11月，郑州商品交易所的PTA期货正式引入境外交易者，成为继原油、铁矿石期货之后的第三个国际化期货品种。以原油期货、铁矿石期货、PTA期货为代表的品种率先国际化，为国内期货市场引入国际资金与竞争机制，有利于形成国际公认的期货价格基准，推动人民币成为大宗商品计价结算货币，进一步加快人民币国际化进程。

（三）外汇体制改革

1. 经常项目外汇管理

2017年，我国国际收支经常账户顺差1649亿美元，较2016年下降18%，连续两年出现下滑，但占GDP比重为1.34%，仍保持在合理区间，如图7-3所示。2017年，我国货物贸易顺差4761亿美元，较2016年下降3%，表明进出口更趋平衡；服务贸易逆差2654亿美元，较2016年增长14%，主要由旅游和运输项目逆差带动。[①] 为适应涉外经济发展需要，经常项目管理应着重提升贸易自由化便利化水平。一方面，转变外汇管理理念，优化管理方式方法。向银行开放报关电子信息，便利银行贸易付汇业务审核；在天津、郑州、上海等地开展经营性租赁收取外币租金业务试点；出台经常项下代垫费用超期限支付业务政策，解决企业实际困难；便利银行为持有永久居留身份证的外籍人员办理结售汇业务；清理整合经常项目外汇账户，便利银行外汇业务办理和数据统计报送。另一方面，以交易真实性和合规性为出发点，提升监管能力和效率。丰富经常项目外汇收支监测分析指标体系，有针对性地开展专项核查，提高事中事后监测核查水平；与海关总署、国家税务总局等部门合作，加强异常企业信息通报和处置，提升部门间的协同监管效能。

---

① 数据来自国家外汇管理局《2017年中国国际收支报告》。

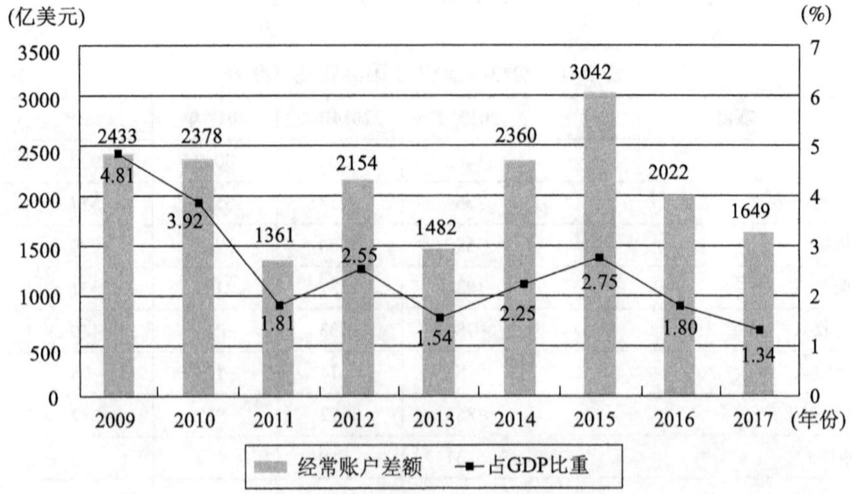

图 7-3　2009—2017 年经常账户差额及占 GDP 比重

数据来源：国家外汇管理局。

2. 资本项目外汇管理

2017 年，非储备性质的金融账户重现顺差，全年顺差 1486 亿美元，2016 年为逆差 4161 亿美元。从主要项目看，直接投资、证券投资和其他投资均表现为顺差，分别为 663 亿美元、74 亿美元和 744 亿美元（见表 7-1）。从投资方向看，2017 年境内主体对外投资总体趋稳，直接投资、证券投资和其他投资等资产合计净增加 2867 亿美元，较 2016 年少增 58%；境外主体来华各类投资进一步回升，净流入 4353 亿美元，较 2016 年增加 68%。① 由于连续性的资本外流压力，资本项目开放更加注重对跨境资本流动的均衡管理。一是引导和规范境外投资外汇管理。加强境外投资资金来源和去向审核，支持境内机构开展"一带一路"建设、国际产能合作、高新技术等国家鼓励领域境外投资活动，打击以境外投资名义转移境内资产等违规行为，引导境外投资逐步回归理性。二是延续资本项目便利化改革。开展结汇资金对外支付便利化试点、深圳银行不良资产跨境资产转让试点以及中关村高科技企业与天津融资租赁企业外债便利化试点。三是改进跨境债权债务管理。构建本外币一体化境外放款政策体系，统一人民币和外币境外放款管理原则，明确本外币境外放款登记相关操作要求。四是完善内保外贷管理。放宽内保外贷项下资金回流限制，允许境外债务人通过向境内放贷、股权投资等方式将担保项下资金调回境内使

① 数据来自国家外汇管理局《2017 年中国国际收支报告》。

用，同时完善银行内保外贷微观监管，加强反担保资金来源审核。

表 7-1　2013—2017 年国际收支平衡表

单位：亿美元

项目	2013 年	2014 年	2015 年	2016 年	2017 年
1. 经常账户	1482	2360	3042	2022	1649
1. A　货物和服务	2354	2213	3579	2557	2107
1. A. a　货物	3590	4350	5762	4889	4761
1. A. b　服务	-1236	-2137	-2183	-2331	-2654
1. B　初次收入	-784	133	-411	-440	-344
1. C　二次收入	-87	14	-126	-95	-114
2. 资本和金融账户	-853	-1692	-912	272	570
2. 1　资本账户	31	0	3	-3	-1
2. 2　金融账户	-883	-1691	-915	276	571
2. 2. 1　非储备性质的金融账户	3430	-514	-4345	-4161	1486
2. 2. 1. 1　直接投资	2180	1450	681	-417	663
2. 2. 1. 2　证券投资	529	824	-665	-523	74
2. 2. 1. 3　金融衍生工具	0	0	-21	-54	5
2. 2. 1. 4　其他投资	722	-2788	-4340	-3167	744
2. 2. 2　储备资产	-4314	-1178	3429	4437	-915
3. 净误差与遗漏	-629	-669	-2130	-2295	-2219

数据来源：国家外汇管理局。

3. 外汇储备经营管理

从 2014 年开始，国际资本加速从新兴市场经济体抽逃，外汇储备连续两年下降，年均下降 3955 亿美元。2017 年，在经常账户及非储备性质的金融账户“双顺差”带动下，外汇储备稳定回升，年末余额为 3. 14 万亿美元，较 2016 年末上升 1294 亿美元（见图 7-4）。值得注意的是，2016 年对外资产的民间部门持有占比首次过半，2017 年占比升至 53%，而外汇储备资产占比为 47%，较 2009 年最高点下降 25%，表明我国对外经济金融交往，从以官方部门对外投资为主转为官方与民间部门对外投资并驾齐驱。① 为应对国内外市场变化形势，外汇储备经营管理的主要目标是保障资产安全、流动和保值增值。一是完善多层次投资基准管理体系，优化货币和资产配置，提升资产配置、组合管理和交易执行科学化水平。二是拓展外汇储备多元化运用有效方式，服务好实体经济和国家重大战略，打造以“一带一路”

① 数据来自《国家外汇管理局年报》。

建设为重点的资金融通平台，切实履行出资人职责，推动完善股权投资机构公司治理，确保中长期财务可持续。三是强化风险防范和内部监督，完善风险分析和政策框架，实现对风险的全方位管理。

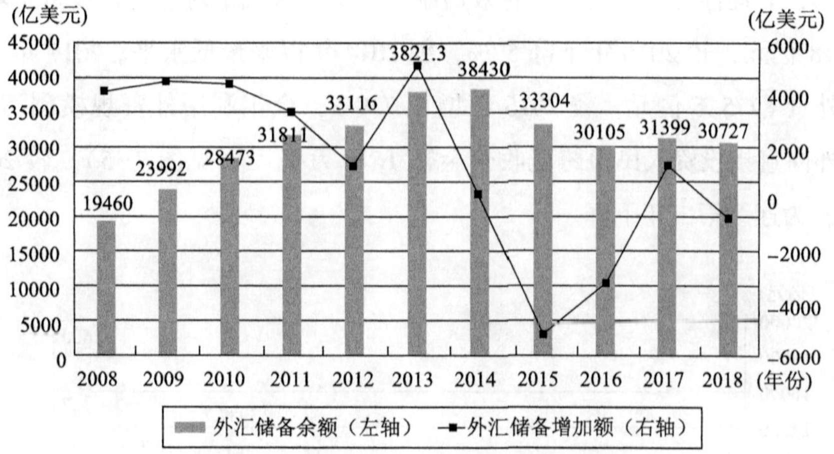

图 7-4 2008—2018 年外汇储备余额与增加额

数据来源：国家外汇管理局。

（四）人民币国际化

1. 人民币支付货币功能

自 2009 年中国银行收到首笔人民币跨境贸易结算款项，人民币跨境使用起步，人民币作为全球支付货币的功能不断增加。2017 年，人民币跨境收付金额合计 9.19 万亿元，占本外币跨境收付比重为 22.3%，连续 7 年成为我国第二大国际收付货币。[①]2018 年 12 月，根据环球同业银行金融电信协会（SWIFT）统计，人民币在国际支付货币中的份额为 2.07%，稳定保持全球第五大支付货币地位。从地域分布看，与我国发生人民币跨境收付业务的国家和地区不断增加。截至 2018 年 3 月，与我国发生人民币跨境业务的国家和地区达 242 个，发生业务的企业超过 34.9 万家，银行超过 386 家，共有 137 个国家和地区的银行在我国境内开立了 5028 个同业往来账户；2017 年，我国与“一带一路”沿线国家和地区办理人民币跨境收付金额超过 1.36 万亿元，占同期人民币跨境收付总额的 14.7%。[②]

①② 数据来自中国人民银行《2018 年人民币国际化报告》。

2. 人民币投资货币功能

（1）人民币直接投资。2017 年，境内投资者共对全球 174 个国家和地区的 6236 家境外企业进行非金融类直接投资，累计实现投资 8107.5 亿元，较 2016 年减少 28.2%，非理性对外投资得到有效遏制。其中，人民币对外直接投资跨境收付金额 4568.8 亿元，较 2016 年下降 57%，创 2014 年以来最低水平。2017 年，我国实际使用外资 8775.6 亿元，较 2016 年增长 7.9%，全年利用外资规模创历史新高。其中，外商直接投资人民币跨境收付金额 1.18 万亿元（见图 7-5），较 2016 年下降 16%，为连续第二年下降。

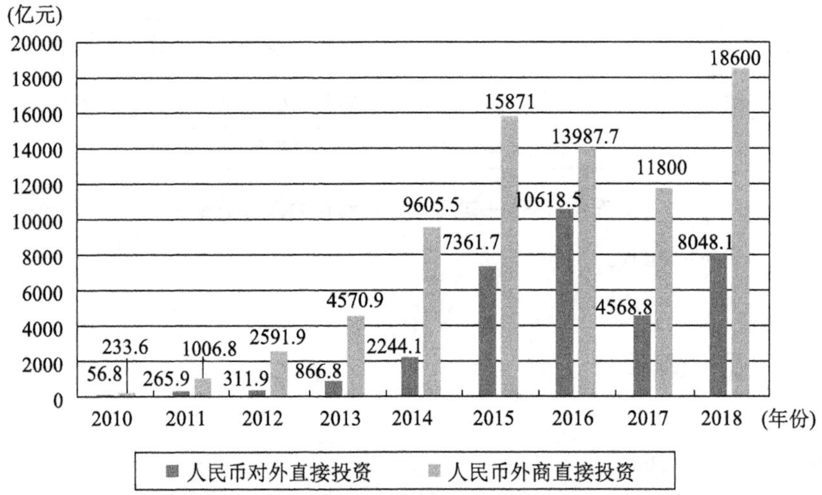

图 7-5　2010—2018 年直接投资人民币跨境收付金额

数据来源：中国人民银行。

（2）人民币间接投资。2017 年，境外主体持有境内金融资产金额合计 4.29 万亿元（见图 7-6）。其中，股票市值 1.17 万亿元，债券托管余额 1.20 万亿元，贷款余额 7390 亿元，存款余额 1.17 万亿元。股票和债券是当年境外主体增配人民币资产的主要品种，证券投资人民币跨境收付金额较 2016 年大幅增长 219%，合计 1.9 万亿元。其中，收入 1.04 万亿元，支出 8556 亿元，净流入 1850.7 亿元，由 2016 年净流出转为净流入。① 2018 年 6 月，中国人民银行会同国家外汇管理局发布《关于人民币合格境外机构投资者境内证券投资管理有关问题的通知》，取消 QFII、

① 数据来自中国人民银行《2018 年人民币国际化报告》。

RQFII 相关资金汇出比例限制、本金锁定期要求，并允许 QFII、RQFII 对境内投资进行外汇套保。截至 2017 年末，共有 18 个国家和地区获得 RQFII 投资额度 1.74 万亿元，196 家境外机构备案或申请投资额度 6050.6 亿元。

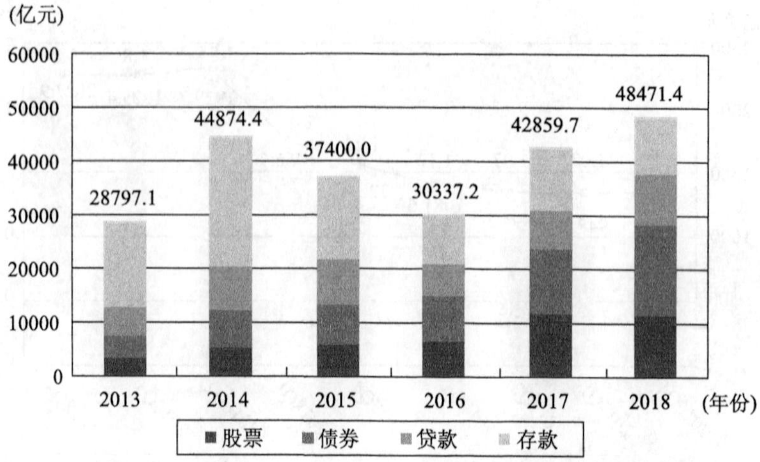

图 7-6　2013—2018 年境外主体持有人民币金融资产

数据来源：中国人民银行。

（3）跨境人民币资金池。截至 2017 年末，我国共有跨境双向人民币资金池 1112 个。从资金池跨境收支情况看，资金池累计流入 6511.7 亿元，流出 6257.3 亿元，净流入 254.4 亿元。[①]2018 年 4 月，中国人民银行在总结天津、广东、福建自贸试验区跨境人民币资金池业务试点经验的基础上，进一步完善跨国企业集团跨境人民币资金池业务政策，将净流入和净流出宏观审慎调节系数均调整为 0.5。跨境人民币资金池为跨国企业集团在境内外成员企业之间开展人民币资金余缺调剂和归集提供便利，有利于促进贸易投资便利化，提升资本项目可兑换程度。

3. 人民币储备货币功能

（1）人民币外汇储备。2016 年 10 月，人民币正式加入国际货币基金组织（IMF）特别提款权（SDR）货币篮子，与美元、欧元、日元、英镑一并成为五大国际储备货币，所占权重为 10.92%，仅次于美元和欧元，标志着人民币国际化进程迈出关键一步。据不完全统计，已有 60 多个境外央行或货币当局将人民币纳入外汇储备。[②]IMF 数据显示，2018 年第三季度末，官方外汇储备币种构成（COFER）

①② 数据来自中国人民银行《2018 年人民币国际化报告》。

报送国持有的人民币储备规模为 1925.4 亿美元，较 2016 年末增加 1022.5 亿美元，增长 113.2%，在全球外汇储备占比 1.8%，较 2016 年末提升 0.73 个百分点（见图 7-7）。

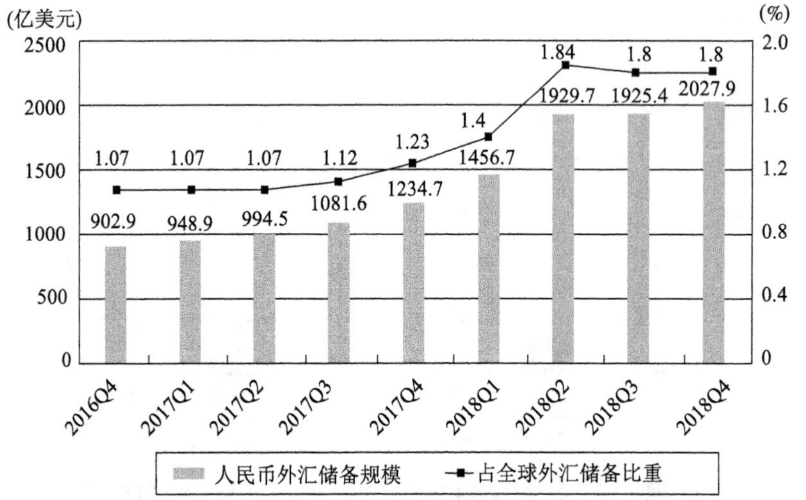

图 7-7　官方确认的人民币储备规模及占全球外汇储备比重

数据来源：国际货币基金组织（IMF）。

（2）双边货币互换。2016 年以来，中国人民银行继续推进与其他央行或货币当局实践双边货币互换，完善双边本币互换机制，推动在国际市场更多使用人民币进行贸易和投资。2016 年，中国人民银行分别与摩洛哥、塞尔维亚、埃及、新加坡、匈牙利、欧盟、冰岛等国家和地区央行或货币当局签署或续签双边本币互换协议，协议总金额 6930 亿元。2017 年，中国人民银行先后与新西兰、蒙古国、阿根廷、瑞士、卡塔尔、加拿大、韩国、中国香港、俄罗斯、泰国等国家和地区央行或货币当局续签双边本币互换协议，总金额 1.48 万亿元。截至 2017 年末，中国人民银行共与 36 家央行或货币当局签署本币互换协议，总金额 3.34 万亿元（见图 7-8），其中有效协议 29 份，总金额 3.02 万亿元。①

① 数据来自中国人民银行《2018 年人民币国际化报告》。

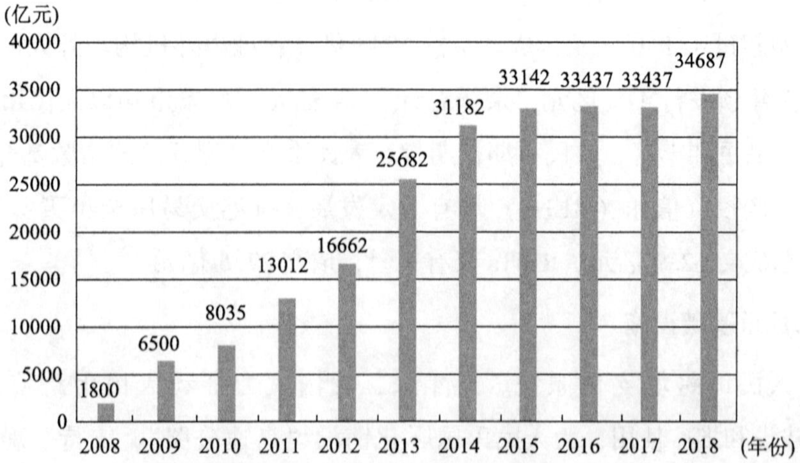

图 7-8　2008—2018 年人民币货币互换协议总金额

数据来源：中国人民银行。

4. 人民币汇率形成机制

2017 年 2 月，外汇市场自律机制将中间价对一篮子货币的参考时段由报价前 24 小时调整为前一日收盘后到报价前的 15 小时，避免了美元汇率日间变化在次日中间价中重复反映。2017 年 5 月，外汇市场自律机制在中间价报价模型中引入“逆周期因子”，主要目的是适度对冲市场情绪的顺周期波动，可更好地反映我国经济运行等基本面因素，更真实地体现外汇供求和一篮子货币汇率变化。2017 年以来，“收盘汇率+一篮子货币汇率变化+逆周期因子”的人民币兑美元汇率中间价形成机制实现有序运行，汇率政策的规则性、透明度和市场化水平不断提升。根据国际清算银行（BIS）计算，从 2005 年“8·11 汇改”至 2017 年末，人民币名义有效汇率和实际有效汇率分别升值 36.5%和 45.6%。①

5. 离岸人民币市场

2017 年以来，离岸人民币市场平稳发展，离岸、在岸人民币利差收窄、汇率稳中有升，人民币产品越趋多元化，境外主体持有人民币资产意愿有所上升。2017 年，离岸人民币利率总体水平稳定，年末人民币香港银行同业拆借利率（Hibor）隔夜拆借定盘利率为 1.73%，离岸减在岸隔夜利率从上半年平均 1.73%降低至下半年的-0.55%；离岸人民币汇率双向浮动特征显著，香港离岸人民币兑美元累计升

① 数据来自《国家外汇管理局年报》。

值7.4%；离岸人民币存量稳步增长，但贷款规模呈收缩态势，年末主要市场人民币存款余额超过1.1万亿元，贷款余额2743亿元；境内外机构境外人民币债券发行下降，全年新发行419亿元，余额总计2524亿元；离岸市场以人民币计价的权益类投资产品更加丰富，人民币期权期货、人民币交易型开放式指数基金（ETF）、人民币房地产投资信托（REITs）均有一定发展，香港交易所全年买卖ETF共42只，全年总成交62.9亿元，REITs仅有1只，成交27.5亿元。①

6. 人民币基础设施

（1）人民币跨境支付系统。近年来，我国大力推动人民币跨境支付系统（CIPS）建设和推广使用，为人民币国际化铺设“高速公路”，支持金融市场跨境互联互通。2016年7月，中行香港公司作为首家境外直接参与者接入CIPS，使CIPS业务量大幅提升。2018年5月，CIPS（二期）全面投产，符合要求的直接参与者同步上线，在结算机制、流动性支持、服务时间、报文设计、参与者类型与管理等方面进行改进和完善，着力覆盖全球金融市场，满足差异化的跨境人民币业务需求。2017年，CIPS累计处理人民币跨境支付业务125.91万笔，金额14.55万亿元，同比分别增长97.9%和233.7%。截至2018年5月底，CIPS共有31家直接参与者、724家间接参与者，参与者范围覆盖全球六大洲，87个国家和地区，业务实际覆盖全球150个国家和地区，2381家法人金融机构。②

（2）境外人民币业务清算行。2017年以来，中国人民银行先后与中行纽约分行、工行莫斯科公司、农行迪拜分行、中行台北分行、工行新加坡分行签署或续签《关于人民币业务的清算协议》，并授权美国摩根大通银行担任美国人民币业务清算行，进一步拓宽跨境人民币清算渠道。2018年5月，中国人民银行发布《关于进一步完善跨境资金流动管理支持金融市场开放有关事宜的通知》，将港澳清算行存款准备金率调整为零，允许境外清算行与参加行开展同业拆借、跨境账户融资、债券回购交易等业务，为人民币跨境交易提供流动性支持。截至2018年6月底，清算安排覆盖23个国家和地区，遍布东南亚、欧洲、美洲、大洋洲和非洲；境外人民币清算行共开立账户1126家，清算量超过285.6万亿元。③

---

①②③ 数据来自中国人民银行《2018年人民币国际化报告》。

（五）金融监管合作

1. 银行业监管合作

2017年，作为金融稳定理事会和巴塞尔银行监管委员会成员，原银监会积极参与国际金融监管改革议程设置、标准制定和评估实施，在合理借鉴成功经验并考虑本国国情的基础上，不断完善国内银行业审慎监管框架，并在巴塞尔委员会组织流动性覆盖率标准首次评估中，得到“符合”的总体评估结论。同年，原银监会与波兰金融监管局、泰国央行和越南国家银行重新签署监管合作谅解备忘录（MOU），并与约旦央行、黎巴嫩央行和银行监管委员会以及马尔代夫货币管理局重新签署MOU。截至2017年末，原银监会共与70个国家和地区的监管当局签署MOU或监管合作协议，与12个国家和地区的监管当局签署跨境危机管理合作协议，与12个国家和地区签署代客境外理财业务相关协议，与瑞士监管当局签署瑞士银行和瑞士信贷银行亚太区危机管理合作协议。①

2. 证券业监管合作

2017年，证监会深入参与国际证监会组织（IOSCO）相关工作，包括申请开展全球中小投资者权益保护指引的制定工作和看穿式监管的课题研究、参与首次代币发行（ICO）风险提示和可持续融资调查等，同时认真履行IOSCO多边备忘录项下的跨境执法合作义务，当年共收到境外协查请求39件（不含香港地区）、办结26件。同年，中国证监会与智利证券和保险监管局、希腊资本市场委员会签署《证券期货监管合作谅解备忘录》。截至2017年末，证监会共与61个国家和地区的证券期货监管机构签署66个监管合作谅解备忘录。② 此外，证监会还不断深化与国际组织的合作交流，参加在二十国集团（G20）、金融稳定理事会（FSB）、国际货币基金组织（IMF）、世界银行（WB）、世界贸易组织（WTO）、经济合作与发展组织（OECD）、亚太经合组织（APEC）、亚洲开发银行（ADB）等多边框架下的合作。

3. 保险业监管合作

2017年9月，原保监会发布《偿二代二期工程建设方案》，提出用三年左右时间对“偿二代”制度进行升级改造，使其更符合市场实际和监管要求。“偿二代”

---

① 数据来自原中国银监会年报。
② 数据来自中国证监会年报。

即中国风险导向偿付能力体系，一期工程启动于2012年3月，到2015年2月基本建成，其目标是建立一套以风险为导向，既与国际接轨又体现新兴市场特点的偿付能力监管制度体系。2016年1月，原保监会公布“偿二代”主干技术标准，共17项监管规则，向国际保险业监管发出中国声音、注入中国元素。通过“偿二代”对外合作交流，我国保险业监管的国际影响力不断提升，国际保险监督官协会（IAIS）在全球保险资本标准（ICS）中，用“偿二代”数据为我国单独增加分组和相应的风险因子。

二、新一轮金融开放存在的问题

尽管我国金融业开放已取得显著进展，但是金融开放的广度和深度还有待提升，“一带一路”资金融通、人民币国际化等重大战略还面临不少挑战。同时，金融开放过程中的潜在风险也不容忽视，特别是在金融体系发展未完善的情况下扩大开放，国际市场波动将加速向国内传导，加剧金融体系风险暴露，威胁金融安全与稳定。

（一）金融开放的广度与深度有待提升

根据经合组织（OECD）发布的金融开放度指数，2016年我国金融业开放程度低于G20国家的平均水平，与世界第二大经济体及第一大贸易国地位严重不匹配。从OECD各行业FDI限制指数来看，我国第一、二产业的大多数行业排名高于金融业，说明即便是不同行业横向比较，金融业的开放程度也逊于实体经济。观察我国金融子市场，可看到制度安排不完善是阻碍开放的重要原因：一是债券市场规模仅次于美日，居全球第三，但境外机构债券托管量只有2%左右①，其原因是国内信用评级机构的国际认可度不高，以及实行市场参与者准入备案，一级托管、集中交易的模式，与国际市场通行的合格投资者制度，多级托管、分散交易的模式有很大的不同；二是股票市场以“管道式”开放为主，与全面开放的要求相去甚远，当前外资成交量不足7%，远不如美国7成左右的外资成交量②；三是外汇市场以实需为主，可投资的外汇和衍生品种类不丰富，外资参与度与积极性较低。此外，我国会

① 数据来自中央结算公司《2018年债券市场统计分析报告》。
② 谭小芬，梁雅慧．中国金融开放新阶段的潜在风险及其防范［J］．新视野，2019（1）：63-69.

计准则和审计机构选择与国际标准不一致，税收政策的透明度和可操作性需强化，法律制度不健全不清晰，也让境外机构开展投资活动面临不少技术障碍。

（二）金融服务“一带一路”能力不足

2013 年“一带一路”倡议的提出，为我国金融扩大开放提供了新的发展空间，资金融通作为“一带一路”倡议的五通之一，成为我国企业及金融机构“走出去”的重要抓手。但是，“一带一路”建设涉及 60 多个国家和地区以及相关周边市场，涵盖政府、企业、个人等多个层次的投融资活动，由此产生的金融服务需求相当复杂。对此，我国金融业对“一带一路”建设的支持渠道与方式还比较单一：一是国内金融业参与较多，对国际资本带动力不足；二是开发性、政策性金融向纵深拓展，商业性金融积极性有待提高；三是对国有企业的支持比较充分，对民营企业的支持还不到位；四是传统金融产品较为丰富，新兴金融服务相对滞后。此外，“一带一路”沿线国家和地区经济、金融、政治、法律、社会环境差异明显，我国企业及金融机构“走出去”经验相对不足，所面临的风险问题更加突出，特别是多边合作项目在资金投入、履约还款、运营管理等环节往往存在较大不确定性，成为制约我国企业及金融机构参与“一带一路”建设的重要因素。

（三）汇率与利率市场化改革相对滞后

近年来，尽管汇率与利率市场化改革不断推进，但是汇率与利率管制还未完全放开，扩大金融开放可能增加国内市场遭受外部冲击的风险。在汇率方面，汇率形成机制仍缺乏足够弹性，货币当局对汇率波动的容忍度偏低，存在过度干预市场的倾向，不利于汇率反映市场的真实性。如面对人民币 2010—2013 年升值预期及 2014—2016 年贬值预期，央行都对外汇市场进行干预，未能充分发挥汇率自动调节国际收支、缓解跨境资本流动压力的平衡器作用。在利率方面，市场利率名义放开已基本完成，但是依旧存在隐性的管控，如预算软约束条件下的隐性担保、较高水平的存款准备金率、频繁的信贷额度管理等，导致货币政策与传导过程受阻，不利于资产合理定价和资金有效配置，弱化金融市场分散外部冲击的能力。回顾 20 世纪 80—90 年代的日本，由于资本项目及汇率自由化快于利率市场化，大量日元通过离岸市场流出，同时外币在国内可轻易兑换成日元，给跨境资金留下套利空间，导致流动性风险不断积累，最终酿成泡沫经济与金融危机。

（四）人民币国际化处于“两难困境”

从长期看，随着我国经济总量占世界经济的比重不断提升，贸易规模占全球市场的比重继续扩大，人民币成为国际贸易定价、支付结算、投融资与储备货币的需要和要求将日益强烈。但是短期内，作为人民币国际化的必要路径——人民币离岸市场和资本项目开放，又可能通过对人民币汇率的影响，产生大规模跨境资金流入流出风险，削弱人民币国际化的基础。上述提到，由于国内资本项目管制及境内外金融政策不一致，如果放松资金跨境流动，我国就要直接面对跨境资本的套利行为。如自 2015 年以来，香港离岸人民币市场的数千亿元跨境人民币资金未能发挥国际货币职能，更多的是被贷款企业兑换成美元和港元，反而成为在离岸市场与我国央行进行汇率博弈的重要筹码。然而，如果不放松资金跨境流动，鉴于我国经济崛起对人民币国际化的要求，会影响“一带一路”资金融通等重大战略，不利于我国在世界经济金融领域及其规则制定方面取得更大话语权，参与甚至主导新时代国际更高水平竞争合作。

（五）国内金融结构扭曲问题尚未解决

研究表明，如果一国金融体系发展不完善、金融结构存在扭曲，贸然推进金融对外开放，将进一步加剧国内金融结构的失衡。① 当前，我国金融体系的结构性问题较为突出，具体表现在：直接融资渠道不通畅、债券市场评级体系及结构不完善、社会融资过度依赖银行贷款，国有经济主体因政府隐性担保更容易获得低成本资金、挤压非国有经济主体的融资空间。一方面，国有企业及地方政府融资平台经营效率偏低，并且对资金价格不敏感，但是资金供给却更为宽松甚至过度；另一方面，具有市场活力的民营企业特别是中小微企业大多面临融资难、融资贵的问题，真正有效的资金需求得不到满足。在这种金融结构扭曲的情况下扩大金融开放，放宽跨境资本流入限制，特别是放松短期资本流入，很可能通过国内金融体系形成更多低效、无效的资金供给，加剧原有金融结构的扭曲程度，从而降低实体经济的运行活力，影响国民经济的可持续发展。

---

① 张成思，朱越腾，芦哲．对外开放对金融发展的抑制效应之谜［J］．金融研究，2013（6）：16-30.

三、新一轮金融开放的对策建议

从其他国家及其他领域经验看，开放不是目的而是手段，既面临各种问题挑战，也存在新的发展机遇。金融业进入扩大开放新阶段，绝不是“国门大开、一放了之”，必须在深化金融改革、完善金融体系、强化金融监管的前提下稳步有序开放，坚持以改革助开放、以开放促改革，形成改革与开放相辅相成的金融业发展新格局。

（一）把握金融开放的次序和节奏

部分发展中国家金融自由化过程中所遭受的负面冲击，在很大程度上是由外部压力打乱开放节奏、政府丧失主动权和控制力所导致的。① 因此，是否接受外界提出的金融开放要求，必须以我国可承受的限度与金融开放的目标为依据，自主把握开放节奏，合理安排开放顺序，谨防部分领域开放过快而相关配套机制未跟上。首先，应先开放金融业，再开放资本项目，其原因是前者不会立刻引起跨境资金大进大出，潜在风险较小且可控。其次，要协调好资本账户开放、汇率自由化及利率市场化的次序。根据“三元悖论”，固定汇率、资本自由流动与货币政策独立性无法并存。为此，要优先推进汇率自由化及利率市场化，逐步减少政府对市场的干预，促进资产合理定价与资金有效配置，再在利率市场化基本达成、汇率弹性大幅提升的基础上，稳妥实施资本和金融账户开放及人民币资本项下可兑换。

（二）深化金融供给侧结构性改革

为防止金融开放加剧国内金融结构扭曲，首先要解决的是我国货币政策传导不畅问题，将大量“滞留”在银行间体系的资金传导到有切实需求的实体经济部门。在资金供给端，深化利率市场化改革，设计有效的利率形成机制，发挥资金价格的市场信号作用；推动金融体系产权多元化，推进民营银行常态化设立，加快国有银行向现代金融企业转型；完善多层次资本市场体系，大力发展风险投资，推进债券发行市场化改革，提高直接融资比重。在资金需求端，控制预算软约束部门资金使

---

① 陈雨露，马勇．金融自由化、国家控制力与发展中国家的金融危机［J］．中国人民大学学报，2009（3）：45-51.

用，利用市场机制约束公共信用无序扩张，恢复扭曲和失真的资金价格信号。在资金供给端与需求端的连接上，支持大数据、区块链、机器学习等新技术在金融领域的应用融合，提高金融资源的可获得性。此外，要正确认识金融业本身是竞争性行业，引入新的竞争者和新的竞争机制，将有利于市场充分竞争，发挥“鲇鱼效应”更大限度激发市场活力。因此，在扩大开放的过程中，要按照内外资对等的原则，逐步缩短金融业负面清单，以审慎监管代替准入限制，培育具有竞争性和包容性的金融市场体系。

（三）加强跨境金融发展制度对接

当前，我国金融市场仍以“管道式”开放为主，资金双向流通有沪港通、深港通、中港基金互认等渠道，资金单向流入有债券通、QFII、RQFII、QFLP、合格境外投资者直接进入境内债券市场等渠道，资金单向流出有 QDII、RQDII、QDIE、QDLP、外汇通等渠道，均对投资主体设有较高门槛或投资限额，交易便利性及透明度也有不足。鉴于资本项目管制完全放开尚需时日，有必要继续加强跨境金融发展制度对接，为国内金融改革和市场培育赢得时间和空间。一方面，利用好深港通、沪港通、债券通等已有市场对接通道，加快沪伦通、丝路通等在建市场对接通道落地，推动境内外机构联动发展，利用境内外两个市场、两种环境创新更多债券市场、同业市场和资本市场产品，拓宽资金双向投资渠道，进一步推动境内外市场互联互通。另一方面，探索建立更多大宗商品、商品期货、金融期货等商品类及权益类交易市场“国际版”，不断丰富人民币计价投资工具，吸引更多境外机构和个人参与，以国内市场对外开放带动人民币国际化发展。

（四）同步推进金融监管改革创新

随着金融对外开放不断深入，将出现更多跨市场、跨行业、跨国界的资金流动，同时衍生更多的金融创新活动，对金融风险防范提出更高要求，需要同步配套金融监管改革与创新。第一，继续完善全口径跨境融资宏观审慎政策框架，科学评估跨境资本流动风险，适时开展逆周期调控，提高可兑换条件下的风险管理能力。第二，按照“一委一行两会”监管框架，进一步加强监管机构协调，落实监管部门监管职责，补齐监管制度短板，实质性推进机构监管向功能监管、行为监管转变，确保监管能力与对外开放程度相适应。第三，更加积极主动参加国际金融监管规则制定，加强同各国央行及监管当局沟通协调，共享金融风险信息及防范手段，探索建立既符合国际准则，又适应国内市场的新监管体系。第四，运用大数据、区块链和机器学习技术开展监管科技（RegTech）创新和布局，提升对跨境套利、洗钱逃税、非法外汇业务等风险识别与实时监测能力，建立并完善预警、核查、处置快速反应机制。

（五）建立与国际接轨的制度规则

鉴于我国法律、会计、审计、税收等相关规则和制度建设还未完善，为提高金融市场外资参与度，必须尽快建立与国际市场相适应的制度规则，减少境外参与方的技术障碍，以更好的“硬件”和“软件”为进一步对外开放提供保障。首先，完善《中华人民共和国公司法》《中华人民共和国合同法》等相关法律制度，加大合约履行和产权保护力度，降低交易过程的逆向选择和道德风险问题，增强境外机构投资境内中长期项目的信心。其次，加快会计、审计制度向国际标准靠拢，适当允许外资直接或同时使用国际财务报告准则，提高业务操作的灵活性。再次，按照内外资一致的原则，推进税率及税收优惠政策统一，明确相关税收政策细则，提高税收政策制定的合理性与执行的规范性。最后，大力引进国际评级机构和全球顶尖评级人才，按照国际标准对本土评级机构进行全方位改造，提升国内评级质量及国际认可度。

参考文献

[1] 陈卫东．全面评估中国金融业开放：“引进来”和“走出去”［J］．新视野，2019（1）：56-62.

[2] 陈雨露，马勇．金融自由化、国家控制力与发展中国家的金融危机［J］．中国人民大学学报，2009（3）：45-51.

[3] 任泽平，熊柴．当前中国经济金融运行逻辑［J］．中国金融，2018（14）：73-75.

[4] 谭小芬，梁雅慧．中国金融开放新阶段的潜在风险及其防范［J］．新视野，2019（1）：63-69.

[5] 张成思，朱越腾，芦哲．对外开放对金融发展的抑制效应之谜［J］．金融研究，2013（6）：16-30.

第八章　物流业开放

——贸易变革中的物流与供应链创新与发展

一、2018—2019 年物流业开放状况和特点

（一）物流业开放状况

1. 主要运输方式与运输物流业的开放状况

（1）铁路物流业开放。铁路政策改革与行业对外开放步伐加大。2018 年 6 月，国家发展改革委、商务部发布《外商投资准入特别管理措施（负面清单）（2018 年版）》，取消铁路干线路网的建设、经营须由中方控股的限制，取消铁路旅客运输公司须由中方控股的限制。加之已取消的轨道交通设备制造外资准入限制，铁路行业已经基本完全开放。

铁路对外投资与合作不断取得新进展。2019 年初，中国铁路总公司工作会议明确提出，铁路行业将继续在开行好中欧班列、推进境外项目建设、强化国际交流合作方面大力推进，进一步扩大铁路对外开放和“走出去”，服务“一带一路”建设。目前，中国铁路企业在亚洲、非洲、欧洲等地区大力推进铁路建设项目、技术装备、专业人才“走出去”，铁路行业对外投资与合作取得明显成效，中国铁路对外投资与合作项目如表 8-1 所示。

表 8-1　中国铁路对外投资与合作项目

国家	线路名称	参与企业	项目概况
泰国	曼谷至呵叻、磨丁至万象	中国铁建	在建：一期工程连接曼谷与东北部的呵叻府，全长 253 千米，二期工程则将铁路延伸至廊开府，连接中老铁路磨丁至万象段

续表

国家	线路名称	参与企业	项目概况
马来西亚	马来西亚东海岸铁路	中国交通建设集团	在建：规划总长688千米，工期为7年，客运设计时速为160千米，货运设计时速为80千米
肯尼亚	蒙内铁路（蒙巴萨至内罗毕）	中国路桥	已通车：采用“中国标准、中国技术、中国装备、中国管理”建设，是肯尼亚百年来建设的首条新铁路
尼日利亚	拉各斯至伊巴丹	中国铁建中土集团	在建：全线采用中国标准，双线标准轨距，设计最大行车时速150千米，已进入铺轨阶段
匈牙利、塞尔维亚	布达佩斯至贝尔格莱德	中国铁建	在建：电气化客货混线快速铁路，匈牙利境内166千米，塞尔维亚境内184千米
印度尼西亚	雅加达至万隆	中国中铁	在建：全长142千米，最高设计时速350千米
俄罗斯	莫斯科至喀山	中国中铁	在建：全长约770千米，设计最高时速达400千米
缅甸	木姐至曼德勒	中国中铁	可研阶段：全长约410千米，采用1435毫米标准轨，设计时速160千米（预留双线200千米条件），按电气化牵引的一级铁路干线设计，拟采用中国标准和规范建设

资料来源：根据铁道网、新华网等公开信息整理。

中欧国际铁路货运班列运行形势向好。2018年共开行中欧班列6300列，同比增长72%，其中返程班列2690列，同比增长111%；截至2018年底，中欧班列已累计开行超过12000列，国内开行城市56个，通达欧洲15个国家和49个城市。2018年主要城市中欧国际铁路货运班列开行情况如表8-2所示。

表8-2　2018年主要城市中欧国际铁路货运班列开行情况

城市	开行量（列）	新增线路	进出国别
重庆	1442	重庆至汉堡、重庆至伊朗、重庆至明斯克、重庆至曼海姆	德国、伊朗、白俄罗斯
成都	1587	成都至汉堡（经维也纳、杜伊斯堡、布达佩斯、不来梅哈芬等城市）	德国、匈牙利、奥地利
西安	1235	西安至白俄罗斯、西安至伊朗/阿富汗、西安至根特、西安至米兰、西安至里加	白俄罗斯、伊朗、阿富汗、比利时、意大利、拉脱维亚
郑州	1689	郑州至塔什干、郑州至比利时列日	乌兹别克斯坦、比利时、越南
武汉	417	武汉至塔什干、武汉至里加	乌兹别克斯坦、拉脱维亚
义乌	320	义乌至马德里、义乌至伦敦、义乌至布拉格、义乌至俄罗斯、义乌至里加、义乌至中亚	西班牙、英国、捷克、俄罗斯、拉脱维亚
长沙	163	长沙至布达佩斯、长沙至德黑兰、长沙至明斯克、长沙至蒂尔堡	匈牙利、伊朗、白俄罗斯、荷兰

资料来源：根据各铁路口岸公开资料整理。

（2）港口水运物流业开放。2018 年全国港口吞吐量继续保持上升趋势。全国港口完成集装箱吞吐量 2.51 亿吨，比 2017 年增长 5.3%；完成货物吞吐量 133.45 亿吨，比 2017 年增长 2.9%。内外贸方面，2018 年全国港口共完成外贸货物吞吐量 41.89 亿吨，比 2017 年增长 2.4%，占全年港口货物吞吐总量的 31.39%；内贸完成 91.56 亿吨，占全年港口货物吞吐总量的 68.61%。

中国港口在全球集装箱港口排名中继续保持领先优势。2018 年，我国有 7 个港口集装箱吞吐量居全球前十位，分别是上海港、宁波舟山港、深圳港、广州港、香港港、青岛港和天津港，如表 8-3 所示。

表 8-3　2018 年全球前十位集装箱港口排名

序号	港口名称	与上一年度相比位次变化
1	上海港	=
2	新加坡港	=
3	宁波舟山港	+1
4	深圳港	-1
5	广州港	+2
6	釜山港	=
7	香港港	-2
8	青岛港	=
9	天津港	+1
10	迪拜港	-1

资料来源：根据中国港口网公开资料整理。

国家支持港口水运口岸的开放力度不断加大。按照国务院《关于改进口岸工作支持外贸发展的若干意见》（国发〔2015〕16 号）和《国家口岸发展“十三五”规划》关于扩大国家口岸开放，提升对外开放水平的工作安排，2018 年度国务院新批复扩大一批水运开放口岸（见表 8-4），国家水运口岸开放步伐不断加快。

表 8-4　2018 年国务院新批复扩大水运开放口岸

时间	省份	口岸名称	扩大开放区域
2018 年 1 月	广西	防城港口岸	渔澫港区、企沙港区、江山港区
2018 年 12 月	江苏	连云港口岸	赣榆港区、徐圩港区、灌河港区
2018 年 12 月	湖北	武汉港口岸	汉南港区、花山港区、金口港区、黄州港区和鄂州港区
2018 年 12 月	湖北	黄石港口岸	棋盘洲港区

续表

时间	省份	口岸名称	扩大开放区域
2018年12月	安徽	芜湖港口岸	三山港区
2018年12月	安徽	安庆港口岸	长风港区、皖河农场港区
2018年12月	黑龙江	同江港口岸	东部作业区

资料来源：中华人民共和国海关总署，2019年。

中资企业“走出去”积极参与“一带一路”港口投资与合作。随着“一带一路”倡议不断深化，中资企业积极推进码头运营管理经验、专业人才、投资资金等要素“走出去”，带动形成了一批国际港口经典项目。到2018年，中国企业已累计参与希腊比雷埃夫斯港、斯里兰卡汉班托塔港、巴基斯坦瓜达尔港等34个国家42个港口的建设经营。

（3）航空运输业开放。机场主要生产指标继续保持平稳较快增长。2018年，全国机场完成货邮吞吐量1674.0万吨，较2017年增长3.5%。其中，国内航线完成1030.8万吨，较2017年增长3.1%（其中大陆（内地）至香港、澳门和台湾地区航线完成99.3万吨，较2017年增长0.3%）；国际航线完成643.2万吨，较2017年增长4.1%。

航空运输业对外开放水平不断提升。2018年，中国民航全面加强国际交流合作，积极推进“一带一路”倡议在全球民航领域落地。新开航线方面，2018年国内公司新开国际航线167条，其中涉及“一带一路”国家航线105条，2018年中欧新增航线30条（见表8-5）。

表8-5　2018年中欧新增国际航线情况

序号	开通航线	航空公司
1	巴黎奥利—北京	蓝色海岸航空公司
2	北京—巴塞罗那	中国国际航空公司
3	北京—哥本哈根	中国国际航空公司
4	成都—伦敦盖特威克机场	中国国际航空公司
5	杭州—莫斯科谢列梅捷沃机场	北京首都航空公司
6	上海浦东—伦敦盖特威克机场	中国东方航空公司
7	上海浦东—斯德哥尔摩机场	中国东方航空公司
8	西安—马德里	中国东方航空公司2
9	北京—伊斯坦布尔阿塔图尔克	中国南方航空公司

续表

序号	开通航线	航空公司
10	广州—罗马菲乌奇诺机场	中国南方航空公司
11	三亚—伦敦希思罗机场	中国南方航空公司
12	武汉—伦敦希思罗机场	中国南方航空公司
13	赫尔辛基—南京	芬兰航空公司
14	北京—都柏林	海南航空公司
15	北京—爱丁堡	海南航空公司
16	长沙—伦敦希思罗机场	海南航空公司
17	重庆—巴黎夏尔·戴高乐机场	海南航空公司
18	深圳—布鲁塞尔	海南航空公司
19	深圳—马德里	海南航空公司
20	深圳—巴黎夏尔·戴高乐机场	海南航空公司
21	深圳—维也纳	海南航空公司
22	深圳—苏黎世	海南航空公司
23	法兰克福—沈阳	汉莎航空公司
24	成都—哥本哈根	四川航空公司
25	成都—圣彼得堡	四川航空公司
26	深圳—伦敦希思罗机场	深圳航空公司
27	呼和浩特—莫斯科谢列梅捷沃机场	天津航空公司
28	天津—西安—伦敦希思罗机场	天津航空公司
29	天津—重庆—伦敦希思罗机场	天津航空公司
30	福州—巴黎夏尔·戴高乐机场	厦门航空公司

资料来源：根据国际空港信息网和民航资源网等公开资料整理。

航空运输领域投资政策进一步开放。2018 年初实施的《国内投资民用航空业规定》，进一步放宽国有和非国有主体投资民航业准入标准，鼓励、支持国内投资主体投资民用航空业，并引导、规范民航企业之间的投资行为，以促进包括通用航空业在内的民用航空业快速健康发展。

（4）陆路运输与第三方物流业开放。2018 年，我国快递物流业继续保持高速增长态势。2018 年，全国快递服务企业业务量累计完成 507.1 亿件，同比增长 26.6%；业务收入累计完成 6038.4 亿元，同比增长 21.8%。其中，国际/港澳台业务量累计完成 11.1 亿件，同比增长 34%。

中国物流企业密集发力国际市场，第三方物流加速“走出去”。目前，顺丰速运的国际快递服务已覆盖美国、欧盟、俄罗斯、日本、马来西亚等 53 个国家和地区，国际小包服务网络已覆盖全球200多个国家及地区，自有航线通达大阪、新加坡、河内、金奈、达卡等13个国外城市。菜鸟联合圆通速递、中通快递等企业，实现了覆盖全球主要城市的端到端10日送达服务。京东物流在印度尼西亚的配送服务已覆盖七大岛屿、483个城市和6500个区县。

国际快递巨头加快与中国企业合作提升国内市场参与度。UPS和FedEx广泛与顺丰、邮政EMS、通达系等快递企业合作，利用中国快递物流企业网络覆盖中国国内市场。2018年10月，DHL与顺丰达成战略合作，出售DHL在内地、香港和澳门地区的供应链业务，同时为顺丰提供品牌授权及相关服务支持。UPS宣布与顺丰成立合资公司，并推出联合品牌的产品“SF-UPS直运+”，重点服务中国的跨境电商企业。

2. 现代供应链开放

加快推进供应链全球布局，把现代供应链上升为国家战略。2017年10月，国务院办公厅发布《关于积极推进供应链创新与应用的指导意见》（国办发〔2017〕84号），明确提出推进供应链全球布局，加强与伙伴国家和地区之间的合作共赢，助力中国企业更深更广融入全球供应链体系，该意见的出台标志着供应链创新与应用正式上升为国家战略。

各地区加快建设现代供应链体系，推动形成全面开放新格局。2017年，商务部、财政部已将天津、上海、重庆、深圳、青岛、大连、宁波、沈阳、长春、哈尔滨、济南、郑州、苏州、福州、长沙、成都、西安等17个城市纳入供应链体系建设首批重点城市。2018年4月，商务部等8部门联合发布《关于开展供应链创新与应用试点的通知》，提出现代供应链成为培育新增长点、形成新动能的重要领域，成为“一带一路”建设和形成全面开放新格局的重要载体。

3. 海关特殊监管区域建设

作为物流业对外开放的核心基础设施，海关特殊监管区建设水平不断提高，开放层级不断提升。从最早的保税区到后来的出口加工区、保税物流园区、保税港区以及综合保税区和跨境工业区共形成六类海关特殊监管区域。海关特殊监管区域是我国开放型经济发展的先行区，为我国开放型经济发展做出了重要贡献。

自贸试验区和自由贸易港建设平稳推进。2018年4月，党中央决定支持海南全岛建设自由贸易试验区，支持海南逐步探索、稳步推进中国特色自由贸易港建设，分步骤、分阶段建立自由贸易港政策和制度体系。2018 年 10 月，国务院正式批复同意设立中国（海南）自由贸易试验区。至此，我国获批的自由贸易试验区数量达到 12 个，中国特色自由贸易港建设进入新的阶段。

综合保税区方面，2018 年新批准设立和升级 20 个综合保税区。根据海关总署统计，2018 年国务院新批准设立综合保税区 6 个，包括日照综合保税区、涪陵综合保税区等；由出口加工区等升级的综合保税区 14 个，包括杭州综合保税区、珲春综合保税区、九江综合保税区、松江综合保税区、虎门港综合保税区、青岛西海岸综合保税区和上海漕河泾综合保税区等。

4. 主要区域物流开放格局

成都、重庆、西安等中西部城市加快推进开放通道建设、开放平台提升和开放环境优化，内陆开放成为我国对外开放新特点，陆海内外联动、东西双向互济的开放格局加快形成。

成都市全面构建连通全球通江达海的战略大通道，持续推进国际客货运航线拓展、国际班列提能、数字“一带一路”信息通道建设和国际供应链体系建设，国际门户枢纽和内陆开放高地建设取得实质突破。

重庆市加快拓宽对外开放通道。中欧班列（重庆）开行超 1400 列，对接“一带一路”的中新互联互通陆海新通道取得新进展；开放平台加快完善，重庆自贸试验区总体方案试点任务基本落地；开放型经济加快构建，外贸形势保持稳定，与“一带一路”沿线国家进出口增幅超过 20%。

西安市推进内陆改革开放新高地建设。2018 年“长安号”国际货运班列货值 17.2 亿美元，重载率、货运量、实载开行量三项指标居全国第一。航空方面开通航线 348 条，通达 160 个国内城市、53 个境外城市，货邮吞吐量增速位列全国十大枢纽机场之首。“一带一路”综合改革开放试验区、临空经济示范区、跨境电商综合试验区、第二国际商事法庭等开放环境不断提升。

（二）物流业开放成就和特点

1. 与“一带一路”沿线国家和地区的物流通道逐步形成

中欧国际铁路货运班列构建起连接“一带一路”沿线国家和地区的物流大通道。中欧班列开行数量逐年提升，国内 56 个开行城市累计开行中欧班列超过 12000

列，通达欧洲 15 个国家和 49 个城市；班列运输网络不断拓展，重庆、成都、西安、郑州、武汉、义乌等国际班列主要开行城市持续拓展运输网络，中国至西班牙、英国、荷兰等国家的班列线路网络逐渐完善，我国与“一带一路”沿线国家和地区的物流通道不断形成、连接度不断提升。

2. 港口海运和航空物流发展速度较快

国际班轮航线和航空运输网络服务能力明显提升。目前，2018 年全国港口集装箱吞吐量达到 2.51 亿吨，实现增长 5.3%，国际运输航线和集装箱班轮航线可以通达 100 多个国家和地区的 1000 多个港口。航空运输方面，目前与我国签署航空运输协定的国家和地区达 126 个，2018 年国内公司新开国际航线 167 条，其中涉及“一带一路”沿线国家航线 105 条，中欧新增航线 30 条，港口海运和航空物流网络服务于我国对外开放的能力明显增强。

3. 借助跨境电商发展国际快件业务增长迅速

跨境电商推动国际快递业务迅速发展。2018 年，通过海关跨境电子商务管理平台零售进出口商品总额 1347 亿元，增长 50%。其中，出口 561.2 亿元，增长 67%；进口 785.8 亿元，增长 39.8%。2018 年，全国快递业累计完成快递配送 507.1 亿件，其中国际/港澳台业务量累计完成 11.1 亿件，同比增长 34%。随着跨境电商需求的逐步增大，顺丰、韵达、中通、申通等国内快递企业正加速布局海外市场，中国快递企业的跨国业务不断增加，国际快件业务发展形势向好。

4. 中国积极参与全球供应链体系建设

全球供应链体系建设成为引领行业开放、保障国家安全的重要领域。在国务院办公厅 2017 年发布的《关于积极推进供应链创新与应用的指导意见》指引下，国家加快推进边境经济合作区、跨境经济合作区、境外经贸合作区建设，通过多种方式鼓励企业深化对外投资合作，设立境外分销和服务网络、物流配送中心、海外仓等，支持企业建立重要资源和产品全球供应链风险预警系统。我国主动“走出去”参与全球供应链体系建设的同时，正逐步完善全球供应链风险预警和防控机制，推动构建有利于完善供应链利益联结机制的全球经贸新规则。

二、2018—2019 年物流业开放的政策评估和存在的问题

（一）物流业开放政策

1. 党的十九大提出发展现代供应链

党的十九大报告提出将培育现代供应链作为经济增长新动能，加快推动互联网、大数据、人工智能和实体经济深度融合。党的十九大报告提出的“贯彻新发展理念，建设现代化经济体系”指出，应在创新引领、现代供应链等领域培育新增长点、形成新动能，深化供给侧结构性改革。

2. 国务院办公厅发文推动我国供应链的创新与应用

2017 年 10 月 5 日，国务院办公厅印发的《关于积极推进供应链创新与应用的指导意见》指出，应以供应链与互联网、物联网深度融合为路径，以信息化、标准化、信用体系建设和人才培养为支撑，创新发展供应链新理念、新技术、新模式，高效整合各类资源和要素，提升产业集成和协同水平，打造大数据支撑、网络化共享、智能化协作的智慧供应链体系，通过推进供应链全球布局，推动中国企业更深更广融入全球供给体系，推进“一带一路”建设落地。

3.《中欧班列建设发展规划（2016—2020 年）》提出着力优化物流基础设施系统

2016 年 10 月，推进“一带一路”建设工作领导小组办公室印发《中欧班列建设发展规划（2016—2020 年）》，提出了完善国际贸易通道、加强物流枢纽设施建设、加大货源整合力度、创新服务模式、建立完善价格机制、构建信息服务平台、推进便利化大通关等七大任务，着力优化运输组织及集疏运系统，提高中欧班列运行效率和效益。

4. 各自贸区出台支持物流业开放发展的相关政策

我国自贸试验区各片区勇于创新，启动实施了大量支持物流业开放的改革任务，并有针对性地提出了相关政策内容（见表 8-6）。主要从建立开放的交易中心或信息平台、精简通关流程、加强与“一带一路”沿线国家交流合作等方面入手，推动海关资源整合，促进自贸区产业集聚，从而推动我国物流业的开放联动。

表 8-6 各自贸区出台的支持物流业开放发展的相关政策

自贸试验区片区	支持物流业开放的改革任务与相关政策
广东自贸试验区南沙片区	“互联网+易通关”两批六项措施，降低企业通关成本
广东自贸试验区横琴片区	建立“一检通”信息化平台，通过监管规则智能化、风险管理和数据统计分析利用，实现境内外的全链条全物流监管
广东自贸试验区前海蛇口片区	推出“港区一体化”“国际海关 AEO 认证”等一系列重要举措
天津自由贸易试验区	在天津空港口岸原有植物苗木花卉、冰鲜水产品、进口药品 3 个进口指定查验口岸功能的基础上，新开通筹建进境水果指定口岸、进境水生动物指定口岸、进口肉类指定口岸； 采取提升已有指定口岸功能运营水平的多项举措；强化货源组织，巩固现有货源地，吸引分拨中心、结算中心等航空高附加值项目；出台航空物流产业支持政策，促进重点项目发展聚集
辽宁自由贸易试验区大连片区	依托自贸试验区，加快大连东北亚国际航运中心建设进程，构建智慧港口，吸引港航物流及相关服务企业总部落户； 支持自贸试验区与“一带一路”沿线国家开展海关、检验检疫、认证认可、标准计量等方面的合作与交流，打造基于核心产业的供应链综合服务平台
浙江自由贸易试验区	支持自贸试验区参与长江经济带区域经贸合作，增强市场集聚和辐射功能，建设国际商品交易中心、物流集散中心、信息中心和价格形成中心
河南自由贸易试验区	全面落实国家战略定位，进一步强化西向国际物流大通道建设的核心支撑，密切丝绸之路经济带西向和南向联系，促进丝绸之路经济带和海上丝绸之路联动发展

5. 国家出台相关系列政策，推动物流业降本增效

2016 年，国家发改委印发《物流业降本增效专项行动方案（2016—2018 年）》，提出深化公路、铁路、民航等领域货运改革；适度引入竞争，鼓励铁路运输企业与港口企业、物流园区等开展合资合作；推动货物通关便利化，推进“单一窗口”建设和“一站式作业”改革，提高通关效率。同时，鼓励社会资本以市场化方式设立现代物流产业投资基金，培育形成一批具有较强国际竞争力的现代物流企业集团，推动供应链金融服务持续健康发展。

（二）政策的效果评估

1. 现代供应链体系在国家战略层面需要进一步强化

发达国家目前普遍在国家层面已形成成熟的包括供应链战略、基础设施、政策措施、法律规章等在内的供应链治理体系。我国的供应链体系建设现仍处于探索阶

段，在政府层面尚未形成明确的战略方向指引，还需完善供应链治理体系，各地政府对供应链体系的重视程度和研究深度明显不足，管理松散，缺乏具体实施细则支撑。

一是虽然供应链发展提及多年，但各地跟进不足。从2009年的《物流业调整和振兴规划》中提出“推动物流企业与生产、商贸企业互动发展，促进供应链各环节的有机结合”和“向以信息技术和供应链管理为核心的现代物流业发展”，到2014年的《物流业发展中长期规划（2014—2020）》中提出将推动与发展供应链管理列为十二大工程之一。供应链早在2009年就已经受到国家层面关注，但出于对供应链战略认识不足的根本原因，各地政府都未采取有力措施进行落实和跟进，导致我国的供应链体系与发达国家相比还存在明显差距。

二是目前国内物流与供应链相关政策跟进与落地需要一定时间，供应链管理服务在2017年才被纳入国民经济行业细则中，到目前为止，供应链仍然属于一个跨部门领域，我国也还没有设立专门的供应链管理政府部门和统筹机构，以及相应的成熟供应链业务机构。

2. 物流业开放与“走出去”应在“一带一路”建设中发挥更重要的作用

“一带一路”倡议的可持续稳定增长将来源于全球供应链的建立与我国对国际定价权的掌握。因此，加强与沿线国家之间的物流业合作，应当被置于“一带一路”建设中的关键位置，这势必要以我国物流业的开放作为基础。然而，许多方面的数据显示，中国物流业的开放仍存在较大的发展空间。

（1）铁路方面。2018年中欧班列共开行6300列，同比增长72%，其中返程班列2690列，同比增长111%。对比同年阿拉山口、霍尔果斯等口岸进出口分别统计的货值货量数据，可以看出，中欧班列开行以来，一直深受去程多、回程少、回程重载率低的困扰。

物流与“走出去”产业布局的紧密结合，并非简单的国际物流设施投资和运营，而是打造由中国投资、建设和运营的“物流、产业、城市（园区）”一体化国际产能合作平台，实现物流与关联产业的联动发展，为物流产业提高发展层次和水平带来了机遇。中欧班列作为全球供应链重要支撑，其价值不仅体现在数量上，服务、时效和可靠性同样非常重要。目前，中国方面大额的贸易顺差，使中欧班列空载返程成本骤增。该矛盾主要源于欧洲大型物流企业对于中欧班列时效性的顾虑——中国分散的各中欧班列平台公司独自对外，难以统筹布局的同时也失去了中欧班列规模经济的优势和对外谈判的议价能力，其服务、时效的改善依然高度依赖境外段承运人，如在波兰的马拉舍维奇边境口岸换轨，因波兰方基础设施的承载问题，作为欧亚门户的该口岸一直被视为影响中欧班列时效的“瓶颈”之地。由于目前国内运营中欧班列的平台公司多为地区性国有企业，受限于区域竞争，难以开展跨通道跨区域的合作，并且平台公司作为地方国有企业在国内国际贸易活动中话语权相对较低，导致运营中欧班列的平台公司很难快速实施全球化布局，中欧班列未来的发展将取决于国内各平台公司布局能否共同进退。

（2）海港方面。“21 世纪海上丝绸之路”沿线的部分港口基础设施建设的速度也明显落后于经贸增长速度，多数港口受资金投入与政府协调机制的限制，集疏运系统薄弱，港口码头十分拥挤，且短期内难以得到有效改善，“通而不畅”是影响“21 世纪海上丝绸之路”建设的一大阻碍。同时，在海运方面我国缺乏国际国内双向辐射的综合物流枢纽，资源整合能力和物流服务竞争力不强，缺少类似“中欧班列”的国际海运物流合作平台来树立中国的海运品牌形象。

中国目前着力打通丝绸之路经济带向西通道，但绝大多数国际货物的运输依然需要通过海运来完成。因此，无论是陆向还是海向物流，发挥政府引导作用，寻求多种物流模式支撑国际产能合作战略的实施都势在必行。政府应当加强对物流业产业化发展的整体引导，建立健全政府部门间综合协调机制，统筹规划物流设施空间布局、服务体系及政策体系，提升主要枢纽和节点城市的辐射带动能力，规划构建统一、高效的现代物流产业发展体系，形成全球化供应链体系。

（3）航空方面。航空业在实现人员物资方面的运输上具有独特的优势，世界贸易额的 40%是通过航空运输实现的。通过“空中丝绸之路”，架起空中桥梁，实现互联互通，是促进供给侧结构性改革的重要抓手。但短期内航空物流行业的高速扩张，导致我国航空物流业管理模式多为散乱和粗放的传统物流管理模式，物流成本居高不下，限制了航空物流标准化的发展。

标准不统一问题是制约我国物流业开放进程的一大痛点。航空物流服务专业性较强，技术要求高，设备操作复杂，设施设备的标准与国际标准不统一，各部门间互相依赖程度高，导致其难以实现跨区共享。此外，航空物流高额的固定资产投入、运营成本与风险形成了极高的市场准入门槛与设备转换成本，进一步增加了我国航空物流开放的难度。

为推动航空物流服务开放需要，我国政府尽快制定或完善可接轨国际的通用服务标准，从航空物流的上下游企业而非航运公司入手，以托盘标准化为首要抓手，通过适当补贴推动上下游企业相关设施设备的规范统一，是促进航空物流开放，实现与国际市场无缝对接的必要条件。

（三）物流业开放存在的问题

1. 在履行 WTO 承诺基础上物流业应主动开放应对挑战

中国 WTO 承诺正面临单边主义挑战。2001 年中国加入 WTO，在经济政策、政策制定和执行的体制、影响货物贸易的政策、知识产权保护、服务贸易等方面做出了承诺。物流方面主要是在交通运输、货物与运输代理、仓储服务、海上运输、快递服务等领域，就外资企业占股、最低注册资本国民待遇、外商设立合资船运公司经营悬挂中国国旗的船队，构建可持续的航运服务竞争市场和制度环境等方面做出了市场开放承诺。为适应加入 WTO 新环境，中国在对外经贸法律体系完善，降低关税、削减非关税措施制定，逐步放开外贸经营权和扩大服务市场开放等方面不断努力。但单边贸易保护主义出现抬头趋势，将对包括我国在内的全球经济发展、物流业开放合作造成不利影响。

对中国物流行业而言，贸易壁垒导致我国出口成本增加，出口商品价格上涨，出口量下降，物流规模减小，从而导致物流企业盈利能力下降。同时，物流企业盈利的减少，会导致其无力更换新的运输设备，使物流装备企业（特别是货轮制造厂）无法得到新订单，上游装备制造业也会因此受困。进一步来看，跨境电商的发展，离不开高效的物流体系，美国政府针对中国出口商品征收大幅关税，实施严苛投资限制，对中国跨境电商的发展也形成了比较大的冲击。

对于企业供应链层面而言，在国内企业走向国际化的过程中，特别是一些高新技术企业，由于两头在外，核心零部件来源于欧美，销售市场则遍布全球，这种经营模式直接造成企业供应链体系面临各种各样的挑战。从产品设计到采购战略、组织生产、产品交付、市场营销、订单执行、售后服务，再到最后产品召回，企业完整的供应链体系中任何环节发生缺失，都将给企业整个供应链绩效带来巨大的影响。

2. 自贸区与自由港区域内的物流业需要进一步开放

经过改革开放 40 年以来的持续快速发展，中国物流业开放程度已经相对较高，但与新加坡等发达的自由港对比，仍存在着进一步扩大开放的空间。

香港的自由港供应链模式得益于政府的高度支持，由于灵活便捷的清关政策、低廉的税收与多边贸易协定，香港物流业得以高度开放。而内地城市自贸区受限于“境内关外”的设定，在时效性、信息对称等方面难以达到香港的开放程度。另外，作为国际重要的转口港，香港高度集中了世界范围的资讯流、资金流，通过将区块链技术应用于电子支票管理，境外电子支票可在广东境内进行结算，为物流企业的跨境贸易提供了便利性与灵活性。

新加坡同样以自由经济为基础，实行贸易自由、金融自由、通航自由等多种自由经济政策，这些政策在内涵上与中国香港极为接近。产值占新加坡国民生产总值8%~9%的物流业，同样得益于政府的支持。新加坡打造了全球电子物流中心，早在20世纪60年代就已明确新加坡港作为国际枢纽港和国际航运中心的战略定位。通过“贸易网络”的使用，使物流业务的各个环节畅通无阻。为吸引境外人才，新加坡从20世纪80年代开始就形成了一整套机制，包括建立公开、透明的法律保障，提供世界一流的生活质量和服务水平，保证来自世界各地的信息自由流动，都是新加坡现行的基本政策。

中国自贸区目前缺少一个类似新加坡的全信息平台，将海关、物流、企业、贸易、转口等大量数据信息整合起来，因此在海关资源的统筹方面相对受限，物流业务各环节时效性得不到保证。同时，由于海关监管制度的限制，境外公司此前无法在中国境内进行离岸贸易的跨境结算。此外，相较于中国香港、新加坡为保证供应链体系高端人才流入而制定的政策机制，中国自贸区内对境外供应链人才的流动限制较多，一般多为签证、学历、工作单位限制，且中国固有的户籍制度、子女教育、税收、医疗等政策的不配套同样弱化了自贸区对于境外供应链人才的吸引力。

3. 物流业总体发展质量与效率仍落后国际发达国家

2018年7月世界银行发布的2018年全球物流绩效指数（LPI）显示，2018年中国的物流绩效指数综合得分为3.61分，全球排名为第26位。2018年我国物流绩效指数综合得分与2016年的得分（3.66分）对比略有下降。从分项指标来看，海关效率、物流服务能力和质量、货物可追溯性各下降0.03分，物流运输时效性下降0.06分，而国际运输便利性降幅达0.16分（见表8-7）。这主要取决于国内的总体治理和制度环境变化。

表 8-7　物流绩效指数得分

LPI（中国）	海关效率	基础设施质量	国际运输便利性	物流服务能力和质量	货物可追溯性	物流运输时效性
2016 年	3.32	3.75	3.70	3.62	3.68	3.90
2018 年	3.29	3.75	3.54	3.59	3.65	3.84

在 LPI 指数的 6 项评分标准中，物流运输时效性和基础设施质量是中国物流绩效表现的核心优势；而中国单项得分最低的 2 项是海关与边境管理清关的效率，得分为 3.29 分，该项与德国的差距达到 0.8 分；国际运输便利性得分为 3.54 分，该项与德国差 0.32 分。即使与中国香港特别行政区和新加坡相比，中国在海关效率、货物可追溯性、物流服务能力和质量三方面的差距也比较大，其中海关效率差异尤为明显（见表 8-8），也间接影响了物流服务的时效性。

表 8-8　物流绩效指数分布

LPI（2018 年）	海关效率	基础设施质量	国际运输便利性	物流服务能力和质量	货物可追溯性	物流运输时效性
德国	4.09	4.37	3.86	4.31	4.24	4.39
新加坡	3.89	4.06	3.58	4.10	4.08	4.32
中国香港	3.81	3.97	3.77	3.93	3.92	4.14
中国	3.29	3.75	3.54	3.59	3.65	3.84

从关键指标的比较来看，中国是政府推动物流业发展力度最大的国家之一，物流基础设施质量成为推动中国物流绩效指数提升的关键因素，这得益于中国政府的大力支持。海关效率与国际运输便利性方面，中国与主流发达国家，尤其是德国的成熟现代供应链体系差距较大，主要体现在海关缺乏类似于新加坡统筹高效的信息资源管理平台和中国航运铁路通道布局的国际连接度尚未完善两个方面。

三、展望和政策建议

（一）对开放政策和态势的展望

1. 单边贸易保护主义与物流业的进一步开放

全球不确定性因素增加，为我国物流业的进一步开放带来机遇。在全球国际贸易中，单边贸易保护主义为世界经济政治带来了诸多不确定性因素，增加了全球经贸发展的不确定性。为了应对不确定性带来的风险，中国积极推动服务业开放、扩大服务贸易等多方面的对外开放和管理制度创新，从而为我国物流业的进一步开放带来了发展机遇。

以服务业开放为例，北京已经优先出台了扩大开放的试点工作方案。方案中提出要对标国际先进规则，探索服务领域高水平的贸易投资自由化、便利化政策，在包括加工贸易保税、跨境电商、服务贸易等诸多物流领域，打造全面开放型现代服务业发展先行区，为我国物流业进一步开放释放出新的信号，同时也是我国物流业深化改革的一次有利机会。

2. 自贸区、自由贸易港建设促进物流业开放

党的十九大报告指出，“推动形成全面开放新格局”“赋予自由贸易试验区更大改革自主权，探索建设自由贸易港”。随着我国自贸区、自由贸易港建设的加快，将不断出台自由化、便利化相关开放新政策，包括在政策环境、投资、金融、贸易、监管、通关、税赋等方面都会加大改革力度，各项功能会更加完善，在物流相关领域的探索和尝试也会逐步深化，这为我国物流业对外开放和创新发展带来重大机遇。

3. “一带一路”建设带动内陆区域物流业开放

“一带一路”建设强调将物流摆在优先发展的战略位置。针对“一带一路”的双向辐射需要，内陆区域在创新对外开放政策、衔接境外物流体系、疏通物流通道枢纽、完善物流产业基础设施、加快物流管理模式创新等方面的力度会加大，内陆区域物流业开放新格局也将随之逐步形成。

4. 从物流到供应链转型与服务贸易开放

物流企业逐步向供应链企业转型。物流是供应链的一部分，是供应链中产品流和服务流的主要载体，而供应链是物流的升级版，是一种先进的战略思维、管理方法、协同体系和商业模式，也是由一个企业集群构成开放的生态。物流在全球已经进入供应链管理时代，以往物流形式的成本竞争逐渐消失，取而代之的是企业供应链之间的竞争。因此，为更好地融入供应链生态圈中，越来越多的企业注重以物流为基础，融合供应链新的产业要素，推动商品、服务增值和组织变革，聚合产生新的产业集群与供应链生态，以打造与业务发展相匹配的供应链核心竞争力。

物流与供应链发展推动服务贸易扩大开放。2018年，中国服务贸易占外贸总额比重约为17.2%，远低于发达国家水平。基于此，我国加快了推进以服务贸易为重点的开放转型步伐，并将服务贸易开放作为我国经济转型的重大任务。供应链强调贸易流、资金流、信息流、物流的高效协同，建立高效的供应链体系有助于与境外企业搭建高效的互动合作机制，有助于拓宽我国服务贸易在全球的发展空间。因此，物流与供应链的发展在很大程度上对于服务贸易扩大开放具有较好的促进作用。

（二）对未来3~5年的预测

1. 物流枢纽建设加快，全国物流网络进一步完善

国家先后出台《国家物流枢纽布局和建设规划》（以下简称《规划》）和《国家物流枢纽网络建设实施方案（2019—2020年）》。《规划》指出，到2025年，布局建设150个左右国家物流枢纽；到2035年，基本形成与现代化经济体系相适应的国家物流枢纽网络。此外，在《关于推动物流高质量发展促进形成强大国内市场的意见》中，提出围绕“一带一路”建设、京津冀协同发展、长江经济带发展、粤港澳大湾区建设、长三角一体化发展等重大战略实施，在国家物流骨干网络的关键节点，启动第一批15个左右国家物流枢纽布局建设。为了整合存量物流基础设施资源，补齐物流基础设施短板，更好地发挥干线物流通道效能，深化国内国际物流体系联动协同作用，我国已经启动国家物流枢纽网络的布局和建设。未来，全国物流网络将不断趋于完善。

2. 与“一带一路”沿线国家和地区的连接度进一步加强

在提升与“一带一路”沿线国家连接度方面，我国已经基础设施先行，包括在铁路、公路、航空、航运、管道、邮政等网络体系方面都部署并实施了一批衔接项目。随着“一带一路”倡议的深入推进，中国与沿线国家未来在政策、贸易、货币、文化等方面的互联互通也会逐步加强。

3. 人工智能、大数据、区块链等新技术在物流业的充分应用

物联网、大数据、人工智能、区块链等新兴技术在物流领域广泛应用。随着新技术的发展，物流已发展到与物联网、大数据、人工智能、区块链深度融合的智慧物流新阶段，物流集成化和自动化水平大幅提升，自动分拣设备、自动化立体仓

库、无人机、自动化驾驶汽车、智能物流设备等现代物流装备已经进入快速发展期。物流企业普遍使用手持终端、车辆卫星定位技术、电子条码、无线靶枪等，以及人工智能、物联网、大数据、云计算等技术与物流业各环节加快融合。根据中国物流与采购联合会数据，到2025年我国智慧物流市场规模将突破万亿元。

（三）进一步开放的政策建议

1. WTO基础上的物流业主动开放

一是进一步放宽或取消物流领域外资准入限制，加大自由贸易试验区范围内物流相关领域对外开放压力测试力度；二是从物流规划和政策衔接上入手，提升与“一带一路”沿线国家的物流与贸易对接水平，为货物在各国之间安全、便捷流转提供条件；三是借助亚投行优化“一带一路”沿线国家的铁路、公路、管道以及港口等运输条件，不断完善物流枢纽，打造国际物流大通道，完善国际物流服务网络，实现我国与沿线各国的交通条件对接；四是加强中欧、中亚班列场站、通道等基础设施建设，优化中欧班列发展环境，完善市场调节机制，调整运输结构，提高运输效率，加强公路、铁路、航空、水运等领域收费行为监管，促进中欧班列降本增效。

2. 单边贸易保护背景下的快递物流业开放

一方面，快递企业要抓住服务跨境电商、伴随或支持国内企业借助“一带一路”转向境外发展等契机，积极衔接境外物流体系，构筑立足周边、覆盖“一带一路”、面向全球的跨境寄递网络；另一方面，政府层面可将既有的外经贸专项发展资金（如中小企业开拓国际市场资金、支持企业海外营销网络建设资金等）相关政策适用于国际快递物流企业，并以此为基础，加快研究出台适应我国快递物流特点的一整套推动“走出去”的政策措施。

3. 强化国家供应链战略，参与重构全球供应链体系

一是从国家、产业、城市、企业等多个层面研究供应链专项规划与系统性支持政策，强化国家供应链战略，并结合“一带一路”倡议，通过政策倾斜、产业引导等多种方式，积极引导全球科技、人才、资本等核心资源要素流为国家供应链战略服务；二是从国家、地区和行业层面，支持优势本土企业组织产业链上的各中小企业，有效组合形成一批高效协同、多种服务功能集成的供应链服务平台，提供高效

率、低成本、系统化的生产服务解决方案，为我国参与重构全球供应链体系提供有力支撑。

4. 充分发挥物流与供应链在“一带一路”建设中的重要作用

一是围绕“一带一路”倡议，科学规划和建设国际、国内物流通道路径，搭建内陆向东到沿海、向西跨境到亚欧的国际物流大通道，发挥铁路、水路运输优势，降低内陆企业沿“一带一路”走出去的国际物流成本；二是推动我国物流业营商环境进一步与国际接轨，提升我国物流市场企业主体在国际上的竞争力，为“一带一路”建设提供支持。

5. 鼓励新技术、新模式在物流业中的应用

一是强化智慧物流顶层规划设计，将智慧物流纳入智慧城市顶层设计，统一规划布局；二是鼓励物流企业积极研发、创新，积极应用物联网、云计算、大数据、区块链等先进技术，减少业务环节、降低成本，增强盈利能力和提高竞争水平；三是积极推进我国各行业物流智慧化硬件和技术（如高架立体仓库、高速分拣系统、AGV、自动码垛机器人、穿梭车、拣选机器人、3D 视觉识别等组成的各种自动化设备系统）的应用；四是完善物流信息服务与数据资源体系，重点开展物流数据交换、存储、监控与统计分析、大数据挖掘等工作，提供“可监控、可追溯、可预测”的物流信息查询服务，为政府决策、市场运行和公共服务提供信息服务支持；五是支持“互联网+”物流模式创新，推动业务数据智能化应用，加强物流信息资源开发利用，如提升物流信息平台增值功能、支持“互联网+”物流平台建设等。

参考文献

[1] 陈超. 新加坡政府对物流企业的扶持政策及对我国的启示 [J]. 经济论坛，2010 (4)：54-57.

[2] 让—弗朗索瓦·阿维斯. 世界银行物流绩效指数报告 2018 [M]. 王波，译. 北京：中国财富出版社，2018：3-16.

第九章　科技领域的开放

——优化结构，争取核心技术创新突破

2017—2018 年是我国科技开放步伐持续加大、科技开放结构日益优化的时期。我国正处于转向高质量发展和建设现代化经济体系的重大关口。在新的时代形势下，中国必须以更大的全球视野、前所未有的广度深度，推动科技开放和国际合作，争取核心技术创新的更大突破，为实现建设世界科技强国的目标提供强力支撑。

一、科技开放的概况

（一）科技开放呈现五方面的结构性变化

1. 外资研发中心“抢滩”大于“撤退”

为抓住全球资金、人才、技术成果等创新要素系统性东移的机遇，推动我国新一轮高水平对外开放和创新驱动发展，国务院出台了《关于扩大对外开放积极利用外资若干措施的通知》（国发〔2017〕5 号），提出外商投资企业和内资企业同等适用“中国制造 2025”战略政策措施，明确要求支持外商投资企业建设研发中心、企业技术中心，申报设立博士后科研工作站；支持海外高层次人才在华创业发展。在新的扩大开放环境下，2017 年我国科技型 FDI 达到 613 亿美元（见图 9-1），同比增长 21.4%（见表 9-1），占全部外商直接投资的比例为 46.8%，外资来华开展科技投资势头良好。跨国公司对华布局呈现基于市场策略的结构性变化，看好中国市场巨大潜力的外资研发中心“抢滩”显著高于由于本地化经营不善、要素成本压力增加而导致的外资“撤退”，且在华研发和市场布局一体化趋势日益明显。2015—2017 年，“扩增投”外资研发中心数量达 31 家（见表 9-2），华东地区占总

投资的 76%（其中上海占 44%①，苏州占 16%），成都、重庆、武汉获得 16%的投资。行业上既有化工、家电、汽车，又有食品、医药、机械、半导体，新增研发就业 3500 人以上。“减并撤”外资研发中心数量为 10 家，2500 人左右被裁员或调整岗位，行业主要涉及 IT 和医药（见表 9-3）。

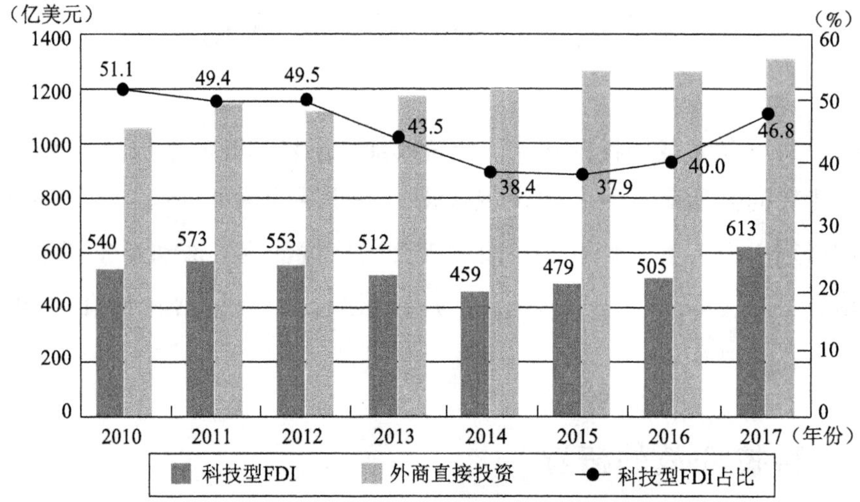

图 9-1　2010—2017 年我国科技型 FDI 情况

数据来源：《中国统计年鉴》。

表 9-1　2017 年我国科技开放的主要成就

序号	开放类别	主要指标		2016 年	2017 年	比 2016 年增长
1	科技要素引进	高新技术产品进口/亿美元		5237	5867	12.03%
		科技型 FDI/亿美元		505	613	21.4%
2	国际科技交流合作	国家国际科技合作专项	立项数/个	—	—	—
			中央财政专项经费/亿美元	—	—	—
		国家自然科学基金海外及港澳学者合作研究基金项目	受理申请/项	386	411	6.48%
			批准项目/项	135	142	5.19%
3	科技输出与“走出去”	高新技术产品出口/亿美元		6042	6708	11.02%
		对外科技投资/亿美元		363.3	519.5	30.1%

① 截至 2016 年底已有 416 家外资研发中心在上海落户，总数位居全国之首。

续表

序号	开放类别	主要指标		2016年	2017年	比2016年增长
4	开放载体与平台建设	国家高新区	新增数量/家	-1	11	—
			工业总产值/亿元	196838	203006	3.13%
			出口/亿美元	29146	32292	10.8%

数据来源：《中国统计年鉴》。

注：本表的“科技型FDI”与“对外科技投资”数据口径主要包括制造业，信息传输、计算机服务和软件业，科学研究、技术服务和地质勘查业。

表9-2　2015—2017年外资宣布在中国新增、扩建研发中心

序号	公布时间	公司名称	行业	投资额/美元	项目城市	团队/人	是否开建
1	2017年10月	美敦力	医药	—	成都	—	否
2	2017年10月	哈金森	化工	2500万	苏州	—	否
3	2017年9月	卡博特	化工	数百万	上海	30	未知
4	2017年9月	恩智浦	汽车	—	重庆	—	否
5	2017年9月	泰莱	食品	数百万	上海	30	是
6	2017年9月	毕马威	咨询	700万	南京	100	是
7	2017年8月	西门子	IT	1.5亿	成都	数百	否
8	2017年6月	代斯	化工	—	上海	—	否
9	2017年6月	德国大陆	汽车	4000万	重庆	2000	否
10	2017年6月	苹果	IT	4亿	上海、苏州	数百	否
11	2017年6月	艾仕得	化工	数千万	上海	300	是
12	2017年6月	奇华顿	食品	千万	上海	—	是
13	2017年5月	盛美	半导体	3000万	合肥	—	否
14	2017年5月	富士康	半导体	8亿	武汉	—	否
15	2017年5月	SIG康美包	材料	5000万	苏州	—	是
16	2017年5月	霍尼韦尔	材料	数千万	张家港	150	是
17	2017年5月	戴森	家电	—	上海	—	是
18	2017年4月	蒂森克虏伯	机械	1000万	大连	—	是
19	2017年3月	奥的斯	机械	5000万	上海	—	是
20	2016年9月	雅培	食品	3000万	上海	50	是
21	2016年8月	法雷奥	汽车	900万	武汉	—	是
22	2016年8月	欧姆龙	家电	970万	上海	—	是
23	2016年6月	Numonyx	半导体	3000万	上海	—	否
24	2016年6月	阿克苏诺贝尔	化工	700万	上海	150	是
25	2016年6月	碧迪医药	医药	—	苏州	—	否

续表

序号	公布时间	公司名称	行业	投资额/美元	项目城市	团队/人	是否开建
26	2016年4月	罗伯沃茨	机械	数百万	上海	20	是
27	2016年3月	哈曼	汽车	—	苏州	350	是
28	2016年1月	惠而浦	家电	3亿	合肥	—	是
29	2015年11月	博西家电	家电	—	南京	—	是
30	2015年10月	费森尤斯	医药	数百万	上海	—	是
31	2015年3月	固特异	汽车	—	大连	—	是

数据来源：根据网络公开资料整理。

表 9-3　2015—2017 年外资宣布“减并撤中国研发中心”

序号	公布时间	公司名称	行业	项目城市	涉及人员/人
1	2017年9月	通用 GE	制造	上海	1000
2	2017年9月	礼来制药 LILLY	医药	上海	150
3	2017年8月	阿斯利康 GSK	医药	上海	100
4	2017年2月	CA Technologies	IT	北京	300
5	2017年1月	甲骨文 Oracle	IT	北京	200
6	2016年9月	诺华 Novartis	医药	上海	—
7	2016年9月	罗氏 ROCHE	医药	上海	—
8	2015年7月	艾伯维 AbbVie	医药	上海	—
9	2015年3月	雅虎 Yahoo	IT	北京	300
10	2015年1月	Adobe	IT	北京	400

数据来源：根据网络公开资料整理。

2. 科技对外投资与合作更聚焦欧以地区

2016—2017 年，中国科技对外投资总体有所放缓。2017 年，中国科技对外投资 363.3 亿美元（见图 9-2），同比减少 30.1%，占对外直接投资总额的比重为 22.95%，比 2016 年下降 3.53 个百分点。伴随着全球贸易保护环境下投资美国的日益受阻，以及欧洲、以色列对中国开放的相对扩大，中国科技对外投资与合作加速转向欧洲及以色列地区，越来越多的龙头企业、成长型新锐企业等在欧以地区设立海外创新中心，或者积极收购海外细分市场科技公司或重要技术源。2018 年上半年，新宣布的中国对欧洲并购交易额（220 亿美元）是北美地区（25 亿美元）的 9 倍，中国在欧洲实际完成的投资额（120 亿美元）是北美地区（20 亿美元）的 6 倍，投资领域涵盖人工智能、科技、数字、信息通信、生物医药等高科技行业。

2017 年，中国对北美的直接投资大幅下降。与此同时，大量中国资本自 2016 年末起从美国市场转向以色列，其中企业投资、并购金额均大幅提高，投资金额由 2014 年的 5 亿多美元增长至 2016 年的 165 亿美元；并购金额由 2013 年的 5 亿美元增长至 2016 年的 263 亿美元。2016 年以后对以色列高科技领域的投资增加，主要涉及网络安全、生物医疗、智慧交通、金融科技、游戏、在线广告等领域，百度、阿里巴巴、奇虎 360、腾讯、小米、联想、华为等中国科技公司都与以色列公司合作、设立分公司或者在以色列进行创业投资。2017 年 1 月 4 日，华为分别以 4200 万美元和 1.5 亿美元的价格购买以色列网络安全公司 HexaTier 和 IT 网络公司 Toga Networks，平安创新投资基金、中国宽带产业投资基金为企业提供移动应用商业开发和信息分发工具 IronSource。

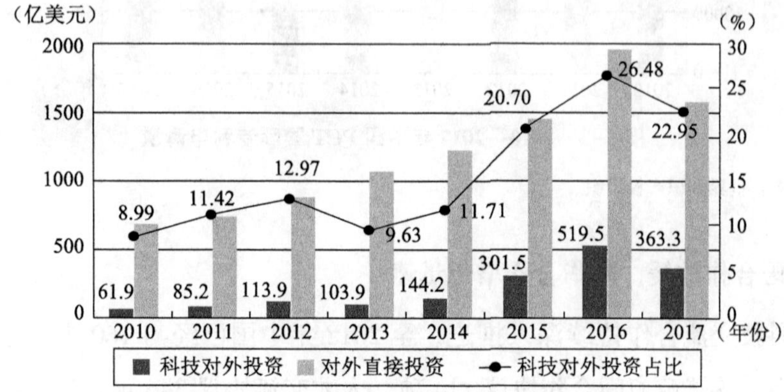

图 9-2　2010—2017 年中国科技对外投资情况

数据来源：《中国统计年鉴》。

3. 技术专利的国际影响力呈现上升态势

我国企业越来越注重参与 PCT 国际专利的布局与竞争，PCT 国际专利申请量快速增长。根据世界知识产权组织统计数据，中国 PCT 国际专利申请量从 2012 年的约 1.9 万件增至 2017 年的 4.9 万件（见图 9-3），年均增速 21.8%。其中，2017 年正式超过日本，位居世界第二。2018 年，中国三家企业位居 PCT 国际专利申请量排名前十，其中华为以 5405 件位列全球第一，中兴通讯以 2080 件排名全球第五，京东方以 1813 件排名全球第七。值得关注的是，中国技术标准逐步成为国际标准体系中的重要组成部分，在 5G 技术领域，华为、中兴通讯、OPPO 和中国电信科学技术研究院四家公司拥有的专利占全球 5G 标准必要专利的 36%，2018 年华为已在全球30个国家获得46个5G商用合同，5G基站发货量超过10万个，两项数据均居于全球首位。在高铁技术领域，“复兴号”采用的254项重要标准中，中国标准占比高达84%，整体设计和关键技术全部实现自主研发，具有完全自主知识产权。中国已在泰国、巴西、墨西哥、俄罗斯等国家和地区启动高铁建设合作，并逐步辐射非洲、亚洲、欧洲、美洲、大洋洲等区域。

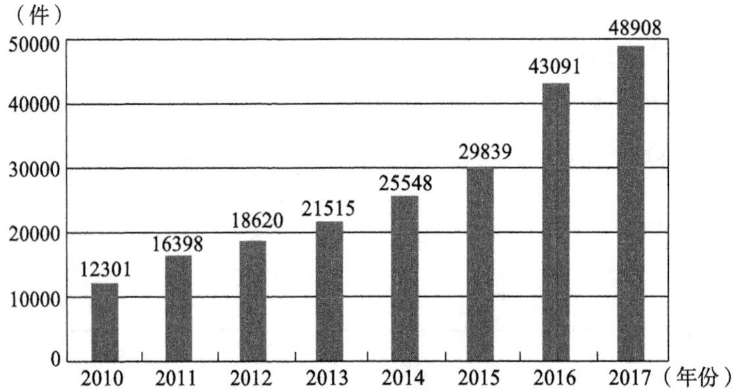

图9-3 2010—2017年中国PCT国际专利申请量

数据来源：世界知识产权组织。

4. 出国合作放缓，来华合作增长迅速

国际科技交流合作持续深入推进，至2018年中国已经与160个国家建立了科技合作关系，签署政府间合作协议114项，人才交流协议346项，参加国际组织和多边机制超过200个。从国际科技合作项目看，2017年国际科技合作项目数量达103473项，实现小幅增长2.1%。其中，国际科技合作中的出国合作项目合计73324项，同比减少2.64%。参加国际会议是出国合作项目的主要形式，数量占比达到44.4%。国际科技合作中的来华合作项目30149项，同比增加15.6%，交流形式以考察访问、合作研究为主，两者合计占来华合作项目的比重高达70.9%，其中来华开展合作研究项目所占比重就达到38.8%（见图9-4、图9-5）。

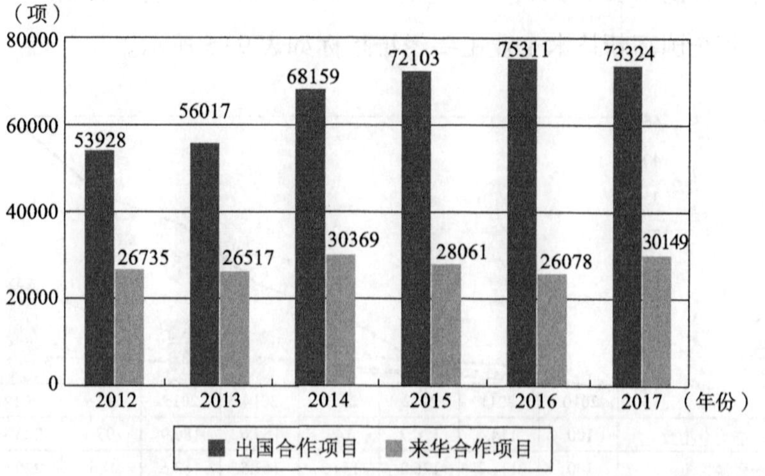

图 9-4　国际交流合作项目

数据来源：《中国科技统计年鉴 2018》。

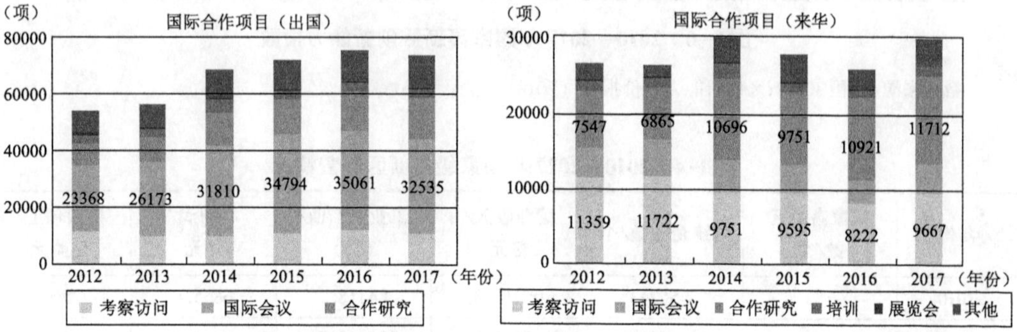

图 9-5　2012—2017 年国际交流合作项目

数据来源：《中国科技统计年鉴 2018》。

5. 创新与开放成为高新区发展主动力

在国际经济复苏迟缓、贸易保护主义抬头、国内经济下行压力加大的形势下，国家级高新区的发展更加注重创新和开放，在研发、出口贸易领域扮演的引擎角色日益突出。从创新能力看，全国 157 家国家级高新技术产业开发区 2017 年创新能力总指数为 233. 8（见图 9-6），较 2016 年增加 34. 7，增长率为 17. 4%，总指数当年增幅创造了历史新高。2015—2017 年，国家高新区的创新能力总指数年均增长率为 14%，明显高于同期高新区总收入的年均增长率 10%和工业总产值的年均增长率 4%。2017 年国家高新区研发投入贡献率占全国的 35%，高新区企业研发投入占全国企业的 45. 1%。从出口贸易看，2017 年国家高新区出口创汇 4780. 7 亿美元

（见表 9-4），同比增长 8.9%，高于全国外贸出口总额增速（7.9%）1 个百分点。2010—2017 年全国高新技术企业主要经济指标如表 9-5 所示。

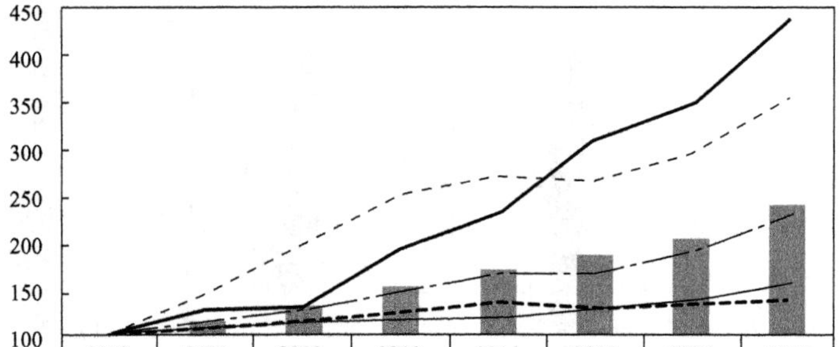

（年份）	2010	2011	2012	2013	2014	2015	2016	2017
创新能力总指数	100	114.4	126.7	149	165.6	180.9	199.1	233.8
创新资源聚集	100	111.2	126.2	144.3	161.5	162.6	186	220.5
创新创业环境	100	124.5	127.3	184.4	224	298.8	337.3	422.5
创新活动绩效	100	109	111.6	113.8	119.6	124.3	134.4	149.8
创新的国际化	100	140.1	193	241.9	262.6	259.5	285.4	341.9
创新驱动发展	100	104.1	115.1	122.4	129.2	126.4	129.3	134.4

图 9-6　2010—2017 年国家高新区创新能力指数

数据来源：《国家高新区创新能力评价报告（2018）》。

表 9-4　2010—2017 年国家级高新区经营情况

年份	国家高新区数/个	入统企业数/个	营业收入/亿元	工业总产值/亿元	净利润/亿元	出口创汇/亿美元
2010	83	55243	105917. 3	84318. 2	6855. 4	2648
2011	88	57033	133425. 1	105679. 6	8484. 2	3180. 6
2012	105	63926	165689. 9	128603. 9	10243. 2	3760. 4
2013	114	71180	199648. 9	151367. 6	12443. 6	4133. 3
2014	115	74275	226754. 5	169936. 9	15052. 5	4351. 4
2015	146	82712	253662. 8	186018. 3	16094. 8	4732. 7
2016	146	91093	276559. 4	196838. 7	18535. 1	4389. 5
2017	156	103631	307057. 5	202826. 6	21420. 4	4780. 7

数据来源：《2018 中国火炬统计年鉴》。

表 9-5　2010—2017 年全国高新技术企业主要经济指标

年份	入统企业数/个	年末从业人员/万人	营业收入/亿元	工业总产值/亿元	净利润/亿元	出口创汇/亿美元
2010	31858	1313. 6	129505. 2	119022	9806. 7	3594. 9
2011	39343	1508. 3	156223. 1	140338. 9	10997. 8	4520. 5
2012	45313	1621. 3	167743. 9	152235. 3	10892	4608. 3

续表

年份	入统企业数/个	年末从业人员/万人	营业收入/亿元	工业总产值/亿元	净利润/亿元	出口创汇/亿美元
2013	54683	1810.2	193837.4	175106.4	12825.2	4915.8
2014	62556	1914.8	217304.8	211335.9	14399.2	5068.6
2015	76141	2045.2	222234.1	189757.5	14894.8	4768.7
2016	100012	2360.7	261093.9	212268.8	18859.7	4694.9
2017	130632	2735.5	318374.1	243898	23217.1	5600.7

数据来源：《2018 中国火炬统计年鉴》。

（二）四大举措推动更高水平的科技开放

我国在既定的开放战略下进一步提出了“四大开放新政”，并着手部署推进四大举措，坚定不移地推动更高水平的科技开放。

1. 宣布实施“四大开放新政”

2018 年 4 月，习近平主席在博鳌亚洲论坛上掷地有声地宣布：“中国开放的大门不会关闭，只会越开越大!”在扩大开放方面，中国将采取以下重大举措：一是大幅度放宽市场准入。二是创造更有吸引力的投资环境。进一步加强同国际经贸规则对接，完成修订外商投资负面清单工作。三是加强知识产权保护。重新组建国家知识产权局，鼓励中外企业开展正常技术交流合作，保护在华外资企业合法知识产权。四是主动扩大进口。同年 11 月，中国成功在上海举办首届中国国际进口博览会。同时，呼吁发达国家对正常合理的高技术产品贸易停止人为设限，放宽对华高技术产品出口管制。

2. 部署深入推进四大开放举措

一是提升自由贸易试验区建设发展水平。自由贸易试验区在营商环境塑造、促进贸易投资便利化、推动服务贸易自由化等方面被赋予更大的先行先试权，以便形成更多可复制可推广的制度创新成果，把自由贸易试验区建设成为新时代改革开放的新高地。2018 年 4 月，党中央、国务院决定支持海南全岛建设自由贸易试验区，支持海南逐步探索、稳步推进中国特色自由贸易港建设；鼓励海南建立符合科研规律的科技创新管理制度和国际科技合作机制，探索知识产权证券化，充分发挥知识产权运营服务在推进高水平对外开放中的重要支撑作用。这在全国范围内带动形成国际化、开放式知识产权运营服务体系建设的高潮。

二是加快建设一批国际科技创新中心。综观全国布局，北京定位为“全国科技创新中心”，上海要建设“具有全球影响力的科技创新中心”，粤港澳大湾区则是“国际科技创新中心”。粤港澳大湾区、北京、上海一起被确定为科技强国建设的三大支柱。2018 年 8 月，中共中央政治局常委、国务院副总理、粤港澳大湾区建设领导小组组长韩正主持召开粤港澳大湾区建设领导小组全体会议，要求积极吸引和对接全球创新资源，建设“广州—深圳—香港—澳门”科技创新走廊。中央支持香港建设国际创新科技中心，在香港建立中国科学院院属研究机构，支持澳门建设中医药科技产业发展平台。

三是以更加开放包容的姿态吸引国际人才。近两年来，我国推出一系列开放便捷的出入境、停留居留政策，吸引外籍高层次人才和创新创业人员来华发展。2017 年 6 月 16 日，中国启用 2017 版外国人永久居留身份证“绿卡”，为出入境中国的外籍人免除签证，并可实现为孩子办入学、住宿登记、考驾照、买房子、结婚登记、享受社保、使用公积金、购买高铁票等事宜。2018 年，国家将科学技术部、国家外国专家局的职责整合，重新组建科学技术部，同时新设立国家移民管理局为来华工作生活的外国人、国家人才引进提供更多服务和便利。与此同时，中国多地相继推出诸多新政为外籍人才“进得来、留得住、干得好、融得进”创造条件。2018 年 1 月，上海推出“聚英计划”，为外籍人才办理永久居留、长期居留、人才签证、口岸签证等提供便利；2018 年 3 月，北京发布便利国际人才出入境、开放国际人才引进使用、支持国际人才兴业发展、加强国际人才服务保障等 20 条改革举措，允许取得永居资格的外籍科学家领衔承担国家科技计划项目。

四是推动区域自由贸易区升级版建设。我国积极主动参与区域经济一体化建设，深入践行“一带一路”倡议，加强区域全面伙伴关系（RCEP）、中国—东盟自由贸易区升级版、CPTPP、中日韩自由贸易区、中欧自贸协定的谈判与推进工作，为进一步推动科技开放合作提供更加广阔的空间保障。截至 2018 年底，我国已经签署自贸区协定 18 个，涉及 23 个国家和地区；在谈自贸区共 13 个，涉及 30 个国家和地区。

二、科技开放的主要问题

（一）部分核心技术受制于人的问题更加突出

我国正处于转向高质量发展和建设现代化经济体系的重大关口，科技创新加速向上突围不断触及既有格局下欧美发达国家固守的高端领域，引致其进一步加强对华高端技术、核心技术的限制，以继续取得抢占未来科技竞争制高点的优势地位。中兴通讯制裁、福建晋华制裁、华为5G设备海外遇阻等事件，深刻说明关键核心技术要不来、买不来、讨不来。

我国关键技术受制于人的问题日益凸显。关键核心技术与高端装备对外依存度仍然保持较高水平，如集成电路90%依赖进口、中高端传感器80%依靠进口、高端数控机床自给率不足10%。全球贸易保护主义的持续升温，进一步导致关键技术、知识产权及高端设备、仪器、材料等进口受阻，核心工业产品的全球供应链在短中期内可能受到较大负面冲击。在关键核心技术受制于人的局面下，我国的先进技术引进及消化吸收再创新成效仍不够明显，技术引进的“二次创新”对国内核心技术研发及应对中美贸易摩擦的支撑作用较为有限。2017年，我国规模以上工业引进国外技术经费支出为399亿元，同比下降16%；引进技术消化吸收经费支出119亿元（见图9-7），比2011—2016年的平均值下降了22.4%，与2014年之前每年150亿~200亿元的支出规模存在较大差距。

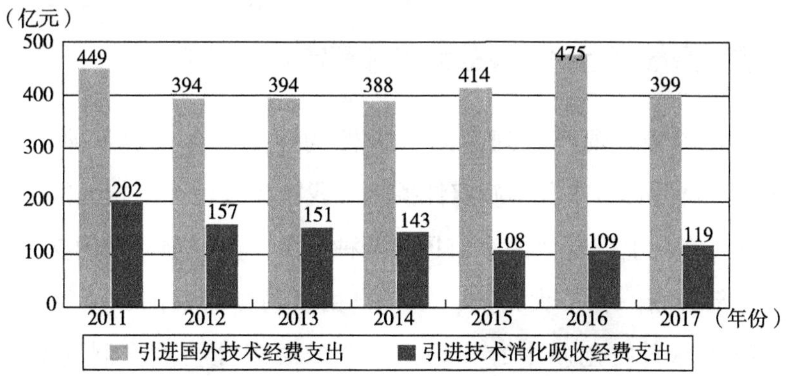

图9-7　2011—2017年我国规模以上工业引进技术及消化吸收情况

数据来源：《中国科技统计年鉴2018》。

（二）主动布局，利用国际创新资源力度有待加大

一是利用外资水平和利用外资质量有待提高。2017 年，全国实际使用外资 8775.6 亿元人民币，同比增长 7.9%；2018 年实际使用外资同比增长 3%，增速比 2017 年下降 4.9 个百分点，呈现放缓迹象。在利用外资领域，高水平、高层次外资研发中心布局总体偏少，且布局不均衡，仅上海的外资研发中心（截至 2017 年底为 426 家）就占内地总数的 1/4。

二是全球创新中心布局力度有待进一步加大。从全球范围看，高达 94%的世界创新 1000 强企业在母国外开展研发活动。我国的科技企业虽已加快海外创新中心建设步伐，但总体上境外创新中心布局点还相对较少。在深入推进国际创新合作、链接全球高端科技资源、打造全球技术转移枢纽等领域仍存在层次不深、实效不足、影响有限的问题。

三是高端科技要素跨境流动仍然存在障碍。通过开放创新支撑科技强国建设，推动创新要素在“两个市场”高效便捷流动是关键一环。目前，科技创新要素的跨境自由流动仍然存在不少障碍。以上海自贸试验区为例，现阶段创新要素在上海自贸试验区的自由流动和交易面临着法制不健全、政策不够开放、清关效率低下、跨境资金结算不便利、缺乏配套科技服务机构等方面的挑战。从粤港澳大湾区看，内部依然存在三地社会制度、法律体系、发展阶段等不同程度的差异，粤港澳人员自由流动不灵活、信息共享难、跨境电子支付不便、实验室器材和信息资源流通不畅、科研合作深度不足等问题较为严峻，制约着大湾区内各创新主体之间的交流与合作。

（三）重大开放平台对科技战略支撑有待进一步加强

当前，宏观形势呈现一系列带有转折性的深刻变化。贸易保护主义愈演愈烈，这为全球经济复苏带来了不确定性挑战。我国建设世界科技强国，加快推动经济高质量发展，客观上需要“两个市场、两种资源”更加强有力的支撑。为此，党中央、国务院部署新一轮扩大开放，坚守自由贸易，探索国际经贸新规则，以开放、创新支撑国际科技创新中心建设，向全球展现社会主义制度的优越性和生命力。

自贸试验区、国家高新区、自主创新示范区作为重大开放创新平台，在当好国

家科技突围时代尖兵和双向开放创新先锋角色、主动深入对接国家战略方面需要加倍着力，自身发展还存在不少亟待突破的关口和“瓶颈”。从自贸试验区看，一是目前形成的可复制、可推广、可借鉴的制度创新还不够多，大量新近设立的自贸试验区还处于学习借鉴和探索阶段，尚未普遍形成货物贸易、服务贸易、投资、金融、通关服务等领域的高标准规则体系，承接国际创新要素和支撑科技对外开放作用不明显。从国家高新区（自主创新示范区）看，在对接“一带一路”和双向开放方面存在着广度、深度、力度等方面的短板，与代表国家科技发展最高水平、全面参与全球竞争先锋区的发展目标还存在突出差距。此外，国家高新区（自主创新示范区）、自贸试验区“双自联动”的制度创新有限，满足不了新时期科技资源“引进来、走出去”和高端创新要素便利化跨境流动的需求。

（四）参与世界科技前沿广度与深度有待提升

强化关键共性技术、前沿引领技术、现代工程技术、颠覆性技术创新的突破，既是我国建设世界科技强国的必由之路，更是应对化解中美贸易摩擦和西方发达国家高科技封锁的关键之举（如美国宇航局已经明确要求，受其资助的科学家不允许与中国科学家进行双边合作），这要求我国必须更大力度、更加广泛地参与世界科技前沿领域的研究合作和联合攻关。然而，我国组织的大科学工程数量较少，尚无真正牵头的国际大科学计划，目前国内专用大科学装置不超过10个；正在运行的国际大科学计划缺乏强制性约束条件，使得大多数大科学项目存在内容较虚、管理困难、风险控制等问题。与此同时，中国标准的国际化程度及参与制定国际标准的深度与我国的经济总量和大国地位较不相称。目前，我国GDP总量位居世界第二，国际标准化参与度却名列第六，与GDP总量居世界第四、国际标准化参与度位列第一的德国形成鲜明反差。由于缺乏标准国际化战略，中国技术标准进入海外市场的广度和影响力较为有限。

三、展望与建议

我国科技开放预计将呈现两大趋势：一是我国推进开放创新和国际科技合作的广度、力度将显著提升。重大科技成果越来越具有世界性和时代性，创新实现路径从本地要素集聚模式走向全球生态建设模式。习近平总书记在2018年两院院士大会上要求深化国际科技交流合作，在更高起点上推进自主创新，主动布局和积极利用国际创新资源，努力构建合作共赢的伙伴关系，这为我国科技开放指明了方向。二是美国持续加码贸易摩擦可能性较大，西方对华技术封锁联盟有望分化。与此同时，美国的单边主义存在愈演愈烈的倾向，这将对欧洲、日本等传统盟友造成较大压力。我国依托“国家战略加持+融入创新生态+自主技术突破”方式推动集成电路、平板显示领域的关键技术创新，已经或正在实现进口替代的可喜成效，倒逼跨国公司对华开放部分关键技术，以换取在我国庞大市场的抢滩占位。[①] 这些综合因素可能导致以美国为首的发达国家对华技术封锁联盟出现松动或分化，进而将为我国科技开放带来难得的结构性机遇。

为进一步加大科技开放力度和实效，提升创新驱动与高质量发展水平，全面做好中美贸易摩擦的应对，提出以下建议。

（一）深度融入全球创新网络，强化源头技术供给

瞄准世界科技前沿，鼓励提出并更多地牵头组织国际大科学计划和大科学工程，吸引国外优质资源参与我国发起的重大科技基础设施建设和相关科学研究，建立更长远的中国标准国际化战略，以前所未有的广度深度争取国际重大科技交流合作更大突破。进一步强化全球视野，围绕重大科技攻关，在高端芯片、高端仪器装置、高端原辅料、高端组件、关键成套设备等领域，探索“自主可控+全球生态”共享创新模式，部署在更高起点上推进自主创新，构建开放式创新生态环境和跨界创新合作网络，打造全球创新资源配置枢纽，提升源头技术供给能力。

（二）鼓励外资成为我国创新生态建设的科技伙伴

新时期我国积极有效利用外资，以高水平利用外资推动经济高质量发展，扩大世界范围的“朋友圈”，积极反制技术封锁和中美贸易摩擦。随着“一带一路”倡议的深入实施，我国对欧、对日、对太平洋地区合作持续强化，与东盟、南亚、中亚等区域合作升级版建设加速推进。跨国公司在华研发、市场一体化布局不仅未退潮，而且随着我国国际合作空间的开拓进一步增强。越来越多的本土企业收购海外

① “国家意志+技术突破”（如集成电路大基金+IC 制造突破，京东方面板扭亏为盈）客观上有望在电子信息、平板显示领域加速西方对华技术联盟的松动。我国启动养老、医疗健康领域的新动能和大幅降低药品价格，将催生更加可观的中等收入阶层市场红利。这将进一步激发电子信息、光电显示、生物医药等领域的国际先进技术合作。

科技公司，探索引进高质量外资和关键技术的新模式。在此形势下，要充分发挥我国利用外资的优势，提高利用外资质量，在推动外资制造向外资创新升级、建设内外资有机融合创新生态方面做出新的探索，鼓励支持外资从我国融入全球生产网络的制造伙伴逐步走向我国建设全球创新生态体系的科技伙伴。

（三）开创自贸制度与科技创新紧密联动的新格局

依托海关特殊监管区域开展“保税+制造”联动是我国遵循世界开放发展一般规律、融入全球产业分工体系的根本经验。随着创新要素跨境流动、国际合作深入展开和新兴产业高速发展，国际贸易货物品类、价值结构及流转方式发生重大变化。高附加值设备仪器、原料试料进口、转关及科研资金跨境流转、科研人员跨境流动需求与日俱增。为此，需要深刻把握开放型经济发展的基本规律和科技、产业创新的核心需求，鼓励支持以海关特殊监管区域为依托的自贸试验区、自由贸易港、国家高新区（自主创新示范区）加快率先探索，开创自贸制度与科技创新紧密联动的时代新局，强化“双自联动”下的制度创新和国际一流营商环境建设，发挥前瞻布局高等级实验室、工程研究中心等创新平台的先锋、示范和辐射作用，助推区域创新成果加速转化，打造离岸创新平台，建设国际化人才特区，降低全产业链运行成本，以满足科技、产业创新与国际化发展的现实需求。

（四）尽快推动北上粤三大科技创新中心早见成效

深化央地合作，加强制度与政策创新，充分发挥市场对资源配置的决定性作用，全面调动国内、国际两种资源，加快推动北京、上海、粤港澳大湾区三大科技创新中心高质量建设，力争早出成效，切实发挥将北京定位为“全国科技创新中心”、上海定位为“具有全球影响力的科技创新中心”、粤港澳大湾区定位为“国际科技创新中心”的核心枢纽作用，为我国开放创新及世界科技强国建设提供战略支撑。

第十章　海洋经济开放

——参与全球海洋治理，共建“蓝色伙伴关系”

一、主动谋求国际海洋话语权成为重要特征

新时期，我国海洋经济的开放呈现一系列新特征，一方面，在海洋环境保护、海洋科技创新与应用、海洋公共产品共享、海洋安全维护等领域开展深层次国际合作，持续构建多层次的“蓝色伙伴关系”；另一方面，围绕国际社会关注的极地、深海等领域谋求话语权，在全球性和区域性规则制定中发出中国声音、提供中国方案、贡献中国智慧。

（一）开放背景与现状

海洋对于人类社会生存和发展具有重要意义，全球海洋治理成为国际社会共同面临的重要课题，参与国际海洋事务，推动国际、区域海洋合作，争取国际海洋话语权，是海洋强国建设的必由之路。①

1. 积极参与国际海洋事务

当前，以海洋为主题的国际合作不断升温，国际社会推动全球海洋治理进程进一步深化，海洋事务在我国外交中的权重也日益增加。近年来，我国积极参与和引导联合国海委会、国际海底管理局、大陆架界限委员会等国际组织的工作进程，在海洋可持续发展、应对气候变化、管辖外海域生物多样性保护、大陆架划界、海底地理实体命名等领域的议题设置、规则制定和争端处理能力显著提升。

截至 2018 年底，我国已与全球近 50 个国家在蓝色经济、海洋环保、防灾减灾、应对气候变化等方面开展交流与合作，签署了 30 余项双多边合作协议，承建

① 金永明．海洋强国建设中的外交创新及话语权问题［J］．毛泽东邓小平理论研究，2018（2）：95-97.

了8个海洋国际组织在华机构和平台，设立了中国政府海洋奖学金并组织开展各类培训，每年为发展中国家培养海洋领域人才数千人。①

2. 主动发起海洋合作计划

我国于2010年启动了第一个主动发起的海洋领域大型国际合作计划——“西北太平洋海洋环流与气候实验”（NPOCE）国际合作计划，该计划共有中国、美国、日本、澳大利亚、韩国、德国等国家的19个研究院所参与。围绕西北太平洋西边界流及其与邻近环流系统的相互作用和在暖池维持及变异中的作用，以及区域海气相互作用及其气候效应等主题开展研究。

经过各国科研人员协同攻关，该计划在西北太平洋海洋环流与气候研究上取得了一系列突破性科学进展。研究团队完成了西太平洋深海潜标科学观测网的建设，共布放潜标30余套，已具备了潜标数据实时传输能力。科研人员发现并命名了北赤道逆流下的北赤道次表层逆流，揭示了菲律宾以东太平洋海域3支潜流的季节内变化和机制等。在对西北太平洋的观测研究中，中国的贡献占到一半左右。

热带西太平洋动力环境和气候研究是目前国际关注的前沿科学问题，标志着西太平洋新一轮调查研究热潮的兴起。未来10年，科研人员拟提出新的国际合作计划，将以印度洋—太平洋交汇区多圈层相互作用为核心，针对深海多尺度动力过程、海气相互作用、板块构造与西太平洋暖池形成、交汇区生物多样性等主题，开展多国协作、多学科交叉的综合性强化观测和研究。

3. 大力推进区域海洋对话

近年来，我国联合沿海地方政府成功举办中国—小岛屿国家海洋部长圆桌会议、中国—东南亚国家海洋合作论坛、东亚海洋合作论坛、中英海洋科技交流合作论坛等重大活动，为构建区域性蓝色伙伴关系、完善区域资源共享机制、扩展海洋交流合作、共享海洋发展成果提供了新渠道和新智慧。2017—2019年我国参与和举办区域性海洋合作论坛如表10-1所示。

① 傅梦孜．对新时期中国参与全球海洋治理的思考［J］．社会科学文摘，2019（2）：33-35.

表 10-1　2017—2019 年我国参与和举办区域性海洋合作论坛

年份	论坛	参与国家（地区）	合作主题
2017	中国—小岛屿国家海洋部长圆桌会议	中国、四大洲 12 个岛屿国家	会议达成《平潭宣言》，形成行动落实“一带一路”倡议的光荣使命，深度参与全球海洋治理，推动福建与“海丝”沿线小岛屿国家的合作，同时为推动平潭国际旅游岛建设发挥积极带动作用
2018	第六届中国—东南亚国家海洋合作论坛	中国、越南、柬埔寨、泰国、孟加拉国、巴基斯坦、印度尼西亚、马来西亚	论坛共促成海洋产业投融资项目签约 18 项，计划投资总金额 95.464 亿元人民币
2018	东亚海洋合作论坛	中日韩、东盟及欧美非等 50 多个国家和地区	提出了四点倡议：一是要倡导共同、综合、合作与可持续的安全观，提升东亚地区海洋安全治理水平。二是要坚持共商、共建、共享原则，聚焦发展、互利共赢，推行东亚地区海洋发展治理。三是要坚持和谐共生、环境友好、可持续发展理念，加强东亚地区海洋环境治理。四是要坚持包容互鉴、相互交流，加强东亚地区海洋文化治理
2019	中英海洋科技交流合作论坛	中国、英国	围绕海上风电技术与清洁能源领域内容展开深入探讨
2019	第十二届 APEC 海洋与渔业工作组会	加拿大、智利、中国、印度尼西亚、韩国、马来西亚、泰国、美国和越南等 16 个经济体	向亚太地区各经济体充分展现出我国对海洋垃圾和海洋微塑料研究领域的合作决心与能力，为进一步在 APEC 框架下开拓相关领域的国际交流与合作奠定了基础

资料来源：课题组整理。

（二）开放成就与特点

1. 海洋资源与环境保护稳步推进

近年来，全球海洋环境、能源与气候问题日益突出，海洋资源与环境保护已成为超越主权国海域管辖范围的全球性事宜。作为国际社会的一员，我国在致力于保护本国海洋资源与环境的同时，也积极参与国际海洋保护事业，努力推进国际合作，为全球海洋治理贡献力量。

（1）圆满完成国际海底富钴结壳勘探合同第一个五年阶段目标任务。2019

年，由自然资源部中国地质调查局广州海洋地质调查局牵头承担的“富钴结壳合同区资源勘探与评价”项目，在中国大洋事务管理局与中国大洋协会的指导下，顺利完成富钴结壳勘探合同第一个五年阶段成果报告编制，已提交国际海底管理局（ISA）。5年来，此项目为来自发展中国家的10名国际学员提供了系统培训工作，也为构建人类命运共同体做出了贡献。

（2）发布“21世纪海上丝绸之路”海洋环境预报系统。2018年底，联合国教科文组织政府间海洋学委员会西太平洋分委会向国际社会正式发布该系统。预报系统的发布，标志着我国在海洋数值模式研发、超级计算机综合应用能力等方面的实力大幅提升，将给很多没有海洋环境预报系统的国家（如东南亚区域）带来直接帮助。

（3）中塞两国签署《中华人民共和国自然资源部与塞舌尔共和国环境、能源和气候变化部关于面向蓝色伙伴关系的海洋领域合作谅解备忘录》。双方将成立海上合作联委会，共同举办研讨会、培训班，建设海洋合作平台，加强在海洋科学研究、海洋经济发展、海洋生态保护和修复等领域的合作。

2. 海洋科技与创新合作不断深化

为加速我国海洋高新技术引进与融合，积极同各国探索开展海洋科技合作新模式，在深海、极地、海洋卫星、海洋立体观测网等领域取得了重大技术突破与创新，开拓海洋科技领域开放共享发展新局面。

（1）潮流能并网项目成功入选全球20大海洋能亮点工程。作为牵头方，我国承担了国际能源署海洋能系统技术合作计划第11任务组中“温差能潜力评估”研究工作的组织实施，在兆瓦级潮流能并网发电、波浪能海岛供电方面已达到国际先进水平。

（2）首颗中法海洋卫星发射成功。中法海洋卫星是中国和法国联合研制的一颗海洋观测卫星，该卫星于2018年10月29日在酒泉卫星发射中心成功发射，在全球海洋环境监测、防灾减灾、应对气候变化等领域发挥了重要作用。

（3）全球海洋立体观测将向极地区域拓展。2018年，国家重点研发计划“海洋环境安全保障”专项“北极环境卫星遥感与数值预报合作平台建设”将与北欧国家联合建设1座北极卫星遥感地面站，稳定接收包括我国海洋系列卫星在内的6颗中欧卫星数据，实现北极环境常态化准实时遥感监测。该技术填补了国内空白，为全球构建了北极区域观测预报综合分析与应用示范平台。2019 年 4 月，青岛海洋科学与技术试点国家实验室与俄罗斯科学院希尔绍夫海洋研究所在俄罗斯圣彼得堡签署《共建北极联合研究中心协议书》，北极联合研究中心的设立旨在围绕北极海洋环流、物质输送与海冰变化、北冰洋地质过程与环境演化、北冰洋生物多样性和生态系统功能的变化、北冰洋生源物质的生物地球化学过程和北极快速变化的天气和气候效应等领域展开研究，促进双方在海洋科技方面的合作。

3. 海洋公共产品供给力持续增强

随着全面开发利用海洋新时代的到来，人们对全球海洋公共产品的需求日益增多，如何在海洋开发利用与海洋权益保护之间实现可持续发展、构建人类与海洋的和谐关系，成为国际社会在海洋管理领域一个亟待解决的问题。我国始终致力于在国际社会增强海洋公共产品供给，在海洋防灾减灾等方面展现大国实力。

（1）献策国际海洋法规与政策。2018 年至今，我国积极承办第六届大陆架和"区域"制度科学与法律问题国际研讨会、亚太经合组织海洋垃圾防治创新途径研讨会、海洋生物多样性问题国际研讨会、联合国世界地理信息大会。我国同世界各国一道，为和平解决海洋争端、划定沿海国 200 海里以外大陆架的外部界限以及实施"人类共同继承财产原则"献言献策，为国际海底资源开发规章制定提供中国智慧，并持续向国际海底管理局、大陆架界限委员会的自愿信托基金提供捐助，支持发展中国家参与有关工作。

（2）助力全球海洋防灾减灾。2018 年底，将由来自中国、澳大利亚、加拿大、英国、法国和挪威等国专家参与修订的海洋气象安全信息发布规范性文件提交国际海事组织审议。这是我国气象部门以海洋气象服务区域专业气象中心的身份，首次参与跨机构海洋气象协调及规范文件的制定。根据文件，我国将承担更多国际海洋气象服务任务。2018 年 11 月，海洋与气候研究中心与南半球海洋研究中心合作，在澳大利亚西北部国际海域完成了 1 套深海"白龙"浮标与 8 套 Argo 浮标的布放工作，实现了对该海域海表气象、海洋次表层环境数据的高频观测、采集和实时传输，有效填补了澳大利亚西北—北部沿岸海洋、大气要素同步观测的空白。

4. 非传统海洋安全问题备受重视

随着经济全球化的发展，全球经济的联系越来越密切，来自非传统海洋安全领域的问题也备受关注，如海洋垃圾清理、非法捕捞等问题都需要各国通过紧密的国际合作来共同应对。近年来，我国深度参与联合国框架内全球海洋治理机制和相关规则制定与实施过程，为全球和区域性的规则制定提供中国方案。

参与递交《海岸带和海洋生态系统面临的威胁及海洋环境保护——特别关注气候变化和海洋塑废问题》共同科学声明。2019 年，中国科学院会同其他 19 个国家科学院共同向日本提交了题为《海岸带和海洋生态系统面临的威胁及海洋环境保护——特别关注气候变化和海洋塑废问题》的科学声明，拟请其转呈 2019 年二十国集团峰会（G20）。声明呼吁各国加倍努力，减少包括气候变化、过度捕捞和污染等在内的对沿海和海洋生态系统的影响。广泛参与国际合作，打击“非法、未报告和无管制”（Illegal，Unreported and Unregulated，IUU）的捕捞活动，涉及生态环境、国家安全等诸多方面的问题。积极开展双多边渔业合作，深入参与有关区域渔业管理组织的工作，严格遵守其通过的养护和管理措施有效制止 IUU 捕捞活动。

二、积极构建“蓝色伙伴关系”

（一）开放政策现状

2017 年 6 月，我国在联合国首届“海洋可持续发展会议”上正式提出了“构建蓝色伙伴关系（Blue Partnership）”倡议。为进一步加强与“一带一路”沿线国家战略对接与共同行动，推动建立全方位、多层次、宽领域的蓝色伙伴关系，国家发展和改革委员会、国家海洋局特制定并发布《“一带一路”建设海上合作设想》。自此，中国与“一带一路”沿线国家海洋合作不断深化，签署了各项海洋开放合作政策，全力推动在海洋生态环保、海洋科技合作、海洋公共产品、海洋安全等领域展开务实合作，将携手沿线国家共同推动完善全球海洋治理体系，助力实现 2030 年可持续发展议程目标。

1. 海洋生态环保

生态环境保护和安全是建设绿色“一带一路”的重要基础和前提，在《“一带一路”生态环境保护规划》行动纲领的指引下，中国与“一带一路”沿线国家的海洋生态保护与合作正向多维度扩展，不断推动沿线城市建立海洋污染防治和应急协作机制，联合开展海洋环境评价与发布海洋环境状况报告等。同时，与小岛屿国家在海洋生物多样性保护以及相关湿地生态系统监测与研究等领域开展深度合作，帮助小岛屿国家加强海洋能力建设，鼓励小岛屿国家共同构建“蓝色伙伴关系”，分享国际合作红利。[①] 在海洋生态环境领域签署的文件如表 10-2 所示。

表 10-2　在海洋生态环境领域签署的文件

文件名称	时间	与中国签订文件国家	备注
《面向蓝色伙伴关系的海洋领域合作谅解备忘录》	2018 年 9 月	塞舌尔	涵盖海洋科研、海洋经济等领域
《平潭宣言》	2017 年 9 月	小岛屿国家	合作范围涵盖蓝色经济、保护生态环境、应对气候变化、海洋防灾减灾、打击非法捕捞、管理与减少海洋垃圾特别是微塑料等
《海洋垃圾防治“伙伴城市”合作谅解备忘录》	2016 年 7 月	美国	

2. 海洋科技合作

“一带一路”科技创新行动计划已获得诸多国家的积极响应，我国已与马来西亚、印度尼西亚、葡萄牙等国签订创新合作行动计划，成效颇丰。在第二届“一带一路”国际合作高峰论坛圆桌峰会上，中国与诸多亚非国家在科技创新合作领域签订合作协定（见表 10-3），将在搭建创新合作平台、科技人文交流、科技创新政策交流、产学研创新合作等方面开展合作，将继续深入实施“一带一路”科技创新行动计划。

表 10-3　在海洋科技合作领域签署的文件

文件名称	时间	与中国签订文件国家	备注
海洋科技创新领域的合作文件	2019 年 4 月	奥地利、日本、智利、卢旺达	第二届“一带一路”国际合作高峰论坛圆桌峰会上签订
《国家海洋局第四海洋研究所与马来亚大学海洋科技合作谅解备忘录》	2018 年 4 月	马来西亚	涵盖海洋科技研发、科技成果转化、国际人才培养与交流等领域

① 张颖．试论“一带一路”倡议在南太平洋岛国的实施路径［J］. 太平洋学报，2019，27（1）：93-104.

续表

文件名称	时间	与中国签订文件国家	备注
《中国科学院和印尼科学研究院科技合作谅解备忘录》	2018 年 4 月	印度尼西亚	涉及海洋生物技术研发、天然产品开发、海洋生态牧场建设与示范等领域的合作和人才培养
《中葡关于海洋领域合作谅解备忘录》	2016 年 6 月	葡萄牙	重点强调科研领域的合作，如海洋生物技术和科技创新
《中华人民共和国国家海洋局和印度共和国地球科学部关于加强海洋科学、海洋技术、气候变化、极地科学与冰冻圈领域合作的谅解备忘录》	2015 年 5 月	印度	

3. 海洋公共产品

在“一带一路”框架下，近几年我国在公共产品领域与沿线国家开展务实交流合作，着眼于加强教育与文化交流等领域合作（见表 10-4）。[①] 公共产品领域的合作将进一步深化我国与“一带一路”沿线国家合作交流，实现互利互惠，构建包容、共赢、可持续发展的“蓝色伙伴关系”。

表 10-4　在海洋生态环境领域签署的文件

文件名称	时间	与中国签订文件国家	备注
《中国气象局与世界气象组织关于推进区域气象合作和共建“一带一路”的意向书》	2019 年 4 月		与非洲国家、东盟国家、中亚国家、上合组织其他成员国等加强在气象领域合作，包括防灾减灾、气象科技发展、应对气候变化等
《中华人民共和国政府与葡萄牙共和国政府关于共同推进“一带一路”建设的谅解备忘录》	2018 年 12 月	葡萄牙	涉及欧亚海上交通建设
《推进“一带一路”和“全球海洋支点”建设的谅解备忘录》	2018 年 11 月	印度尼西亚	涵盖金融、电子商务、人文等领域
中国海洋大学与波兰格但斯克大学、格但斯克理工大学签署合作协议	2018 年 10 月	波兰	涵盖海洋教育与科研等方面合作
《中国—中东欧国家合作布达佩斯纲要》	2017 年 11 月	中东欧国家	涉及中欧陆海快线等基础设施、海事领域技术交流、人才培训等

4. 非传统海洋安全

随着各项非传统海洋安全合作领域战略合作宣言与备忘录的达成（见表 10-

---

① 应琛．“一带一路”框架下人文互通的现状与思考［J］．当代世界，2019（5）：46-50.

5），中国与沿线国家的非传统海洋安全合作开始由早期的改善海洋环境变化、资源共同开发的分散合作，逐渐向纵深化方向推进，不断拓展至海洋能源安全、南北极联合科考等领域①，合作深度不断加强。

表 10-5 在海洋非传统安全领域签署的文件

文件名称	时间	与中国签订文件国家	备注
《中华人民共和国政府和菲律宾共和国政府关于油气开发合作的谅解备忘录》	2018年11月	菲律宾	
《预防中北冰洋不管制公海渔业协定》	2018年10月		尚未生效
《中非合作论坛—北京行动计划（2019—2021年）》	2018年9月	非洲	涉及海洋安全、海上信息服务、海岛保护与管理、海洋观测以及极地考察等方面的合作
《中华人民共和国和欧洲联盟关于为促进海洋治理、渔业可持续发展和海洋经济繁荣在海洋领域建立蓝色伙伴关系的宣言》	2018年7月	欧盟	内容涵盖蓝色经济、深海研究、海洋生物科技、海洋可再生能源、海洋可持续发展等诸多海洋领域
《2004年国际船舶压载水和沉积物控制与管理公约》	2018年5月		我国于2018年5月30日加入，目前尚未对中国生效
《中国的北极政策》白皮书	2018年1月	北极国家	与北极国家共同开发北极航道，共建"冰上丝绸之路"
《中华人民共和国政府与阿富汗伊斯兰共和国政府关于海关事务的合作与互助协定》	2017年5月	阿富汗	

（二）开放存在的问题

随着21世纪海上丝绸之路和海洋强国建设的稳步推进，我国在国际双边、多边海洋治理机制中的地位有所提高。但目前我国参与国际海洋竞争规则制定的能力仍然偏弱，海洋组织大多数是地方性组织，在国际海洋组织中影响力小，缺乏国际话语权。在海洋环境保护、海洋科技创新、海洋公共产品、海洋安全等方面国际合作水平亟待提升。

1. 海洋生态环保亟须加强重视

海洋生态环境保护合作共识仍待统一。目前，我国与发展中及欠发达国家展开了一系列海洋生态环境实践活动，但共同面临的海洋生态环境形势依然严峻。各国

① 徐贺云．改革开放40年中国海洋国际合作的成果和展望［J］．边界与海洋研究，2018，3（6）：18.

政府和公民的保护海洋生态环境意识还有待提高，公众并未认识到环境污染的严重性，非政府组织间也缺乏必要的联系和沟通。

海洋环境保护合作项目投入资金不足。由于海洋生态环境资金投入不足，一些耗资巨大的国际海洋环境合作项目无法得到实施。另外，国际海洋环境保护合作筹资渠道单一狭窄，局限于联合国环境署、世界基金组织等国际组织的援助，有限的资金获得渠道进一步阻碍了中国与其他国家海洋生态环境合作。

海洋生态环境科技能力薄弱。如海洋科学成果转化为海洋环境评价、海洋监测、海洋生态环境预测、海洋生态建设关键技术和污染海域实用技术的支撑能力薄弱。海洋监测、信息交互、管理体系等都需要科技进行支持。

2. 海洋科技管理制度亟须完善

海洋科技合作与交流项目管理体制有待健全。海洋科技合作与交流项目立项缺乏规范的科学评估机制，无法取得国际一流水平的成果。尚未建立国际性海洋科技合作活动的网络系统，更无海洋科技合作的科学统计指标体系和合作效果评价体系，致使合作成果推广不力。同时，政府职能部门宏观指导、管理与调控的作用也未能充分发挥。

3. 海洋公共产品共享亟须提升

缺乏海洋防灾减灾合作机制。“一带一路”沿线国家具有气候类型多样，自然条件较差，气象灾害种类多、影响大等特点。目前，“一带一路”沿线国家与我国海洋防灾减灾的合作较为薄弱，缺乏防灾减灾协同保障机制，在信息传播、防灾减灾决策、灾害应对动员、灾害风险管理等方面交流合作机制尚未建立，亟须开展常态化的服务沟通协调渠道、统一防灾减灾服务的标准，实现防灾减灾抗灾的融合。亟待建立国内“一带一路”灾害防御协调机制，完善海洋灾害多国别、跨区域应急联动机制，完善常态化多国别或区域联席会议和联络员会议制度。

海洋基础设施和数据资料缺乏共享。“一带一路”国家气象、海洋、军队、交通等部门建设的海洋观测站网布局缺乏协同，仪器设备标准不一、数据格式迥异、观测资料和信息产品缺乏共享，海上观测设备的重大保障设施，如码头、工作船（艇）、维护维修和计量检定设施等未实现充分的共用，不能最大程度地发挥投资建设效益，制约了海洋科技合作发展。

4. 非传统安全合作亟须加强

经济全球化加深了人类对海洋的依赖，各种安全威胁也因海洋高度的连通性而超越国境，维护海上安全超出单个国家或单个国家集团的能力。虽然我国与“一带一路”各国之间拥有双多边海洋合作基础，但仍面临一系列预设性的问题，如可提上会议议程的安全事项有哪些，应首要推进的领域有哪些，等等。当前，各国海洋总体实力较为薄弱，且彼此间差距很大，这在一定程度上加大了推进合作的困难程度。此外，各国面临的海洋问题各异，各国的着力点也有所偏差，这也可能使各国在商议合作方向上存在分歧，难以达成一致。

三、展望和政策建议

（一）对开放政策和态势的展望

我国逐步完善全球海洋治理三级对话机制。从全球来看，我国在《联合国海洋法公约》缔约国会议、联大海洋相关议题会议表达中方立场，贡献中国全球治理建议与方案。从区域来看，我国联合沿海地方政府成功举办 APEC 海洋部长级会议、中国—小岛屿国家海洋部长圆桌会议、中国与南欧国家海洋合作论坛等重大活动。从双多边合作尺度来看，近五年我国共签订 23 份政府间海洋合作文件，在推动海洋综合管理、海洋科研、海洋环保、防灾减灾等领域的双边多边合作中取得新进展。

我国进一步提升全球海洋科技合作与应用水平。近年来，科技变革是全球海洋治理程度不断深化的动力，全球海洋治理手段已经从以军事、安全为主演变为现在的以技术、法规为主。我国通过科技解决可持续蓝色增长公海生态保护区、海洋垃圾、海洋酸化等新兴问题，探索极地、深海新疆域，提升国际化海洋公共产品供给能力。

我国将不断拓宽海洋合作领域。在传统可持续发展议题上，我国深化海洋科学、海洋技术开发、海洋防灾减灾、IUU 捕捞等问题合作。在非传统议题上，我国逐步走向海上联合执法、海上救灾、海洋数据信息交流、海洋标准化和计量检测共享共建等领域，切实提升了我国海洋治理能力。未来，我国将不断拓宽海洋合作领域，有针对性地与各区域具体海洋发展需求相对接，将中国转变发展方式的国内成果外溢为国际公共产品，实现共赢。

（二）进一步开放的政策建议

1. 进一步出台《“一带一路”建设海上合作规划》

鉴于全球不同的海域地缘条件、环境特征以及治理进程迥异，在《“一带一路”建设海上合作设想》基础上，分区分类开展南海—东盟、极地、南太平洋岛国、重要海峡通道等调研，制定区域性海洋治理规划，实现“一区一策”，提升我国在全球各地区海洋治理参与度。

2. 继续推动构建基于海洋合作的蓝色合作伙伴关系

尽快落实与欧盟及有关国家构建“蓝色伙伴关系”的磋商并推动协议签署。积极促成召开中非蓝色经济部长级论坛。推动落实《平潭宣言》和《“国际蓝色产业联盟”倡议》。举办海上丝绸之路海洋空间规划国际论坛，提出“中国—东盟蓝色经济圈”倡议，与俄罗斯等北极国家共建“冰上丝绸之路”。

3. 强化国际海洋研究与海洋数据信息共享

吸取中国发起的首个海洋国际合作计划（NPOCE）经验，鼓励支持我国涉海企业和科研单位参与欧盟“地平线 2020 计划”等国际海洋领域科技及产业研发计划，承担和组织重大国际科技合作项目。制定海洋大科学装置专项指南，协调共建、共享海洋基础设施的投资、维护和淘汰事宜。重点关注科学需求的发展趋势和技术的进展，同时考虑生命周期成本、有效利用率、新的机会或国家需求。在对海洋研究基础设施进行构建、维护或更换时，优先顺序的确定应基于以下因素，以实现社会效益的最大化：①解决全球重大科学问题的作用显著；②考虑可负担性、效率和寿命；③对其他任务或应用的贡献。定期评估（每 5~10 年）用于共享的海洋研究基础设施，以应对不断变化的科学需求，确保基础设施的成本效益、数据可用性和质量、服务的及时提供、易用性，从而优化国家在海洋研究和社会需求方面的投资。

整合拓展我国现有海洋观测、监测和调查资源，获取管辖海域、深海大洋、南北两极以及全球重点关注区域的海洋环境、海上目标和活动等的全要素实时连续信息。深入开展海洋大数据汇集管理、融合处理和挖掘分析等技术攻关，丰富全球有关污染物和渔业数据，提升元数据、地理信息系统（GIS）产品和原始数据供给能力。搭建标准统一、开放兼容的全球海洋大数据云平台，提供数据档案、数据可视化和数据质量监控等主要服务，充分发挥海洋信息的服务效能。

4. 探索打造国际海洋公共服务集群中心

对接联合国可持续发展目标（目标 14）需求（见图 10-1），打造可持续发展海洋集群，力争创建具有国际影响力的蓝色可持续发展试验区。围绕海洋清洁能源、海水淡化、绿色港口运输等问题，采取三角合作①方式，联合国际龙头企业、科研单位、金融机构等搭建海洋公共服务集群中心，通过构建蓝色合作网络，实现可持续发展集群项目合作研究、跨部门集群信息共享、经验交流和标准制定。

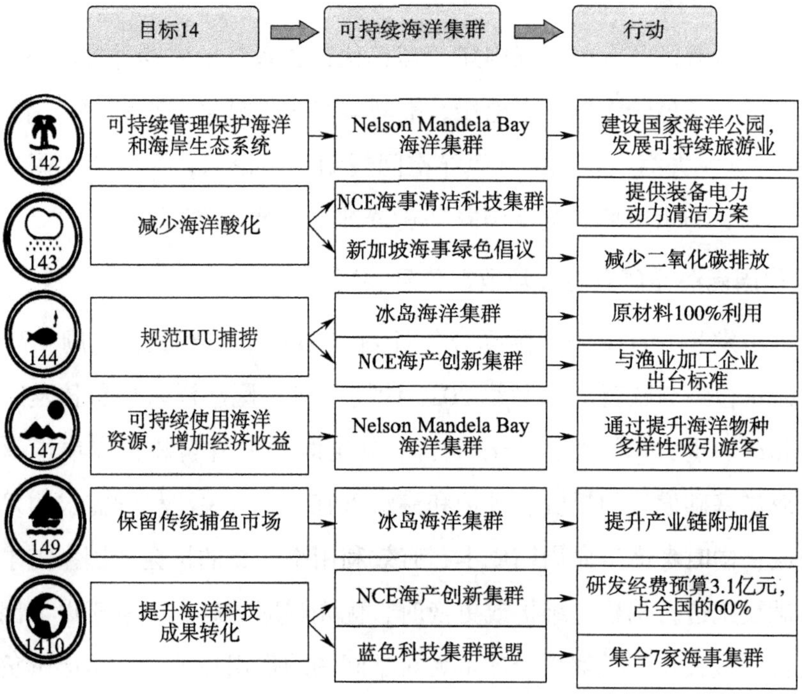

图 10-1　国际先进海洋公共服务集群

5. 加强海洋国际组织对接与培育

重点加强与国际海事组织、国际海事委员会、波罗的海国际航运公会、国际船级社协会、国际海洋考察理事会等国际社会组织交流合作，争取其在我国设立分支

① 三角合作，即两个或多个发展中国家和发达国家或国际组织开展的发展合作。

机构。充分发展和利用与其他行业社会组织之间的合作关系，通过多种途径进行联合，如加入对方协会作为会员单位、联合申请项目、以双方共同名义举办各类活动（包括国内、国际会议、论坛等）、双方共同组织调研课题，形成优势互补、资源共享的合作模式，共同争取国际资源。培育国际性海事类或海洋科技服务类国际社会组织，主要由亚洲国家和地区的相关海事机构、海洋科技服务行业组织、相关专业服务机构以及海事领域的有关个人自愿组建，是在中国民政部登记注册的区域性国际非政府、非营利性社会组织，组织性质为国际性社团。

参考文献

［1］金永明．海洋强国建设中的外交创新及话语权问题［J］．毛泽东邓小平理论研究，2018（2）：95-97.

［2］傅梦孜．对新时期中国参与全球海洋治理的思考［J］．社会科学文摘，2019（2）：33-35.

［3］朱琳．“一带一路”绿色发展国际联盟：合作共享绿色发展成果［N］．经济日报，2019-04-15.

［4］张颖．试论“一带一路”倡议在南太平洋岛国的实施路径［J］．太平洋学报，2019，27（1）：93-104.

［5］应琛．“一带一路”框架下人文互通的现状与思考［J］．当代世界，2019（5）：46-50.

［6］徐贺云．改革开放 40 年中国海洋国际合作的成果和展望［J］．边界与海洋研究，2018，3（6）：18.

第十一章　能源国际合作
——建设开放共享的全球能源治理体系

加强能源国际合作是习近平总书记提出的“四个革命、一个合作”能源战略的重要任务之一。全方位加强国际合作、实现开放条件下能源安全，既是国家能源战略的必然要求，也是全球能源治理体系重构的客观需要。2018 年以来，我国加快开放步伐，对内构建更加市场化、绿色化、低碳化的能源安全体系，对外以“一带一路”为突破口，推动能源产能合作，加强基础设施互联互通，构建全方位、深层次的能源国际合作新格局，积极推广能源转型系统性解决方案，彰显我国负责任大国形象，推动构建人类命运共同体。

一、取得的成就

（一）国际能源合作向纵深推进

能源领域政策沟通持续深化。截至 2018 年底，中国与有关国家建立了 56 个双边能源合作机制，参与了 29 个多边能源合作机制，签署了 100 多份合作协议。中国—中东欧国家“16+1 合作”强调能源合作，中德能源合作硕果累累，中国欧盟强化能源领域双边务实合作，落实中欧能源合作路线图，并建立中欧能源合作平台等。中俄能源合作成为新亮点。2019 年，中方参与的亚马尔液化天然气项目一、二、三期运转顺利，首船亚马尔液化天然气运抵中国，中俄原油管道二线正式运营，中俄东线天然气管道 2019 年底供气。中非继续巩固现有能源合作成果，并以能源深化合作带动中非关系全面、均衡发展。中阿能源合作延伸到上游，2017 年，阿方将阿布扎比陆上石油区块共计 12%的特许经营权授予中国企业，这是中国在中东产油国首次获得上游合作份额。2018 年 3 月，阿方又将阿布扎比海上石油区块所属 2 个油田各 10%的特许经营权授予中国企业。①

能源贸易畅通水平不断提升。在石油国际合作领域，近几年，我国积极推动石油进口多元化，已形成了中东、俄罗斯、中南美洲、西非和中亚几个主要的进口来源，进口结构也比较均衡。目前，中国石油海外油气业务已扩展到全球 35 个国家，管理和运作着 93 个油气合作项目；物资装备产品出口扩大至 78 个国家和地区；“走出去”的工程技术服务作业队伍超过 1200 支，为 60 多个国家提供工程建设和工程技术服务；国际贸易业务遍及 80 多个国家和地区。在天然气国际合作领域，随着 LNG 接收站的加快建设，我国 LNG 从最早单一依靠澳大利亚进口，到如今来源国已扩展至 10 多个国家，依次为澳大利亚、卡塔尔、马来西亚、印度尼西亚、巴布亚新几内亚和美国等，天然气进口量未来一段时间还将有较大增长潜力。在煤炭领域，早在 2013 年初，我国海外煤炭资源开发项目就已达 65 个，涉及投资金额 70 多亿美元，控制的煤炭资源量在 400 亿吨以上，煤炭生产能力 5000 万吨以上。合作方式主要包括先进技术装备输出、投资并购、勘探合作和工程承包与劳务输出等。②

能源基础设施互联互通持续加强。中缅油气管道已正式建成投运，中国—中亚天然气管道 A/B/C 线、中哈原油管道、中俄原油管道和复线等一批有影响力的项目顺利落地，中亚天然气管道 D 线项目、中俄天然气管道东线、中朝图们—罗先输电线路等均已开工建设。与俄罗斯、蒙古国、吉尔吉斯斯坦、越南、老挝、缅甸等 6 国实现电网互联互通，与俄罗斯、老挝、缅甸、越南等周边国家开展跨境电力贸易，中巴经济走廊、大湄公河次区域等区域电力合作取得实质性进展，合作机制不断完善。

（二）可再生能源成就绿色“一带一路”建设

可再生能源发展的成功经验为国际能源转型做出贡献。中国已发展成为全球最大的可再生能源投资国，可再生能源——风电和光伏累计及新增装机规模均连续居世界首位。2018 年，中国风能和水电新增装机容量一度占到世界一半以上，太阳能发电新增装机容量占到了世界的 1/3。2018 年，中国可再生能源发电装机（不计离

---

① “走出去，引进来”！“16+1”合作　中国开启国际能源合作新篇章［EB/OL］. http：//www. chinaden. cn/news_ nr. asp? id = 18151&Small_ Class = 3.

② 史治斌，朱超，鲁金涛．“一带一路”战略背景下煤炭国际合作探索［J］. 煤炭工程，2017，49（11）：156-159.

网）达到695.9吉瓦，占全球总量的32.3%，其中风电装机总量为184.7吉瓦，占全球风电装机总量的32.8%，光伏发电装机175吉瓦，占全球总量的36%。2018年，中国风电整机制造企业和光伏企业的国际市场份额不断提升，金风科技成为全球第二大陆上风电整机制造商，远景能源也首次跻身全球前五大整机制造商行列。2018年全球光伏企业20强排行榜中，中国的企业占据16家。

“一带一路”是中国新能源企业“走出去”、促进全球能源转型的重要舞台。根据“一带一路”沿线重点国别发布的可再生能源装机规划目标，预计沿线38个国家的可再生能源装机总量可达644.33吉瓦，风电、太阳能总投资可达6443.34亿美元。中国参与“一带一路”可再生能源国际合作，已形成以境外EPC、境外建厂、境外并购、境外研发等为主的可再生能源国际开发合作模式；形成以中巴经济走廊、孟中印缅经济走廊、中国—中南半岛经济走廊、中国—中亚—西亚经济走廊、新亚欧大陆桥、中俄蒙经济走廊及中非合作等为重点的可再生能源国际合作基础。在此基础上，初步形成了以水电、光伏和风电项目合作为先导、光热等领域项目合作齐头并进的全方位多层次可再生能源国际合作格局及示范。① 2018年以来清洁能源国际合作项目情况如表11-1所示。

表11-1 2018年以来清洁能源国际合作项目一览

时间	合作项目及介绍
2018年3月	田湾核电站是中俄经济合作的最大项目，田湾核电站3号机组顺利完成100小时满功率连续运行考核，至此，3号机组完成调试大纲规定的所有试验项目，机组具备投入商业运行条件
2018年4月	上海电气与ACWA Power公司在上海签订了迪拜水电局700兆瓦太阳能热发电站项目总承包合同。该项目是世界上截至目前规模最大、投资金额最大、光热吸热塔高最高、技术最先进的光热电站
2018年6月	中国核电与俄罗斯JSC ASE公司签署《田湾核电站7、8号机组框架合同》和《徐大堡核电站框架合同》两项框架合同，双方将合作建设田湾7、8号机组及徐大堡3、4号机组，采用俄罗斯设计的VVER-1200/V491型反应堆装置，电站设计运行寿命60年，两个框架合同总价36.2亿美元
2018年9月	东方电气和上海电气组成联合体与埃及电力签署埃及汉纳维6台110万千瓦清洁煤燃烧项目总承包合同。该项目是当今全球最大的清洁煤电项目，也是中国企业首次将拥有自主知识产权的超超临界清洁燃煤技术推向世界
2018年9月	哈电集团首个EPC+BOO项目——阿联酋迪拜哈斯彦4台60万千瓦清洁燃煤电站正在建设中。该项目集中国投资、融资、总包、设计、制造、建造于一身，是央企强强联合、团结一致、共同服务海外的典型案例，建成后将是中东首个清洁燃煤电站

① 张世国，马钰．可再生能源国际合作：成就绿色“一带一路”[J]．能源评论，2019（5）：70-73.

续表

时间	合作项目及介绍
2018 年 12 月	中法合作广东台山核电 1 号机组完成 168 小时示范运行，具备商业运行条件，成为全球首台具备商运条件的 EPR（欧洲先进压水堆）三代核电机组
2019 年 4 月	中阿会谈，推动双方在核电、油气和新能源领域合作，并签署了《中华人民共和国国家能源局与阿根廷共和国财政部关于和平利用核能领域投资合作的合作意向》
2019 年 5 月	中法合作的台山 EPR 核电厂 2 号机组启动。法国电力公司拥有该法中合资企业 30%的股权，负责建造和运营核反应堆
2019 年 6 月	在中国国家主席习近平和俄罗斯总统普京的见证下，中国核工业集团有限公司与俄罗斯国家原子能集团公司签署了合作协议

（三）电力领域开放不断取得突破

电力企业“走出去”取得快速发展。2018 年，我国主要电力企业参与“一带一路”国际合作实际完成投资约 28 亿美元，涉及沿线亚洲和欧洲 8 个国家，直接创造 6700 个当地就业岗位。新签工程承包合同项目共 128 个，涉及沿线 30 个国家和地区，合同金额 255.5 亿美元。截至目前，三峡集团实现境外资产 1150 亿元，国际业务年收入 200 亿元、利润 50 亿元；国家电网公司境外资产达 655 亿美元；华能集团境外发电装机超 1000 万千瓦；南方电网公司、大唐集团、华电集团境外总资产分别为 437 亿元、130 亿元、200 亿元。据不完全统计，五年来，我国电力设备直接出口总额 62.84 亿美元、技术直接出口 22.48 亿美元，境外工程带动电力设备出口 177.68 亿美元、带动技术出口 51.22 亿美元。能源领域的“中国制造”“中国建造”“中国服务”受到越来越多国家的欢迎。

中国引领的全球能源互联网建设加快推进。由中国发起成立的全球能源互联网发展合作组织，已与 80 多个国家和地区的政府、组织、企业、机构和高校建立合作伙伴关系，签署 30 余项合作协议，范围覆盖全球能源互联网理念传播、基础研究、项目建设等多个方面。2018 年，全球能源互联网合作组织会员数量和覆盖国别大幅提升，全年新增会员 242 家，新增国别 40 个，会员总数达到 602 家、覆盖 85 个国家（地区）。以特高压输电为骨干网架、各级电网协调发展的全球智能电网网络，正在“一带一路”相关国家和地区加快建设。截至 2018 年底，我国已与老挝、越南等邻国实现电网互联，在特高压技术方面的成功实践，也使跨国、跨洲电力互联成为可能，“电力丝路”正逐渐架起全球能源网络互联互通的“高速路”。

电力体制改革成效显著，以改革促开放稳步推进。一是电力交易市场基础继续夯实。截至2018年底，全国共已成立33家省级电力交易中心和北京、广州2家区域电力交易中心。其中，8家省级交易中心和广州电力交易中心完成股份制改造，24个省份完成电力市场管理委员会的组建，形成了业务范围从省（区）到区域、从区域到全国的完整组织体系。二是输配电价体系初步建立。在2017年底已建立跨省跨区输电工程、区域电网、省级电网、地方电网和增量配电网的全环节输配电价格监管制度框架的基础上，2018年陆续核定了华北、东北、华东、华中、西北5大区域电网首个监管周期的两部制输配电价水平，以及24条跨省跨区专项输电工程输电价格，累计核减电网企业准许收入约600亿元。同时，首轮输配电定价成本监审工作完成，核减不相关、不合理费用约1284亿元，有力保障输配电价改革的进一步深化，改革红利得到进一步释放。三是电力现货市场建设全面加速，市场交易规模进一步扩大。目前，山西、甘肃、广东电力现货市场已启动试运行，山东、浙江、福建、四川、蒙西等5家试点单位已完成现货市场建设方案编制。发用电计划全面放开，各种类电力市场交易电量比例再创新高。2018年，我国电力市场交易电量规模为2.1万亿千瓦时，占全社会用电量比重达到30.2%，占全国售电量比重近40%。

二、政策评估和面临的问题与挑战

（一）政策评估

1. 能源领域外资市场准入进一步放宽

能源电力领域逐步推出外资开放措施，放宽市场准入，减少外资限制。近年来，国家陆续发布2015年版、2017年版以及2018年版《外商投资准入特别管理措施（负面清单）》（以下简称负面清单），2019年版也于上半年完成修订并发布。与以往的负面清单相比，2018年版全国负面清单大幅放宽市场准入，尤其在能源、资源和基础设施领域进一步缩减了管理限制。

一是能源矿产领域逐步减少对外资的限制条款。负面清单中取消了特殊和稀缺煤类勘查、开采须由中方控股的限制，取消了石墨勘查、开采的外资准入限制，取消了稀土冶炼、分离限于合资、合作的限制，取消了钨冶炼的外资准入限制，扩大了稀缺资源能源领域的对外开放，表明中国进一步扩大对外开放的决心。一方面，有利于中国利用外资力量引进更多先进技术加快行业进步，为市场提供更多能源资源产品；另一方面，强化这些领域的市场竞争会产生鲇鱼效应，让国内相关企业和行业在市场竞争压力下加大技术研发投入，不断增强自主创新能力，提升自身竞争力。

二是成品油终端市场全面放开。负面清单中正式取消同一外国投资者设立超过30家分店、销售来自多个供应商的不同种类和品牌成品油的连锁加油站建设、经营须由中方控股的限制，这意味着我国成品油终端市场将全面向外资放开。在目前我国成品油市场总体宽松的背景下，加油站对外资的进一步放开，将加剧成品油终端市场竞争。未来石油企业的竞争力将体现在价格、品牌和服务的综合实力上。

三是电网开放取得重大突破。中国的能源领域中，电力开放是较早的，发电厂站已经实现对外开放，但电网还存在一些限制。取消一直以来建设、经营电网须由中方控股的限制，意味着今后在跨区域输电、增量配电以及分布式微网等电网建设、服务的各个层面都有可能看到外资的参与，这是中国在能源基础设施建设领域对外开放的重大举措。外资的进入对我国电力体制改革也将带来一定的激励作用。

四是新能源汽车制造业取消外资股比限制。需要注意的是，汽车制造行业取消专用车、新能源汽车外资股比限制，2020 年取消商用车外资股比限制，2022 年取消乘用车外资股比限制，以及合资企业不超过两家的限制。在此政策推动之下，特斯拉已进入中国，致力于新能源产品的研发销售，诸多外资企业纷纷开始在国内寻找自己的新能源汽车合作伙伴。2019 年，上海外资制造业项目特斯拉超级工厂在临港产业区正式开工建设。李克强总理表示，“这是中国新能源汽车领域开放外资股比后的首个外商独资项目”。特斯拉是全球电动汽车领域的领先企业，在中国投资建厂，对我国新能源汽车及零部件企业既有竞争挑战，也有合作机遇。中外汽车之间通过开展各种形式的交流合作，将推动中国汽车产业向绿色可持续方向发展。

自贸试验区能源领域的外资开放力度更大。《自由贸易试验区外商投资准入特别管理措施（负面清单）（2018 年版）》相比 2018 年版全国负面清单，进一步取消了石油、天然气勘探和开发限于合资、合作的限制，取消了外商投资放射性矿产冶炼、加工及核燃料生产的禁止性规定等。

2. 能源开放合作机制进一步完善

自 2017 年国家发展改革委、国家能源局联合发布《推动丝绸之路经济带和 21 世纪海上丝绸之路能源合作愿景与行动》以来，区域能源合作机制进一步完善，市场融合和能源协同发展更趋一致。

一是多边合作框架下的能源合作机制发挥引领性作用。亚太经合组织、上海合作组织、中国—东盟“10+1”、东亚峰会、亚欧会议、亚洲合作对话、中阿论坛、中国—海合会战略对话、大湄公河次区域经济合作、中亚区域经济合作、博鳌亚洲论坛、“一带一路”能源合作俱乐部等，能源合作都被列为重要的议题，能源贸易和投资是重点领域。

二是双边能源合作机制更加灵活高效。除了战略合作伙伴关系等外交条约外，我国与 100 多个国家签订了双边投资协定，为两国间开展能源投资活动提供了最重要的保障。在能源领域，两国间直接签订能源合作协议也是我国与有密切能源贸易往来国家进行能源开放合作的重要途径。据不完全统计，我国已经与 50 多个国家建立了双边能源合作机制。

3. 能源企业“走出去”扶持力度不断加大

自“一带一路”倡议提出以来，国家陆续发布一系列政策文件（见表 11-2），明确提出要推动能源国际合作，加快中国能源企业“走出去”。“一带一路”倡议不仅为能源电力行业的国际合作指明了方向，而且也拓展了中国电网、风电、太阳能、核电、清洁煤电等产业的海外市场空间，对中国电力转型发展产生深刻影响。

表 11-2 促进“一带一路”国际能源合作的政策文件

时间	政策文件	主要内容
2015 年 3 月	《推动共建丝绸之路经济带和 21 世纪海上丝绸之路的愿景与行动》	提出未来要积极开展区域电网升级改造合作；拓展相互投资领域，积极推动水电、核电、风电、太阳能等清洁、可再生能源合作
2016 年 3 月	《2016 年能源工作指导意见》	明确提出加强能源国际合作，拓展开放发展新空间，加快推动重大能源装备“走出去”
2017 年 5 月	《推动丝绸之路经济带和 21 世纪海上丝绸之路能源合作愿景与行动》	鼓励企业以多种方式深化电力投资合作，开展电力装备和工程建设合作，推进跨境电力联网工程建设和电网升级改造合作，推动实现人人享有可持续能源，促进各国清洁能源投资和开发利用

续表

时间	政策文件	主要内容
2017年5月	《关于推进绿色“一带一路”建设的指导意见》	提出用3~5年时间，建成务实高效的生态环保合作交流体系、支撑与服务平台和产业技术合作基地，制定落实一系列生态环境风险防范政策和措施；用5~10年时间，建成较为完善的生态环保服务、支撑、保障体系，实施一批重要生态环保项目，并取得良好效果
2017年5月	《关于规范企业海外经营行为的若干意见》	强调要加强电力能源企业海外经营行为合规制度建设
2017年10月	《决胜全面建成小康社会　夺取新时代中国特色社会主义伟大胜利——中共十九大报告》	积极促进“一带一路”国际合作，努力实现政策沟通、设施联通、贸易畅通、资金融通、民心相通，打造国际合作新平台，增添共同发展新动力。推进能源生产和消费革命，构建清洁低碳、安全高效的能源体系
2018年10月	《共建“一带一路”能源合作伙伴关系部长联合宣言》	中国、土耳其、马耳他、巴基斯坦等18个国家的能源部部长作为参会代表共同发布《联合宣言》，明确在2019年正式建立“一带一路”能源合作伙伴关系，并向所有国家和国际组织开放，推动能源互利合作
2018年11月	《“一带一路”绿色投资原则》	将低碳和可持续发展议题纳入“一带一路”倡议，致力于强化对投资项目的环境和社会风险管理，推动“一带一路”投资的绿色化
2019年4月	《“一带一路”能源合作伙伴关系合作原则与务实行动》	致力于推动政府间政策交流与合作意向沟通，搭建双、多边项目合作与技术交流平台，推动能源领域务实合作。伙伴关系将每两年举办一次“一带一路”能源部部长会议，并按照需要开展部长级培训班和能源合作领军人才培养项目
2019年4月	《共建“一带一路”　开创美好未来——第二届“一带一路”国际合作高峰论坛圆桌峰会联合公报》	支持加强能源基础设施，提高能源安全，让所有人都能享有可负担、可再生、清洁和可持续的能源；加强在环保、循环经济、清洁能源、能效、综合可持续水资源管理等领域的合作

4. 能源领域改革进一步释放开放动力

2018年以来，能源领域体制改革稳步推进，为进一步开放奠定了基础。能源供给侧结构性改革深入推进，煤炭、煤电产业结构持续优化，油气产业发展取得重要阶段性成果。电力体制改革取得积极进展，油气体制改革有序推进，“放管服”改革深入推进，能源行业依法治理不断深化。电力市场建设、交易机构组建、发用电计划放开、售电侧和输配电价改革等一系列能源领域的改革政策落地，为能源企业“引进来”“走出去”拓展了发展空间。

（二）面临的问题与挑战

“去全球化”背景下中国引领全球能源治理体系重构面临诸多挑战。一是美英等西方国家开始调整战略，意图通过去全球化重构于其有利的国际治理新体系。二是美国退出《巴黎协定》在一定程度上影响了部分发达国家对于气候变化国际合作的积极性，国际气候治理体系、能源治理体系面临严峻考验。三是发达国家履约不足造成明显的排放、气候资金及技术转移缺口，发达国家的援助承诺沦为空头支票，使发展中国家也因此拒绝履行各项协议中的责任义务，实现《巴黎协定》长期目标困难重重①，能源转型步伐趋缓。在这种形势之下，中国倡导的“再全球化”、“一带一路”倡议、全球气候治理、全球能源治理体系重构等势必会与美国主导的“去全球化”展开博弈。

在国际能源治理体系中的主导力还不强。一是在主流国际能源合作治理平台中还不具备足够的领导力，在国际能源署、国际能源论坛、石油输出国组织、国际可再生能源署、能源宪章、世界能源理事会等全球能源治理体系中的重要平台上，我国的话语权、影响力还难以与大国地位相匹配。在二十国集团、亚太经合组织中也不具备绝对主导力。二是我国参与全球能源治理经验相对缺乏，海外油气投资、新能源制造业产品贸易、能源价格、气候变化与低碳减排、能源技术创新、国际能源安全与应急响应等领域，我国的积极贡献尚未得到应有的全面承认，全球能源治理体系重构引领者的地位还不够牢固。三是国际能源合作领域的宣传影响力不足。出于与中国在全球能源治理体系及能源利益领域的竞争，美国、欧洲、日本、印度等国家和地区既积极参与和中国的能源合作，又鼓吹所谓的“中国能源威胁论”“资源掠夺”等论调，一些有利于各方的优质合作项目，常常迫于舆论压力而破产。在应对方面，我国还处于摸索阶段，不擅长阐释宣传自己的观点理论，需要加强能源国际合作政策解释和宣传力度，营造良好的舆论氛围。

能源企业“走出去”能力有待提升。一是人才队伍储备不足。开展能源国际化业务需要懂技术、懂经济、懂法律、会经营、会管理、会外语、熟悉国际惯例的复合型高级人才，但我国能源企业符合国际化战略要求的人才队伍建设还不到位，开展国际业务的经验缺乏，对国际业务的具体流程、方法和技巧还没有熟练掌握。二是国际化水平相对不足。由于各个国家的政治、经济、文化、法律等环境各不相同，海外市场环境错综复杂，政治风险、金融风险、汇率风险、法律风险等风险高。如果投资对象是欠发达国家，其国内政治经济体制不成熟，面临的政治风险可

---

① 滕飞．“去全球化”背景下中国引领全球气候治理的机遇与挑战［M］//谢伏瞻，刘雅鸣．气候变化绿皮书：应对气候变化报告（2018）．北京：社会科学文献出版社，2018：48-49．

能会更大。尽管我国电力企业已经开始“走出去”，但仍处于“走出去”的初级阶段，海外项目开发的成熟经验不多，抵御风险能力还较弱。三是市场竞争更加激烈。随着我国越来越多的能源企业“走出去”，企业不仅需要面对国际竞争对手，还需要在与国内同行的竞争中突出自身优势。以风电为例，在摩洛哥、印度等国家，风电价格为 0.03 美分/千瓦时左右，墨西哥近期的招标价格则达到了 0.02 美分/千瓦时。参与竞争的中国企业在国际国内同行的竞争中陷入价格战的困境，需要在市场竞争中增强企业团结性、互补性，通过有效的机制建设，减少恶意竞争、减少重复建设、杜绝不正当经营。

三、展望和政策建议

（一）政策与形势展望

国内能源开放环境将进一步优化。一是《中华人民共和国外商投资法》的实施，将为能源领域构筑进一步开放的有力政策环境。2019 年 3 月，中共十三届全国人大二次会议表决通过了《中华人民共和国外商投资法》，自 2020 年 1 月 1 日起施行。2019 年 3 月，国务院总理李克强在博鳌亚洲论坛 2019 年年会开幕式指出，我国将进一步放宽外资市场准入，全面实施准入前国民待遇加负面清单管理制度，进一步缩减负面清单条目，扩大交通运输、基础设施、能源资源等领域对外开放，能源领域开放政策进一步明确。二是能源体制深水区改革，为能源开放提供有力市场环境。在“管住中间、放开两头”基本思路的指导下，能源领域市场化力量逐步显现。能源市场化改革迎来重要窗口期，其中电改迈入深水区，发用电计划全面放开、增量配电改革、电力现货市场建设等有望再突破，油气管网分离进入实质性运作阶段，国家油气管网公司有望于 2019 年 8 月正式挂牌成立，有利于社会资本参与管道项目和 LNG 接收站、油气储备库等基础设施投资建设，更好地解决中国储气设施不足的顽疾。

绿色“一带一路”将成为能源企业“走出去”的重要市场。我国已经出台了包括《关于推进绿色“一带一路”建设的指导意见》《“一带一路”生态环境保护合作规划》等多个实施政策。此外，《中国企业境外可持续森林培育指南》《中国对外矿业投资社会责任指引》《“一带一路”绿色投资原则》等一系列行业性指南成为能源领域“走出去”的重要参考。亚洲基础设施投资银行（AIIB）创始之初就将“绿色”作为核心价值的重要组成，在其《环境与社会框架》中表示将帮助落实各国在《巴黎协定》中的承诺，中国的其他政策性银行也大大增加了对清洁能源的投资。可以预见，随着绿色“一带一路”理念和实践的深入，资源开采与运输、基础设施建设、能源利用与转型、能源服务与装备、能源治理平台等领域的绿色发展与国际合作，将逐渐成为能源企业“走出去”、深化开放市场拓展的重点。

能源开放双向大通道格局更加清晰。中国是全球最大的光伏、风电等绿色能源装备制造国，“一带一路”沿线国家和地区是全球最主要的油气资源分布区。随着能源领域国际合作的深度推进，“一带一路”能源开放双向大通道已初步建立，这将使海外的油气资源与中国新能源电力在全球范围内广泛融合，有力促进能源革命。为保障中国能源安全，我国四大油气能源进口通道，即一条海上通道和三条陆上通道——东北（中—俄）通道、西北（中国—中亚）通道、西南（中—缅）通道正逐步成形。四大通道油气兼备，沿线国家和地区是“一带一路”建设的重要组成部分，也是我国传统能源合作的重点地区，未来新能源、可再生能源的合作将成为新的亮点。以“埃塞俄比亚—吉布提石油天然气”项目为例，随着东非油气经济带的建设，天然气资源在吉布提液化处理后海运回中国，有效增加中国天然气补给。中国高性价比的太阳能和风力发电产品，正沿着“一带一路”销售到全世界。中国以境外并购方式布局“一带一路”可再生能源的资产和业务，形成了以风电境外并购业务为主、光伏境外并购为辅的发展格局。

全球能源治理改革将成为能源领域开放合作的制高点。原有的全球能源治理体系因面临主体多极化和目标多元化的双重挑战而越来越不适应现实的发展，全球能源结构转型与能源体制转型是大势所趋。随着能源领域经贸国际合作的深化、能源产业深度对接与“一带一路”的不断推进，在应对全球能源治理问题上，中国逐渐以治理主体的角色登上舞台，全球能源转型需要中国力量，中国方案也必将促进全球能源治理进入新时代。

（二）政策建议

全方位推进全球能源治理体系重构。借助现有治理平台提升影响力，全方位与国际能源署、国际能源论坛、石油输出国组织、国际可再生能源署、能源宪章、世界能源理事会、“一带一路”能源合作俱乐部、全球能源互联网发展合作组织等充分合作，运用国际制度的力量推动全球能源治理，使中国主张获得广泛接纳。紧扣“一带一路”建设重点，深入推进绿色低碳能源合作，积极打造全球能源、生产、贸易、营运等多元合作体系，深化与沿线国家的战略合作关系，提高自身在能源市场、能源治理体系中的地位。

加强宣传沟通，构建能源命运共同体。加强能源安全领域的公共外交，充分利用多边机制发挥在气候变化谈判及全球清洁能源等领域的影响力。在对内对外宣传时，应加强“互利共赢”理念的宣传引导，消除其他国家按照现实主义观点对其产生的误读和误解，促进多方位能源合作和公关，化解不利舆论。不断增强国际交流、解决争端和消除误解的能力，特别要积极适应和融入国际规则，运用国际法律规则进行交流、谈判，解决争端，维护我国国家利益。

加强技术合作，推进能源基础设施互联互通。加强能源技术、装备与工程服务国际合作，深化合作水平，促进重点技术消化、吸收再创新。鼓励以多种方式参与境外重大电力项目，因地制宜地积极发展新能源技术，推动可再生能源在世界能源格局中的主导权，积极参加全球资源投资，进行全球布局。加快推进能源合作项目建设，积极推动全球能源互联网建设，推进跨境输电通道建设，积极开展电网升级改造合作，促进“一带一路”沿线国家和地区能源基础设施互联互通。

突出区域合作重点，完善开放包容、互利共赢合作格局。推动与俄、蒙、中亚、西亚、北非全方位战略对接，重点加强石油和可再生能源领域全面合作，推动油气资源交易，保障能源安全，拓展新能源、可再生能源技术合作。推动与东南亚、南亚地区能源深度合作，加快油气通道建设，完善跨境输电通道，深化煤炭、天然气贸易和勘探开发合作，助力提升区域能源生产与利用水平，不断丰富能源转型最佳实践，为全球能源治理体系重塑贡献中国力量。推动与中东欧等国家的能源合作，加强油气资源开发与新能源科技、产业对接，加大核电“走出去”力度。加大对北冰洋沿岸及美洲国家等地区非常规油气资源开发利用的投入力度，充分利用资金和技术优势，推动与加拿大的油砂、委内瑞拉的重油和巴西的深海盐下层油气资源合作，拓展非常规能源合作空间。

参考文献

[1] 中国国际经济交流中心课题组．加强能源国际合作研究［M］. 北京：中国经济出版社，2018.

［2］朱雄关．中国与“一带一路”沿线国家能源合作［M］．北京：社会科学文献出版社，2019.

［3］“走出去，引进来”！“16+1”合作 中国开启国际能源合作新篇章［EB/OL］．http：//www.chinaden.cn/news_ nr.asp？id=18151&Small_ Class=3.

［4］史治斌，朱超，鲁金涛．“一带一路”战略背景下煤炭国际合作探索［J］．煤炭工程，2017，49（11）：156-159.

［5］可再生能源国际合作：成就绿色“一带一路”［EB/OL］．http：//www.chinasperi.sgcc.com.cn/html/sgid/col1230000106/2019-05/21/20190521094403160825460_ 1.html.

［6］谢伏瞻，刘雅鸣，等．应对气候变化报告（2018）：聚首卡托维兹［M］．北京：社会科学文献出版社，2018.

第十二章　农业领域开放

——资本“走出去”与产品“引进来”的开放格局

一、我国农业开放的现状特点及国际合作情况

我国农产品的对外贸易特点是进口大于出口，且进口增长较快；我国农业的对外投资大于外资流入，且对外投资增长较快；我国农业开放与对外合作的重点是农业“走出去”。

（一）农产品进出口的基本特征

我国农产品进口、出口占我国进口和出口的比重不高（进口占6%~7%，出口占3%左右），但与我国国际贸易基本态势不同，农产品领域产生了大量贸易逆差，2018年我国农产品进口增长迅速，出口基本平稳，农产品国际贸易逆差快速增长。

1. 进口实现较快增长

2018年，我国农产品进口总额为1367.1亿美元，比2017年增长9.6%（见图12-1）。从2014—2018年的进口趋势来看，我国农产品进口正告别低增长、下降的趋势，在2017年和2018年获得了较快的增长。随着我国人均收入的提高、居民饮食消费习惯向高品质、多样化方向的转变，同时受我国农业生产资源的约束等因素影响，我国农产品进口仍将保持较快的增长势头。

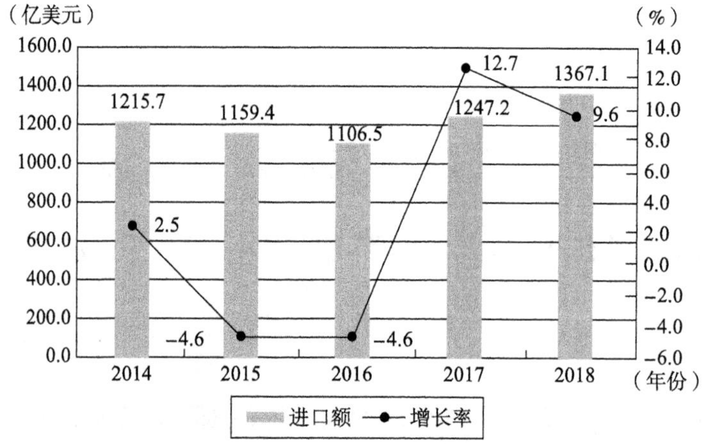

图 12-1　2014—2018 年我国农产品进口额及增长率

数据来源：商务部数据中心。

2. 出口低速稳定增长

2018 年，我国农产品出口总额为 793.2 亿美元，比 2017 年增长 5.6%（见图 12-2）。从 2014—2018 年的出口趋势来看，除 2015 年出现小幅度下降外，其余各年都实现了稳定的增长，增长率保持在 3%~6%，低于我国 GDP 的平均增长率。

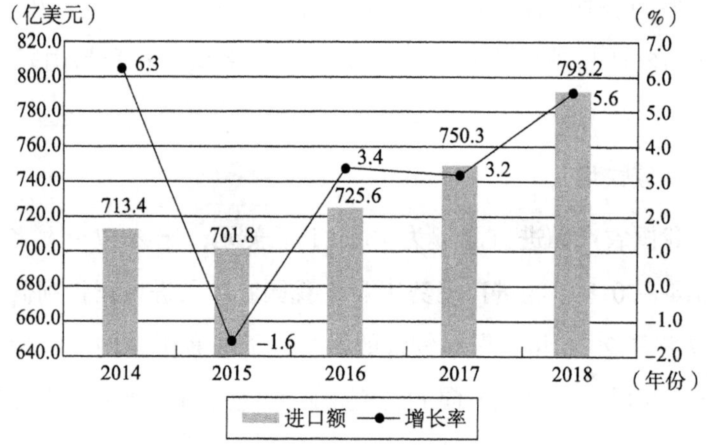

图 12-2　2014—2018 年我国农产品出口总额及增长率

数据来源：商务部数据中心。

3. 贸易逆差不断扩大

2018 年，我国农产品进出口逆差达到 573.9 亿美元，增长 15.5%（见图 12-

3)。从 2014—2018 年的进出口趋势看，2014—2016 年我国农产品贸易逆差程度不断缩小，2016—2018 年我国农产品贸易逆差程度呈现不断扩大趋势。

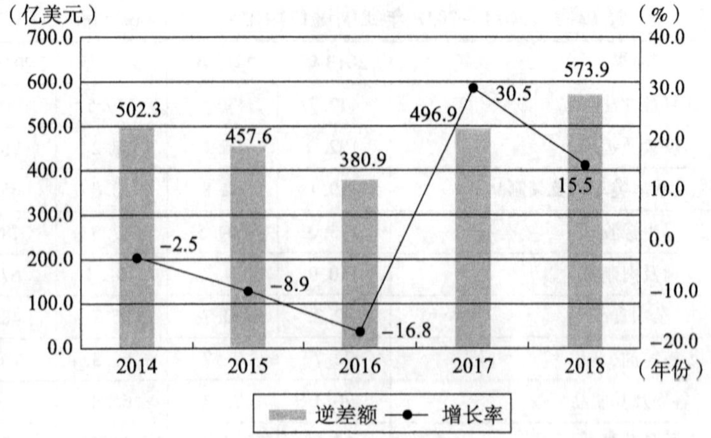

图 12-3　2014—2018 年我国农产品进出口逆差额及增长率

数据来源：商务部数据中心。

（二）农产品进出口的结构特征

进口方面：以油籽、蔬菜及水果的进口规模最大，杂项食品、肉及肉制品进口增长较快；在进口国别方面，油籽主要来自巴西和美国，蔬菜、水果主要来自泰国、智利和越南，肉及肉制品主要来自巴西、澳大利亚和新西兰。出口方面：蔬菜及水果，鱼、甲壳及软体类动物及其制品出口规模最大，蔬菜、水果主要出口到越南、中国香港和日本，鱼、肉及甲壳动物及其制品主要出口到日本、美国等国家和地区。

1. 进口农产品的种类特征

（1）油籽的进口规模最大。2018 年，油籽及含油果实进口规模最大，占我国进口农产品总额的 30. 5%，是排在第二的蔬菜及水果的 3. 4 倍；2014—2018 年，油籽的进口额波动较大，最高年份与最低年份相差 74. 9 亿美元。蔬菜及水果，鱼、甲壳及软体类动物及其制品，生橡胶，肉及肉制品分别排在第二至第五，进口规模基本分布在 110 亿~120 亿美元，分布较为平均。

（2）杂项食品、肉及肉制品的增加最快。从 2014—2018 年的进口增长来看，杂项食品，肉及肉制品，鱼、甲壳及软体类动物及其制品的增长最多、最快，这三项分别增加了 54. 9 亿美元、52. 4 亿美元和 50. 4 亿美元，年均增速则分别达到了 36.7%、22.4%和 18.6%。2014—2018 年我国进口额排名前十的农产品如表 12-1 所示。

表 12-1　2014—2018 年我国进口额排名前十的农产品　　单位：亿美元

品类	2018 年	2017 年	2016 年	2015 年	2014 年
油籽及含油果实	417.7	430.5	370.5	383.4	445.4
蔬菜及水果	122.6	96.1	88.2	96.5	86.3
鱼、甲壳及软体类动物及其制品	119.1	82.8	70.8	65.5	68.3
生橡胶	113.0	134.5	87.5	78.4	89.7
肉及肉制品	110.9	94.7	101.3	67.8	58.5
杂项食品	92.2	73.7	56.7	48.2	37.3
植物油、脂	72.7	71.7	62.3	70.6	80.7
谷物及其制品	70.4	75.2	66.8	102.6	68.5
乳品及蛋品	53.8	48.9	34.3	32.5	64.8
饲料（不包括未碾磨谷物）	43.5	39.3	36.0	49.7	43.7

数据来源：中国海关总署统计月报。

2. 进口农产品的国别（地区）特征

（1）油籽主要来自巴西且增长最快，美国排第二且大幅度减少。2018 年，我国进口的油籽（含油子仁和药用植物、饲料）主要来自巴西、美国、加拿大和阿根廷；其中来自巴西的规模最大，占 69.0%，增速达到 38.0%（见图 12-4）；来自美国的排第二，占 18.4%，比 2017 年减少了 47.0%。

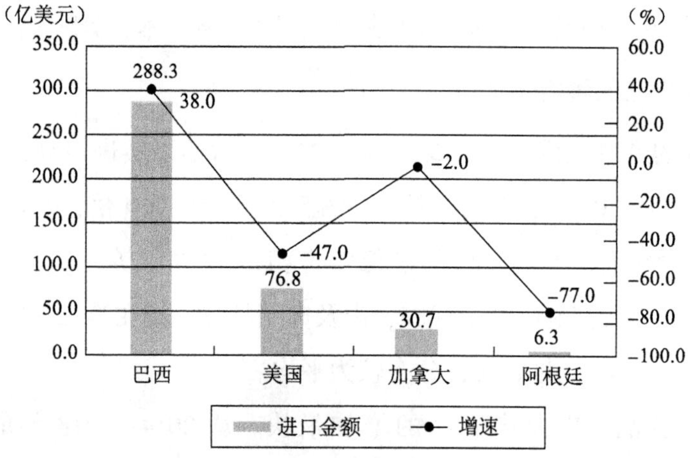

图 12-4　油籽等主要进口国家及增速

数据来源：中国海关总署统计月报。

（2）蔬菜及水果主要来自泰国，智利排第二且增长最迅速。2018 年，我国进口的蔬菜和水果主要来自泰国、智利、越南、美国、菲律宾等国。来自泰国的占 24.6%，接近 1/4；来自智利的排第二，占 14.1%，增速达到 67.8%，增长最快；来自美国的占 6.9%，增速最低，只有 3.6%（见图 12-5）。除来自美国、越南的增速稍低外，来自其他国家的增长率都在 20%以上。

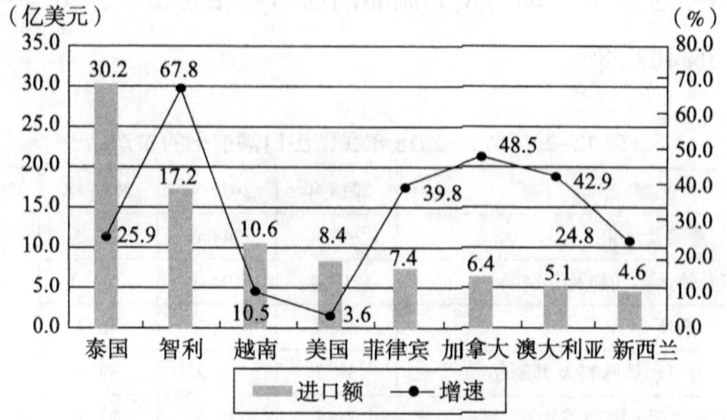

图 12-5　2018 年蔬菜及水果进口国及增速

数据来源：中国海关总署统计月报。

（3）肉及肉制品主要来自巴西，澳大利亚、新西兰、阿根廷增长迅速。2018 年，我国进口的肉及食用杂碎来自巴西的规模最大，达到 27.7 亿美元，占 25%，澳大利亚、新西兰分列第二、第三位，占比都在 10%以上，排名前四的国家增速都在 45%及以上，阿根廷的增速达到了 84%，增长最为迅速（见图 12-6）。

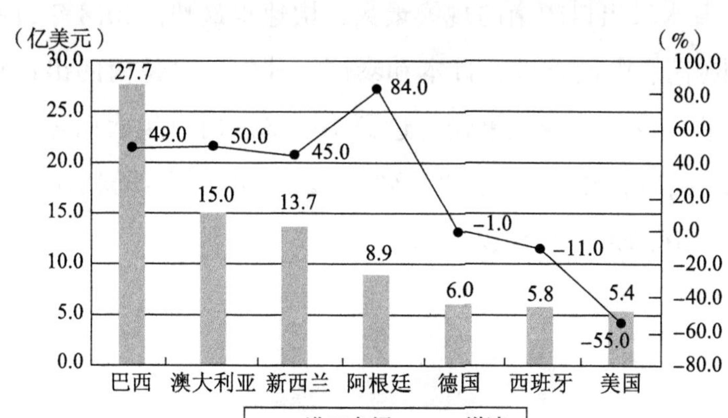

图 12-6　肉及食用杂碎的进口国及增速

数据来源：中国海关总署统计月报。

3. 出口农产品的种类特征

主要以蔬菜及水果和鱼、甲壳及软体类动物及其制品为主。2018 年，我国出口的农产品中蔬菜及水果，鱼、甲壳及软体类动物及其制品分别为 240.4 亿美元和 215.4 亿美元，这两个类别占我国农产品出口总额的 57.5%；排在第三的杂项食品出口额为 47.9 亿美元，蔬菜及水果出口额是杂项食品的 5 倍（见表 12-2）。蔬菜及水果，鱼、甲壳及软体类动物及其制品的出口额相对稳定，2014—2018 年的平均增速分别为 4.3%和 0.8%。

表 12-2　2014—2018 年我国出口额前十的农产品　　单位：亿美元

品类	2018 年	2017 年	2016 年	2015 年	2014 年
蔬菜及水果	240.4	244.0	236.5	219.7	205.2
鱼、甲壳及软体类动物及其制品	215.4	204.1	200.0	195.7	208.7
杂项食品	47.9	39.7	36.3	35.9	34.1
咖啡、茶、可可、调味料及其制品	39.2	36.2	39.4	33.0	31.6
饲料（不包括未碾磨谷物）	31.2	26.6	27.7	26.8	32.8
肉及肉制品	28.3	27.9	25.5	28.2	32.7
糖、糖制品及蜂蜜	23.5	22.9	22.3	20.9	20.5
谷物及其制品	20.4	16.5	13.6	12.9	14.9
油籽及含油果实	12.5	10.7	9.8	10.2	10.2
生橡胶	8.5	7.3	5.4	5.6	6.7

4. 出口农产品的国别（地区）特征

（1）蔬菜及水果出口越南的规模最大，增速也最快。2018 年，我国蔬菜及水果主要出口到越南、中国香港、日本和泰国。其中，对越南的出口规模最大，为 33.2 亿美元，占 14%，增速也最快，达到 10.2%。出口越南以蔬菜为主，出口额达到 23.1 亿美元，占 69.9%，增速达到 18.2%。出口到美国的蔬菜及水果为 7.6 亿美元，下降了 16.3%（见图 12-7）。

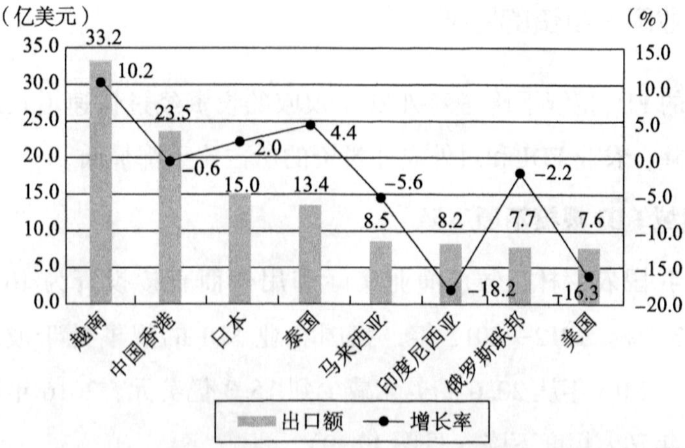

图 12-7　2018 年我国蔬菜及水果的出口国和地区及增速

数据来源：中国海关总署统计月报。

从出口农产品结构看，水产品、食用蔬菜及其制品等的出口量较大；水产品制品及蔬菜、水果、坚果等劳动密集型产品的出口增速较快；从 2017 年农产品出口国别和地区结构看，出口到日本、中国香港和美国的规模最大。

（2）肉、鱼及其他水生无脊椎动物及其制品，对日本的出口量最大，对泰国的出口增长最快。肉、鱼及其他水生无脊椎动物及其制品的出口中，对日本的出口规模为 29.2 亿美元，排第一，是美国的近 2 倍，中国香港、中国台湾和韩国分列第三、第四、第五位（见图 12-8）。增长率上，对日本、美国的出口增速在 10%左右，相对较快，对泰国出口增速达到 59.0%，增速最快。

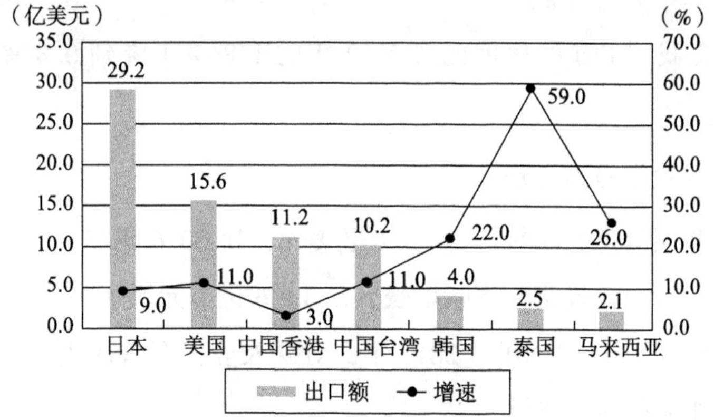

图 12-8　肉、鱼及其他水生无脊椎动物及其制品的出口国和地区及增速

数据来源：中国海关总署统计月报。

（三）农业国际投资的特征

农业领域的 FDI 持续下降，对外农业领域的投资经过快速增长后，在 2018 年首次出现了下降，农业 FDI 和对外农业投资的所占比重都很低。

1. 农业领域 FDI 规模不断下降

2017 年，我国农、林、牧、渔业实际利用外商直接投资为 10.7 亿美元，比 2016 年减少 43.7%。2012—2017 年，我国农业 FDI 的规模处于波动下降的趋势中，其中 2012—2015 年从 20.6 亿美元减少到 15.3 亿美元，2016 年增长到 19.0 亿美元后，2017 年又大幅度下降（见图 12-9）。

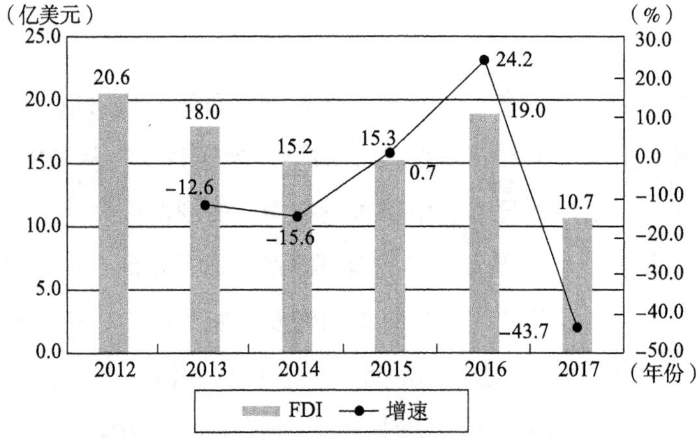

图 12-9　2012—2017 年农业 FDI 规模及增速

数据来源：《中国统计年鉴》（2018）。

农业 FDI 占我国 FDI 的比重也由 2012 年的 1.84%下降到 0.82%，在 FDI 中的比重越来越低。

2. 对外农业投资首次出现下降

2017 年，我国对外农业投资为 25.1 亿美元，比 2016 年减少了 23.7%；2012—2016 年，我国对外农业投资额不断增长，从 14.6 亿美元增加到 32.9 亿美元，年均增速超过了 30%（见图 12-10）。2017 年，对外农业投资首次出现负增长，也是我国首次出现对外投资的负增长。

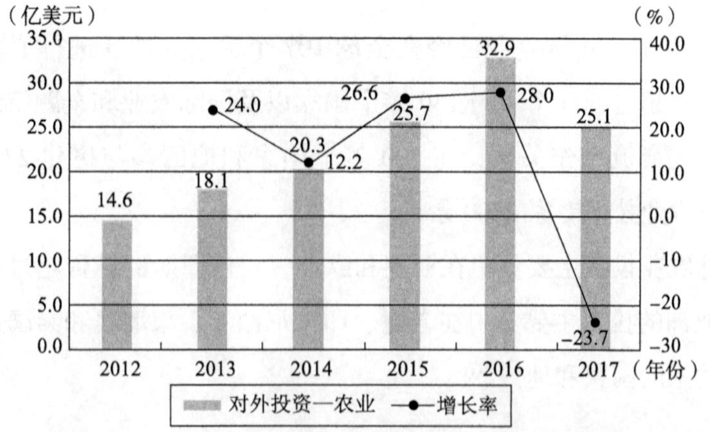

图 12-10　2012—2017 年我国对外农业投资规模及增速

数据来源：《中国统计年鉴》（2018）。

对外农业投资额占我国对外投资的比重基本保持在 1.6%～1.8%，比农业吸引外资规模占比相对略高。

3. 对外农业投资存量占比低

2017 年，我国对外农业投资存量为 165.6 亿美元，比 2016 年增长了 11.2%，与 2016 年相比，增速降低了 18.5 个百分点；2012—2017 年，对外农业投资的存量不断增长，2013 年增长最快，增速达到 44.8%（见图 12-11）。

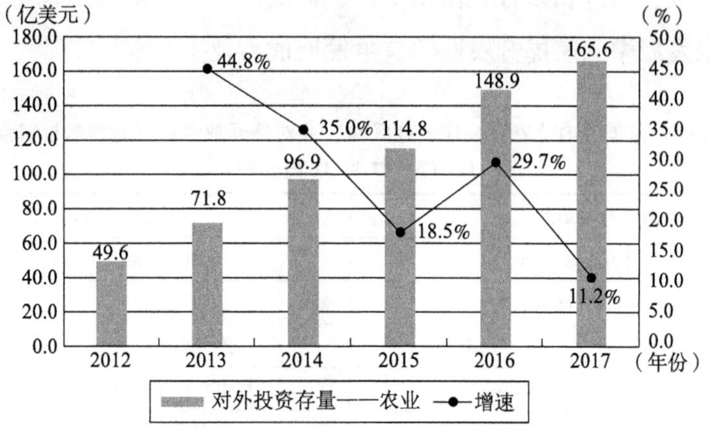

图 12-11　2012—2017 年我国对外农业投资存量及增速

数据来源：《中国统计年鉴》（2018）。

2012—2017 年，我国对外农业投资存量占对外投资存量的比重基本保持在 1%

左右，占比相对较低。

截至2017年底，中国企业已经在全球107个国家和地区进行了农业投资，对外合作企业项目超过500个，与140多个国家以及国际农业和金融组织建立了长期稳定的农业科技交流合作关系，在100多个国家和地区参与援建270多个农业项目，对外派遣农业技术专家2000余人。

中国对外农业投资主要集中在亚洲和欧洲，对俄罗斯的投资超过在欧洲总投资的50%，在亚洲的投资主要集中在老挝、印度尼西亚、柬埔寨和泰国这些与中国有着传统友好关系的国家和地区。①

（四）农业的国际合作

农业领域在对外贸易、对外投资的同时，还进行了频繁的国际合作，包括农业对外合作园区、农业对外人员交流、搭建农业对外合作平台等。

1. 农业对外合作园区

近年来，我国通过加强对发展中国家的农业技术和资金援助，促进农业对外合作，推进“一带一路”建设、助力农业“走出去”。2017年7月，农业部认定了塔吉克斯坦—中国农业合作示范园等10个境外园区为首批境外农业合作示范区建设试点。在农业合作示范园区，派遣中国农业技术专家、传授中国农业技术、组织开展农业技术培训、引进和繁育农作物良种、提供田间生产活动示范与指导等相关援助工作，帮助发展中国家提升农业的自主发展能力及生产水平。

表12-3 首批境内外农业合作示范区和农业对外开放合作试验区建设试点名单
（2017年7月31日公布）

境外合作示范区	境内合作示范区
塔吉克斯坦—中国农业合作示范园	琼海农业对外开放合作试验区
莫桑比克—中国农业技术示范中心	热带农业对外开放合作试验区
江苏—新阳嘎农工贸现代产业园（坦桑尼亚）	连云港农业对外开放合作试验区
乌干达—中国农业合作产业园	吉林中新食品区农业对外开放合作试验区
亚洲之星农业产业合作区（吉尔吉斯斯坦）	吉木乃农业对外开放合作试验区
苏丹—中国农业合作开发区	饶平农业对外开放合作试验区
老挝—中国现代农业科技示范园	潍坊国家农业开放发展综合试验区

① 井华，张宇佳．实践中的中国农业产能国际合作［J］．国际融资，2018（11）：35-38.

续表

境外合作示范区	境内合作示范区
柬埔寨—中国热带生态农业合作示范区	东宁农业对外开放合作试验区
斐济—中国渔业综合产业园	荣成农业对外开放合作试验区
赞比亚农产品加工合作园区	滨海新区农业对外开放合作试验区

2. 农业对外人员交流

积极组织对外援助。2018 年，我国组织实施农业援外项目 11 个，派出农业援外专家 108 人次，为 60 个国家在华培训涉外培训班 41 期、培训学员 1228 人次，与发展中国家的技术合作及人员交流不断密切。

3. 搭建农业对外合作平台

目前，我国已与 60 个以上国家和地区及不少于 30 个国际组织之间建立了合作伙伴关系，与国外多个合作伙伴建立了 70 多个联合实验室。我国还与英国、美国、俄罗斯、印度尼西亚、希腊、西班牙等 20 多个国家签署了《农业合作谅解备忘录》。

2018 年 11 月，首届中国国际进口博览会上，累计意向成交 578.3 亿美元，其中食品级农产品展区成交 126.8 亿美元，仅次于智能及高端装备区成交额（164.6 亿美元）。

2018 年 11 月，第 16 届中国国际农产品交易会在长沙举行，吸引来自 24 个国家和地区的 200 余家国外公司参展和近 40 个国家的国际采购商参观采购。在展会的同时，中国农业农村部和联合国粮农组织共同举办全球农业南南合作高层论坛，并通过了《全球农业南南合作长沙宣言》。

二、我国农业开放政策的评估及存在的问题

从 2014 年开始，我国开始建立对外合作的部际联席会议制度，并不断成熟和完善；我国对粮食、部分大宗农产品实行进口的配额管理，自 2004 年以来粮食进口配额没有发生过变化；外商可以投资的农业领域范围不断扩大，目前除小麦、玉米育种有出资比例限制、对我国特有优质农产品的基因限制外，都可以进行投资。

（一）农业对外合作的部际联席会议制度

农业对外合作是一项复杂的工作，从 2014 年 7 月召开第一次农业对外合作部际联席会议开始，截至 2019 年 2 月已经召开了六次，正在逐渐形成农业对外开放的部门间协调机制。从历次会议的内容来看，我国农业对外合作更多集中在农业资本和技术的“走出去”。

1. 第一次全体会议

2014 年 7 月 21 日，农业对外合作部际联席会议制度第一次全体会议在北京召开。第一次全体会议指出了农业开发的重要意义，即农业已经成为重要的外交资源；农业合作要加大对企业“走出去”的支持，帮助“走出去”企业降低成本，减小风险，提高国际竞争力；通过联席会议制度建立公共信息共享机制，建立财政税收、金融保险、外交外经贸、公共管理和服务政策体系。

2. 第二次全体会议

2015 年 9 月 15 日，农业对外合作部际联席会议制度第二次全体会议在北京召开。第二次全体会议分析了我国农业“走出去”面临的新形势、新常态、新要求；要加快构建农业“走出去”规划体系、支持政策体系、企业信用评价体系、人才队伍体系和公共信息服务体系等五大保障体系；提出企业主体、产业载体、规则保障、技术支撑和园区带动五大任务。

3. 第三次全体会议

2016 年 5 月 10 日，农业对外合作部际联席会议制度第三次全体会议在北京召开。第三次全体会议指出在“十三五”时期，农业对外开放要紧紧抓住“一带一路”建设和国际产能合作、农业供给侧结构性改革、开放型体制构建等重要机遇，积极应对国际投资和贸易竞争加剧的挑战，抓紧形成支持农业对外合作的政策体系，组织实施农业对外合作规划。

4. 第四次全体会议

2017 年 2 月 20 日，农业对外合作部际联席会议制度第四次全体会议在北京召开。第四次全体会议总结了农业“走出去”的成绩，农业对外投资快速增长，投资区域向“一带一路”沿线国家聚集，初步形成了行业类别齐全、重点区域突出、投资主体多元的农业对外合作格局；保持战略定力，坚定不移地推进农业对外合作，提升农业对外合作质量和水平；确保农业对外投资安全高效。

5. 第五次全体会议

2018年5月8日，农业对外合作部际联席会议制度第五次全体会议在北京召开。第五次全体会议强调统筹利用国内、国际两个市场、两种资源，既要围绕实施乡村振兴战略，也要服务“一带一路”建设和外交大局；强化投资和贸易协同，建立健全农业对外合作公共服务和政策支持体系，不断提高我国农业国际竞争力和全球影响力；引导优势产能向“一带一路”沿线国家以及中南半岛等重点区域转移；加快培育一批国际大粮商和农业企业集团，鼓励企业在全球范围内优化产业、市场布局，提高国际竞争力。

6. 第六次全体会议

2019年2月21日，农业对外合作部际联席会议制度第六次全体会议在北京召开。会议强调2019年的工作重点，一是推动“一带一路”农业合作，加快与“一带一路”沿线国家共建农业公共信息服务平台、技术咨询服务体系；二是强化农业对外合作平台建设，按照“重点区域+重点国别+合作园区+龙头企业”的模式，推动境外农业合作示范区建设提质增效；三是做好农业对外合作重点项目跟踪服务，推动相关项目尽快落实落地；四是完善支持农业企业对外合作的政策措施，综合运用财税、金融、通关、外交、对外援助等多种措施，帮助企业解决实际困难。

（二）农产品进出口政策

我国对大部分农产品实行自由的进出口政策，对主要的粮食、部分大宗农产品实行进口配额管理。2003年9月，国家计委公布并实行《农产品进口关税配额管理暂行办法》，对小麦、玉米、大米、豆油、菜籽油、棕榈油、食糖、棉花和羊毛以及毛条等实行进口配额管理，配额内与配额外的进口税率相差很大。2004—2019年这16年来，商务部和发改委公布的粮食进口配额都是完全一样的：小麦963.6万吨，其中90%为国营贸易配额，玉米720万吨，国营贸易比例为60%等。

农产品出口配额方面，主要是对出口到中国香港、澳门的活猪、活牛、活鸡等农产品的数量在部分地区之间进行分配。

（三）外商投资农业政策的变化

《外商投资产业指导目录》（以下简称《目录》）1995年颁布，经历7次修订，2017年《目录》进行结构调整，明确提出外商投资准入特别管理措施（外商投资准入负面清单）；2018年6月，《外商投资准入特别管理措施（负面清单）（2018年版）》发布，同时废止《目录（2017年修订）》中的外商投资准入负面清单。从《目录》到“负面清单”，我国农业领域的开放不断扩展，目前禁止的领域主要集中在种子、种苗及相应的基因资源方面。

1.《目录（2017年修订）》对农业进一步开放

《目录（2017年修订）》中取消了“农产品批发市场”的准入限制，开放了除“稻谷、小麦、玉米”之外的农产品收购、批发领域。

《目录（2017年修订）》中的“限制外商投资产业目录”和“禁止外商投资产业目录”主要集中在种子、种苗及其相关的基因资源方面。

限制方面：农作物新品种选育和种子生产（中方控股）。

禁止方面：我国稀有和特有的珍贵优良品种的研发、养殖、种植以及相关繁殖材料的生产（包括种植业、畜牧业、水产业的优良基因）；农作物、种畜禽、水产苗种转基因品种选育及其转基因种子（苗）生产；我国管辖海域内及内陆水域水产品的捕捞。

2. 2018年“负面清单”始终强调良种和基因资源

2018年“负面清单”进一步缩小了禁止的领域，基本限定在了农业生产的“种子、种苗和基因”领域。2018年“负面清单”将“农作物新品种选育和种子生产（中方控股）”缩小到“小麦和玉米”两个品种；进一步取消了对稻谷、小麦、玉米的收购、批发限制；三个禁止方面的内容保持不变，而其中的两条与种子、种苗、优良基因等有关。

（四）我国对外农业投资政策

从整体来看，我国政府十分重视对外农业投资，相继推出了一系列鼓励性政策和措施。2006年，商务部、农业部和财政部联合下发《关于加快实施农业“走出去”战略的若干意见》，农业部发布《农业“走出去”发展规划》，商务部发布《境外投资产业指导政策》及《境外投资产业指导目录》等政策。《境外投资产业指导目录》中鼓励对天然橡胶、油料、棉花、蔬菜的种植，林木采伐、运输及培育，畜牧业和养殖业（特别是优良种畜种禽、水产苗种繁育），海洋渔业（包括海洋捕捞、海水养殖）等方面的投资；禁止对我国特有的珍贵优良品种的养殖、种植（包括种植业、林业、畜牧业、水产业的优良基因）等进行境外投资。2018 年 3 月，国家发展改革委发布《境外投资敏感行业目录（2018 年版）》，农业及相关的投资不包含在内。

（五）对农业开放政策的评估

从农产品进出口、资本的流出入的规模看，我国的农业对外开放的程度在不断深化；从农产品的进出口政策看，并没有发生特别明显的变化。我国重视农业的对外投资，正在逐步建立协调和支持机制。

1. 对外开放的程度不断深化

我国农产品的进口规模和对外投资规模增长很快。从 1995 年实行《外商投资产业指导目录》以来，对外商开放的领域不断拓宽；到 2018 年实行“负面清单”制度时，我国基本上把农业禁止外商进入的领域限制在了很小的范围内，外商可以独资、合资的形式进入大部分的农业生产、服务领域。

2. 重视和鼓励农业“走出去”

我国一直重视农业企业“走出去”，除禁止我国特有、珍贵优良品种的养殖、种植及其优良基因等进行境外投资外，对其余的对外农业投资都持鼓励态度。我国对外农业投资的主要出发点，一是保护我国的农业良种资源，二是保护我国的境外投资。

3. 重视国内口粮生产的安全

为保障我国粮食的供给规模，防止国外粮食对国内粮食生产的冲击，我国制定了以粮食为主的农产品进口配额制度，对小麦、玉米、大米等口粮设置了进口数量配额，而且自 2004—2018 年以来，进口配额数量从未改变过。

4. 重视优质基因资源的保护

目前，农业的保护领域主要集中在我国农业领域的优质基因方面，已经脱离了单纯的数量、产业等方面的保护，而是进入更深层次的基因保护领域。一是玉米、小麦这些关系国计民生的主粮生产的基因、育种；二是我国特有的、优质农业品种的优质基因，保障我国的农业基因安全。

三、展望和政策建议

（一）农业开放的态势和展望

1. 肉类、水果的进口仍将持续增长

一是随着我国居民的收入的不断提高，对生活水平改善有巨大的需求；二是我国对粮食等农产品实行配额管理，配额外税率很高，短期内难以改变。因此，对国外农产品的需求主要集中在肉类、鱼类以及水果等方面。从 2019—2020 年的农产品进口来看，肉类、鱼类以及水果的进口仍将保持较快的增长速度和规模。

2. 对外农业投资将恢复增长

2018 年，我国对外农业投资首次出现下降，2019 年将逐渐恢复增长。一是在对外投资经过快速增长、回调之后，再次增长是大概率事件，而对外农业投资基本与对外投资正相关；二是农业对外投资有强烈的需求，通过农业对外投资，可以保障我国的进口农产品供给。

3. 农业保护的领域、产品不会发生显著变化

外资禁止投入的领域主要是我国特有、优质的种子、基因等相关产业，对农产品进口实行配额的主要是粮食。要改变这些政策，必须有重大的认识上的改变。从目前来看，粮食安全等于口粮基本自给自足这一认识没有发生变化，控制种子、种苗等优质基因是实现农产品供给安全的关键因素，这一认识也没有发生变化。

（二）对未来 3~5 年的预测

1. 农业领域将持续开放

未来 3~5 年仍是在现有开放模式下的持续开放，是“引进来”与“走出去”的结合，“引进来”主要集中在农业的贸易和科技等领域的合作，“走出去”主要是对外农业的投资、技术交流。通过对外合作，提升我国农业的现代化水平和生产能力，满足人民对农产品的规模、质量、种类等方面的需求。只有农业的不断开放，才能不断促进国际、国内资源要素的有序自由流动，产品和技术开放式创新，构建高水平农业开放型经济，增强我国的农业竞争力，提高农产品供应质量和供给效率，这对于人口众多、农业生产资源相对短缺的我国来说尤为重要。

2. 提升农产品贸易的主动权

我国是国际贸易的大国，容易产生国际贸易的大国效应，未来将重点提升我国农产品国际贸易领域的主动权。一是通过积极参与全球粮农事务治理和农产品供求调控，积极参与双边、多边农产品谈判，提高中国的影响力和话语权，合理利用全球贸易国际准则维护中国的正当权利，改善我国农业合作的国际环境；二是积极升级产业结构，淘汰落后的、过剩的产能，腾挪资源生产有市场需求的产品，提升国内生产的有效性；三是转变以往的“低价”出口竞争策略，转变经济增长方式，提高出口农产品的竞争力和附加值。

3. 深化“一带一路”农业国际合作

“一带一路”倡议提出以来，中国已与沿线48个国家签署了101个农业合作协议，农业国际合作已成为“一带一路”建设的重要支撑，成为新一轮农业对外开放的重点。“一带一路”是我国农业对外开放、对外合作的重点区域，下一步的重点将会是在扩大紧缺农产品的进口、培育跨国农业企业集团、拓展多元化农产品进口渠道、优化投资布局等方面，提高农业在“一带一路”上的对外合作水平。

（三）进一步开放的政策建议

1. 建立农业对外合作的长效协作机制

农业对外开放与合作不仅涉及农业生产部门和管理部门，还需要金融、贸易、科技、工业等多部门的协作和配合。目前，我国已经建立了农业对外合作的部际联席会议制度，初步形成了部际协作的合作机制。对外开放与合作过程中出现的具体问题，也需要部门之间的协作配合，因此需要建立协作的长效机制。长效机制能够及时解决需要部门协作的各类问题。随着我国农业对外合作的深化、频繁，出现的问题会越来越多，也会越来越需要建立协作的长效机制。

2. 建立健全农业对外合作的公共服务和政策支持体系

农业的对外开放与合作，需要不断适应新形势、新变化、新要求，因此构建适应农业对外开放和合作要求的财政、金融、保险、产业等支持政策体系的需求将越来越迫切。农业企业在“走出去”的过程中，也需要来自政府、企业、社会组织的支撑和服务，随着农业“走出去”的规模不断扩大，需要建立服务农业“走出去”

的公共服务体系。需要处理好政府和市场、农业现代化和农业国际化之间的关系，建立农业对外合作的公共服务体系和政策支撑体系。

3. 建立农业安全的动态调整机制

农业安全包括生产安全、质量安全和消费安全三个方面，单纯强调一个方面的安全性可能导致其他两个方面的漏洞。强调农产品的产量，可能导致农产品的质量下降，而强调消费安全，可能影响生产的安全性。因此，建议统筹生产、质量和消费三个方面，以消费为核心，构建农业安全的动态协调机制。在保证“口粮”安全的前提下，适当增加农产品进口，调整和优化国内农业生产的结构，生产出符合我国资源禀赋特点的农产品。

4. 不断优化国内农业生产结构

农业是对外投资的新增长点，应当优化农产品进出口结构和投资结构，逐步进入农业全球产业链。一是稳定国内生产，为消费者增加更可靠更安全的选择；二是出口高档次、高附加值农产品，培育以“技术、品牌、质量、服务”为核心的出口农产品竞争新优势；三是加大海外推介力度，推动产品、技术、品牌、服务等“全产业链出口”。

参考文献

［1］廖桂莲，张体伟. 改革开放以来云南开放型农业发展研究［J］. 云南社会科学，2019（2）：81-87.

［2］白锋哲，吕珂昕. 中国农业开放合作砥砺前行［J］. 农民科技培训，2019（2）：45-47.

［3］吴孔明. 我国农业科技国际合作 40 年成果显著［J］. 中国农村科技，2018（12）：10-13.

［4］周君璧. “一带一路”倡议下加快农业“走出去”的政策建议［J］. 价格月刊，2018（11）：83-87.

［5］吕琳莉，方友熙. 供给侧结构性改革背景下我国农业“走出去”的新思考［J］. 现代商贸工业，2018（26）：24-26.

［6］肖卫东，詹琳. 新时代中国农业对外开放的战略重点及关键举措［J］. 理论学刊，2018（3）：67-76.

第三部分

中国社会文化领域的开放

第十三章　人员国际流动

——国家移民局成立与新一轮人才国际竞争

2017—2018 年是人口国际流动极不平凡的两年。对内看，为更好地服务经济社会发展和对外开放新格局，正式成立移民局。对外看，“高精尖缺”人才流动面临巨大挑战。本章在梳理 2017—2018 年人口的国际情况的基础上，重点分析有关政策实施情况与国家移民局成立，展望我国可能面临的高端人才国际流动新形势，并提出相关政策建议。

一、2017—2018 年人员流动情况

（一）全国出入境人次总体情况

从出入境人次总量来看，2017 年和 2018 年全国出入境分别达到 5.98 亿人次、6.5 亿人次，2018 年首次突破 6 亿人次大关（见图 13-1）。

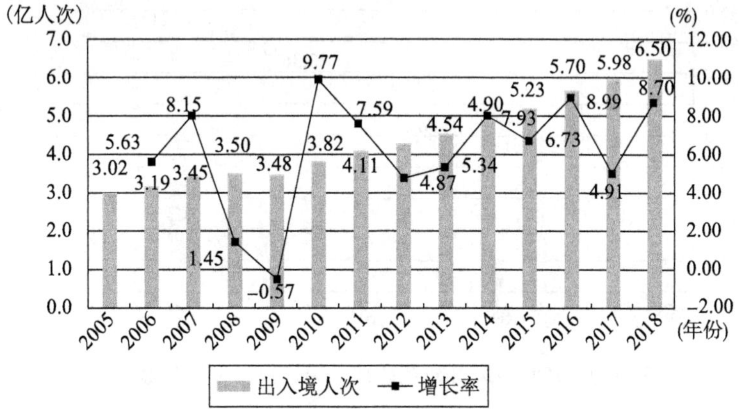

图 13-1　2005—2018 年我国出入境人次情况

数据来源：公安部。

从出入境人次增速来看，2017 年和 2018 年我国出入境人次分别比上年增长 4.91%、8.7%，增速保持基本稳定。

从出入境人次增量情况来看，2017 年和 2018 年我国出入境人次分别比上年增加 0.28 亿人次、0.52 亿人次（见图 13-2），2018 年增加量再创新高。

从出入境人次占人口比重来看，2017 年和 2018 年我国出入境人次占全国内地总人口的比重逐步攀升，分别达到 43.02%、46.59%（见图 13-3），保持增长趋势，说明出入境人次增速快于人口增长速度。

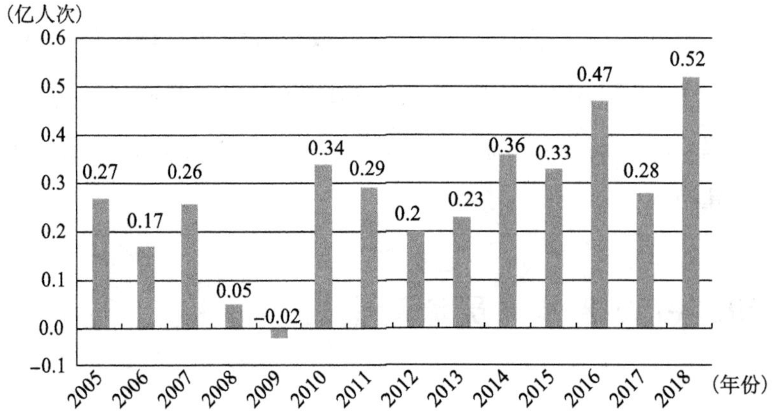

图 13-2　2005—2018 各年我国出入境人次较上年增加量情况

数据来源：根据公安部数据测算。

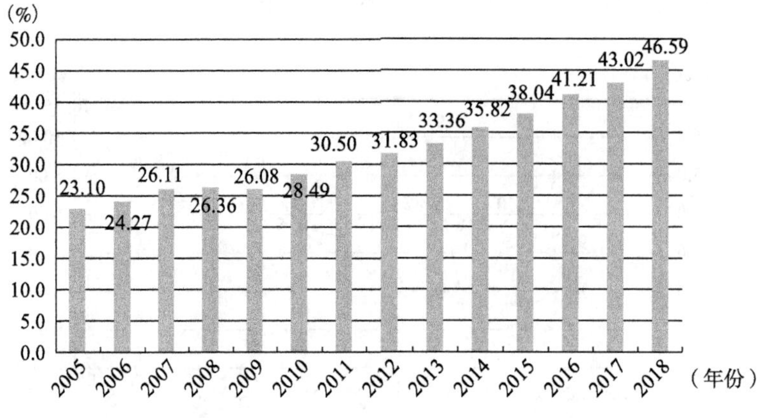

图 13-3　2005—2018 年我国出入境人次占人口总数的比重

数据来源：结合中国统计公报、公安部数据测算，其中人口总数为全国内地总人口。

2017 年，在 5.98 亿出入境总人次中，内地居民（含边民）出入境 2.92 亿人次，港澳台居民出入境 2.21 亿人次，外国人（含边民）出入境 0.85 亿人次，占比分别为 49%、37%、14%。2018 年，在 6.5 亿出入境总人次中，内地居民（含边民）出入境 3.43 亿人次，港澳台居民出入境 2.22 亿人次，外国人（含边民）出入境 0.95 亿人次，占比分别为 52%、34%、14%（见图 13-4），内地居民、港澳台居民、外国人出入境人次均有增长。

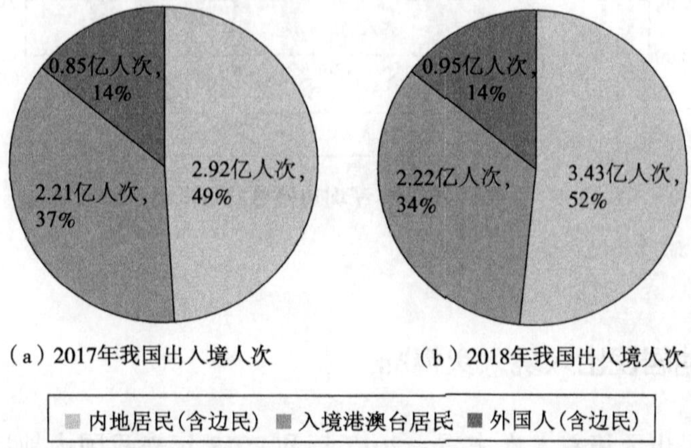

图 13-4　2017 年和 2018 年我国出入境人次区域结构情况

数据来源：根据公安部数据测算。

从出入境边检总站来看，深圳边检总站各年检查出入境人次最多，约占全国出入境人次总数的 40%。随着改革开放的进一步深入，出入境更加便利，国际交流往来更加密切。近几年来，深圳各口岸出入境客流持续上升，罗湖、皇岗口岸客流长期超饱和运行。数据显示，2017 年和 2018 年深圳边检总站检查出入境人次分别为 2.41 亿人次和 2.5 亿人次（见图 13-5）。随着国际交流的日益密切，出入境活动更趋频繁，深圳口岸出入境客流将进一步增加。

从深圳边检总站各年检查出入境人次占全国出入境人次比重来看，总体上深圳仍旧占据重要地位，2018 年约为 38%左右。但从趋势来看，占比呈现逐年下降趋势，说明随着国家对外开放政策的全面推进，我国各地边检总站出入境越来越活跃，出入境人次增加迅猛。

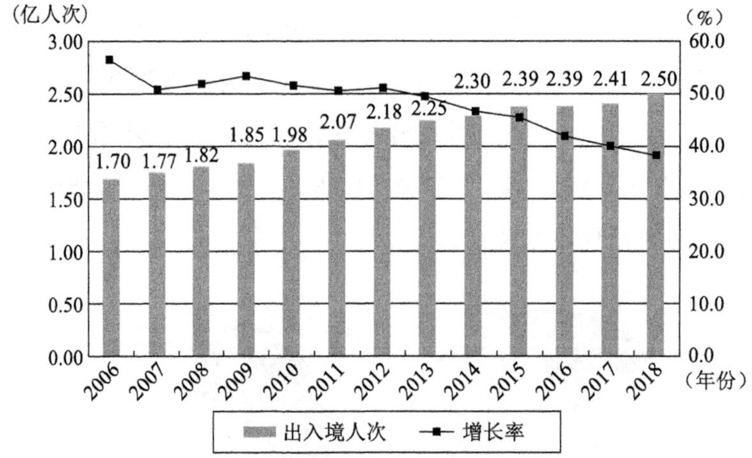

图 13-5　2006—2018 年深圳边检总站检查出入境人次

数据来源：公安部、深圳出入境边防检查总站。

（二）内地居民出入境人次情况

从内地居民出入境总人次来看，2017 年和 2018 年来我国内地居民出入境人次增长迅猛，分别达到了 2.92 亿人次和 3.4 亿人次（见图 13-6）。

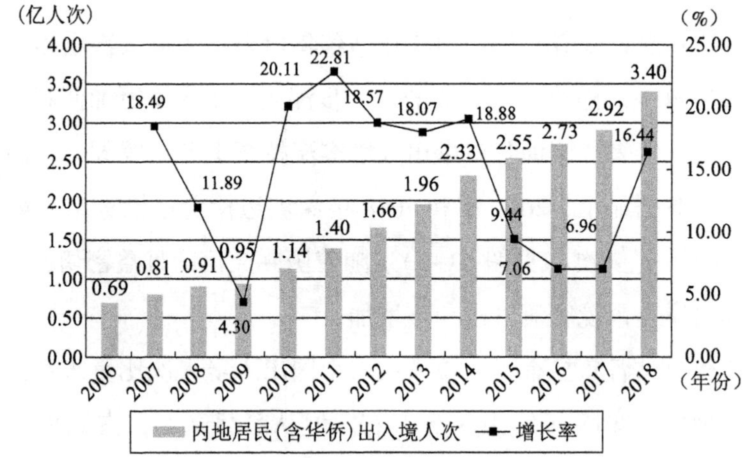

图 13-6　2006—2018 年我国内地居民出入境人次情况

数据来源：公安部。

从内地居民出入境人次增长量来看，2017 年和 2018 年分别比上年增长 0. 19 亿人次和 0. 48 亿人次，2018 年增速大幅提升（见图 13-7）。

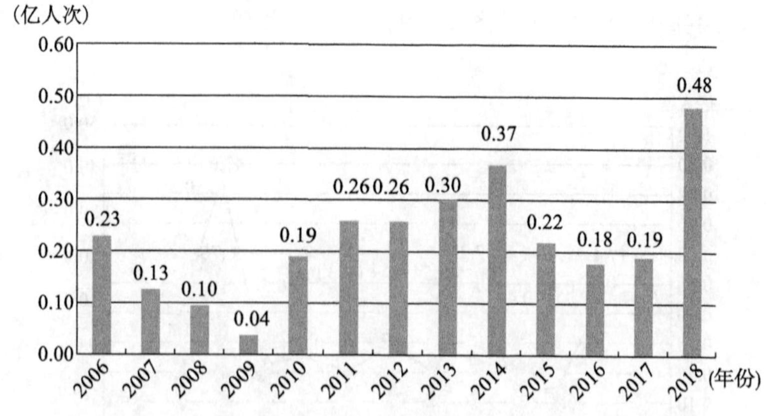

图 13-7　2006—2018 年我国内地居民出入境人次增长情况

数据来源：根据公安部数据测算。

从内地居民出入境总人次占全国出入境总人次的比重来看，一直处于上升趋势，2017 年为 48.8%，2018 年为 52.3%（见图 13-8），说明随着我国更加主动的对外开放政策，对外开放交流更加频繁。

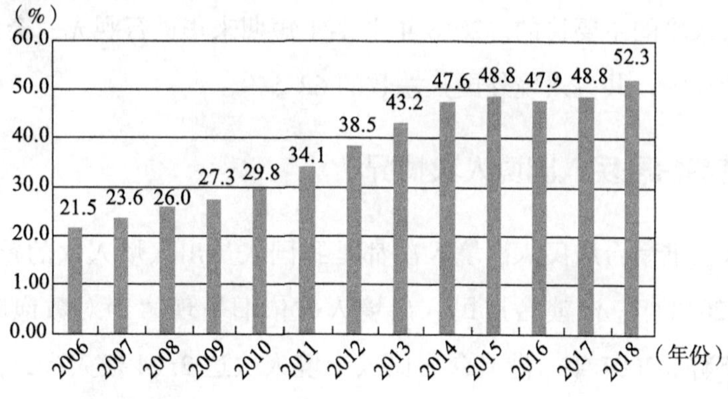

图 13-8　2006—2018 年我国内地居民出入境人次占总体的比重

数据来源：根据公安部数据测算。

2018 年上半年内地居民出境前往国家或地区居前五位的为：中国香港、中国澳门、泰国、日本、越南。

（三）外国人入出境人次情况

从外国人入出境人次来看，在 2016 年出现爆发式增长后，2017 年为 0.85 亿人次，2018 年为 0.95 亿人次，保持增长趋势。从增长速度来看，2017 年和 2018 年增长率分别为 11.4%和 12.1%（见图 13-9）。

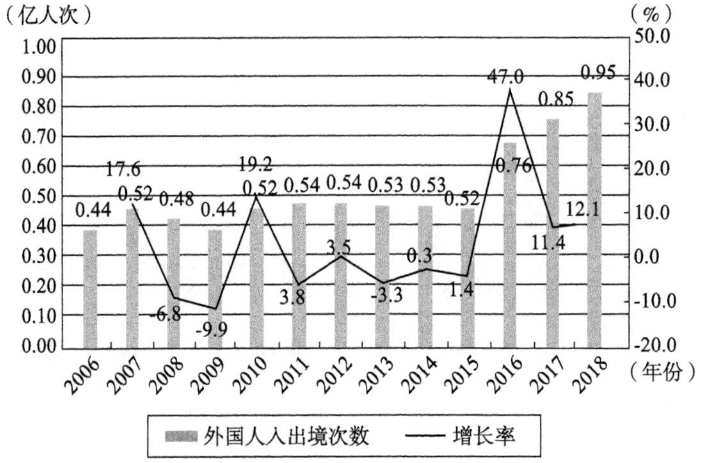

图 13-9　2006—2018 年我国外国人入出境人次及增长率

数据来源：公安部。

从入境目的来看，观光休闲、访问、服务员工、会议商务、就业、学习、探亲等成为外国人入境的主要目的。2018 年上半年短期来华进行观光、会议、商务、探亲、访友等活动的，共占入境外国人总数的 62.5%。

（四）港澳台居民入出境人次情况

一直以来，港澳台居民入出境人次都是我国人员出入境人次的重要组成部分。在 2017 年和 2018 年，港澳台居民入出境人次依旧呈现“绝对数饱和、相对数降低”的发展态势。2007 年，港澳台居民入出境人次达 2.24 亿人次，占全国出入境人次的比重为 64.93%。而到了 2018 年，港澳台居民入出境人次仅为 2.1 亿人次，占全国出入境人次的比重快速下降到 32.31%（见图 13-10）。

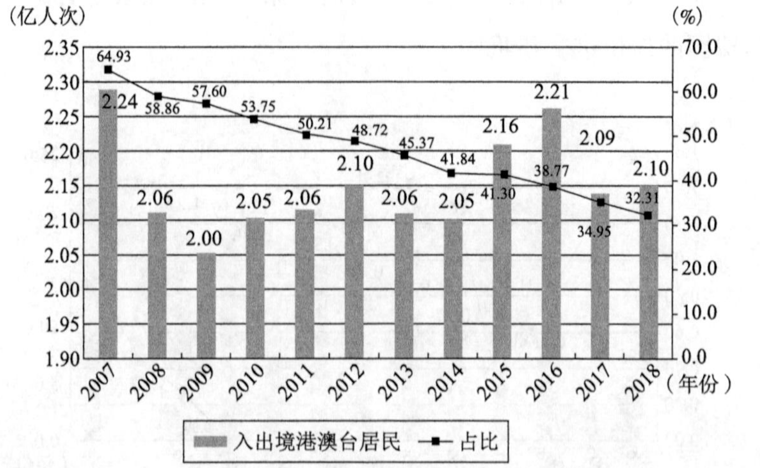

图 13-10　2007—2018 年港澳台居民入出境人次及占出入境人次比重

数据来源：公安部。

由图 13-11 可知，香港居民一直是港澳台居民入出境中的主体，2016—2018 年平均保持在 1.6 亿人次及以上，而澳门则保持在 0.47 亿人次左右，台湾大约保持在 0.11 亿人次左右。

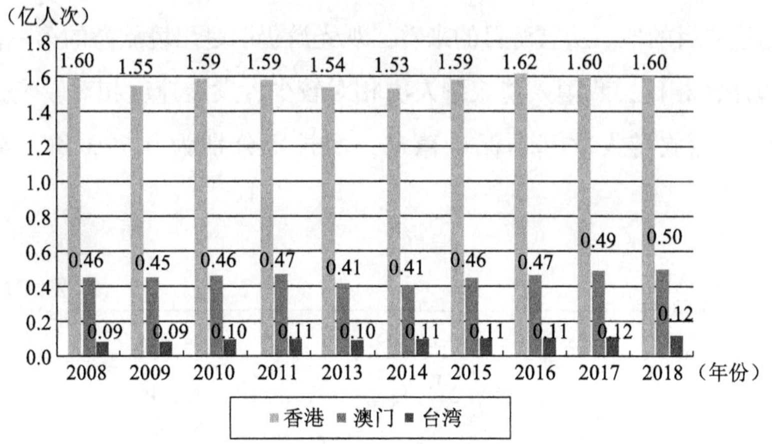

图 13-11　2008—2018 年港澳台居民入出境人次情况

数据来源：公安部（2012 年数据未获得）。

（五）旅游开放情况

出境旅游是国内居民出入境的第一目的，发展速度较快。1991—2000 年，出境旅游者人数年均增速保持在 20%以上。2017 年我国出境旅游人次为 1.31 亿人次、

2018 年为 1.5 亿人次（见图 13-12），中国世界第一大出境旅游客源市场与第一大出境旅游消费国的地位进一步巩固。

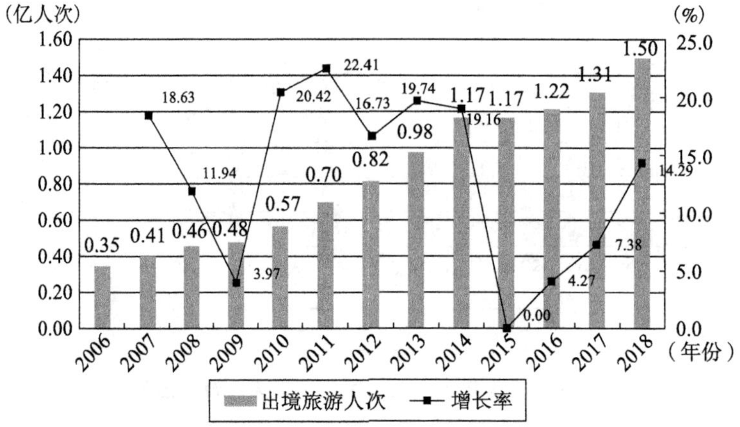

图 13-12 2006—2018 年我国出境旅游人次

数据来源：中国旅游研究所。

从旅游目的地来看，除中国香港、澳门、台湾外，目前我国出境旅游主要以东南亚的韩国、马来西亚、日本、泰国、越南等国家为主。此外，美国和俄罗斯也是我国出境旅游的重要目的地。从旅游目的来看，观光游仍旧是出境旅游的第一目的。

与出境旅游相比，我国入境旅游人次相对较少、发展速度相对较慢。2017 年和 2018 年我国入境旅游人次基本保持稳定，增长率分别为 0.72%和 1.44%（见图 13-13）。

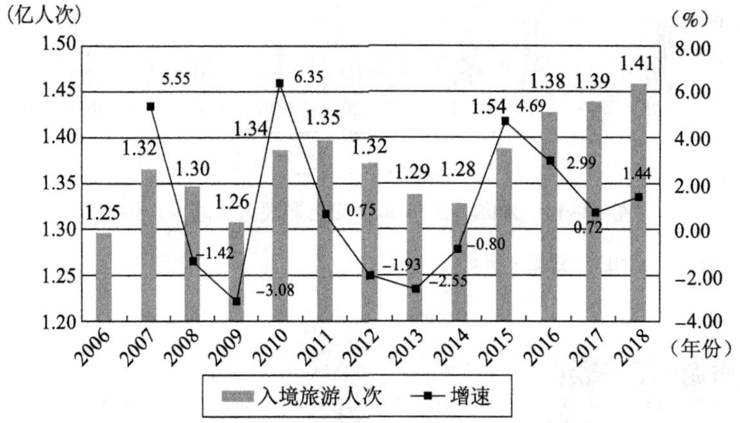

图 13-13 2006—2018 年我国入境旅游人数及同比增速

数据来源：国家旅游局。

在2018年1.41亿入境旅游人次中，香港居民最多，达到了7937万人次，占比56%；其次是外国旅游者3054万人次，占比22%；再次是澳门居民2525万人次，占比18%；最少的是台湾居民614万人次，占比4%（见图13-14）。2010—2015年，外国人入境旅游人次总体保持在0.27亿人次左右，2016年开始有较大幅度增长，2018年达0.31亿人次（见图13-15）。

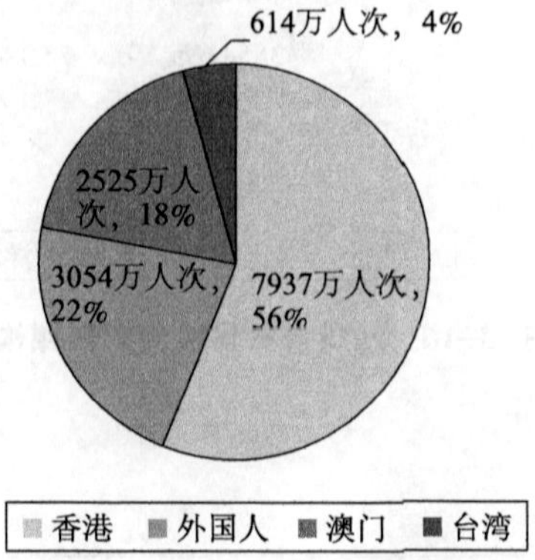

图13-14　2018年入境旅游者区域结构

数据来源：国家旅游局。

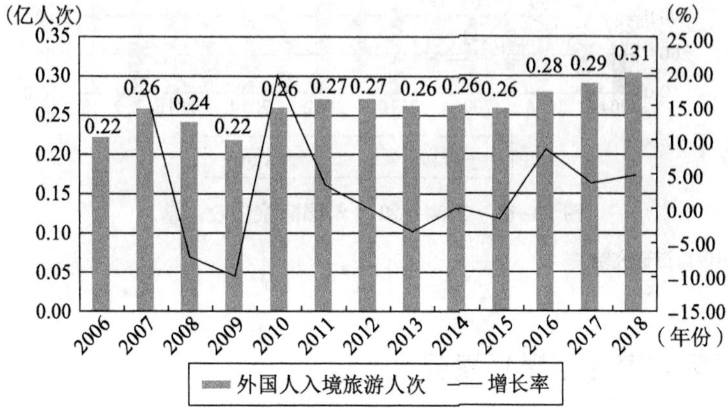

图13-15　2006—2018年外国人入境旅游人次情况

数据来源：国家旅游局。

当前，观光休闲仍旧是外国人入境旅游的第一目的，亚洲是入境旅游人次来源最多的地区，2018年达3658.6万人次，占比76.3%；其次是欧洲，再次是美洲，大洋洲和非洲则较少，占比分别为12.5%、7.9%、1.9%、1.4%（见图13-16）。从来源国家来看，2017年全年，我国主要客源市场前10位国家如下：缅甸、越南、韩国、日本、美国、俄罗斯、蒙古国、马来西亚、菲律宾、新加坡。国际旅游收入继续保持平稳增长，2018 年达到 1271 亿美元（见图 13-17）。

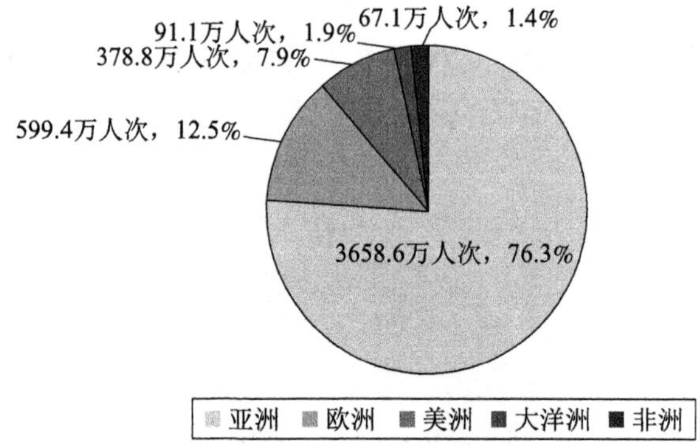

图 13-16　2018 年外国旅游者区域构成

数据来源：中国旅游研究院。

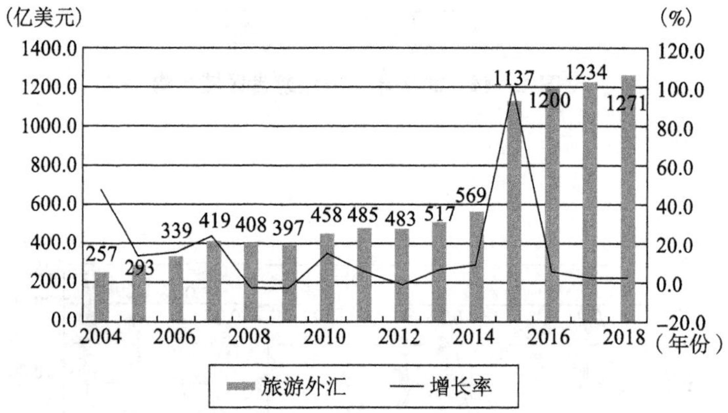

图 13-17　2004—2018 年国际旅游收入情况

数据来源：中国旅游研究院。

（六）国际教育（留学）情况

21 世纪以来，随着经济全球化发展和我国经济发展水平的不断提高，我国出国留学热情持续高涨，出国留学人员数量急剧上升。2002 年以来，我国出国留学人员持续快速上升，大部分年份保持高速增长，2018 年达到了 66.21 万人，比上年增长 9.19%，达到年度新高（见图 13-18）。在 2018 年所有出国留学人员中，自费留学人员占主导，达 59.63 万人，国家公派 3.02 万人，单位公派 3.56 万人。

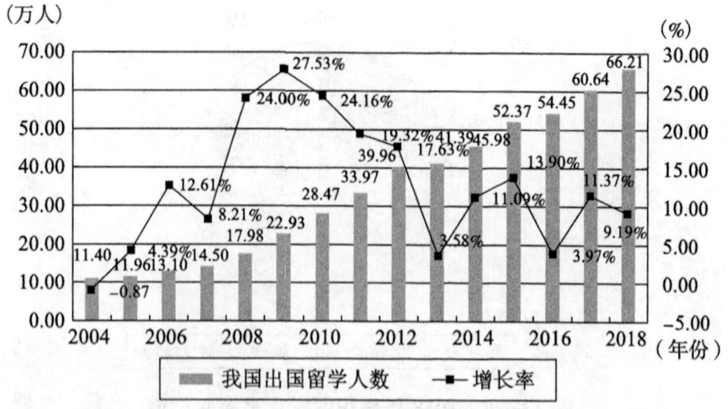

图 13-18　2004—2018 年我国出国留学人数及增长率

数据来源：教育部。

在来华留学教育方面，教育部统计数据显示，2017 年来华留学人数达到 48.92 万人，2018 年为 49.22 万人（见图 13-19），我国已是亚洲最大留学目的国。从洲际分布来看，亚洲和非洲是来华留学人员主要来源地。2018 年，亚洲来华留学人员达 29.5 万人，占 60%；非洲来华留学人员达 8.2 万人，占 17%；欧洲来华留学人员达 7.4 万人，占 15%；美洲来华留学人员达 3.6 万人，占 7.26%；大洋洲来华留学人员达 0.62 万人，占 1%（见图 13-20）。2017 年"一带一路"沿线国家留学生达 31.72 万人。2018 年排名前十的生源国分别为韩国、泰国、巴基斯坦、印度、美国、俄罗斯、印度尼西亚、老挝、日本、哈萨克斯坦（见图 13-21）。

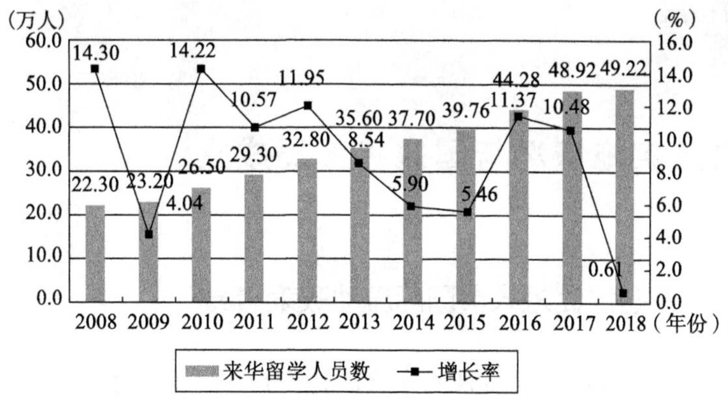

图 13-19　2008—2018 年来华留学人员数及增长率

数据来源：教育部。

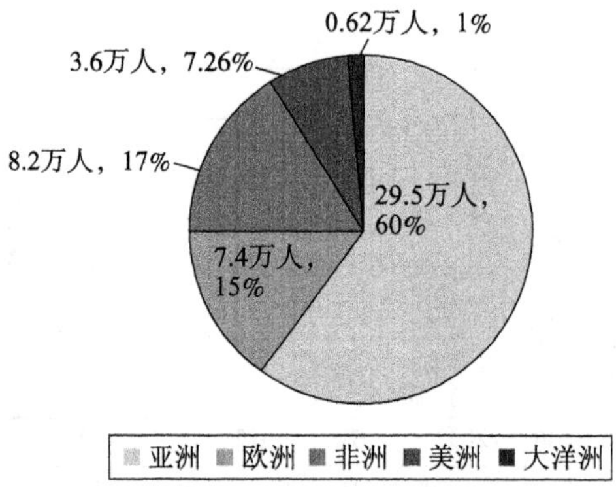

图 13-20　2018 年来华留学人员洲际比重

数据来源：教育部。

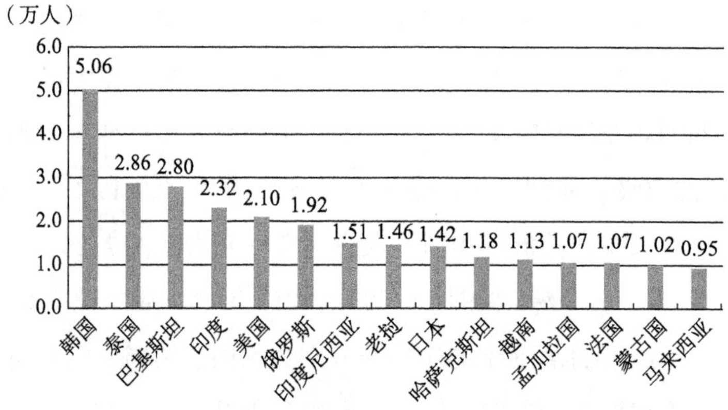

图 13-21　2018 年排名前十五位国家来华留学人员情况

数据来源：教育部。

二、政策实施情况与国家移民局成立

（一）国家及各地促进人员国际流动政策情况

近年来，国家及各地高度重视人才开放，出台了一系列引智政策。除北京、上海外，杭州、深圳等城市也积极出台政策吸引外国人才。

2017 年 3 月 28 日，国家外国专家局、人力资源和社会保障部、外交部、公安部印发了《关于全面实施外国人来华工作许可制度的通知》。该通知指出要“践行

‘聚天下英才而用之’的战略思想，深入实施人才优先发展战略和就业优先战略，坚持‘鼓励高端，控制一般，限制低端’原则，健全外国人来华工作管理制度，实现外国人来华工作许可、签证、居留有机衔接，逐步形成具有国际竞争力的人才制度优势和平衡保护国内就业市场的制度环境，更好地服务于国家重大战略实施和经济社会发展”。2017 年 3 月 29 日，国家外国专家局印发了《关于外国人来华工作许可服务指南（暂行）的通知》，指导各级外国人工作管理部门做好全面实施外国人来华工作许可工作。2017 年 7 月 27 日，国家外国专家局、公安部向各省、自治区、直辖市外国专家局、公安厅（局）印发了《关于为境外非政府组织外籍工作人员办理工作许可等有关问题的通知》，对办理在中国境内依法设立代表机构、开展临时活动备案的境外非政府组织外籍工作人员来华工作许可提出了明确要求。

2017 年 11 月 28 日，由国家外国专家局、外交部、公安部研究制定的《外国人才签证制度实施办法》正式印发，进一步扩大人才签证发放范围和期限。该办法指出，要“明确外国人申请人才签证标准条件，规范办理程序，加强外国人才签证和工作许可、工作居留的有机衔接，为外国人才来华创新创业提供便利”。该办法还明确了“R 字签证发放对象为国家经济社会发展需要的外国高层次人才和急需紧缺人才，符合‘高精尖缺’和市场需求导向的科学家、科技领军人才、国际企业家、专门人才和高技能人才等”。2018 年 1 月 1 日，北京等 9 个省市作为第一批试点，开始实施外国人才签证制度。2018 年 3 月 1 日起，《外国人才签证制度实施办法》正式在全国范围内实施。

新签证改革举措和外国人来华工作许可制度将进一步增强中国人才引进的开放程度，吸引更多外国人才参与中国建设。我国人才引进相关举措及重大事件等如表 13-1、13-2 所示。

表 13-1　2017—2018 年我国引进人才相关举措及重大事件

时间	重大事件或相关举措
2017 年 1 月	人社部、外交部和教育部联合发布《关于允许外籍优秀高校毕业生在华就业有关事项的通知》，放开外籍高校毕业生在华就业限制，允许部分无工作经历的优秀外籍高校毕业生在华就业，就业有效期限最长达 5 年

续表

时间	重大事件或相关举措
2017 年 3 月	国务院印发辽宁、浙江、河南、湖北、重庆、四川、陕西自由贸易试验区总体方案，均提到要完善外籍高层次人才认定办法，落实人才签证实施细则，明确外国人才申请和取得人才签证的标准条件和办理程序，为外籍高层次人才开辟绿色通道、简化手续，为高层次人才出入境、工作、在华停居留提供便利
2017 年 4 月	召开年度留学人员回国服务工作部际联席会议，重点研究破解留学人员回国创业创新“六难”问题。 第十五届中国国际人才交流大会召开。 与 46 个国家和地区签订了学历学位互认协议，其中“一带一路”沿线国家 24 个
2017 年 5 月	北京市服务业扩大开放综合试点示范区外籍人才出入境改革“新十条”正式启动实施，作为示范区，朝阳区和顺义区分别设立了外国人出入境服务大厅，为外籍人才提供更为宽松便捷的出入境、停居留环境
2017 年 6 月	上海浦东新区宣布成立全国首个海外人才局，同时推出了提高海外人才通行和工作便利度的 9 条措施，颁发了全国首张自贸试验区管委会推荐永久居留身份证和全国首张本科学历外国留学生工作许可证
2017 年 7 月	杭州与国家外国专家局合作共建的国际人才创业创新园正式开园。 2017 中国国际人才交流协会暨中国国际人才市场工作会议召开，交流各地开展国际人才交流工作的经验，研究新时期协会及市场工作。 《关于为境外非政府组织外籍工作人员办理工作许可等有关问题的通知》，对办理在中国境内依法设立代表机构、开展临时活动备案的境外非政府组织外籍工作人员来华工作许可提出了明确要求
2017 年 11 月	由国家外国专家局、外交部、公安部研究制定的《外国人才签证制度实施办法》正式印发，进一步扩大人才签证发放范围和期限
2017 年 12 月	《关于开展外国高端人才服务“一卡通”试点工作的通知》发布，在天津市、上海市、宁夏回族自治区、杭州市、济南市、深圳市以及广东、福建自由贸易试验区开展外国高端人才服务“一卡通”试点工作
2018 年 1 月	《“上海市出入境聚英计划”（2017—2021）相关政策实施办法》发布，每年出台一批出入境政策在上海先行先试，重点吸引国家急需、紧缺的高端外籍人才。 《关于在津工作外国人住房公积金有关政策的通知》发布，明确与天津市用人单位建立劳动关系，并已办理《中华人民共和国外国人工作许可证》或《中华人民共和国外国人永久居留身份证》的外籍人员，与本市居民享受同等住房公积金政策待遇
2018 年 2 月	《关于深化中关村人才管理改革　构建具有国际竞争力的引才用才机制的若干措施》发布，从便利国际人才出入境、开放国际人才引进使用、支持国际人才兴业发展、加强国际人才服务保障等方面提出了 20 条改革新举措。 《关于加快推进杭州人才国际化的实施意见》发布，提出“全球聚才十条”“开放育才六条”等政策
2018 年 4 月	组建国家移民管理局，加挂中华人民共和国出入境管理局牌子，由公安部管理

续表

时间	重大事件或相关举措
2018 年 11 月	北京市商务委员会正式启动 2018 年度外籍人才在华永久居留积分评估申报工作。达到一定分值的，可以申请在华永久居留 11 月 15 日经国务院批准，自 2019 年 1 月 1 日起，厦门、青岛、武汉、成都、昆明 5 个城市将实施外国人 144 小时过境免签政策

表 13-2　2017—2018 年关于我国人员国际流动领域重要讲话

时间	重要讲话
2017 年 5 月	建立多层次人文合作机制，搭建更多合作平台，开辟更多合作渠道。要推动教育合作，扩大互派留学生规模，提升合作办学水平。 ——习近平出席“一带一路”国际合作高峰论坛开幕式，并发表题为《携手推进“一带一路”建设》的主旨演讲
2017 年 6 月	促进各国民众特别是青年一代心灵相通，使睦邻友好合作事业永葆活力。启动实施“中国—上海合作组织人力资源开发合作计划”，加大同成员国在人力资源开发领域合作的广度和深度。 ——习近平在上海合作组织成员国元首理事会第十七次会议上的讲话
2017 年 10 月	人才是实现民族振兴、赢得国际竞争主动的战略资源。实行更加积极、更加开放、更加有效的人才政策。 ——习近平在中国共产党第十九次全国代表大会上的报告
2018 年 4 月	支持海南开展国际人才管理改革试点，允许外籍和港澳台地区技术技能人员按规定在海南就业、永久居留。支持海南探索建立吸引外国高技术人才的管理制度。 ——习近平在庆祝海南建省办经济特区 30 周年大会上的讲话
2018 年 5 月	构建有效的引才用才机制，形成天下英才聚神州、万类霜天竞自由的创新局面！ ——习近平在中国科学院第十九次院士大会、中国工程院第十四次院士大会上的讲话
2018 年 9 月	中国会实施更加积极、开放、有效的人才引进政策，优化人才服务保障体系。通过建立外国人来华工作、居留等有机衔接机制，尽快实现外国人来华工作管理服务全流程“一网通”办理，外国人在中国生活“一卡”畅行等措施。中国政府将一视同仁为各国专家创造更多机会，将更加严格保护知识产权。 ——李克强总理在人民大会堂亲切会见荣获 2018 年度中国政府友谊奖的外国专家及其亲属时的讲话

（二）国家移民局成立

近年来，随着中国综合国力的提升，来华工作生活学习的外国人不断增加，对做好移民管理服务提出了新要求。2018 年 6 月 9 日，全球化智库（CCG）编写的《中国国际移民报告（2018）》发布。报告显示，世界各地有来自中国内地的移民 954.61 万人，中国已成为世界第四大国际移民来源国。《关于全面实施外国人来华工作许可制度的通知》中明确指出要坚持“鼓励高端，控制一般，限制低端”原则，高端人才引进应该是我国未来人口开放政策的重点。吸引高端人才需要创造更友好的人才开放环境，国家移民管理局的成立旨在加强外国人来华工作居留的管理服务工作。

2016 年 2 月出台了《关于加强外国人永久居留服务管理的意见》，同年 6 月，中国正式加入国际移民组织。2018 年 3 月 13 日，中共十三届全国人大一次会议第四次全体会议审议通过的《国务院机构改革方案》，提出组建国家移民管理局，将公安部的出入境管理、边防检查职责整合，建立健全签证管理协调机制，组建国家移民管理局，加挂中华人民共和国出入境管理局牌子，由公安部管理。2018 年 4 月 2 日，国家移民管理局、中华人民共和国出入境管理局正式挂牌。①

中共中央政治局委员、中央政法委书记郭声琨在出席挂牌仪式时指出，组建国家移民管理局，对于加强党对移民和出入境管理工作的全面领导，进一步形成移民管理工作合力，更好地服务我国经济社会发展和对外开放新格局，具有重要意义。

目前，世界上已经设立移民局的国家基本都是发达国家，美国、澳大利亚、新西兰、加拿大、日本、英国、韩国、新加坡等都早已设立移民部门。中国宣布设立移民局，正是与国际接轨的一大步，意义重大。首先，有利于加强移民和出入境管理工作，形成移民管理工作合力，更好地服务我国经济社会发展和对外开放新格局。其次，它适应了国际人员流动增加的新环境，有助于提高移民服务和管理水平，为外籍人才签证、居留、就业、入籍提供便利。再次，它拓宽了我国参与移民领域全球治理的深度，与国际移民组织更好地对接，提升了我国移民服务的国际化水平。最后，它向世界展示了我国开放、包容的态度，体现了中国参与世界各国人才竞争的决心，有利于创造良好的对外开放软环境，建立具有国际竞争力的人才制度，吸引外籍人才来华，为我国的经济发展和技术创新提供动力。

① 国家移民管理局主要职责包括：协调拟定移民政策并组织实施，负责出入境管理、口岸证件查验和边民往来管理，负责外国人停留居留和永久居留管理、难民管理、国籍管理，牵头协调“三非”（非法入境、非法居留、非法就业）外国人治理和非法移民遣返，负责中国公民因私出入国（境）服务管理，负责移民领域国际合作等。

三、展望和政策建议

（一）发展态势与展望

1. 面向人口国际流动的政策法规将不断完善

未来两年，我国将继续面临大量国际人员流入，但当前的法律和制度未能对外国人来华的各项可能事务做出明确的规范。针对这样的新情况以及招才引智的现实需要，我国已陆续出台了便利外国人来华工作定居的一系列政策法规，并且在多个城市进行试点。预计下一步我国将逐步放宽“绿卡”申请条件，继续推动外国人来华工作许可制度和外国人才签证制度贯彻落实；提供更加便利的社会服务，积极开展外国高层次人才服务“一卡通”试点工作；持续推进中国政府友谊奖改革工作，修订中国政府友谊奖管理办法。

此外，我国还将积极推动《外国人在中国工作管理条例》颁布实施，着重解决管理体制、评价标准、许可准入和服务保障、管理手段等方面的问题，不断完善外国人来华工作法治化建设；积极制定《外国人永久居留管理条例》，明确外国人才申请和取得永久居留资格的条件和程序。

从各个省市地方来看，这几年在招才引智方面，北京、上海先行先试，出台了一系列政策措施，吸引外籍人才落户。未来两年，各省市为了谋求经济发展，增强创新活力，将会出台更加积极、开放、有效的人才政策，吸引并留住外籍人才和留学回国人员。政策的重点仍然在于便利外籍人才出入境、改善停居留环境、完善永居制度、解决外籍人员子女教育问题等。

2. 人员流动服务将更加系统和便利

国家移民管理局挂牌成立以来推出了多项惠民新举措，为广大出入境人员在申办证件、通关进出境、旅游、商务、投资创业、停居留、旅行等方面提供了更为便捷、高效、优质的服务。例如，2018 年国家移民管理局研究制定了《关于加快推进移民和出入境领域“放管服”改革实施意见》，包括 6 方面 22 条具体政策措施，将于 2019 年第一季度之前分期分批实施，其中内地居民可在全国范围内异地申请换（补）发出入境证件、申办出入境证件 7 个工作日内办结等 5 项便利措施，于2019年9月1日起施行。

未来几年跨境人员流动日益频繁，对出入境服务水平提出了更高的要求。国家移民管理局将会加快推进移民和出入境领域“放管服”改革，出台多更的便民政策措施，进一步提升服务管理水平，不断提高人民群众的满意度。

（二）进一步开放的政策建议

1. 完善永久居住权，探索双重国籍制度

移民人才是发达国家创新创业的重要力量。比如，美国移民获得的创新专利量占据了总量的1/3；移民创建了占总量1/4的高科技公司；美国市值前50名的上市公司中，有近一半是移民创建或共同创建的；在硅谷，36.4%的人口出生于国外。中国的人口红利正在消失，创新发展更需要外国人才助力，不仅要吸引外国人来华工作，更要吸引他们来华定居。但外国人要取得中国永久居留权依然十分困难。虽然2004年中国就开始实施《外国人在中国永久居留审批管理办法》，但力度依旧不能满足经济科技发展需要，难度依旧较大。而美国过去5年就发放了525万张“永久居民卡”（绿卡），年均超过100万张。与美国相比，中国的绿卡发放量还远远无法满足人才需求，中国应继续推动永居制度改革，适度放宽落户条件。

此外，双国籍的实施已经有了必要性及一定的基础。国家移民管理局的成立为双国籍制度的实施提供了管理机构。2018年全国政协委员、中华全国律师协会副会长朱征夫提出建议，修改《中华人民共和国国籍法》（以下简称《国籍法》）第九条。如果中国公民取得外国国籍之后，不主动申请放弃中国国籍，则中国只承认该公民中国国籍，对其外国国籍不予承认。《国籍法》第九条规定，定居外国的中国公民，自愿加入或取得外国国籍的，即自动丧失中国国籍。他认为世界范围内特别是西方发达国家都在争夺人才和资源，国籍已经成为争夺人才资源的重要手段，自动丧失国籍，把人才让给别家，这并不符合国家的长远利益。此外，修改这条规定，也可以使国家保留对公民在司法、税收上面的管辖权。

2. 营造开放环境，抢抓国际高精缺人才

除永久居留权外，吸引外国人才更需要营造开放、包容的文化环境，使来华外国人产生归属感和认同感。中国的文化与西方相比具有很多独特之处，并且外国人的数量相对较少，尚未形成多元化的文化氛围。尤其是许多中西部城市，虽然出台

了人才政策，但缺乏外籍人才需要的配套设施，人才政策的引才效果很难达到预期。

国际社会对中国科学家的不公正待遇也对海外科学家的安全保障提出了新的要求。保护海外人才的基本权益，是未来很长一段时间中国人才开放的重点内容。

3. 鼓励创业创新，吸引优秀留学生回国

我国正经历留学生回国热潮，1978—2018 年回国留学生人数占留学生总数的 84%。针对回国留学人员的特点，应该制定更有针对性的政策措施：一是营造良好的人才流动市场，为留学生提供更多就业平台；二是完善留学人员回国服务政策体系；三是发挥留学生创业园的平台作用，鼓励留学生回国创业创新。

此外，来华留学生人数近年来持续增长，为我国的创新发展提供了新的动力。应该贯彻落实《关于允许外籍优秀高校毕业生在华就业有关事项的通知》，放宽对外籍毕业生在华就业的限制，鼓励企业雇佣优秀外籍学生，吸引更多的在华留学人才。

4. 开展广泛合作，关注非常规移民问题

非常规国际移民治理要求我国与其他各国和国际组织的广泛合作，例如在难民治理方面，可以与联合国难民署、国际移民组织、联合国妇女署、联合国儿童基金会等共同商议，借助其专业知识和经验。我国已于 2016 年加入国际移民组织，2018 年设立国家移民管理局，便于更好地参与国际移民管理，提升我国的话语权和国际形象。

此外，国内各地区之间也需要加强合作。一些地方有非常规移民问题的治理经验，如广东省的“三非”问题，通过地方政府和社会的共同努力取得成效，应该把这个经验推广到其他地区，提高整体治理能力和治理水平。

参考文献

[1] 王辉耀. 中国国际移民报告（2018）总报告［M］. 北京：社会科学文献出版社，2018.

[2] 梁建章. 中国应该大规模引入移民吗［EB/OL］. http：//finance. sina. com. cn/zl/china/2018-03-19/zl-ifyskeua9782282. shtml? cre=zl&r=user&pos=1_ 1.

[3] 张建国. 奋力开创新时代引才引智工作新局面［EB/OL］. http：//paper. people. com. cn/rmlt/html/2018-03/11/content_ 1859382. htm.

第十四章 教育领域开放

——开放四十多年，从跟跑到领跑

1978 年，中国开启了改革开放的伟大征程。以邓小平同志做出扩大派遣留学生的重要指示为起点，中国教育迈出了对外开放的历史性步伐。改革开放 40 多年来，我国在实施科教兴国和人才强国战略进程中坚定不移地推进具有中国特色的教育对外开放，探索出一条独具特色的教育发展之路。伴随着中国从参与、融入到积极引领经济全球化进程，教育对外开放肩负着培养优秀人才、促进人文交流、服务现代化建设重要使命，不断向纵深发展，形成了全方位、多层次、宽领域的总体格局。作为国家对外开放先声的教育对外开放事业，逐渐走出了一条从跟跑、并跑到领跑之路。

一、我国四十多年来教育开放的演进历程

中国的教育对外开放伴随着国家的对外开放，是对外开放的具体领域和具体体现，是对外开放的必然要求。从宏观角度来看，依据党和国家在不同时期发布的综合性教育改革文件和专门性教育对外开放的文件——《关于教育体制改革的决定》（1985）、《中国教育改革和发展纲要》（1993）、《面向 21 世纪教育振兴行动计划》（1998）、《2003—2007 年教育振兴行动计划》（2004）、《国家中长期教育改革和发展规划纲要（2010—2020 年）》（2010）、《关于做好新时期教育对外开放工作的若干意见》（2016）和《关于深化教育体制机制改革的意见》（2017）等（见表 14-1），将改革开放 40 多年来我国教育对外开放的演进历程分为 4 个阶段。

表 14-1　40 年来涉及教育开放相关政策的主要文件

序号	文件名称	战略方针	总体方针	具体方针
1	《关于教育体制改革的决定》(1985)	—	—	教育体制改革“要注意借鉴国外发展教育事业的正反两方面的经验”，特别是要注意发达国家在有关方面的经验
2	《中国教育改革和发展纲要》(1993)	坚持教育开放，“大胆吸收和借鉴人类社会的一切文明成果，勇于创新，敢于试验”	“进一步扩大教育对外开放”	“大胆吸收和借鉴世界各国发展和管理教育的成功经验”
3	《2003—2007 年教育振兴行动计划》(2004)	把扩大教育对外开放作为“国家教育战略的关键环节”	“进一步扩大教育对外开放”	—
4	《国家中长期教育改革和发展规划纲要（2010—2020 年）》(2010)	坚持以教育开放促进教育改革、促进教育发展	“扩大教育开放”	“借鉴国际上先进的教育理念和教育经验”
5	《关于做好新时期教育对外开放工作的若干意见》(2016)	“开创更有质量更高水平的教育对外开放新局面”	“坚持扩大开放，做强中国教育”	“以我为主、兼容并蓄”
6	《关于深化教育体制机制改革的意见》(2017)	—	—	“扎根中国”“融通中外”，“吸收世界先进办学治学经验”

（一）起步探索阶段（1978—1992 年）

起步探索始点是 1978 年 12 月党的十一届三中全会胜利召开并确定改革开放政策，终点是 1992 年 10 月党的十四大胜利召开。在此期间，以派遣留学生为引领，中国教育对外开放从一开始就具有面向世界、官民并举、双边多边并举的鲜明特色。这一时期的出国留学人员，一方面学习国外的先进知识，为中国在教育、科技、经贸等领域更好地融入世界提供了助力；另一方面作为文化交流使者，向海外推广中国语言，传播中国文化，加深了中外双方彼此了解。同时，来华留学生也为我国外交工作注入了活力，为教育改革起到了积极推动作用。1981 年 7 月，中国教育国际交流协会成立，中国民间的、半官方的教育国际交流有了专门组织，开辟了教育对外开放的崭新渠道，在教育对外交流合作中具有里程碑意义；1983 年，中国教育学会对外汉语教学研究会成立（后更名为中国高等教育学会对外汉语教学研究会），架设起中国文化与世界文化交流的语言之桥；1985 年 5 月 27 日，中共中央发布了《关于教育体制改革的决定》，该文件从保证教育体制改革顺利进行的目的出发，初步确立了教育对外开放应当坚持的指导方针；1987 年，世界汉语教学学会成立，使官民并举在对外汉语教学工作中成功发展，为后来国家汉办和孔子学院的成立和建设积蓄了能量。与此同时，中国与联合国教科文组织、世界银行、联合国儿童基金会等多边组织的教育交流合作也逐步开展起来。

（二）稳步发展阶段（1992—1997 年）

稳步发展始点是 1992 年 10 月党的十四大胜利召开，终点是 1997 年 9 月党的十五大胜利召开。在此期间，1993 年 2 月 13 日，中共中央和国务院发布了《中国教育改革和发展纲要》，该文件明确提出了“进一步扩大教育对外开放”的方针。

这一时期，党和国家不断推进和完善教育对外开放，特别是留学工作，鼓励出国留学人员回国服务，为我国可持续发展引入强大智力支撑，为国家现代化建设奠定坚实基础。“支持留学、鼓励回国、来去自由”的出国留学工作方针被写进 1993 年 11 月召开的中共十四届三中全会文件，标志着中国以制度化方式再次确立了改革开放之初提出的教育要面向世界、对外开放的政策。同年 7 月，国家教委印发《关于自费出国留学有关问题的通知》，进一步放宽自费出国留学政策。从此，中国的留学事业走上了良性循环的轨道。

伴随着出国留学事业的发展，留学中的一些问题特别是留学人员“留而不归”逐渐引起了国家的重视。国家教委借鉴国际经验，改革国家公派出国留学管理办法。1996 年，国家留学基金管理委员会成立，全面试行国家公费出国留学选拔办法，即“个人申请、专家评审、平等竞争、择优录取、签约派出、违约赔偿”，标志着国家公派留学工作走上法制化轨道。1996 年，教育部全面实施“春晖计划”，拨出专项经费资助在外留学人员短期回国工作。这在广大留学人员中产生了广泛积极的影响，从而激发了他们的爱国热情。

（三）扩大发展阶段（1997—2012 年）

在此期间，教育部于 1998 年 12 月 24 日制定、国务院于 1999 年 1 月 13 日批转了《面向 21 世纪教育振兴行动计划》；2010 年 7 月 29 日，国家中长期教育改革和发展规划纲要工作小组办公室发布了《国家中长期教育改革和发展规划纲要

（2010—2020年）》，该文件明确提出了“扩大教育开放”的方针。

加入世贸组织后，中国政府陆续制定和修订了与教育对外开放相关的政策法规文件，大力推进双边多边教育交流与合作机制建设，不断改善教育对外开放的制度环境。1999年，教育部《面向21世纪教育振兴行动计划》全面启动，留学工作被置于重要位置。2000年，全国教育外事工作会议召开，总结了改革开放20多年来中国留学工作的成绩并确定了今后5年留学工作的方向。2004年，国务院印发了《2003—2007年教育振兴行动计划》，提出加强全方位、高层次教育国际合作与交流，确定了5年内教育对外开放的思路、策略及行动举措。2010年，全国教育工作会议与《国家中长期教育改革和发展规划纲要（2010—2020年）》进一步把教育对外开放作为推动中国教育改革和发展的战略举措，明确提出坚持以开放促改革、促发展，始终面向世界，进一步加强教育国际交流与合作水平，引进优质教育资源，提高中国教育国际化和教育现代化水平，提升中国教育的国际地位、影响力和竞争力，培养大批具有国际视野、通晓国际规则、能够参与国际事务和国际竞争的国际化人才。

这一阶段，中国教育对外开放围绕大国是关键、周边是首要、发展中国家是基础、多边是重要舞台的战略部署，坚持宏观统筹与具体实施、官方交流与民间交流互为补充、有效配合，深入推进全方位、多层次、宽领域的教育交流与合作，在出国留学、来华留学、中外合作办学、境外办学、汉语推广等领域取得新进展，在双边教育交流合作特别是机制构建、平台拓展等方面取得新突破。

在中央高度重视下，具有中国特色的教育对外开放事业成为中外人文交流的重要领域，在国家总体外交中日益发挥重要作用。自2004年起，孔子学院开始在世界各地设立，积极推广汉语，传播中国文化。教育对外开放工作逐渐形成了宏观、微观相协调的对外教育交流矩阵。

这一时期，中国更加积极地参与到中外人文交流事务中。以教育交流为引领的中外人文交流工作逐步向国际社会传递中国和平发展的正能量，通过中国历史悠久且丰富多彩的各类文化、教育、艺术等的表现形式，在国际舞台上传播中国和平发展、共建和谐世界的创新理念，以一个和平、友好、负责任的大国形象赢得国际社会的认同，力争使中国的“软实力”在国际上获得与“硬实力”相称的地位。

这一时期，多边教育交流与合作日益深化。中国与联合国教科文组织的合作在深度和广度上进一步拓展，合作成果丰硕，很多重要会议和活动开始在中国举办，包括九个人口大国全民教育部长会议、首届世界地质公园大会、第28届世界遗产委员会、首届教科文组织学习型城市大会、国际职业教育大会、国际文化与可持续发展大会等。

（四）新时代（党的十八大以来）

中共十八大以来，在以习近平同志为核心的党中央坚强领导下，中国迈向追求更高质量、更高水平的全面对外开放新时代。这一阶段，中国教育对外开放的基础和条件发生深刻变化，国家开放发展新战略为教育对外开放注入新动力，教育对外开放工作积极服务党和国家工作大局，形成全方位、多层次、宽领域的新格局，开始步入提质增效、迈向领跑的新时代。

在此阶段，2016年中共中央办公厅和国务院办公厅印发《关于做好新时期教育对外开放工作的若干意见》《推进共建“一带一路”教育行动》等政策文件，标志着新时期我国教育对外开放事业全面启动。另外，2017年9月24日，中共中央办公厅和国务院办公厅发布了《关于深化教育体制机制改革的意见》，该文件提出了“融通中外”“吸收世界先进办学治学经验”的方针。

双向留学与人才引进规模迅速增长，人才培养国际化水平大幅提升。截至2017年底，留学回国人员总数达313.20万人，占已完成学业人数的83.73%。“留学中国计划”扩大了来华留学规模，学历留学生特别是研究生比例上升较快，中国成为亚洲第一大留学目的国。海外优秀人才来华从教的数量和质量明显提升。正在实施的海外名师项目和学校特色项目已惠及160余所非教育部直属高校。各地方政府积极出台海外优秀人才引进计划，吸引了大量人才为国家建设服务。

双边多边人文交流机制不断完善，上升为国家对外交往的重要支柱。迄今为止，中国已先后建立了中俄、中美、中欧、中英、中法、中印尼、中南非、中德等八个高级别中外人文交流机制，教育服务国家对外战略能力不断增强。中国各级各类学校和教育机构与150多个国家和地区数千个教育机构建立了友好关系。教育国际交流在人文交流机制平台上得到实质性推进。中外教育领域高层智库间交流日益增多，成为中国外交的有益补充和民心相通的活跃力量。伴随着留学生质量和数量的双提升，留学生已成为中外人文交流天然的使者。

不断扩大的教育对外开放，为各国间的政策沟通、贸易沟通、货物交流等提供了有力人才支撑。截至2017年，中外合作办学机构和项目近2600个。海外办学迈出实质性步伐，已举办100多个本科以上境外办学机构和项目。与188个国家和地区建立教育合作交流关系，与46个重要国际组织开展教育交流，与48个国家和地区签署学历学位互认协议。习近平主席对联合国教科文组织进行历史性访问，中国与教科文组织关系进入历史最好时期。中国成功加入《亚太地区承认高等教育资历公约》，积极参与全球教育治理，使中国教育的话语权不断扩大。推进省部共建"一带一路"教育行动，基本实现主要节点省份签约全覆盖。525所孔子学院和1113个孔子课堂遍布全球146个国家和地区，全球汉语学习人数达1亿人，中华语言文化影响力不断增强。

中国教育国际竞争力不断增强，教育普及程度不断提升，教育总体发展水平进入世界中高收入国家行列，各级各类教育规模持续稳居世界首位，逐步由大到强。2016年，中国成为《华盛顿协议》第18个正式成员，标志着中国工程教育质量得到国际认可。"双一流"建设取得重要进展，中国多所高校进入世界权威排行榜。41所高校进入上海软科世界大学学术排名500强，30所高校进入《美国新闻与世界报道》世界大学排名500强，6所大学进入QS世界大学排名100强。

二、教育开放的相关政策及特征

改革开放以来，我国参与全球化的程度不断加深，教育领域的进一步开放成为不可阻挡的趋势。"教育要发展，根本靠改革。""以开放促改革，促发展。开展多层次、宽领域的教育交流与合作，提高我国教育国际化水平。"《国家中长期教育改革和发展规划纲要（2010—2020年）》中对教育领域改革、开放与发展关系做出了如下界定：教育开放成为我国教育政策话语体系的重要组成部分；教育开放与教育开放政策也是密不可分的；教育发展在很大程度上取决于制定什么样的教育政策。

（一）出国留学与人才回归政策

教育的对外开放首先表现在人员的交流与流动上。我国政府对我国公民教育领域对外交流的管理主要包括人员的派遣、对自费留学的规定、留学人员的回归和对在外留学人员的服务与管理等方面。

1. 出国留学

改革开放初期，我国出国留学人员主要是公派出国留学人员。1986 年《中共中央、国务院关于改进和加强出国留学人员工作若干问题的通知》确定了“按需派遣、保证质量、学用一致”的留学派遣原则，加强对出国留学人员的管理、教育和服务工作，要求各类公派出国留学人员都应按计划努力完成学习任务，及时回国工作。1988 年起教育行政部门开始提出对留学工作进行改革，改革的前期主要是以“按需派遣”的原则并根据国家需要调整相应的人员构成，同时改革留学人员的选拔办法，加强对留学人员的服务和管理工作。20 世纪 80 年代末 90 年代初，国内外环境发生了重大变化。大量留学人员逾期不归，政府一方面仍然坚持派出工作，同时在政策上做了若干调整，在原来留学方针基础上增加了“德才兼备”的要求。1995 年我国筹建留学基金委，开始对国家公费出国留学的选拔与管理体制进行系统改革。2004 年教育部提出要“加大高层次人才选派力度”，扩大研究生派出规模，提高国家公派出国留学人员的培养层次，国家公派留学的目的更加具有针对性，即促进高层次创新人才的培养。2007 年，为了支持和配合国家重大发展战略和高水平大学建设，开始实施“国家公派出国留学研究生选派项目”。

改革开放后随着我国大量派遣留学生，自费留学生数量逐渐增多，逐渐引起了教育主管部门的重视。1982 年和 1984 年，国务院分别颁布了《关于自费出国留学的规定》和《关于自费出国留学的暂行规定》，开放了我国公民自费出国留学的途径。

2010 年 7 月，《国家中长期教育改革和发展规划纲要（2010—2020 年）》对进一步完善出国留学教育政策提出要求：“创新和完善公派出国留学机制，在全国公开选拔优秀学生进入国外高水平大学和研究机构学习。加强对自费出国留学的政策引导，加大对优秀自费留学生资助和奖励力度。坚持‘支持留学、鼓励回国、来去自由’的方针，提高对留学人员的服务和管理水平。”在此阶段，出国留学教育取得了迅速发展。

2. 人才回归

与出国留学相对应的是政府非常重视留学人员回国事宜。1992 年，原国家教委主任李铁映提出“支持留学、鼓励回国、来去自由”应该成为我国出国留学工作的总方针，以更加开放和包容的态度看待留学人员回国事宜。

（二）来华留学生和外籍教师引进政策

教育领域人员的国际交流还表现为吸引国外学生来华留学和教师来华工作。

1. 来华留学生

改革开放初期，来华留学生数量较少，主要集中在与我国建立友好关系的第三世界国家。而且我国的外国留学生没有自费留学生，全部是享受我国政府奖学金的留学生。1978 年之后开放自费来华留学生教育。1992 年之前，我国一直在进行针对来华留学生的规定和制度建设，对吸引来华留学生持比较审慎的态度。1996 年提出“积极稳妥地扩大招收外国留学生”，但直到 2002 年才再次提出“扩大接受外国留学生”。随着来华留学生数量的不断增多，2008 年教育部提出“进一步扩大中国政府奖学金规模，进一步提高来华留学生教育质量”，提高来华留学生质量成为此后政府工作的重点。

党的十八大以来，党和国家高度重视来华留学教育的顶层设计。2014 年召开的全国留学工作会议确立“人才培养和发挥作用、出国留学和来华留学、公费留学和自费留学、规模和质量、依法管理和完善服务五个并重”的留学工作原则。2016 年 4 月，中央办公厅、国务院办公厅印发的《关于做好新时期教育对外开放工作的若干意见》，就新时期留学事业发展提出“加快留学事业发展，提高留学教育质量”的指导意见以及“优化来华留学生源国别、专业布局，加大品牌专业和品牌课程建设力度，构建来华留学社会化、专业化服务体系，打造‘留学中国’品牌”的具体举措。2017 年 7 月，《学校招收和培养国际学生管理办法》发布实施。在此阶段，来华留学教育政策的战略属性得以强化，在政策导向上更加突出内涵发展、品牌打造与作用发挥。此阶段的具体政策主要包括汉语水平考试、学历生电子注册、来华留学签证、中国政府奖学金管理、就业等方面。政策渐趋完善，来华留学教育规模不断增长，结构逐步优化并向高层次、高质量发展。

2. 外籍教师引进

吸引外籍专家来华工作始终是我国教育开放政策的关注点之一。1991 年，我国研究制定改进高校聘请外国专家的管理办法；1992 年提出要“贯彻落实来华专家教师管理规定”；1998 年 12 月，教育部发布的《面向 21 世纪教育振兴行动计划》提出“邀请海外知名学者特别是世界一流大学的教授任国内大学客座教授，来华进行短期讲学和研究”的明确要求。以此为标志，外国专家与外籍教师政策进入拓展建设阶段。2002年，教育部设立“聘请世界知名学者”项目。2006年8月，教育部、国家外国专家局印发了《高等学校学科创新引智基地管理办法》，启动实施“高等学校学科创新引智计划”（又称“111计划”）。“111计划”旨在通过成建制引进海外高层次专家赴我国高等学校开展合作研究，建成一批世界一流的学科创新基地。2010年7月颁布实施的《国家中长期教育改革和发展规划纲要（2010—2020年）》明确提出，要“吸引更多世界一流的专家学者来华从事教学、科研和管理工作，有计划地引进海外高端人才和学术团队”。

党的十八大以来，外国专家工作受到党和国家高度重视。此阶段的外国专家与外籍教师政策主要围绕高等学校国际化以及高水平师资队伍建设等方面展开。2013年10月，教育部、国家外国专家局发布了《高校国际化示范学院推进计划实施细则》，全面启动“高校国际化示范学院推进计划”。该政策是外国专家与外籍教师政策在高等学校国际化建设方面的创新性举措。2016年4月，中共中央办公厅、国务院办公厅印发的《关于做好新时期教育对外开放工作的若干意见》提出了“推进外籍教师资格认证，加快高水平师资队伍建设”“加快引进世界名校师资”的新要求，为外国专家与外籍教师政策的进一步完善指明了方向。

（三）汉语国际推广计划与孔子学院

我国政府在实施教育对外交流不久就开始将对外汉语工作提上日程，将其作为教育领域“走出去”的一个重要事项。1987年，我国成立“国家对外汉语教学领导小组”（以下简称国家汉办），致力于对外推广汉语教学。《国家教委1989年工作要点》提出“制定对外汉语教师任职资格条例”，开始对对外汉语教师的资格进行认证。经过多年的发展，我国对外汉语教学的形式更加多样，但组织模式仅局限为汉语教学点。为了扩大汉语教学的规模和影响，从2003年我国开始重视“加快对外汉语教学基地的建设”；2004年正式提出启动境外“孔子中文学院”建设（第二年改称“孔子学院”）。此后孔子学院作为国家对外汉语教学与文化传播的媒介在教育对外交流中占据重要地位。2007年提出积极推动汉语教学进入国外正规教育体系。2012年开始关注孔子学院的办学质量问题，办好网络孔子学院。

党的十八大基于国际国内形势的准确判断，提出“中华文化‘走出去’迈出更大步伐”的新要求。2013年2月，教育部发布了《孔子学院发展规划（2012—

2020年）》，从总体要求、主要任务、重点项目等方面对未来一定时期内的孔子学院建设进行了部署，迈出了汉语国际推广政策提升完善的第一步。2017年3月，国家汉办出台新的《孔子学院中方院长管理办法》，对孔子学院中方院长管理政策进行了完善。2018年1月，中央全面深化改革领导小组第二次会议审议通过了《关于推进孔子学院改革发展的指导意见》，对孔子学院的未来发展进行了顶层设计，为孔子学院政策的提升完善提供了根本遵循。

（四）与联合国教科文组织等国际组织的多边交流合作

1971年联合国教科文组织恢复了中国的合法席位。我国参与联合国教科文组织活动的初期，以参与反对霸权等政治斗争为主，与教科文组织在教育、科学、文化等领域的业务合作还没有开展。在邓小平同志的推动下，我国与教科文组织在其业务领域的合作与交流蓬勃发展，成为我国20世纪80年代教育和科学技术对外开放的重要窗口。20世纪90年代以来，我国与教科文组织合作进入一个新阶段。1998年教育部首次提出“积极开展与教科文组织在教育领域的合作，争取外来经费”。这一时期除继续通过教科文组织学习对我国有益的东西之外，我国也对教科文组织的发展做出了贡献。进入21世纪，教育部非常重视与联合国教科文组织等高端国际教育组织的合作与交流，以此来增强我国对国际教育事务的参与程度。2013年提出要“加强与联合国教科文组织等国际组织的合作，积极参与教育国际规则制定”。在新的历史阶段，我国在国际组织中从被动的参与者、接受者、倾听者，逐渐谋求为主动的参与者、组织者和规则制定者。目前，教育部正推进国际组织人才培养工作，力图在国际组织中拥有更多的话语权。

（五）中外合作办学与境外办学

1. 中外合作办学

改革开放以来，我国第一个中外合作办学机构是1986年成立于南京的南京大学–约翰斯·霍普金斯大学中美文化研究中心。1993年，原国家教委发布了《关于境外机构和个人来华合作办学问题的通知》，该通知强调与境外机构或个人在国内合作办学，应坚持积极慎重、以我为主的原则。1995年国家发布《中外合作办学暂行规定》，使我国合作办学有了法律规定。2001年12月，我国正式加入世贸组织，教育领域的扩大开放不可避免，中外合作办学作为外国教育实体进入我国的一种方式得到确认。2003 年 3 月，国务院颁布《中外合作办学条例》，这是我国改革开放以来中外合作办学领域的第一部行政法规。2004 年 6 月，教育部发布了《中外合作办学条例实施办法》，对《中外合作办学条例》的贯彻实施进行了具体规定。此后，教育部根据中外合作办学事业的发展实践陆续出台《教育部关于当前中外合作办学若干问题的意见》（2006）、《教育部关于进一步规范中外合作办学秩序的通知》（2007）、《教育部办公厅关于开展中外合作办学评估工作的通知》（2009）、《教育部办公厅关于加强涉外办学规范管理的通知》（2012）等规范性文件，强化了对中外合作办学活动的监管力度和规范建设。在此阶段，中外合作办学发展迅速。

党的十八大以来，中外合作办学在政策导向上向提质增效、内涵发展转变。2013 年 12 月，教育部发布了《关于进一步加强高等学校中外合作办学质量保障工作的意见》，从 8 个方面对新时期进一步加强高等学校中外合作办学质量保障工作进行了部署。2016 年 4 月，中央办公厅、国务院办公厅下发的《关于做好新时期教育对外开放工作的若干意见》强调，要通过完善准入制度、改革审批制度、开展评估认证、强化退出机制、加强信息公开、建立成功经验共享机制等措施，全面提升合作办学质量，为中外合作办学具体政策的制定明确了方向、提出了要求。2018 年 6 月，教育部办公厅下发了《关于批准部分中外合作办学机构和项目终止的通知》，依法对 234 个中外合作办学机构和项目进行了终止。在强化退出机制方面，中外合作办学迈出重大一步。

2. 境外办学

高等学校境外办学是指高等学校在境外举办以境外公民为主要招生对象的教育机构或者采用其他形式开展教育教学活动。1997 年教育部提出“制定境外合作办学管理办法”。我国加入世贸组织之后，政府开始“积极稳妥地推动有条件的学校赴境外办学”。

党的十八大强调“支持中国文化‘走出去’，加强软实力建设”，从支持中国“走出去”的角度对境外办学提出了新的要求。2013 年起提出的“一带一路”倡议则从更广的角度上赋予了境外办学新的战略使命。2016 年出台的《关于做好新时期教育对外开放工作的若干意见》，针对新时期的境外办学强调“鼓励高等学校和职业院校配合企业‘走出去’，鼓励社会力量参与境外办学，稳妥推进境外办学”。其为新时期境外办学政策的制定指明了方向。2017年党的十九大报告关于新时代的科学论断以及关于对外开放和人类命运共同体建设的系列观点，对境外办学提出了新的更高要求。

（六）教育开放政策的主要特征

从改革开放40多年来教育开放政策的发展变化过程，可以看出其所具有的一些特征。

1. 与时代发展密切相关

我国教育开放政策与时代发展紧密相关，在不同时期具有一定的差异性。在起步阶段，党的十一届三中全会后，国家政策重心转移到经济建设上，改革和开放成为促进经济建设的两翼。1978年6月，邓小平同志就派遣留学生问题做了重要指示："我赞成留学生数量增大，主要搞自然科学。要成千上万地派，不是只派十个八个。"据此，教育部、外交部以及相关部门研究、制定了一系列的方针和政策，我国教育对外交流从"文革"时期的基本中断至此得以恢复，新时期中国教育对外开放正式拉开了序幕。在稳步探索阶段，20世纪90年代初国内外局势复杂，这一阶段政策主要集中在推动出国留学和人才回归、加强国内高校与国外高校之间的交流和科研合作、加强与港澳台地区的联系、推广汉语教学等。"积极稳妥"是这一时期的关键词，如1996年、1997年和1998年连续三年提出"积极稳妥地开展发展来华留学生工作"，这一阶段持续到2001年前后。深化发展阶段，2001年，中国加入世界贸易组织后，国外教育产业进一步介入国内教育市场，在教育思想、教育体制、教育方式等方面，对我国教育尤其是高等教育产生全面而深刻的影响。此后，"教育开放"逐步取代"教育对外合作与交流"，政府深化了对教育发展的认识。近年来，我国的教育对外开放和改革进入深水期，如何进一步推进教育开放成为政府考虑的重大问题，除了历年的基本关注点之外，还提出了进行教育国际合作交流综合改革试验区和高等教育国际化示范区建设、国别和区域研究基地建设等内容。

2. 教育行政部门占主导地位

教育行政部门在我国教育开放政策中占据绝对主导地位。教育行政部门在推动我国教育对外开放过程中具有重要的作用，近年来，政府也在着力搭建教育合作与交流的平台，凸显高校等行为主体在参与教育开放过程中的地位和作用，但政府的行政意味依然浓重。由教育行政部门推动的教育开放进程更多地反映了政府的利益，我国教育开放政策的变迁是在政府主导下的强制性变迁、渐进变迁的结果，已经形成了政府主导的教育开放的路径依赖。

3. 主要集中在高等教育领域

世界各国的教育交流与合作，虽然包括各个层次的教育，但主要是在高等教育领域内，涉及人才流动、中外合作办学和汉语推广等各个方面。这种交流与合作的深度和广度取决于国家的政策，高等学校则是这种交流与合作的主要执行者。近年来，随着市场经济改革的深入和教育法制建设的不断完善，将会有更多的政策措施从政府规章层面上升到国家法律和法规层面，从而提高国家对高等教育规制的力度。目前，我国教育开放政策步入改革的深水区，高等教育将继续被重点关注。高校是我国教育开放的重点和核心，我国教育开放政策的落实需要各个高校的努力。

三、主要成果

改革开放 40 多年来，教育对外开放在国家开放战略中充分发挥着基础性、先导性和全局性作用。目前，我国正进入全面深化改革、扩大对外开放的新阶段，已基本形成了全方位、多层次、宽领域的教育对外开放格局，在推动中外人文交流、培养高层次人才、引进优质教育资源等方面取得了重大成就，主要体现如下：

（一）形成顶层制度安排，中外人文交流成果卓然

2016 年，中共中央办公厅、国务院办公厅印发《关于做好新时期教育对外开放工作的若干意见》《推进共建“一带一路”教育行动》两个重要的指导性文件，明确了中国教育国际合作与交流未来的发展目标和使命，部署了重点工作，强化了各项保障措施。这两个文件将引领我国教育开放的未来发展方向。

自 2000 年起，中国先后与俄罗斯、美国、英国、欧盟、法国和印度尼西亚建立了八大高级别人文交流机制。人文交流已经和政治互信、经贸合作一起，成为中国与世界各国关系稳定发展的三大支柱。2016 年 6—10 月，先后举行中美第七次、

中法第三次、中俄第十七次、中印尼第二次高级别人文交流机制会议，10月11日在北京举办了中国—欧盟国家教育部部长会议、第四届中国—中东欧国家教育政策对话，12月在上海举行了中英高级别人文交流机制第四次会议。

（二）培养了大批国家急需人才，推进国别区域研究全覆盖

加大非通用语种人才、国际组织人才、国别和区域研究人才、拔尖创新人才和来华杰出人才的培养力度，为教育国际合作与交流提供人才保障。2015年，非通用语种人才共录取996人，涉及33个国家、38个非通用语种；在国际组织人才方面，向联合国教科文组织选派首批23位研习人员；在国别和区域人才方面，面向10个国家和地区研究方向，资助16人开展国别区域研究；在拔尖创新人才培养方面，委托国家留学基金委设立“未来科学家项目”，有针对性地培养一批顶尖创新人才、领军人才和大师级人才；在培养来华杰出人才方面，积极落实“来华留学高端硕士学位奖学金项目”，2015—2016学年共有来自30个周边国家和部分重点非洲国家的140名学员来华学习。为配合中国国际教育交流与合作，推动建立42家国别和区域研究基地，共覆盖国别超过90个，重点推进“一带一路”沿线国家研究的全覆盖。

（三）双向留学趋势日趋明显，中外合作及境外办学成效显著

近年来，中国出国留学、留学回国、来华留学人数均大幅增加。中国是世界上最大的留学输出国，从总体来看，截至2017年，我国各类出国留学人数首次突破60万大关，达到60.84万人，比上年增长11.74%，留学生遍布180多个国家，多数前往欧美发达国家和地区求学，赴“一带一路”沿线国家留学人数6.61万人，比上年增长15.7%，超过整体出国留学人员增速。各类留学回国人员总数48.09万人，较上年增长11.19%，其中硕博研究生学历及博士后出站人员达到22.74万人，比上年增长14.90%。

改革开放40多年来，出国留学获得了长足发展，取得了巨大成就，具体表现在三个方面：其一，出国留学总体规模迅速增长。据统计，出国留学人数自1978年的860人增长到了2017年的60.84万人。截至2017年，我国出国留学规模累计为519.49万人，目前正在国外进行相关阶段的研究和学习的为145.41万人。其二，学成回国的比率稳步增长。特别是党的十八大召开以来，在国内良好的经济发

展态势及政策环境的驱动下，选择回国发展的海外留学人员比例稳步增长。根据教育部2018年3月公布的数据显示，在1978—2017年的各类出国留学人员中，选择在完成学业后回国发展的共计313.20万人，占全部已完成学业人数的比例为83.73%。其三，出国留学效益显著。出国留学为我国经济社会建设提供了强大的人才支撑，做出了卓越贡献。党的十八大以来，经高校通过“长江学者奖励计划”聘任具有海外学习或工作经历的高层次才1094人；当前，具有海外工作或学习经历的两院院士占院士总数的比例为80%以上，高水平大学校长比例为70%以上，长江学者入选者比例为90%以上。

中外合作办学招收优秀国际学生成为新亮点。改革开放40多年来，中外合作办学从无到有、从点到面，逐步发展壮大。截至2018年6月，全国经批准举办的中外合作办学项目和机构为2342个，其中本科及以上层次的项目和机构合计1090个，含项目991个，机构99个。中外合作办学已成为我国教育事业的有机构成，其在创新人才培养模式、促进国际化人才培养、推动高等学校教育教学改革及国际化建设等方面发挥了独特而有效的作用。

改革开放以来，我国境外办学虽然起步较晚，但取得了较大发展，尤其是党的十八大以来，境外办学取得了历史性突破。截至2018年6月，中国内地共有84所高校开展境外办学，境外办学机构和项目共128个。云南财经大学曼谷商学院、同济大学佛罗伦萨海外校区、北京语言大学东京学院、厦门大学马来西亚分校、北京大学汇丰商学院英国校区等境外办学机构均是在党的十八大之后成立的。当前，境外办学的学科专业已由起初的中医、汉语等扩展到经济、工程等领域，境外办学的层次亦明显提高，我国在跨境高等教育输出中的影响力显著提升。随着我国境外办学政策的规范提升，境外办学在服务国家“走出去”战略以及助推“一带一路”建设进程中必将实现更大的发展。

（四）顺应世界范围内汉语的学习需求，孔子学院迅速走向世界

改革开放以来，汉语国际推广事业适应了世界范围内汉语的学习需求，取得了令世人瞩目的巨大成就。当前，汉语正日益成为一门世界性的语言。据国家汉办网站数据显示，截至2017年12月31日，全球146个国家（地区）建有525所孔子学院和1113个孔子课堂，全球130个国家（地区）设有汉语考试考点1100个（其中，中国内地358个，境外742个）。孔子学院和孔子课堂除负责汉语教学外，还

负责中外教育文化的交流与合作，是孔子学院和孔子课堂所在国家和当地民众了解中国的重要窗口。事实证明，以孔子学院和孔子课堂为主要载体的汉语国际推广事业的蓬勃发展深化了中国与世界各国的相互理解与认知，其倡导的“和而不同，文明互鉴”的理念及实践，为世界多元文化发展与构建和谐世界做出了重大贡献。

对外开放是我国的一项基本国策。教育对外开放一直是改革开放的重要组成部分。改革开放以来，教育对外开放全面贯彻党的教育方针以及党和国家关于改革开放的总体部署，为提升我国教育质量和国际影响力及推进我国社会主义现代化建设等方面提供了有力支撑，取得了辉煌的成就。对外开放走过了40多年，其内涵发生了深刻的变化，教育对外开放的程度不断加深、广度日益扩大、水平逐步提升，40多年来积累的丰富经验，为新时代教育对外开放事业发展提供了更有益的借鉴。

参考文献

[1] 国家中长期教育改革和发展规划纲要（2010—2020年）[M]. 北京：人民出版社，2010.

[2] 国务院印发《国家教育事业发展“十三五”规划》[J]. 教育现代化，2017（38）：8.

[3] 中办国办印发《关于做好新时期教育对外开放工作的若干意见》[J]. 中国电力教育，2016（5）：5-6.

[4] 孔子学院总部. 关于孔子学院/课堂 [EB/OL].（2018-03-01）[2018-07-28]. http：//www.hanban.edu.cn/confuciousinstitutes/node_ 10961.htm.

第十五章　医疗卫生领域开放
——共建互联互通的健康命运共同体

健康是人类永恒的主题，是全世界人民共同的追求，也是全社会共同的责任。党的十九大报告指出，要实施健康中国战略，人民健康是民族昌盛和国家富强的重要标志，坚持中西医并重，传承发展中医药事业，支持社会办医，发展健康产业。近年来，我国经济发展势头良好，人民生活水平稳步提升，居民健康管理意识持续增强；我国开始进入老龄社会，居民医疗健康需求不断增加。在这一大背景下，日益增长的医疗资源需求与现有医疗资源之间的供需矛盾等深层次供给侧结构性问题日益显现。因此，引入国际医疗资源，能够对我国本土医疗资源尤其是高端医疗资源的供给形成有益补充。与此同时，随着“一带一路”倡议的持续深入，我国与“一带一路”沿线国家和地区的医疗合作向纵深拓展，我国医疗服务“走出去”步伐加快，卫生领域合作成为“一带一路”参与国民心相通的重要纽带。从总体看来，以引入医疗技术、管理体系为主的“引进来”，以及国内医疗服务“走出去”成为国际医疗合作、共建“健康命运共同体”的战略重点。

一、我国医疗产业发展及医疗卫生开放概况

改革开放40多年来，我国医疗卫生事业高速发展，当前人民健康水平总体上优于中高收入国家平均水平，医疗卫生事业发展为全民带来巨大的健康福利。“引进来”与“走出去”并重加速医疗卫生领域开放，外商投资医疗机构由限制发展转变为鼓励发展，国内资本“走出去”步伐加快，医疗卫生领域全面开放格局基本形成。

（一）医疗卫生事业飞速发展为全民带来“健康红利”

改革开放40周年见证了中国医疗卫生事业的进步与飞速发展，医疗卫生领域

发生的巨变在我国改革发展史上独树一帜。特别是党的十八大以来，医疗卫生改革大踏步迈进，人民健康和医疗卫生水平大幅提高。国家统计局的数据显示，我国医疗卫生总费用自 2013 年的 3.17 万亿元增至 2017 年的 5.26 万亿元；医疗卫生机构自 2013 年的 97.44 万个增至 2018 年 11 月底的 100 万个，其中医院 3.2 万个，基层医疗卫生机构 94 万个，专业公共卫生机构 1.9 万个；每千人口卫生技术人员数量自 2013 年的 5.25 人增至 2017 年的 6.47 人；每千人口执业（助理）医师自 2013 年 2.04 人增至 2017 年的 2.44 人；每千人口注册护士自 2013 年的 2.04 人增至 2017 年的 2.75 人（见表 15-1）。我国医疗卫生事业的高速发展为全民带来了巨大的“健康红利”，居民人均预期寿命不断提高，2017 年我国人均预期寿命达 76.7 岁，较 1981 年提高 8.8 岁（见图 15-1）。根据国务院 2017 年印发的《“十三五”深化医药卫生体制改革规划》，截至 2017 年，我国 80%以上的居民 15 分钟内能够到达最近的医疗点，人民健康水平总体上优于中高收入国家平均水平，基本医疗卫生服务公平性、可及性显著提升。

表 15-1　我国医疗卫生事业发展情况

	2013 年	2014 年	2015 年	2016 年	2017 年	2018 年 11 月
医疗卫生总费用/万亿元	3.17	3.53	4.10	4.63	5.26	—
医疗卫生机构/万个	97.44	98.14	98.35	98.34	98.66	100
每千人口卫生技术人员/人	5.25	5.56	5.84	6.12	6.47	—
每千人口执业（助理）医师/人	2.04	2.12	2.22	2.31	2.44	—
每千人口注册护士/人	2.04	2.20	2.37	2.54	2.75	—

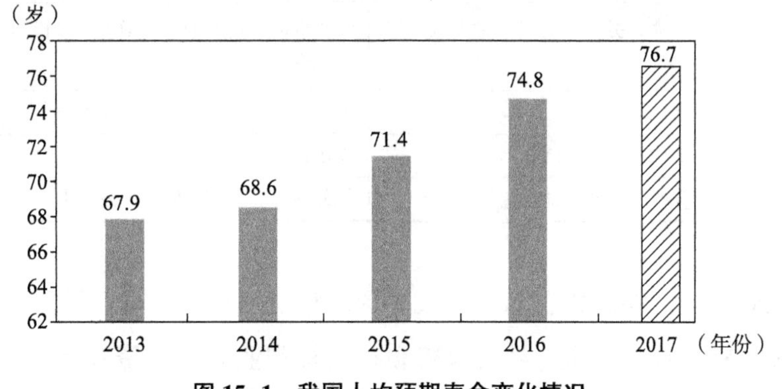

图 15-1　我国人均预期寿命变化情况

（二）“引进来”与“走出去”并重促进医疗卫生开放全面深化

1. 外商投资医疗机构由允许发展为鼓励，外资加速进入中国医疗卫生市场

外商投资医疗机构由限制类到允许类再到鼓励类，健康、养老市场等医疗卫生市场已对外资全面开放。从总体来看，我国医疗卫生市场逐步放开，政策环境持续优化。自从 1989 年中国政府放开外国医生来华执业以来，外资便以中外合资、合作、合作研发等形式参与中国本土医疗卫生事业。我国自 1997 年开始允许外资进入，但持股比例不得高于 70%；2010 年将审批权限下放至省一级；2014 年在北京市、天津市、上海市、江苏省、福建省、广东省、海南省七省市允许独资办医，不限制 70%的比例；2017 年发布的《“健康中国 2030”规划纲要》明确提出要逐步扩大外资兴办医疗机构的范围；2019 年 2 月，国家发改委发布《鼓励外商投资产业目录（征求意见稿）》。在鼓励外商投资的产业目录中，包括老年人、残疾人和儿童服务机构、养老机构（含医养结合机构）、医疗机构等（见表 15-2）。

表 15-2 医疗卫生领域资本准入政策变化情况

年份	政策名称	相关内容
1989	《关于开办外宾华侨医院、诊所和外籍医生来华执业行医的几条规定》	外籍医师可以来华行医，外商在华试办外资医疗机构也得到了初步允许
1992	《外国医师来华短期行医暂行管理办法》	允许外籍医师来华从事临床诊断、治疗业务活动，但不得超过 1 年
1997	《关于设立外商投资医疗机构的补充规定》	合资中方的控股比例不得低于 50%，特殊情况不得低于 30%，不允许设立外商独资医疗机构
1999	《中外合资、合作医疗机构管理暂行办法》	合资中方控股比例不得低于 30%
2010	《关于进一步鼓励和引导社会资本举办医疗机构的意见》	逐步取消投资在股权方面的限制，下放外资医院的审批权到省级
2014	《外资产业指导目录》	外商投资医疗机构由限制类改为允许类
2017	《“健康中国 2030”规划纲要》	逐步扩大外资兴办医疗机构的范围
2019	《鼓励外商投资产业目录（征求意见稿）》	把外商投资医疗机构改为鼓励类

2013—2017 年，外商投资加速进入中国医疗卫生行业市场。国家统计局的数据显示，2013—2017 年，卫生、社会保障和社会福利业外商投资项目自 2013 年的 18 个增至 2017 年的 114 个，实际使用外资由 2013 年的 6435 万美元增至 2017 年的 30516 万美元（见图 15-2），年均增长率分别为 50.88%和 47.57%；卫生和社会工

作行业外商投资企业数量自 2013 年底的 38 家增至 2017 年底的 192 家，投资总额自 2013 年底的 217 亿美元增至 2017 年底的 441 亿美元（见图 15-3）。

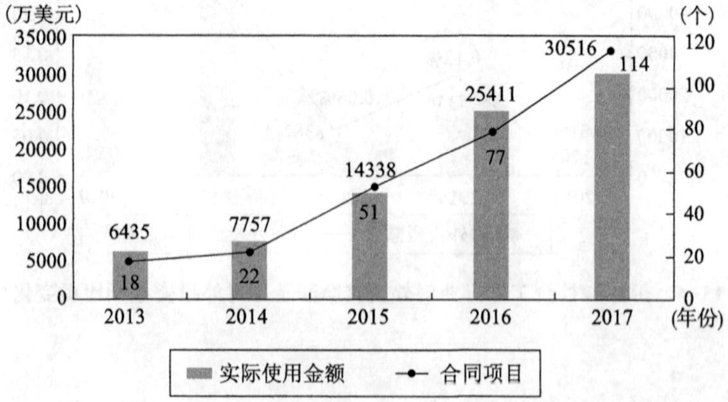

图 15-2　2013—2017 年卫生、社会保障和社会福利业外商投资项目个数及投资额变化情况

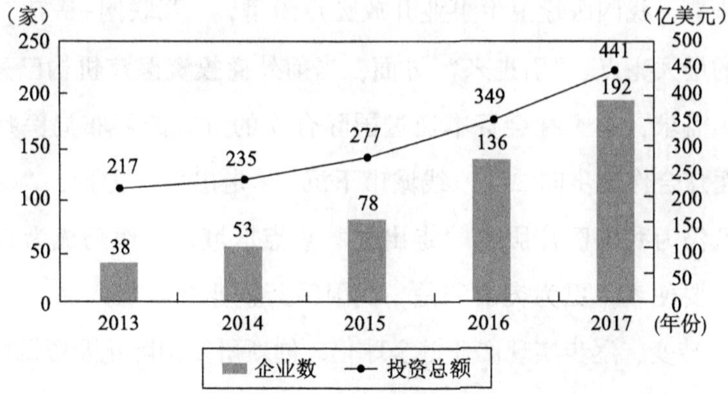

图 15-3　卫生和社会工作行业外商投资企业年底注册登记情况

2. 国内资本“走出去”步伐加快，医疗卫生领域占比总体呈上升态势

国内资本、优势产业“走出去”步伐加快，医疗卫生行业也不甘落后。从我国卫生和社会工作行业对外投资净额来看，我国卫生和社会工作行业对外投资净额自 2013 年的 1703 万美元增至 2017 年的 35267 万美元，年均增长率达 113.32%。从卫生和社会工作行业对外投资净额占对外投资总额的比重来看，我国卫生和社会工作行业对外投资净额占对外投资总额的比重自 2013 年的 0.02%增至 2017 年的 0.22%（见图 15-4），2017 年虽略有下降，但总体仍呈现上升态势。

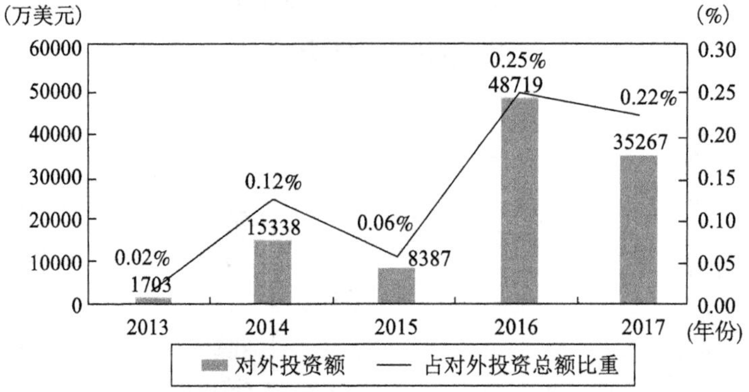

图 15-4　卫生和社会工作行业对外投资净额及占对外投资总额比重变化情况

二、医疗卫生开放的特点

从总体来看，我国医疗卫生事业开放亮点纷呈，“互联网+医疗”成为医疗卫生领域开放的最大亮点。“引进来”方面，当前外商投资医疗机构已逐步覆盖居民多元化的卫生需求，本土社会资本通过国际合作的方式跨界布局医疗领域热情高涨，且国际医疗合作逐步向二、三线城市下沉。“走出去”方面，“一带一路”沿线国家和地区仍为我国医疗服务“走出去”重点区域，中医药成为打造“健康丝绸之路”的重要使者。更为突出的是，我国医药企业开始从产品“走出去”向产业“走出去”转变，逐步实现产业链全球化、创新研发国际化及资源配置国际化。

（一）“互联网+医疗”争当国际医疗合作排头兵

医疗信息化领域政策密集出台支持行业发展。从 2018 年 1 月卫健委推出的三年医院行动方案，到 4 月国务院出台的《国务院办公厅关于促进“互联网+医疗健康”发展的意见》，再到 8 月的电子病历评级要求，无论对于传统医疗信息化业务还是“互联网+医疗”创新业务，我国在政策上都是持鼓励发展、支持创新的态度，行业创新成长的限制进一步解除，“互联网+医疗”行业迎来了政策红利推动的高速发展期。以医疗信息化创新业务为例，在 2017 年及 2018 年，医疗支付 IT 创新业务及互联网医疗业务均连续两年实现了 20%以上的增长，医疗大数据连续两年实现 100%以上的增长（见图 15-5）。从企业主体方面来看，卫宁健康、创业智慧、和仁科技等平台企业加速布局互联网医疗，行业整体景气度较高。

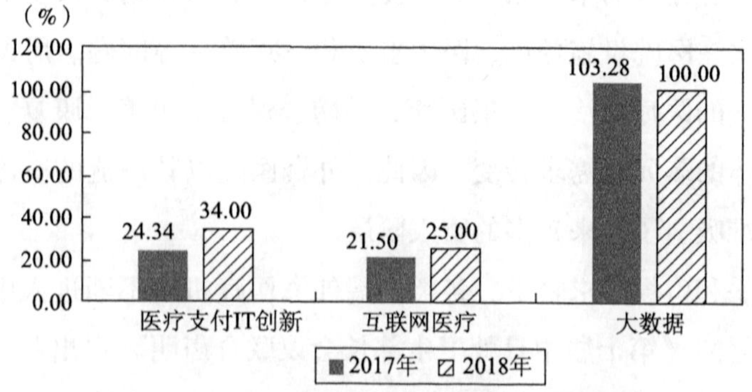

图 15-5　医疗信息化创新业务 2017 年、2018 年增速

作为推动国际医疗合作的“排头兵”，“互联网+医疗”正在重构全球医疗合作版图，推动全球尤其是丝路国家共建健康命运共同体。平安好医生于 2018 年与东南亚领先的 O2O 平台——Grab 就成立东南亚合资公司签订认购协议，该合资公司主要将通过移动平台在东南亚从事“一站式”医疗健康服务，包括在线医疗、消费型医疗、健康商城，以及健康管理与互动等服务。资料显示，平安好医生的医疗服务网络已经覆盖美国、韩国、瑞士、日本等近 10 个国家和地区，未来平安好医生将进一步开拓北美、日本和印度市场，致力于打造全球最大的医疗健康生态系统，对外输出成熟的技术和服务，在全球范围内解决医疗健康问题。同年，国际医学和阿里巴巴在西安市高新医院共同正式签署了《“新医疗”创新合作协议》，双方将充分发挥阿里巴巴在互联网技术、智慧医疗、移动支付、云计算、大数据等相关领域的综合优势，结合国际医学旗下的实体医疗机构、学术中心、医疗数据和云服务等专业平台开展全面战略合作。国际医学与阿里巴巴将打造“丝路卫生健康云平台”，为医疗机构诊前、诊中、诊后、健康管理等环节的有效结合提供基础支撑，解决医疗机构之间的数据共享难题，辐射关中城市群及“一带一路”沿线国家和地区。

（二）国际医疗合作已逐步满足本土居民多元化的医疗需求

我国以公立医院为主的医疗体系日益难以满足市场多元化的医疗需求，外资医疗机构的进入为我国医疗体系的完善提供了有益补充。随着国民收入水平的不断提高以及富裕阶层的不断扩大，国内市场对医疗资源的需求呈现出高端化、多元化的特点。《中国富裕人群调查报告》数据显示，有86%的精英人士对现有医疗服务表示不满，希望拥有完善的术后康复和专业家庭护理。而且精英人士消费力强，对费用不敏感，更关注医院设施环境、医生素质和诊疗效率等问题。居民的医疗服务需求正逐步从单一的医疗救治，向集医疗、预防、保健、医美、康复、健康管理、健康教育等为一体的多元化需求转变。因此，外资医院以其一流的就诊环境、软硬件设施和服务标准吸引了越来越多的富人阶层。

在资本推手和市场需求之下，各类高端外资医疗机构不断进入中国市场。2017年，在济南签署的《第十届中日韩卫生部长会议联合声明》提出要在肿瘤早期筛查及防治诊疗、慢病防控、高端医美、妇幼保健、医药和医疗器械研发等领域展开深入合作，推动韩国高端医疗项目落地。2018年，上海国际医学中心与TAA Medical国际抗衰医疗签署合作协议，双方将进行资源整合。TAA Medical将提供更多的国际专家、国际医疗资源，并将国际先进的、更标准、更高品质、更有效抗衰老手段带入上海国际医学中心，满足患者多元化、多层次的医疗需求。此外，在跨国生物制药公司——百时美施贵宝的推动下，嘉会国际医院免疫肿瘤治疗示范中心（COE）于2018年在上海成立，让中国患者不出国门就能体验“第一时间多学科干预”“国际专家全程联合诊疗”“医患共同决策”的高质量肿瘤诊疗服务，获得基于病理、遗传等多角度考量、取舍兼顾后的整体性治疗方案，以及“全人关怀”的照护和康复支持。

（三）社会资本抢位跨界布局国际医疗合作

社会资本布局医疗服务行业热情高涨，强化与海外医疗机构的合作为其进入医疗服务市场的主要方式。在“打破垄断，引入竞争，共同发展”的国家政策导向，以及大力鼓励社会资本进入医疗服务市场的大环境下，国内民营资本加速进入医疗服务市场，其中不乏一些龙头房地产企业。医疗行业虽是一个朝阳产业，但由于有高垄断、高技术、高人才等硬指标，本土社会资本尤其是非医疗领域的社会资本在进入该行业时，必须与既懂医疗行业又具有精湛技术的机构合作。截至2017年7月底，进入医疗领域的37家中国地产企业中，38%的企业选择与现有医疗机构或医疗行业领军单位合作，该模式占比远远高于并购、投资及自建等模式。而当前国内优质的医疗资源大多数都集中在体制内，鲜有医疗机构与地产商合作，这恰好为海外医疗机构进入中国市场提供了有利条件。

富力地产于 2016 年 11 月与加州大学洛杉矶分校医疗中心（UCLA Health）签署咨询服务协议，双方将共同在广州开发引入新型国际医院，UCLA Health 方面提供技术、设备、咨询顾问服务及管理等方面的支持。恒大集团于 2016 年与哈佛布莱根和妇女医院签订授权合约书，在海南博鳌开设恒大国际医院。哈佛附属布莱根医院将在医疗理念、人才、技术和管理模式方面为恒大健康业务提供指引。2017 年碧桂园正式与英国国际医疗集团（International Hospitals Group Limited）达成战略合作。2018 年 9 月，万达集团宣布将与美国匹兹堡大学医学中心（UPMC）在北京、上海、成都合作创办国际医院，万达将全面引进 UPMC 的医院品牌、医院管理、医疗技术以及医护服务体系，其中成都医院项目已获得土地并开始设计。

（四）"一带一路"沿线国家和地区仍为我国医疗服务"走出去"重点区域

卫生领域合作是"一带一路"建设的重要内容，"健康丝绸之路"日益成为"一带一路"参与国民心相通的重要纽带。截至 2017 年 8 月，中国已与 100 多个"一带一路"沿线国家和地区签署双多边卫生合作协议，共同发起和参与的国际（区域）卫生合作机制超过 11 个，累计与沿线国家和地区合作培养 1200 余名公共卫生管理和疾病防控人员，累计向"一带一路"沿线国家和地区派出医疗队员 2.5 万人次、诊治患者 2.8 亿人次。同时，中国积极与中东欧国家、东盟国家开展传统医药合作，在多个领域取得了突破性和示范性成果，建设了一批海外中医中心，卫生合作对"一带一路"倡议实施的支撑与促进作用日益显现，全方位、多层次、宽领域的"一带一路"卫生合作战略布局基本形成。在 2017 年举办的"一带一路"暨"健康丝绸之路"高级别研讨会上，中国承诺未来 3 年将落实 100 个康复助医项目，实施千名患者康复项目，与非洲国家 20 所医院建立对口合作，建设 30 所中医药海外中心，并成立"一带一路"医院联盟，让各国民众享受到卫生合作带来的实惠。

以老挝为例，老挝作为中国"一带一路"倡议泛东南亚铁路的第一站及"一带一路"的重要组成部分，也是"一带一路"医院联盟中东南亚医疗合作的第一站。老挝已同北京佑安医院、青岛市第六人民医院等国内 26 家重点医院开展了医疗技术合作，并建立了远程会诊中心，开展重大疾病领域的病理诊断合作。在病毒性肝炎、肿瘤靶向治疗等领域，广西医科大学第一附属医院与老挝友谊医院签约成立了我国首家中国东盟国际医疗技术合作医院，双方将通过远程会诊、学术交流等方式，加强传染病防治、肝病诊治、中医诊疗、肿瘤防治等方面的交流与合作。

（五）中医药成为打造“健康丝绸之路”的重要使者

“一带一路”为中医药国际化道路铺设了广阔平台，中国与“一带一路”沿线国家和地区中医药合作日益深化。截至目前，中医药在 183 个国家和地区得到应用，共计 86 个国家、国际组织和中国签订了有关中医药方面的合作协议。2017 年初，国家相关部门联合印发了《中医药“一带一路”发展规划（2016—2020 年）》，结合“一带一路”倡议，旨在进一步强化中医药在“一带一路”沿线国家和地区的发展和传扬，促使中医药进一步“走出去”，推动构建全面对外开放的新格局。中医在“治未病”方面有明显优势且中医医疗成本相对便宜，符合发展中国家患者的经济承受能力。因此，中医中药在“一带一路”沿线国家和地区受欢迎程度较高。2017 年，我国中药类产品出口额为 36.40 亿美元，同比增长 2.07%，其中对东盟出口额增幅达 17%。

北中颐林携手江西中医药大学、塔什干帕拉斯特有限公司在乌兹别克斯坦落地中乌传统医学中心项目，计划在药用植物研发、传统医学人才培训、制药厂、中乌友好医院等方面全面开展合作。该中心将成为乌兹别克斯坦最大的中医服务机构、中亚地区最大的中医药文化传播交流平台，成为中医药“走出去”的样板工程和全球“中医中心”建设的标杆项目。此外，中国援外医疗队在进行对外医疗援助的同时，也在不断地推动中医药走出国门。截至 2017 年底，援外医疗队已在非洲建立 10 所标准化中医医疗中心。

（六）医药企业逐步实现从产品“走出去”到产业“走出去”的跨越

医药领域国际产能合作快速发展，推动我国医药产业实现包含产业链全球化、创新研发国际化、资源配置国际化、国际产能合作的全面“走出去”。以昆药集团为例，昆药集团拥有青蒿素业务完整的产业链，是全球最大的抗疟药原料药生产基地和多系列青蒿素类抗疟药品重要供应商。截至 2018 年底，昆药集团的国际化市场营销网络已覆盖 11 个亚洲国家、5 个大洋洲国家、27 个非洲国家、2 个欧洲国家及 4 个拉丁美洲国家。在“一带一路”倡议的指引下，昆药集团首家海外工厂——乌兹别克斯坦共和国甘草酸加工项目于 2019 年 4 月进入试生产阶段，并开始进行甘草衍生物的研究。昆药集团在乌兹别克斯坦设厂不仅是靠近生产原料市场，更是以此为起点，拓展中亚五国，乃至俄罗斯、东欧等地市场，推动昆药集团甘草酸融入国际甘草产业链。昆药集团在非洲的国际产能合作业务将助推其从产品“走出去”的1.0时代进入产业“走出去”的国际化发展2.0时代。此外，药明生物等中国制药企业也开始纷纷海外建厂及推进研发全球化，药明生物计划未来五年内在爱尔兰敦多克市投资3.25亿欧元，用于新建生物制药生产基地。该基地将率先应用“新一代生物制药生产技术”开展商业化生产，将其打造成为全球领先的生物制药“未来工厂”。

（七）政策扶持助推海南成为国际医疗合作新阵地

海南国际医疗合作发展亮眼。2013年2月28日，国务院正式批复设立海南博鳌乐城国际医疗旅游先行区，并给予9项优惠政策扶持发展医疗、养老、科研等国际医疗旅游相关产业（见表15-3）。目前，海南博鳌乐城国际医疗旅游先行区是全国唯一由国务院审批的、以医疗旅游为主导的园区。博鳌乐城国际医疗旅游先行区正在朝着国家级新的医疗机构聚集地、特色明显技术先进的临床医学中心、尖端医学技术研发和转化基地、国际著名医疗机构展示窗口和后续医疗中心的方向建设。2018年国务院发布了《关于在海南博鳌乐城国际医疗旅游先行区暂时调整实施〈中华人民共和国药品管理法实施条例〉有关规定的决定》，对先行区内医疗机构因临床急需进口少量药品（不含疫苗）的申请，由海南省人民政府实施审批。审批政策的放开意味着全球最新的医疗器械和药品，都将可以在乐城先行区使用。

项目落地方面，截至2018年初，乐城国际医疗旅游先行区已有27个项目开工建设，其中共计7家康养机构开始运营，博鳌超级医院一期也已建成开业。以一龄生命养护中心为例，2017年，国内首家以“生命养护”命名的高端医疗旅游和5S生命养护综合服务机构——一龄生命养护中心正式开业。该中心将中华传统医学、传统文化精髓与世界尖端医疗技术相融合，利用乐城先行区优惠政策整合国际先进医疗资源，为国际国内的高端游客提供综合医疗服务。此外，2019年，博鳌国际医院与意大利都灵大学、英国皇家学会合作签约仪式在海南博鳌举行。博鳌国际医院引入先进的医疗模式、人才、技术及资源，提升对肿瘤等重大疾病的诊疗能力，让国人在家门口也能享受国际一流的医疗服务。目前，博鳌国际医院已引进多项国际顶级医疗设备，如影像科和放疗科的设备可与意大利都灵大学联机，共同制订诊疗计划，未来还将引进先进的手术系统。

表 15-3　2013 年国务院批复海南博鳌乐城国际医疗旅游先行区 9 项优惠政策

序号	政策内容
1	加快先行区医疗器械和药品进口注册审批
2	先行区可根据自身的技术能力，申报开展干细胞临床研究等前沿医疗技术研究项目
3	卫生部门在审批先行区非公立医院机构及其开设的诊疗项目时，对其执业范围内需配备且符合配备标准要求的大型药用设备可一并审批
4	境外医师在先行区内执业时间试行放宽至 3 年
5	允许境外资本在先行区内举办医疗机构
6	可适当降低先行区部分医疗器械和药品的进口关税
7	适当增加先行区建设用地计划指标
8	支持并指导先行区引入生态、医疗、新能源等相关国际组织，承办国际会议
9	鼓励先行区利用多种渠道融资，吸引社会投资

（八）国际医疗合作不断向二、三线城市下沉

随着国际医疗合作的持续深化，中外医疗合作逐步向内地及二、三线城市下沉。除北京、上海、广州、深圳等超一线城市外，东莞、宁波、无锡、南昌、淄博、沧州等城市的国际医疗合作也不断加速。2018 年，东莞市人民政府与中国非公立医疗机构协会、日中医疗・介护技术交流协会及中国平安保险（集团）股份有限公司正式签订战略合作框架协议，合作共建国际医疗健康合作示范区（威远岛）项目。该项目将利用“金融+科技+医疗健康服务”的方式打造跨国合作新模式，力争将威远岛项目打造成国际医疗健康领域合作的标杆。无锡虹桥医院与意大利 Life 集团于 2018 年决定在养老、康复及骨伤科方面开展技术及培训合作，南昌市第一医院、市第三医院于 2018 年成功引进 3 名海外医疗科研人才，此次引进的 3 名海外医疗科研人才将在开展学术交流、推动国际合作、指导科研和手术、帮带培养技术骨干及学生等方面发挥积极的推动和促进作用。淄博市中医院在 2018 年邀请法国著名乳腺外科专家萨尔蒙教授进行短期交流合作，萨尔蒙教授在短期交流期间进行了乳腺方面的知识及经验的分享。沧州市人民医院于 2016 年与英国伦敦圣乔治医院成为友好合作医院，2018 年底，英国伦敦圣乔治医院专家团队第三次在沧州市人民医院进行会诊、查房、讲学等学术交流活动。宁波市妇儿医院与法国鲁昂医疗中心于 2019 年签署合作备忘录，法国鲁昂医疗中心将为市妇儿医院提供业务培训

和技术指导，包括妇产科、儿科常见病、多发病规范化诊治，胎儿宫内治疗会诊平台建设，胎儿宫内远程手术指导，产前诊断与胎儿影像学国际远程会诊等。

三、医疗服务业开放及国际合作现存问题

我国医疗服务改革不断向纵深推进，国际医疗合作成绩显著。但是我国医疗开放仍面临着外资医疗机构发展遭遇“玻璃门”、社会资本跨界布局医疗行业前景不明朗、医疗产业“走出去”贸易摩擦加剧、信息基础设施互联互通尚未形成等问题，影响了“互联网+医疗”发展。

（一）外资医疗机构有待进一步发展，发展遭遇“玻璃门”

1. 外资医疗机构以中小规模为主，缺乏综合性医院

一是外资医疗机构规模普遍偏小。我国外资医疗机构相对较少且投资额普遍偏小，医院床位数量较少。与此同时，尽管近两年外资医疗机构逐步向内地及二、三线城市展开布局，但大多数外资医疗机构仍集中在北京、上海、广州、深圳等经济发达地区，就诊人群多为外籍人员及国内高收入人群，服务地域及服务人群有限。二是外资医院多以专科医院为主。目前，我国的外资医疗机构服务领域多集中在眼科、齿科、妇儿科及肿瘤科等专科领域，如妇儿科领域的和睦家等，综合性外资医院发展不充分。

2. 政策因素限制、制约外资医疗机构发展

一是行政审批缺乏实效。我国法律对于外商投资医院的审批制度仍然存在一些缺陷，严重影响了审批时效的提升。目前，虽然我国已经将外资申请办医的审批权限下放到了省一级，但关于省一级审批时限的要求尚未做具体的调整，容易导致审批效率滞缓。二是外资医院申请医保定点单位仍然停留在政策层面。《关于进一步鼓励和引导社会资本举办医疗机构的意见》明确规定，“各地不得将投资主体性质作为医疗机构申请成为医保定点机构的审核条件”。但在实际操作过程中，外资医疗机构申请成为医保定点单位的“玻璃门”仍然存在，部分省市甚至明确规定外资、合资兴办的医疗机构不属于定点医疗机构申报范围。三是外资医疗机构税负压力大。我国营利性医疗机构按国家规定缴纳企业所得税，提供的医疗服务实行自主

定价，免征营业税。外资医疗机构多以营利性为主，虽无须再缴纳营业税，但仍然与一般企业一样需要缴纳25%的企业所得税。

3. 人才市场吸附力较弱，人才短缺仍为外资医疗机构主要瓶颈

一是人才引进困难。尽管外资医院的工资水平较高，但我国医务人员尤其是高水平的年轻医务人员更看重医院的科研力量和未来职业发展与保障，致使外资医疗机构在人才市场上吸引力较弱。民营医院在吸引人才时，即使给出了超出同行业标准的薪水，也很难摆脱医生们对于职称、福利、行业口碑的追求，好的管理人才更难寻觅。二是人员流动性较大。我国外资医疗机构聘请的多为外籍医生，但根据我国的规定，外籍医师只能在华从事不超过一年期限的临床诊断和治疗业务，一年过后需重新注册，这使得医院人才流动性大，也容易导致患者对医院及医生信任度降低。

（二）社会资本“跨界”布局医疗成效有待观察，发展模式仍在探索

1. 医疗机构的运营管理是社会资本跨界合作的最大短板

与国际上著名的医疗集团、管理公司合作，是本土社会资本投资医疗的热衷之举，但医疗机构的运营管理是社会资本跨界布局医疗业务的一大瓶颈。一方面，医疗机构运营模式的可复制性小，不同地域医疗资源、人口、发病率不一样，理念也有差异，简单地把国外的医院的运营模式照搬过来是没有用的。目前，我国大多数社会资本跨界布局的国际医院都面临着虽然将国外的运营理念、医疗资源引进中国但本地化自我造血能力不足的困境。另一方面，本土社会资本多寻求与国际医院管理公司合作来解决运营能力短板问题，而一旦医院的产权与管理权分离，管理便会受到掣肘，部分项目中投资方与运营方的磨合不甚融洽，致使出现运营问题。

2. 医疗行业更长的回报周期对社会资本现金流影响较大

相较于房地产等高回报率的行业，医疗行业需长期投入，回报周期相对较长，回报率也相对更低。医疗行业至少需要三年才有希望实现现金流持平，与地产等行业的回报期望值差别很大。尤其是对于大型项目的投资，一般五年内很难回本、实现盈利，对社会资本现金流影响很大，能否探索出成熟的发展及盈利模式还有待观察，不少企业打退堂鼓中途退出或仍然处于尚未盈利的状态。近年来，强势进入医疗行业的泰禾集团董事长表示，泰禾集团计划每年投入100亿元，未来五年

将投入 800 亿~1000 亿元到医疗领域，并且做好了十年不盈利不赚钱的准备。

（三）医疗领域贸易摩擦加剧，“走出去”容易、“融进去”难

1. 医疗产业“走出去”投资环境不可预测性强

“一带一路”沿线国家和地区是我国医疗服务及医疗产业“走出去”重点区域，但“一带一路”沿线部分国家和地区政治局势动荡，政党间经常发生冲突，政治环境极其复杂，存在较大的不确定性和较高的风险。与此同时，“一带一路”沿线部分国家和地区法律制度仍不够健全，市场竞争机制不够完善，各国所执行的经营许可制度及海关准入制度等不统一，不同国家、不同地区间存在大量贸易投资壁垒，政策层面互联互通的发展格局尚未形成。

2. 中国医药产品贸易摩擦数量呈现上升趋势

世界经济仍处在深度调整复苏中，无论是产业供应链还是市场竞争格局，都在进行调整。贸易保护主义不断抬头，医药健康行业作为一个朝阳行业，自然会遭遇来自各方面的围追堵截。2017 年，我国出口医药产品共遭遇 15 起贸易摩擦调查，数量比上年翻一番。具体来看，印度针对我国医药产品发起的贸易摩擦调查数量最多，包括 5 例反倾销调查和 1 例反规避调查；美国发起的调查多以侵犯知识产权为名，包括 4 例知识产权侵权“337 调查”和 1 例反垄断诉讼；欧盟、乌克兰也发起了多例反倾销调查。2018 年中美贸易摩擦加剧，对国际贸易环境造成了极大压力，也使我国医药产品出口经历了空前严峻的考验，在中美贸易摩擦中，多个医药产品也被列入实施清单。

3. 文化背景差异致使中医药“走出去”难融入

中医药“走出去”容易，“融进去”却很难。由于文化背景及习惯差异的存在，碰撞和矛盾在所难免。当下西医大行其道，中医药与西医药之间理念和体系有巨大差别。与此同时，很多国家尤其是“一带一路”沿线国家都有根植于本民族文化中的传统医学，比如非洲传统医学、埃及传统医学、阿拉伯医学等。此外，当前中医药“走出去”的定位仍为替代（辅助）医学，相比于主流医学和现代医学，当下传统医学包括中医药在大多数国家都处于补充和替代的地位。

（四）信息基础设施互联互通局面尚未形成，“互联网+医疗”“走出去”受制约

1. “一带一路”沿线国家和地区信息基础设施及互联网产业发展滞后

“一带一路”沿线国家和地区是中国互联网医疗企业“走出去”的重要突破口，但“一带一路”沿线部分国家与我国信息基础设施互联互通水平相对较低，互联网基础设施发展滞后，接入率、覆盖率较低。截至2018年底，全球互联网覆盖率为57%，但南亚、非洲等区域互联网的覆盖率仍然较低，中亚等地区的互联网覆盖率为50%左右。截至2017年底，沿线国家移动宽带用户普及率仅为48.2%，与OECD国家移动宽带用户普及率101.8%相比仍存在较大差距。近半数沿线国家发展了光纤宽带用户，但多数国家由于起步较晚，光纤宽带用户占比较低，如菲律宾、巴基斯坦等国家，光纤宽带用户占比尚不足5%。

2. 数字丝绸之路各领域的技术标准仍不统一

数字丝绸之路各领域技术标准不统一也是阻碍我国“互联网+医疗”产业发展的重要因素。我国与“一带一路”沿线国家和地区的标准合作不断加强，但开放包容、互联互通、成果共享的“一带一路”标准化合作新局面仍未完全形成，中国标准与国际标准和各国标准体系兼容水平仍有待提高。《“一带一路”大数据报告（2018）》数据显示，截至2017年底，中国与“一带一路”沿线国家和地区的数字丝路畅通度为45.55，其中有58个国家丝路畅通度仍处于中等及以下水平（见图15-6），占比超过80%。

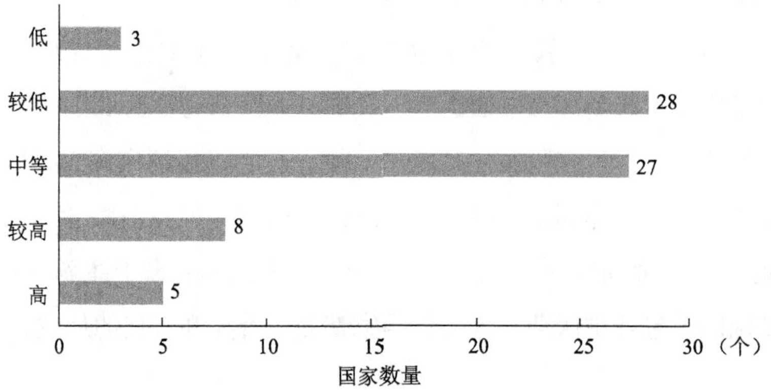

图15-6　“一带一路”沿线国家数字丝路畅通度情况

四、医疗服务业开放展望

随着居民收入水平的不断提高、居民健康管理意识的不断增强、国家鼓励社会资本投资医疗领域的信号的不断释放、信息基础设施互联互通局面的逐步形成，以及5G等新技术的应用的全面展开，健康管理、精准医疗等领域国际合作前景广阔，“互联网+医疗”将为国际医疗合作带来新的可能，同时，分享医疗卫生改革“中国式”智慧也将是未来医疗跨国合作发力点。

（一）健康管理产业是未来国际合作重点方向

健康管理产业由三大基本服务模块构成，即健康检测、健康评估与指导、健康干预与维护。目前，健康管理产业在我国尚处于成长初期，与发达国家健康管理产业的成熟程度仍有很大的差距。《中国健康管理与健康产业发展报告（2018）》数据显示，与医院、病床及病人总量及增量持续增长相比，2017年我国健康管理（体检）机构的发展速度及服务人群增速开始趋缓。截至2017年末，全国各类健康管理（体检）机构超过万家，其中90%由公立医疗机构（包括军队医疗机构）设置，10%为民营或社会资本开办的独立或连锁健康管理或体检机构。需要注意的是，目前我国健康管理服务单一，95%以上的健康管理服务仍以体检为主，缺少检后服务，“只检不管”仍占主流。随着国家对医疗体制的改革、鼓励和支持社会资本进入医疗健康行业政策利好的持续释放，我国健康管理产业发展将进入新的拐点，强化与发达国家高端、先进健康管理的机构的合作将成为社会资本进入医疗服务市场的重要途径。

（二）精准医疗等领域国际合作发展潜力巨大

随着人类基因组计划的完成，个人基因组、肿瘤基因组、环境基因组学、基因测序技术的发展以及生物医学向数据密集型科学的逐步转化，“精准医疗”作为生物和医学领域的一个全新概念应运而生，为临床病症更为准确、有效地诊断、治疗发挥积极的指导作用。截至2018年6月，全球精准医疗市场规模已超过600亿美元，未来3~5年将保持15%左右的增速。2016年国务院印发的《“十三五”国家战略性新兴产业发展规划》中提出，到2020年，我国生物产业规模达到8万~10万亿元，将形成一批具有较强国际竞争力的新型生物技术企业和生物经济集群，在医药领域，以基因技术快速发展为契机，推动医疗向精准医疗和个性化医疗发展。中国作为人口大国，恶性肿瘤、心脑血管疾病等慢性病占据中国居民疾病死亡率前列，精准医疗在重大疾病治疗等领域的应用需求在中国有庞大的基础，吸取发达国家的精准医疗防治经验，同时结合中国自身特点的国际精准医疗合作，市场前景极好。

（三）“互联网+医疗”为国际医疗合作带来新的可能

随着数字经济产业的高速发展，信息通信技术与医疗健康服务融合发展已全面展开，以互联网、大数据、人工智能、云计算、物联网等为代表的新型数字化、智能化信息技术与应用，更加快速地深入医疗健康领域及医疗卫生服务“走出去”的各个场景，旧的产业格局在不断地被打破，新技术、新思维、新模式不断创造着新的可能，日渐成为“健康中国”和“健康命运共同体”建设的重要支撑。一方面，互联网医疗能够跨越空间的限制，使中国居民在国内也能享受到发达国家优质的医疗资源。另一方面，云计算、大数据、人工智能等新兴技术的应用，在提高判断和诊断的准确率的同时，也能够解决“一带一路”沿线国家和地区医疗资源短缺等问题。可以预见的是，未来在5G时代，远程手术、远程病理诊断、远程医学影像（含影像、超声、核医学、心电图、肌电图、脑电图等）诊断、远程监护、远程会诊、远程门诊、远程病例讨论等应用将进一步普及，受益人群将更加广泛，“互联网+医疗”将为国际医疗合作带来新的可能。

（四）分享医疗卫生改革“中国式”智慧是未来医疗跨国合作发力点

2009年《关于深化医药卫生体制改革的意见》《关于印发医药卫生体制改革近期重点实施方案（2009—2011年）的通知》的发布，标志着新一轮医药卫生体制改革正式拉开帷幕。截至2017年底，中国已建起一张世界上规模最大的基本医疗保障网，覆盖率达98%，惠及13亿人，个人卫生支出占卫生总费用比重由深化医改前的40.4%降至28.9%左右。中国新医改成就世界瞩目，中国的医改经验对世界其他国家，尤其是发展中国家来说，具有一定的借鉴意义。在当前建设“健康命运共同体”的大背景下，把中国的医改经验总结好、宣传好、传播好，把基本医疗卫生制度改革经验作为公共产品向全球提供，讲好“中国故事”、贡献中国智慧至关重要。强化中国医改经验、模式的输出，也将是未来医疗领域国际交流合作的重点。

五、进一步推动医疗服务业开放合作的策略建议

“引进来”与“走出去”双向发力，在持续完善外商投资医疗机构营商环境、引导社会资本有序进入医疗行业的同时，全力促进医疗服务领域基础设施、政策、标准的互联互通，推动医疗卫生行业全面开放格局的进一步深化，积极构建“人类健康命运共同体”。

（一）完善外资医院营商环境，鼓励健康管理等外资医疗机构发展

一是持续完善外资医疗机构申请准入制度。进一步明确外商投资举办医疗机构的法律政策文件，明确外资医疗机构的准入机制、审批规定。提高行政审批效率，减少不必要的行政手续，尽量简化外资申办医疗机构的申请程序，明确审批时限。二是明确外资举办医疗机构的税收标准及优惠政策，并出台全面、系统的实施细则。三是落实医务人员多点执业开放制度。消除医院及医生的多重顾虑，弥补外资医疗机构人才缺乏的问题。四是鼓励健康管理等外资医疗机构发展。鼓励外资医疗机构基于自身的优势，发展健康管理、精准治疗等医疗服务板块，不断满足市场多元化、多层次的医疗卫生服务需求。

（二）引导社会资本有序进入医疗产业，鼓励企业重视运营能力提升

一是鼓励社会资本冷静有序进入医疗市场。鼓励社会资本通过差异化策略启动大健康领域的布局，关注细分领域，避免一哄而上的盲目投资。二是引导企业转变盈利预期，创新合作方式。引导社会资本转变高周转、高回报的预期，做好打持久战的心理准备。鼓励社会资本持续创新盈利模式，鼓励社会资本通过“金融+科技+医疗健康服务”的模式强化国际合作。三是鼓励社会资本重视运营能力的提升。鼓励社会资本通过与国际专业化医疗运营方合作，或通过自建本土运营团队等方式，提升医疗机构的运营能力。

（三）以“一带一路”沿线国家和地区为重点，打造健康命运共同体

一是持续启动一批具有战略意义的新项目。在医疗救治、医药研发、人才培养等重点领域，启动一批具有战略意义的新项目，建立“一带一路”公共卫生联盟、医院临床专科联盟等合作组织。二是促进与“一带一路”沿线国家和地区人才交流及研发合作。通过政府间科技创新联委会机制、科技伙伴计划等平台，开展“一带一路”青年科学家交流和联合实验室、人才培养、科技园区合作、技术转移等交流合作活动。三是强化中医药作为健康命运共同体建设的使者作用。支持优秀中医药机构与沿线国家和地区合作建设中医药海外中心，以医带药，推动中医药成为“一带一路”沿线国家和地区共商、共建、共享的卫生资源。四是推动中国医改经验输出。讲好中国故事，向“一带一路”沿线国家和地区输出中国医改经验，为“一带一路”沿线国家和地区医疗事业发展提供有益借鉴，打造健康命运共同体。

（四）支持“一带一路”沿线国家和地区信息基础设施建设，提升国际通信互联互通水平

一是强化“一带一路”沿线国家和地区信息基础设施建设支持力度。帮助沿线国家和地区共建信息基础设施，聚合各方力量推进跨境陆缆、海底光缆建设，支持企业参与“一带一路”跨境陆缆和海缆信息大通道建设，提高国际通信互联互通水平，畅通信息丝绸之路。二是持续推动与沿线国家互联网标准、规则对接等。持续提升中国标准与国际标准体系一致化程度，鼓励沿线各国企业间联合开展标准制定、技术攻关、产业开发、应用推广，推动与沿线国家新发布一批互认标准，提升数字丝路畅通度。

（五）持续推动医疗产业“走出去”，强化医疗领域贸易摩擦应对机制

一是鼓励企业从产品“走出去”向产业“走出去”转变。鼓励企业通过产业“走出去”实现产业链全球化、创新研发国际化及资源配置国际化布局。二是强化医疗行业贸易摩擦预警。在强化企业规则意识的同时，鼓励企业时刻关注出口市场法律法规的变化，及时向行业组织和政府反映情况、发出预警，针对可能对企业造成不利影响的事项，由政府或行业组织出面磋商或交涉。三是建立医疗企业应对国

际贸易摩擦服务机制。建立医疗企业海外涉及重大诉讼案件的报备制度和合规管理协调制度，引导企业构建合规管理体系，协助企业有效应对国际贸易摩擦。

参考文献

[1] 刘军燕．“一带一路”战略下我国医疗健康产业的国际合作问题及对策分析 [J]．中国总会计师，2017 (9)：38-41.

[2] 邓勇．外商投资医院问题研究 [J]．中国医院院长，2016 (22)：66-71.

[3] 刘畅．新时期我国外资医疗政策变迁及对策思考 [J]．中国卫生政策研究，2019 (9)：75-80.

[4] 余园园．基于国际经验视角的我国外资办医存在的问题及对策分析 [J]．医学与社会，2018 (4)：19-23.

第十六章　社会组织领域开放

——规范和鼓励并重

一、社会组织开放的现状

（一）我国社会组织对外交流现状

1. 参与“一带一路”建设情况

社会组织作为现代社会主体的三大支柱之一，在经济社会发展中能弥补“市场失灵”和“政府失灵”，作为参与“一带一路”建设的重要力量，从第三方的角度推动“一带一路”建设，在政策沟通、设施联通、贸易畅通、民心相通等方面发挥着重要的作用。

2017 年 5 月 14 日，“一带一路”国际合作高峰论坛在京召开，宣布启动《中国社会组织推动“一带一路”民心相通行动计划（2017—2020）》和丝路沿线民间组织合作网络。国家主席习近平在首届“一带一路”国际合作高峰论坛开幕式上宣布建设丝绸之路沿线民间组织合作网络，2017 年中国民间组织国际交流促进会（以下简称中促会）作为发起方建立，旨在结合“一带一路”建设，结合沿线重要节点、重点项目，发挥民间组织的优势与长处，促进沿线国家民间往来与合作。目前，合作网络已有 69 个国家的 310 家成员组织加入（其中，外方 173 家，中方 137 家）。2017—2018 年，合作网络针对扶贫教育医疗等领域推动民间组织在沿线国家开展了 200 多项民生项目的交流合作。2018 年，中国数十家合作网络成员组织集体“走出去”，赴柬埔寨和尼泊尔与当地民间组织合作开展民生项目，签署合作协议金额约 600 万美元。未来两年，在中促会倡议下，合作网络将开展“丝路一家亲”行动，进一步扩大合作领域，重点推动沿线国家的民间组织建立 500 对合作伙伴关系，在沿线国家开展200项民生合作项目。

中国科学院牵头成立了首个由沿线国家、地区国际组织和科研机构等多方共同发起成立的综合性国际科技组织“一带一路”国际科学组织联盟（ANSO），首批成员单位共37家，经费投入超过18亿元，国家科技交流合作规模超过12万人次，培养了将近5000名高层次科技人才，为“一带一路”建设提供了强有力的科技支撑。

2017年10月29日，中国生物多样性保护与绿色发展基金会（以下简称绿发会）主办的生态“一带一路”与联合国环境署《保护野生动物迁徙物种公约》（CMS）研讨会在京举行。中国绿发会将积极配合开展“一带一路”的相关生态环保建设。

2017年6月16日，“一带一路”青年社会组织国际合作研究基地（广西）在广西桂林正式揭牌成立，并宣布设立广西青年社会组织东盟合作发展基金。该基地在人才培训、项目培育、理论创新、智库建设等方面积极探索；基地为青年社会组织到以东盟地区为主的“一带一路”沿线各国开展服务项目、促进交流合作提供资金支持和物质保障。

2. 其他对外交流合作情况

社会组织还通过参加各类重大国际会议、参与国际合作项目、联合开展活动和项目等方式开展对外交流与合作。

一是取得联合国及其专门机构的咨商地位或会员资格。中国民间组织国际交流促进会是专门从事国际交流与合作的民间组织联合体，目前有265家团体会员，其中36家具有联合国经社理事会咨商地位。[①] 截至2019年5月，我国（含港澳台地区）共有58家具有联合国经社理事会咨商地位的社会组织。[②] 拥有联合国咨商地位的社会组织工作人员可出入纽约、日内瓦、维也纳三大办事处，并且能在三大办事处举行会议和展览活动，还可以在联合国举办的会议中获取席位，出席相关会议，提出自己的意见等。

二是积极加入国际组织或者跨国联盟。例如，2017年11月23日，中华环保联合会正式成为《联合国气候变化框架公约》（UNFCCC）观察员组织，可更加便捷

---

① 黄晓勇，蔡礼强．中国社会组织报告（2018）［M］．北京：社会科学文献出版社，2018.

② 联合国经社理事会社会组织数据库。

地参加 UNFCCC 的大部分正式、非正式会议和活动，更进一步地在环保国际舞台上发挥作用，贡献环保民间组织的力量。

三是继续积极参与国际事务。我国社会组织凭借自身项目、资金、品牌、人员和机构等“走出去”，其中一些机构如中国扶贫基金会、中国青少年发展基金会、中国青年志愿者协会、中国和平发展基金会、中国红十字基金会和爱德基金会等已经在境外持续开展合作项目。公益类社会组织继续走出国门，到国外开展国际援助项目。例如，截至 2018 年底，扶贫基金会累计募集超过 1.6 亿元人民币用于国际援助，项目遍及 20 多个国家和地区，在埃塞俄比亚、苏丹、乌干达、尼泊尔、缅甸和柬埔寨 6 个国家开展了长期发展援助项目。社会救援队、基金会、民非等社会组织还致力于参与海外灾害救援，展示了中国社会组织在灾害救援方面的专业能力，救援也是社会组织“走出去”的关键突破点之一。

四是行业协会“走出去”情况。我国加入 WTO 后，行业协会不断促进企业与企业、国家与国家之间的贸易交往和投资交流，带领会员企业走向和开拓国际市场。2017 年，全国 100 家组展单位共赴 70 个国家举办展（博）览会，参展 1549 项，参展企业达到 5.9 万家。[①] 2017—2018 年，深圳市医疗器械协会带领企业前往土耳其伊斯坦布尔、巴西圣保罗、哈萨克斯坦阿拉木图、韩国首尔、墨西哥等地参加国际性医疗器械展会。通过行业协会的作用，向世界展示了中国企业、中国产品、中国技术和中国品牌，助力我国社会组织“走出去”，具有广泛的影响力。

（二）境外非政府组织境内的活动状况

1. 境外非政府组织法制化规范化管理

2017 年 1 月 1 日，《中华人民共和国境外非政府组织境内活动管理法》（以下简称《管理法》）正式实施，标志着我国对境外非政府组织管理工作步入法制化轨道。《管理法》明确境外非政府组织（NGO），是指在境外合法成立的基金会、社会团体（协会、学会、商会等非营利组织）、智库机构（非营利、非政府的研究中心、咨询中心）等非营利、非政府的社会组织。确定境外非政府组织在境内开展活动的领域，境外非政府组织依照《管理法》可以在经济、教育、科技、文化、卫生、体育、环保等领域和济困、救灾等方面开展有利于公益事业发展的活动。要求

① 智研咨询．2019—2025 年中国会展行业投资潜力分析及未来前景预测报告［R］．2018.

境外非政府组织在中国境内开展活动，应当依法登记设立代表机构；未登记设立代表机构需要在中国境内开展临时活动的，应当依法备案，为境外非政府组织依法开展活动创造良好条件。

与此同时，积极完善相关配套政策。2016 年 11 月，公安部研究制定并公布了《境外非政府组织代表机构登记和临时活动备案办事指南》，明确了代表机构登记和临时活动备案的办事流程和具体要求。2016 年 12 月，公安部会同有关部门和业务主管单位在深入研究论证的基础上，研究制定并公布了《境外非政府组织在中国境内活动领域和项目目录、业务主管单位名录（2017）》，为境外非政府组织登记备案提供指引。2017 年 1 月 19 日，国家税务总局发布了《关于做好境外非政府组织代表机构税务登记办理有关工作的通知》，公安部分布联合中国人民银行和国家外国专家局于 2017 年 5 月和 8 月印发了《关于做好境外非政府组织代表机构人民币账户管理有关工作的通知》《关于为境外非政府组织外籍工作人员办理工作许可等有关问题的通知》。2016 年 10 月，《中华人民共和国公益事业捐赠法》规定了依法成立的、以发展公益事业为宗旨的基金会、慈善组织等社会团体可以依照捐赠法接受捐赠，还规定了境外捐赠财产入境手续和减免进口税的条件。

2. 依法登记与临时活动备案情况

截至 2018 年 12 月 31 日，已有 441 个境外非政府组织代表机构依法登记，临时活动备案 1381 项。从登记的国家和地区来看，已登记的代表机构中，美国登记的社会组织最多，共 107 家，占总数量的 24. 26%；中国香港地区的社会组织位居其后，共 83 家，占比 18. 82%；日本、韩国、德国分别为 53 家、39 家和 25 家，分别占比 12. 02%、8. 84%和 5. 67%。这 5 个国家和地区共占境外非政府组织总数量的 69. 61%。从登记注册地情况来看，北京注册数量最多，共 146 家，其次为上海、云南、广东和四川，分别为 91 家、25 家、25 家和 23 家，5 个省份共占总数量的 70. 29%。

3. 业务领域与活动方式情况

从统计数据来看，在 441 家境外非政府组织中，经济领域共 220 家，约占总数量的一半，济困救灾和教育领域数量均为 49 家、卫生和环保分别为 27 家和 22 家。简而言之，以上 5 类专业业务领域共占境外非政府组织数量的 83. 22%。在全国活动的代表机构有 146 个，占总数的 33. 11%；活动地域为 1～31 个省级行政区的代表机构有 295 个，占总数的 66.8%；活动地域为 1 个省级行政区的代表机构有 154 个，占总数的 34.92%。已备案的 1381 项临时活动中，数量排名前五的组织所在国家或地区为中国香港、美国、德国、中国澳门和英国，占总数的 87.26%。[①] 主要通过直接资金资助、与我国政府部门和企事业单位开展项目合作的方式来进行活动。

二、社会组织开放存在的问题

（一）国内社会组织对外交流管理体制存在的问题

1. 我国社会组织在境外的影响力较小

目前，社会组织“走出去”的形式较为单一，主要以会议、访问考察、文化交流等形式为主，海外办事处和社会机构较少。2018 年，我国社会组织登记数量已超过 80 万家。[②]

2. 社会组织参与国际事务法律法规不健全

到目前为止，我国还没有涉及社会组织参与国际事务的法律法规。2018 年，民政部《社会组织登记管理条例（草案征求意见稿）》中也仅仅提到可以依据会员组成特点、业务范围的划分、财产的划分设立分支机构，没有对社会组织应如何在海外设立分支机构做出更详细的要求和阐述。

但是在一些领域已经开始关注社会组织对外交流的作用了。例如，2016 年 8 月，中共中央办公厅、国务院办公厅印发了《关于改革社会组织管理制度促进社会组织健康有序发展的意见》，指出：“引导社会组织有序开展对外交流，发挥社会组织在对外经济、文化、科技、教育、体育、环保等交流中的辅助配合作用，在民间对外交往中的重要平台作用。”又如，2016 年 9 月商务部发布了《南南合作援助基金项目申报与实施管理办法（试行）》（征求意见稿），南南合作援助基金是为支持其他发展中国家落实 2030 年可持续发展议程所设定的各项目标而设立的对外援助性质的基金，支持国内及受援国民间组织、国内外智库和国际组织等项目实施单位，在其他发展中国家实施消除贫困、改善民生和提高社会发展水平的对外援助

① 境外非政府组织在中国年度报告发布！[EB/OL].[2019-01-11]. http://www.Chinadevelopmentbrief.org.cn/news22460.html.

② 我国社会组织登记数量已超过 80 万家 [EB/OL].[2019-01-3]. http://www.xinhuanet.com.

项目。

3. 缺乏统一协调社会组织参与国际事务的组织机构

以“一带一路”建设为例，对走出国门社会组织的管理，其职能分散在不同部门。社会组织在海外设立办事处由民政部负责，对外援助政策和方案的拟订和执行、对外援助项目的确定和实施的负责部门是商务部，社会组织对外拨款程序和外汇管理等的审批由国家外汇管理局负责，社会组织工作人员的薪酬标准由国家人力资源和社会保障部负责，社会组织工作人员在海外的薪酬个人所得税由国家税务总局负责。社会组织在海外开展援助或者其他项目时，没有相应的主管部门来承担与支持社会组织的工作，遇到问题时找不到相应部门进行沟通与协调。

4. 缺乏社会组织涉外人才培训

社会组织专业人才及能力不足，同时具备国际视野、语言能力、专业知识、项目处理能力的人才数量不多。国际政治环境复杂，单单“一带一路”沿线国家就有“总统制”“君主制”“君主立宪制”“议会共和制”“主席团制”“人民代表大会制”等六种政体，加之各国语言、文化及风俗习惯丰富多样、宗教环境复杂等因素，我国政府对社会组织在海外工作的人员缺少系统性培训，一方面会导致与国外政府对接部门衔接不到位；另一方面社会组织涉外人才缺少相关国际经验，工作难度往往较大。

5. 缺乏对社会组织的资金支持政策

多数社会组织海外项目的开展有来自本国政府海外援助资金的大力支持，政府与从事国际事务的非政府组织合作，直接将资金本国社会组织交由社会组织来具体使用。我国社会组织的资金主要来源于企业资助、个人捐助和政府拨款，开展海外项目对资金的稳定性要求高，加之中国慈善捐赠金额和数量有限，无法满足中国社会组织在海外稳定开展项目活动。

（二）境外非政府组织境内活动管理体制存在的问题

1.《中华人民共和国境外非政府组织境内活动管理法》实施细则仍需进一步完善

《中华人民共和国境外非政府组织境内活动管理法》出台后，配套法规不断完善，但实施细则缺位还是比较明显。例如在税收方面，还没有相应的税收优惠的对象、条件及申请优惠流程等操作层面的规定。在审批过程中，政策咨询指导没有建立具化可操作的标准，基层办事人员在审批监管时不能按照明确的细则来进行操作，一定程度上造成了境外非政府组织的不便利，无法获得应有的合法权益。

2. 登记环节需要进一步细化

虽然已出台的《管理法》明确规定了公安部门为境外非政府组织的登记管理部门，负责登记、注销和年度检查，但许多境外非政府组织因无法找到相应的业务主管部门，依旧无法审批登记。截至 2018 年底，仅有 441 家组织完成登记，登记机构数量远远低于实际在华活动机构数量。主要原因为：一是由于我国登记制度对境外非政府组织要求颇高，很多组织因为无法满足其中某项条件而无法顺利进行登记；二是由于境外社会组织活动领域广泛，可同时开展经济、教育、科技、文化、卫生、体育、环保等多范围业务，无法精准界定其主管单位，从而无法顺利进行登记。

3. 备案环节需要进一步优化

《管理法》要求，开展临时活动 15 日前，境外社会组织就需向所在地登记管理机关备案，但既没有对活动类型进行明确区分，也没有对活动时长进行规定，这就导致资料准备时间可能会远远大于实际开展活动时间，凸显备案手续材料的复杂性及备案管理程序上的滞后性。

另外，没有明确规定同一个境外非政府组织只能在一个地方登记备案，所以容易出现在全国范围内，境外非政府组织出现多个活动地域范围，多个管理部门之间没有建立相应的沟通协调机制，从而导致登记管理部门监管困难。

4. 活动报备实际操作层面存在困难

每年底提前报备下一年度活动计划，年度活动计划制订的报备工作烦琐，事前监督的方式对于境外非政府组织会存在一定的困难，可能会出现提供虚假活动报告等现象，后期调整活动计划时需要再次报备，同时增加了境外非政府组织及管理部门的不便。

三、政策建议

（一）国内社会组织“走出去”的政策建议

1. 强化顶层设计和政策指导

秉承监管与服务相协调的原则，国家出台统一的审批程序、审批标准，明确社会组织涉外活动的管理办法和实施细则，调整各省市管理体制机制，提供良好的政策环境和平衡协调的制度框架，为社会组织在海外设立办事处或分支机构提供政策、资金、人才等各方面指导与支持，协调统筹政府部门间的合作，有力保障社会组织在国外顺利开展项目。

2. 完善组织建设和能力提升

社会组织作为国家治理体系的重要组成部分，应加强社会组织自身的团队建设、国际化能力建设，充分发挥社会组织的行业自律自治，制定符合国际标准的行业体系，促进社会组织良性发展。加强与国外社会组织、联合国等交流合作，建立与同类型合作伙伴的关系网络，学习各国优秀实践经验，以国际人道主义为中心，建立我国志愿者服务、国际合作、灾害援助、环境保护等多个领域标准，提升社会组织在国际国内的认可度。

3. 加强社会组织人才培养

学校针对性开设国际政治形势、国际政策和国际法律环境等相关课程，培养具备语言熟练、专业化知识良好、管理能力较强的专业人才，政府部门定期、集中对社会组织海外派遣人员进行本国最新政策、工作地风俗禁忌和宗教信仰、工作地经济政治情况、国外优秀社会组织发展经验等内容的宣传培训，扩大信息交流渠道，构建社会组织国际交流平台，充分调动社会组织人才参与“一带一路”建设等“走出去”战略的积极性。

4. 加大社会组织资金支持

鼓励社会组织发挥在国际上的作用，完善相关资金方面政策制度，政府适当加大资金支持的力度与比例，既可通过社会组织、政府合作的方式参与对外援助的项目实施工作，也可通过政府购买服务的形式支持社会组织参与对外援助。加强完善国家对社会组织的资金监督管理体制机制；在资金使用上，使社会组织资金使用标准化、公开化、透明化；充分吸纳社会捐赠和企业筹款资金。

5. 增强政府协同和法律保障

建立社会组织参与国际事务的协调机制，商务部、外交部、财政部、民政部等部门成立部门合作协调机构，鼓励社会组织在海外设立海外办事处或分工机构，出台相应的管理办法，安排固定人员驻点，主动争取海外项目，为社会组织“走出去”开展高效、优质工作提供法律保障。

（二）境外社会组织“走进来”的政策建议

1. 出台管理细则

在《管理法》的基础上，在境外非政府组织临时活动分类方面，针对聚会、演出等活动类型，简化备案审批流程，延长备案材料的有效性。在具体的税收优惠、政策咨询指导及人员招聘等方面出台管理细则，一是指导工作人员开展登记备案事项的办理；二是通过给予致力于在华开展公益慈善事业或提供公共服务的境外非政府组织合理的税收优惠等激励类方式，鼓励在华活动境外非政府组织进行登记备案。

2. 完善监管体系

明确境外非政府组织的活动地域范围，避免在全国范围内同一组织或者机构重复登记备案，各地登记管理部门与业务主管部门建立沟通协调机制，上下级、部门间信息共享，加强对境外非政府组织的日常活动监管力度，对上报项目及活动进行严格监管，不定期开展摸底工作，对与章程严重不符、危害国家安全、非法开展募捐活动、政治宗教渗透活动等行为进行严厉排查，引导境外非政府组织在我国规范、健康、有序发展。

3. 强化组织合作

根据境外社会组织的类型及活动范围，对社会组织进行分类管理，在登记备案处提供政策咨询窗口进行相关业务服务与指导，对全国公安登记管理部门和业务主管部门进行培训，详细解读相关政策法规的具体条款，解答工作人员办理业务过程中遇到的棘手难题，为境外非政府组织举办座谈或宣传会，交流从登记备案、人员招聘、资金运作到开展项目活动期间出现的问题，宣传我国对境外非政府组织管理方面的相关政策、法律、法规和实施细则等内容，加深政府部门之间、政府与境外非政府组织之间的了解。

参考文献

[1] 康宗基．“一带一路”建设与中国社会组织的国际化发展 [J]．青海社会科学，2018 (5)：49-55.

[2] 邓国胜，王杨．中国社会组织“走出去”的必要性与政策建议 [J]．教学与研究，2015 (9)：28-34.

[3] 王俊雅，彭未名．我国社会组织走出去的现状、挑战与对策 [J]．改革与开放，2017 (23)：58-59.

[4] 赵宇新．推动社会组织参与“一带一路”建设 [J]．社会治理，2017 (8)：43-51.

[5] 黄晓勇，蔡礼强．中国社会组织报告（2018）[M]．北京：社会科学文献出版社，2018.

[6] 董俊林．社会组织服务“一带一路”建设的四大路径 [J]．中国社会组织，2018 (20)：42-43.

[7] 黄浩明．社会组织在“一带一路”建设中面临的挑战与对策 [J]．中国社会组织，2017 (11)：17-19.

第四部分

中国区域的开放

第十七章　长江三角洲开放

——开启区域一体化进程

2016年5月，国务院批复了《长江三角洲城市群发展规划》，指导长三角城市群一体化发展。该规划明确了长三角城市群的范围，包括上海，江苏的南京、无锡、常州、苏州、南通、盐城、扬州、镇江、泰州，浙江的杭州、宁波、嘉兴、湖州、绍兴、金华、舟山、台州，以及安徽的合肥、芜湖、马鞍山、铜陵、安庆、滁州、池州、宣城等26个城市，简称三省一市。2019年政府工作报告提出，将长三角区域一体化发展上升为国家战略，编制实施发展规划纲要。2019年5月13日，中共中央政治局召开会议，会议审议了《长江三角洲区域一体化发展规划纲要》。长三角区域是“一带一路”的重要交汇点，也是我国开放程度最高的区域之一，随着长三角一体化发展上升为国家战略，其对我国发展的促进引领作用将进一步增强。

一、开放型经济发展

（一）对外贸易

1. 发展现状

外贸依存度又称对外贸易系数，是衡量一国对外贸易状况的主要指标，它是一国（或地区）进出口总额与该国（或地区）国内生产总值的比值（进出口总额/GDP）。表17-1为长江三角洲三省一市外贸依存度的变化趋势。从总体上看，三年来长三角地区外贸依存度逐年提高。2016年外贸依存度较低，主要是由于2016年世界经济仍处于危机后的深度调整阶段，“逆全球化”思潮泛滥、贸易和投资保护主义加剧，全球市场需求较为低迷。同时，2015年国家提出供给侧结构性改革，长三角的经济结构也不断调整，第三产业对经济贡献持续增加，消费需求拉动经济增长作用进一步增强。2017—2018 年，外贸依存度有所回升，主要原因是 2017 年世界经济进入相对强势复苏轨道，市场需求复苏。我国货物贸易总额创历史新高，进出口规模重回世界首位。上海自贸试验区深化制度创新，并主动构建了国家“一带一路”建设服务体系，带动并促进长三角地区贸易增长。

从区域间的差异来看，上海市的外贸依存度远高于其他三省，安徽省的外贸依存度较低（见表 17-1），表明安徽省对外贸易的总体规模不大，国际贸易对安徽省经济发展的拉动作用较弱，但安徽省进出口总值增长较快，有很大的提升空间。

表 17-1　2016—2018 年长江三角洲三省一市外贸依存度统计　　单位：%

年份	上海市	江苏省	浙江省	安徽省	长三角
2016	101.71	44.49	46.99	12.22	49.91
2017	105.24	46.46	49.46	13.40	51.90
2018	104.07	47.31	50.75	13.89	52.25

数据来源：根据江苏、浙江、安徽、上海等各省（直辖市）统计局相关数据计算得到。

2. 面临的问题

（1）世界经济复苏基础不稳固。2018 年以来，世界经济总体延续增长态势，但增长基础并不稳固，经济政治形势更加错综复杂。欧洲各国出现的政府矛盾和民粹运动，打击了实体经济的信心。美国与全球多个国家和地区发生贸易摩擦，也影响了企业经营环境和金融市场信心，对世界经济贸易发展造成威胁。全球贸易政策环境日趋恶化，加征关税直接影响产品价格和销售产生活动，也逐步影响了消费市场，加剧了企业对贸易前景不确定性的担忧，贸易难以稳定增长。发达国家经济增速放缓，对长三角地区外贸出口产生较大影响。

（2）全球贸易形势趋于严峻，国际贸易规则面临重塑。2018 年以来，美国以国家安全为名，对钢铁、铝产品和汽车及其零部件等多种进口产品加征关税，引发其他贸易伙伴采取反制措施，导致全球贸易摩擦升级。贸易环境严峻，贸易增速放缓。同时，区域和双边贸易谈判出现一些重要新趋势，如美韩签署新版自贸协定、美日就启动货物贸易协定谈判达成协议、欧盟与新加坡签署自贸协定，以及美墨加达成新的贸易协定，纳入了针对所谓“非市场经济体”的条款，国际贸易规则新一轮重塑正在快速推进。

（二）利用外资

1. 发展现状

外资依存度是用于衡量一国（或地区）对外投资开放程度的指标，它是一国（或地区）外来直接投资总额占该国（或地区）国内生产总值的比重，用于反映和衡量该地区吸纳外国生产要素的能力及对国外资本的开放程度。根据表 17-2，从总体上看，三年来各省市及整个长三角区域的外资依存都呈现逐年下降的态势，表明长三角区域吸引外资的能力下降。从具体数据来看，苏浙皖实际利用外资金额都有所提升，其中，江苏省实际利用外资规模最高，是江苏省积极推进外资大项目落地的成果。2017 年，上海市实际利用外资降低，主要原因是土地、人口等资源成本上升，对外资的吸引力下降。在这样的背景下上海自贸区实际利用外资小额提升，表明自贸区对外开放创新的作用显著。

表 17-2　2016—2018 年长江三角洲三省一市外资依存度统计

单位：%

年份	上海市	江苏省	浙江省	安徽省	长三角
2016	4.36	2.11	2.47	4.07	2.85
2017	3.75	1.98	2.33	3.97	2.63
2018	3.50	1.83	2.19	3.75	2.46

数据来源：根据江苏、浙江、安徽、上海等各省（直辖市）统计局相关数据计算得到。

2. 面临的问题

（1）国际产能过剩制约跨国投资。近年来，全球经济和贸易水平已经恢复至金融危机前水平，但全球跨国投资的波动很大，主要原因是全球正在缓慢进行去产能、去库存，吸纳资金能力有限。我国传统制造业存在突出的产能过剩问题，在一定程度上削弱了对外资的利用。同时，美国税收政策改革导致其跨国公司投资决策调整，也影响了全球投资格局。

（2）主要发达经济体货币政策收紧，削弱我国吸引外资优势。2017 年，美、日、英央行都已经落实或趋于收紧货币政策。美国货币政策调整和特朗普减税政策落地，刺激了美国经济增长，增强了美国对跨国投资的吸引力，削弱了我国吸引外资的优势。中韩关系遇冷也在一定程度上制约了韩资来华投资。

（3）土地、劳动力、物流等成本上升导致外资回落。近年来，由于用地成本提高、环保标准趋严，以及劳动力成本、物流成本和生活成本上升等原因，企业经营成本增加，盈利空间变小，长三角地区对外资的综合吸引力降低，削弱了外商投资的积极性。2018 年，苏州工业园区外资企业的陆续撤离，正是受到人力资本和土地成本提高的影响。

（三）企业“走出去”及对外投资

1. 企业“走出去”便利水平提升

2018 年 4 月，依托上海市国际贸易促进委员会，上海市成立了企业“走出去”综合服务中心，搭建对标国际高标准的平台，为上海、长三角乃至全国的各类企业“走出去”开展国际化投资经营提供一站式、全方位、综合性的服务，形成上海对外投资合作“政府主导、企业主体、平台共享”的良好格局。2018 年以来，江苏民营企业借助“一带一路”交汇点的区位优势，积极布局国外市场，省税务局跟紧落实各项办税措施，在门户网站开设“一带一路”税收综合服务平台，提升便利化水平。截至 2019 年 5 月，江苏省税务系统累计为“走出去”的民营企业开具 453 份《中国税收居民身份证明》，共 144 家民营企业享受了境外税收协定与国内抵免，企业享受协定条款预计减免税额达 7. 18 亿元。同时，江苏省税务局与发改委、外经贸、商务、银行、海关等部门建立信息沟通协调机制，构建“一带一路”企业数据库，根据企业投资计划，及时提供相关税收政策指南、税收分析报告和税收风险预测等信息，并帮助企业化解投资过程中的涉税风险。

2. 企业对外投资规模进一步提升

上海：2018 年，全年备案和核准对外直接投资项目 792 项，比 2017 年增长 30. 3%；对外直接投资中方投资额 168. 7 亿美元，增长 57. 0%。签订对外承包工程合同金额 119 亿美元，增长 9. 6%；实际完成营业额 75. 4 亿美元，下降 24. 1%；派出人员 8764 人次，下降 37. 0%。对外劳务合作派出人员 9808 人次，下降 48. 2%。

浙江：2018 年，全年经备案核准的境外企业和机构共计 737 家，比 2017 年增加 210 家。境外直接投资备案额 1262 亿元，比 2017 年增长 1 倍。国外经济合作完成营业额 518. 9 亿元，比上年增长 9. 0%。其中，对外承包工程完成营业额 506. 9 亿元，增长 8. 6%；新签合同额 273. 0 亿元，下降 17. 6%；共派出各类劳务人员 22589 人次，外派劳务人员实际收入 12. 0 亿元。中欧（义新欧）班列开行 320 列。

江苏：2018 年，全年新批境外投资项目 786 个，中方协议投资额 94.8 亿美元。加快推进“一带一路”交汇点建设，全年新增“一带一路”沿线对外投资项目 235 个，比 2017 年增长 46.8%，中方协议投资额 23.1 亿美元。

安徽：2018 年，全年对外承包工程新签合同金额 50.5 亿美元，比 2017 年下降 3.8%；完成营业额 30.1 亿美元，下降 13.4%；当年外派劳务人员 9539 人，下降 18.1 %。全年新批境外企业（机构）99 个，实际对外投资 14.5 亿美元，增长 56%，其中对“一带一路”沿线国家和地区投资 1.9 亿美元，增长 1.1 倍。

3. 面临的问题

（1）中美贸易摩擦背景下，企业“走出去”信心降低。2018 年，美国政府根据国内法单方面挑起经贸摩擦，对我国产品加征关税，影响商业信心和投资决策。贸易摩擦的负面影响还将波及全球经济、贸易和投资，破坏全球供应链，使企业生产成本更高、效率更低。全球经济发展和贸易环境的不确定性，使企业“走出去”信心降低。

（2）国际营商环境复杂，企业“走出去”能力不足。长三角地区参与“一带一路”发展建设具有明显的优势，但“一带一路”沿线国家或地区以发展中国家为主，市场机制不健全，政治、宗教、法律和文化等制度的差异较大，一些国家还存在政局不稳的情况。企业“走出去”前期市场调查和风险评估能力不足。

（3）各国税制结构、征管方式差异较大，企业“走出去”涉税问题复杂。目前，企业“走出去”存在双重缴纳社会保险费问题，虽然我国目前已与日本、德国、西班牙等 10 多个国家签署了双边社会保障协定，但在多数没有签订双边社保协定的国家，企业外派员工需要在国内和投资目的地都缴纳社会保险费，增加了企业的日常经营成本。

（4）境内外资金支持缺失，企业“走出去”融资困难。国内融资方面，企业对外投资初期阶段，由于自身资金缺口较大、风险也较大，融资困难较为明显。而在企业对外投资项目发展成熟阶段，企业融资条件却相对宽松，而此时对资金的需求反而不大，也不够迫切。在国外融资方面，大部分境外公司项目投资和生产营运资金仍以自有投资资金为主，或者由母公司通过内保外贷等方式解决。除国家开发银行、进出口银行的支持以外，很难通过投资目的地金融机构得到信贷支持。

二、社会文化领域的开放

（一）发展现状

1. 教育对外合作交流内涵深化

上海：在教育国际化方面，上海有着自身特色和经验，也积累了一定的国际优质教育资源，对提升长三角教育国际化水平会起到积极促进作用。截至 2018 年，上海市共有中外合作办学机构和项目 188 个，其中机构 29 个，项目 159 个。开展学历教育的机构和项目 166 个，非学历教育 22 个；共有外籍人员子女学校 36 所，在读学生 30404 名。同时，上海市为服务国家“一带一路”建设，于 2018 年开展“一带一路”高级研修培训项目 18 个和“上海暑期学校”中医、武术、乒乓球等项目 24 个，“一带一路”沿线国家（地区）共有 1200 余人参加。

浙江：近年来，浙江教育发力“一带一路”建设，将教育合作放在更加突出的位置，助推实施国家战略。目前，浙江省高校已有 14 个中外合作办学机构和 142 个中外合作办学（含港澳台地区）项目。同时，浙江省政府通过搭建平台，让省内高校联合直接参与境外教育展会，让当地学生了解浙江教育、了解“一带一路”倡议。

江苏：2018 年，江苏教育对外开放步伐稳健。加强和规范外国留学生管理，93 所高校招收培养留学生 4. 59 万名。现有中外合作办学机构和项目 323 个，占全国总量的 13. 5%，居全国首位。国际交流平台建设稳步推进，与港澳台交流成效显著，江苏教育的国际影响力持续提升。

安徽：2013 年起，安徽省设立地方政府奖学金，从 500 万元提高到 2018 年的 1500 万元，进一步增强了安徽省对外国留学生的吸引力，扩大来皖留学生规模。目前，安徽省已与 41 个国家和地区建立了互惠共赢的教育合作关系，67 所省内高校与 381 所海外高校围绕人才培养、科学研究、教师成长等开展了形式多样的交流合作。

2. 对外文化交流持续推进

2017 年以来，上海成功举办了苏格兰当代艺术展、欢乐春节“音乐共和”走进非洲中国新年音乐会、爱丁堡艺穗节“聚焦中国”系列活动、“魅力上海”泰国推广活动、世博会博物馆“魅力上海”城市推广活动等对外文化交流活动，让更多人了解上海城市和文化。同时，上海国际艺术节、上海国际电影节等活动也是推动中外文化交流的重要窗口，上海博物馆、上海交响音乐厅、各类演出场馆和展览馆，都是国际文化交流的重要载体。截至 2019 年 5 月，上海博物馆组织或参加的境外展览已达百余个，展地遍及亚洲、美洲、欧洲、大洋洲等 28 个国家和地区、近 70 个城市，合作机构 100 余家，展品达 5600 余件次，境外观众累计达 800 万~1000 万人次，弘扬了中华民族艺术。与此同时，上海博物馆已经引入了 22 个国家、39 个城市、超过 60 家文物机构的古代和现代艺术藏品进行展览，传播了多元文明。

江苏省不断创新思路举措，推动提升江苏文化的国际影响力。近年来，江苏通过史实展览、歌剧巡演、智库交流等多种形式推进南京大屠杀史实走进国际主流社会，宣传中国和平理念。2017 年以来，江苏省举办了“符号江苏”系列出版物发布会、“畅游江苏”“水韵江苏”推介会、“同乐江苏”外国人文化活动、“欢乐春节·精彩江苏”艺术巡演、“中国寻根之旅”等形式多样的文化交流活动。同时，扬州市世界运河城市论坛、南京市历史文化名城博览会等具有地方特色的品牌活动也成功举办，促进了国内外城市间的经济文化交流。

浙江省推动国际文化交流的积极性也较高，为了让更多浙江文化项目“走出去”，首次建立了对外文化交流资源库，并前往德国柏林、日本东京、比利时布鲁塞尔等地的“中国文化周”活动传播浙江文化。2018 年以来，中乌“一带一路”影视文化交流活动、宁波·尼斯嘉年华、“一带一路·相约泸州”中外文化交流活动的成功举办，以及在多国落地《魅力温州》广播节目等，都体现出浙江地方打造多渠道对外传播交流平台的热情。

安徽省也围绕国家对外文化工作部署，高质量传播安徽声音。2018 年，安徽省共组织对外和对港澳台文化交流项目 53 批次、864 人次。其中，出访 32 批次、466 人次，来访 21 批次、398 人次，圆满完成“欢乐春节”演出、对德黄梅戏专场演出和孔子学院文化交流，美国马里兰“中国安徽周”、泰国曼谷“安徽文化周”等文化交流活动，以及在瑞典首都斯德哥尔摩、新加坡等地推动了中国安徽文化年活动，提升了安徽对外和对港澳台文化交流水平。

3. 长三角区域共同推进国际文化交流与合作

长三角地区文化创新能力较强、文化产业集聚度和国际化程度高、对外文化贸易活跃。据统计，长三角三省一市文化产业增加值已连续多年占全国总量的 30%以上。2018 年 11 月，上海成功举办了首届长三角国际文化产业博览会，以长三角城市群文化产业为参展主题和主要内容，打破了城市地域限制，融合展示了三省一市文化企业创新成果。文博会共有参展单位 330 家，其中上海单位 107 家、江苏单位 91 家、浙江单位 58 家、安徽单位 63 家、海外机构及进出口企业 11 家，涵盖广播影视、数字内容、网络视听、动漫游戏、创意设计、艺术品交易、文化装备、演艺娱乐等领域，包括全国“30 强”文化企业、文化产业上市公司、领军文化企业等。

（二）面临的问题

1. 各类教育国际化水平有待提高

一是对国际学生的吸引力不足。英国教育咨询 QS 公布的《2018 最佳留学城市》报告显示，伦敦、东京、蒙特利尔、巴黎等是最受外国学生青睐的国际大都市；长三角地区仅上海（第 29 位）和南京（第 88 位）上榜，表明长三角教育对国际学生吸引力偏弱。同时，除了上海纽约大学等少数高校外，长三角地区高校接纳学历教育的国际学生占比均低于 10%。二是教育对外开放层次有待推进。近年来，长三角国际化教育得到了快速发展，但粗放式的规模扩张制约了教育对外开放中生源、师资、投入等要素的结构优化，主要表现为缺乏引进和培育合格的国际化师资，缺乏国际化学校评估标准和机制，影响教育对外开放层次和水平的提升。三是职业教育的国际化需要深化，长三角地区部分职业教育学校还未开展中外合作办学项目，整体上职业教育国际化的水平还较低。同时，“一带一路”背景下，长三角教育国际化还面临一些挑战。长三角地区作为“一带一路”重要交汇点，来自沿线国家和地区的留学生较多。因此，在推进教育国际化的同时，需要注意尊重不同的文化、不同的风俗习惯和宗教信仰，避免引起文化误解和政治问题。

2. 文化“走出去”需加强和改进

长三角地区文化对外传播水平还有待提高。一是社会知名度较低，国外主流媒体报道不多。二是文化产业发展较为滞后的地区文化传播路径有限，如苏北地区文化的发展与传播不及苏南地区。三是文化价值输出有待加强。部分文化输出停留在表面的“有趣”上，缺乏文化思想价值输出，难以形成真正的文化“软实力”。

三、重点区域及载体的开放

（一）中国（上海）自由贸易试验区改革开放全面深化

中国（上海）自由贸易试验区（以下简称“上海自贸区”）建设五年来，先后推进实施了1.0版、2.0版、3.0版等三个总体方案，按照“三区一堡”的目标要求，大力推动投资、贸易、金融和事中事后监管等领域的制度创新，着力营造法治化、国际化、便利化的营商环境，以改革促发展、促转型，区域经济发展总量规模稳步提升，区域经济转型发展步伐不断加快。

1. 建立自贸区市场准入管理新体制

2018年6月30日，国家发改委、商务部发布了《自由贸易试验区外商投资准入特别管理措施（负面清单）》（2018年版）。2018年版负面清单共45项特别管理措施，比2017年版减少50项；其中禁止类24项，比2017年减少8项。90%左右的国民经济行业对外资实现了准入前国民待遇，并且负面清单管理模式已向全国其他自贸试验区和近400个国家级开发区复制推广。服务“一带一路”的桥头堡作用逐步发挥。目前，浦东新区企业在新加坡、捷克等30个“一带一路”沿线国家投资近200个项目，中方投资额达46.8亿美元。外商投资准入负面清单制度是构建开放型经济新体制的创新试验。扩大投资领域开放，深化与扩大开放相适应的投资管理制度创新，是上海自贸区主体任务之一，也是扩大开放、深化改革的主要路径之一。

2. 金融市场体系和政务服务进一步完善

上海自贸区自由贸易账户功能不断拓展，实现本外币一体化管理，成为境外融资、结售汇便利化等许多重要金融改革的基础。同时，政府服务进一步完善，一是上海自贸区保税片区进出境时间较全关水平分别缩短78.5%和31.7%，物流成本平均降低10%，进出口通关无纸化率达95.6%。建成上海“国际贸易”单一窗口3.0版，覆盖23个口岸和贸易监管部门。二是商事登记制度改革持续深化，率先开展企业名称登记改革，推出可选用名称库，推进企业名称全程电子化，80%的企业名称通过网络申报，企业名称核准时间提速40%。

3. 开放领域不断拓展

2018 年，美国特斯拉电动汽车、国际信用评级三大评机构之一的穆迪两家公司把进入中国的第一站选在上海，落户上海自贸区。随着这些企业的到来，我国实现了新能源汽车、信用评级等开放领域零的突破。同时，上海自贸区持续深化金融开放创新步伐，出台了扩大银行业、证券业、金融市场等金融服务业对外开放的 25 条意见。2018 年，跨境人民币结算总额 2.55 万亿元，占上海全市 35.3%；跨境双向人民币资金池收支总额 4826 亿元，同比增长 1.7 倍。

（二）中国（浙江）自由贸易试验区改革创新成果优异

2017 年 3 月，国务院印发了《关于印发中国（浙江）自由贸易试验区总体方案的通知》，明确了中国（浙江）自由贸易试验区（以下简称“浙江自贸区”）的战略定位是建设成为东部地区重要海上开放门户示范区、国际大宗商品贸易自由化先导区和具有国际影响力的资源配置基地。同年 4 月，浙江自贸区正式成立。2018 年，浙江自贸区固定资产投资 419 亿元，新增注册企业 7413 家，新增油品企业 1998 家，大宗商品电子交易额 1487 亿元。浙江自贸区改革创新效果较好，有 4 项改革创新成果成为国务院复制推广的自贸区改革试点经验，占总数的 22%。这 4 项成果分别是国际航行船舶进出境通关全流程“一单多报”、保税燃料跨港区供应模式、进口粮食江海联运检疫监管制度创新和进境保税油检验监管制度，提升了自由贸易的便利化和监管水平。

（三）海关监管区域获得新发展

目前，中国海关特殊监管区域共有六种模式，分别是保税区、出口加工区、保税物流园区、跨境工业园区、保税港区和综合保税区。其中，综合保税区是开放层次最高、优惠政策最集中、功能最齐全、手续最简化的特殊监管区域。

1. 上海市海关监管区域扩大对外开放

2018 年 4 月，经国务院批准，漕河泾出口加工区升级为综合保税区，成为上海市第一批转型升级为综合保税区的出口加工区。目前，上海地区 5 个获批转型为综合保税区的出口加工区中，漕河泾和奉贤综合保税区的条件较为成熟，已经完成转型升级。上海综合保税区未来将建成加工制造、研发、物流分拨、维修检测和销售服务等中心，给区域内企业带来制度优势，也标志着上海将通过海关特殊监管区域转型升级扩大对外开放。据统计，2018 年上海海关特殊监管区域进出口总值为 1874.5 亿元，同比增长 6%，占同期上海市外贸总值的 28.0%，占长三角特殊区域进出口总值的 51.6%，占全国特殊区域进出口总值的 24.0%，历年来稳居全国第一。

2. 江苏省海关监管区域发展增添新引擎

江苏省共有 21 个海关特殊监管区域，占全国总数的 1/7，其中包括 1 个保税港区、20 个综合保税区。2018 年，无锡高新区综合保税区、苏州高新技术产业开发区综合保税区、镇江综合保税区、淮安综合保税区、吴江综合保税区共 5 个海关特殊监管区域被纳入企业增值税一般纳税人资格全国试点，加上 2016 年 11 月 1 日首批列入试点的昆山综合保税区和苏州工业园综合保税区，江苏试点区域已增至 7 个，是全国数量最多的省份，有利于区域内试点企业在享受进口原材料保税优势的同时，还享受国内税收抵扣优势，以助力企业开拓国内国际市场。截至 2018 年底，南京海关关区以综保区为主的海关特殊监管区域，平均每平方千米实现进出境货值 34.73 亿美元，小区域释放开放型经济大优势。

3. 浙江省海关监管区域开放呈现新图景

宁波保税区是浙江唯一的保税区，目前集聚各类企业 9000 多家，其中外资企业 330 多家，投资总额约 80 亿美元。2018 年 1 月，宁波出口加工区获批成为浙江省内首个增值税一般纳税人资格试点。两区由宁波保税区管委会统一管理，2018 年实现生产总值 192 亿元，同比增长 10%；财政收入 60.5 亿元，同比增长 23.2%；外贸进出口 890 亿元，同比增长 19.2%；工业总产值 326.7 亿元，同比增长 2.8%；新引进外资企业 49 家，实际利用外资 6258 万美元，增长 270%；固定资产投资 20.2 亿元，其中象保合作区完成 7.5 亿元。2018 年 3 月，杭州出口加工区升级转型为杭州综合保税区，并于 2019 年 1 月被列入企业增值税一般纳税人资格试点，推动加工贸易转型升级。

4. 安徽省海关监管区域引擎持续发力

安徽省共有 4 个海关特殊监管区域和 4 个海关监管场所，是开放型经济发展的重要平台。目前，安徽省海关特殊监管区域共注册企业 102 家，其中 7 家年进出口总值超过 1 亿美元，1 家超过了 10 亿美元。2018 年，安徽省综合保税区（出口加工区）实现进出口总额85.34亿美元，增长36.8%，占全省进出口总额629.7亿美元的13.55%，超全省进出口增幅20.2个百分点。其中，合肥出口加工区外贸规模不断扩张，2018年进出口总额达68.7亿元，同比增长49.2%，占全省进出口总额的比重达10.9%，位于全国出口加工区的第三位。

（四）总部经济发展呈现新气象

总部经济是指一区域利用资源优势吸引企业总部集群布局，形成总部聚集效应，并通过总部“头脑制造躯干”方式辐射带动相关区域经济发展，由此实现区域分工协作、资源优化配置的一种经济形态。目前，上海总部经济势头强劲，有利于带动长三角区域的发展。

1. 上海市总部经济增速稳定

2018年末，在上海投资的国家和地区达182个，在上海落户的跨国公司地区总部累计达670家。其中，亚太区总部88家，投资性公司360家，外资研发中心441家。年内新增跨国公司地区总部45家。其中，亚太区总部18家，投资性公司15家，外资研发中心15家。上海总部企业稳步增加。其中，截至2018年底，浦东新区已集聚各类总部企业超过600家，其中跨国公司地区总部304家，约占上海总量的一半，总部经济已成为浦东高质量发展的重要标志。2018年，浦东新区地区生产总值超亿元，实到外资达81亿美元。根据科睿唯安（Clarivate Analytics，原汤森路透）公布的《2018—2019年度全球创新百强企业》，其中，有76家在浦东有投资；《财富》500强企业中，也有100家在浦东设立了创新中心、研发中心；浦东已经成为跨国公司和国内大企业设立全球性研发中心最为集中的区域。同时，上海支持总部经济发展的政策也在不断完善，2017年2月，上海市修订了《上海市鼓励跨国公司设立地区总部的规定》，静安区、虹口区等区域也分别印发了有关加快总部经济发展的意见和办法。

2. 江苏省总部经济加速发展

近年来，江苏省较为重视总部经济的发展，于2018年11月发布《关于鼓励跨国公司在我省设立地区总部和功能性机构的意见》，鼓励跨国公司在江苏省设立地区总部和功能性机构，进一步提高利用外资的质量和水平，推动江苏省新一轮高水平对外开放。苏州总部经济发展较快，截至2018年，苏州市具有地区总部特征或共享功能的外资企业超过300家。近年来，苏州市总部经济聚集区建设逐步进入稳定发展阶段，2017年，苏州127家总部企业，资产总计达到15989.6亿元，其中有3家资产超过千亿元的特大型总部企业；营业收入保持稳定增长，为11256.6亿元，同比增长16.8%。但是，苏州总部企业研发投入强度仍相对较低，2017年末，苏州总部企业研发费用仅占营业收入的1.26%，有待进一步提升，并增强实力、规模和影响力。2018年，南京市政府也针对总部经济发展进行部署，召开了专题研究，提出加快引进具有区域中心能级、综合效益贡献度高的总部企业，并完善配套政策和资源。2017年，南京市认定了第五批共11家总部企业。

3. 浙江省总部经济稳步发展

浙江省总部经济发展较好的城市为杭州和宁波。2018年11月，浙江大学校友企业总部经济园在杭州余杭区未来科技城开工建设，拟建成区域性、全国性或全球性的总部集群，形成以高新技术为核心，研发、孵化和产业化一体的发展高地。余杭区、萧山区一直以来较为重视总部经济的发展，余杭区未来科技城的定位为以研发经济为主，服务经济与总部经济协调发展的生态体系；萧山区于2018年5月发布了《关于进一步加快总部经济发展的实施办法》，明确了总部的认定范围和扶持政策，确定了58家企业为2017年度萧山区总部企业，为44家总部企业提供了29488.04万元资助资金，推进总部经济的发展。

4. 安徽省总部经济发展逐渐起步

2017年以来，合肥经开区每年发布有关促进总部经济发展的政策，明确了总部企业的条件范围和具体扶持政策，走在安徽省前列。扶持政策包括项目落户奖、经营贡献奖、高管人才奖励、办公用房补贴、企业上市奖励，以及支持总部企业做大做强、鼓励兼并重组和扶持重点项目等多个方面。截至2017年5月，合肥经开区共有20余家总部企业。

四、重大事件与政策简析

（一）中国（上海）自由贸易试验区3.0版深化改革取得显著成效

2018年，上海自贸区已经基本完成了3.0版本全面深化方案的98项改革任务，五年来在深化改革和扩大开放方面先试先行，在改善营商环境、负面清单管理制度建设、金融改革创新等方面取得了突出成效。3.0 版方案中，国务院对上海自贸区还提出了建立推动市场主体“走出去”桥头堡的“三区一堡”建设要求，上海自贸区通过全面落实 2018 年版自贸试验区外商投资负面清单、两批 54 项扩大开放措施，累计落地企业超过 2800 家，并且在外商独资医院、认证机构、职业技能培训等 38 个开放领域实现全国首创项目落地。

2018 年《政府工作报告》中提出，增设上海自贸区新片区，赋予自贸区更大改革创新自主权。上海自贸区新片区的成立，将进一步实现开放和深化改革。2019 年，上海将不断完善“三区一堡”建设，以产业链为载体进行系统化改革，进一步优化政府服务、增强“一带一路”桥头堡功能、引领并推进长三角高质量发展。

（二）上海对外开放水平显著提升

1. 上海率先推出“扩大开放 100 条”，构建全面开放新格局

2018 年 7 月，上海市出台了《上海市贯彻落实国家进一步扩大开放重大举措加快建立开放型经济新体制行动方案》（简称“上海扩大开放 100 条”），制定了 5 个方面、20 项任务、100 条举措，以更大力度开放合作提升上海国际金融中心能级、构筑更加开放的现代服务业和先进制造业产业体系，建设开放共享、内外联动的高标准知识产权保护高地，全力办好中国国际进口博览会，创造一流的法治化、国际化、便利化营商环境。目前，93 条扩大开放措施已经落地。

2. 上海成功举办首届中国国际进口博览会，成果丰硕

2018 年 11 月 5—10 日，为期 6 天的首届中国国际进口博览会在国家会展中心（上海）举办。在当前经济全球化遭遇挫折，单边主义、保护主义愈演愈烈的复杂形势下，举办中国国际进口博览会，既是中国推进新一轮高水平对外开放、促进经济高质量发展的需要；又是中国对推进贸易自由化便利化、构建开放型世界经济的重要贡献。以进口为主题的博览会，不仅在中国是首创，在全世界也是唯一的专题性博览会。上海举全市之力，以一流的城市环境、一流的服务保障确保了首届进口博览会圆满成功，并创造了多项博览会纪录。《2018 年上海市国民经济和社会发展统计公报》数据显示，进博会共有 172 个国家、地区和国际组织参会，3617 家境外企业参展，展览总面积达 30 万平方米，按一年计累计意向成交 578.3 亿美元。

（三）江苏省开启新一轮对外开放

从“一带一路”到长江经济带，再到长三角区域一体化，处在国家战略“交汇点”上的江苏省，持续保持扩大开放的姿态，发展开放型经济。截至2017年末，江苏省贸易伙伴遍布全球233个国家和地区，机电和高新技术产品占比分别达63.4%和39%，新兴产业出口强劲。连云港是江苏省“一带一路”交汇点建设的缩影，港口服务不断优化、效率不断提升，连云港港口24小时可完成“西蒂斯”轮5.6万吨铁矿砂接卸，连云港中哈物流基地集装箱场地操作已经实现无人化，中哈公司过境冷链物流开启；2018年，连云港海铁联运量突破30万标准箱，海河联运量首超1000万吨。2018年7月，全国首家工商登记与商务备案“一口办理”外资企业在江苏诞生，江苏省营商环境不断优化。

2019年1月，江苏省召开了全省对外开放大会，提出建设“一带一路”交汇点，推动全方位高水平对外开放。为了抓住“一带一路”发展机遇，江苏省积极发展国际产能合作、完善连云港海口功能、深化经贸合作。2017年，中阿产能合作示范园开始建设，这是国家认定的“一带一路”产能合作园区，目前，首批制造业工厂已启动建设。会议上，江苏省出台了《关于推动开放型经济高质量发展若干政策措施的意见》，为建设全面开放新格局，从扩大开放领域、推进“一带一路”交汇点建设等七个方面，提出具有江苏特色的政策举措。

（四）浙江省对外贸易开放平台迸发新动能

2018年5月，浙江召开了全省对外开放大会，研究部署浙江对外开放工作，会上提出了对外开放“十大举措”，谋划推进中国（浙江）自贸试验区2.0，打造以数字贸易为标志的新型贸易中心等。近年来，浙江省对外贸易开放平台在不断发展。境外经贸合作区是浙江省对外开放的重要抓手。2018年，浙江省新批了7家省级境外经贸合作区，目前省级以上境外经贸合作区共12家。作为“一带一路”的“浙江驿站”，浙江境外经贸合作区的合作领域更加多元化，包括石油炼化、纺织、农业、商贸物流和科技研发等，有利于发展新的增长点。同时，境外经贸合作区服务能力不断增强，在服务企业发展的同时，也助推了东道国的经济发展，并将成功经验带到国外。2019年6月，“境外经贸合作区与长三角企业对接会”在宁波举办，会上成功进行了重要项目的对接和签约。

2018 年 10 月，浙江第三个市场采购贸易方式试点地区落地浙江鹿城。从 2014 年 10 月义乌在全国率先试点市场采购贸易方式至今，浙江省基本建立了与市场采购贸易相适应的“一机制五配套一平台”试点架构体系，四年里，市场采购贸易占浙江省出口超过 10%，累计出口超过 1400 亿美元，是近年来拉动浙江外贸出口的动力之一。

（五）安徽省开放型经济发展增添新平台

1. 马鞍山综合保税区建设为发展外向型经济提供新平台

2018 年 1 月 3 日，马鞍山综合保税区顺利通过省级预验收，同时于 6 月通过国家级验收，向正式封关运行迈出关键一步。作为安徽省唯一一个区港联动的综合保税区，马鞍山综合保税区的建成发展，标志着马鞍山乃至安徽发展外向型经济从此拥有了新的更高平台。马鞍山综合保税区主要依托港口发挥水运优势，实现大宗商品的保税加工、保税物流和保税服务，与芜湖、合肥综合保税区实现互补。目前，马鞍山综合保税区为做好跨境电商相关配套先行先试，拟在区内建立马鞍山市跨境贸易电子商务监管中心，先行开展跨境贸易电子商务“一般出口”“直购进口”“特殊区域出口”“保税进口”模式的试点工作。目前，已开工建设跨境电商产业园。

2. “2018 世界制造业大会”在合肥成功举办

2018 年 5 月，合肥市成功举办了“2018 世界制造业大会”，参会嘉宾来自德国、美国、英国、法国、日本和韩国等 70 多个国家，会上共签约 436 个合作项目，总投资额达 4471 亿元，涉及电子信息、家电、新材料、新能源、装备制造、节能环保、现代服务、汽车和汽车零部件、生物医药等 9 个行业。从合作企业来看，央企 112 家，投资总额 1570 亿元；民企 107 家，投资总额 1799 亿元；外企项目 88 个，投资总额 756 亿元；侨企项目 23 个，投资总额 61 亿元；台企项目 106 个，投资总额 285 亿元；外商投资项目共计 217 个，投资总额 1102 亿元。大会推进了安徽省与国内外其他城市和国家的交流合作，提高了对外开放合作水平。

五、进一步促进长三角对外开放的政策建议

长三角地区在我国经济发展中具有举足轻重的地位，其一体化发展对长江经济

带和华东地区经济发展有带动作用，对高质量区域集群的形成具有示范作用。长江三角洲区域一体化上升为国家战略的部署，对于长三角地区深化改革和对外开放都具有重大的意义。为了进一步促进长三角对外开放，建议从以下几方面着手：

（一）打造区域联动机制，促进长三角对外开放一体化发展

长三角区域对外开放是长三角一体化发展的重要一环，需要加强政府间的合作机制，以长三角整体利益出发，完善顶层设计，推动长三角地区对外开放的一体化发展。一是发挥上海的龙头带动作用，形成明确合理的内部分工。借助并发挥上海总部经济发达优势，根据企业空间分工、生产布局和经营需求，在合作共赢的前提下，将企业生产制造环节，通过总部企业资源配置和环节分工的模式转移到苏浙皖等地区。目前，已有如外资联合利华公司的中国区总部设在上海，制造基地设在安徽。上海的金融、贸易、结算和投融资等现代服务业优势将进一步集中和凸显，继续提升对企业跨国运营总部的吸引力。二是实现交通运输和公共服务的互联互通。依托上海高水平开放，以及世界级海港、空港、金融平台的优势，在交通运输和服务方面打造互联互通平台，搭建长三角企业“走出去”服务中心，充分利用苏浙皖水、陆、空口岸通道，对接对标长三角一体化，发展江海、铁海、空陆等多式联运，促进长三角区域口岸物流联动发展，降低企业物流成本。进一步实现市场监管以及法治的一体化，以更高的对内开放，推动长三角区域内资源要素自由流动，打造区域联动机制，推动高质量的、一体化的对外开放。

（二）进一步完善营商环境，逐步扩展服务业向外资开放

自贸试验区综合营商环境突出，有利于与国际接轨。因此，要以贸易、资金、投资和人员自由为重点，在长三角区域逐步推进投资贸易的自由化和便利化，进一步完善长三角地区企业营商环境。一是梳理国际营商环境参考指标，对标国际先进营商环境标准。二是不断优化投资贸易环境。精简行政审批流程、优化岗位职责、搭建数据平台、强化风险防控体系。加大力度在全国推广自贸区的负面清单管理、政府职能转变、“先照后证”等改革经验，提升政务服务水平。三是加强知识产权保护与信用体系建设。进一步加强知识产权服务能力和执法能力，健全惩罚制度。同时，建立信用评价标准体系，有效利用信用信息。

制造业向外资开放体系较为完善，需进一步将服务业向外资开放。一是进一步

扩大金融领域的对外开放。首先在自贸区内，允许外资银行开展发行金融债券的业务，提供代理发行、代理兑付，以及承销政府债券等服务。二是进一步扩大教育领域的对外开放。逐步允许外资独立设置教育机构。三是进一步扩大专业服务领域的对外开放。在工程咨询服务、工程设计、律师事务所等专业服务领域，逐步放宽执业要求，探索内外合作机制和方式。

（三）结合“一带一路”建设，推进教育和文化对外交流合作

长三角地区是长江经济带与“一带一路”的重要交汇地带。在“一带一路”背景下，通过商业、教育合作和文化交流，有利于增强中华文明的影响力，推动文化认知和认同。因此，一是充分研究国际文化市场，考虑国外观众审美需求和风俗习惯，避免文化摩擦。二是打造多种形式的文化交流合作，加大主流媒体合作，加强文化价值宣传，提升文化交流氛围和效果，促进文化对外传播。三是在教育国际化的进程中，加强国际项目合作，对外加强对当地优秀文化和优秀生源的吸引，对内端正国际化教学理念，加强国际化师资和人才的培养，提高教育国际化水平。

参考文献

[1] 陈畅，王孝钰．有效扩大上海利用外资思路［J］．科学发展，2018（9）：63-73.

[2] 李锋，陆丽萍．努力打造新一轮高水平对外开放的标杆：2019 年上海开放新思路［J］．科学发展，2019（3）：37-45.

[3] 郭丽琴．美国税改引发全球投资变革［J］．中国外资，2019（5）：108-109.

[4] 马明龙．以四个“着力”推动江苏全方位高水平对外开放［J］．群众，2019（3）：11-12.

[5] 吴海燕．浙江省高等教育国际化的现状、特点与对策研究［J］．新西部，2019（11）：54-55.

[6] 路华．全球化语境下“中国文化走出去”与徽文化对外传播［J］．安徽理工大学学报（社会科学版），2018，20（4）：75-79.

[7] 周志莹．“一带一路”背景下江苏加快文化“走出去”的现状与路径研究［J］．江苏商论，2019（5）：51-54.

[8] 朱淏，张超．浙江参与“一带一路”国际产能合作的问题及对策研究［J］．现代营销（下旬刊），2019（4）：135.

[9] 李小光．力促苏州总部经济稳定发展［J］．唯实，2019（1）：63-66.

[10] 潘孝松，陈刚．宁波保税区转型升级研究 [J]. 时代经贸，2018（25）：39-40.

[11] 李天树，崔可心．创新驱动型城市总部经济发展模式研究：基于杭州“聚变”模式与纽约“裂变”模式的比较分析 [J]. 中国集体经济，2018（22）：19-22.

第十八章　粤港澳大湾区建设

——加快推进之年

2019 年 2 月，《粤港澳大湾区发展规划纲要》（以下简称《大湾区规划纲要》）公布，标志着粤港澳大湾区（以下简称“大湾区”）正式进入实施阶段，也标志着粤港澳合作进入了新的历史阶段。建设大湾区，既是新时代推动形成全面开放新格局的新尝试，也是推动“一国两制”事业发展的新实践，在国家发展战略中具有极其重要的意义。自 2017 年 7 月 1 日《深化粤港澳合作　推进大湾区建设框架协议》（以下简称《框架协议》）签署以来，特别是 2018 年 8 月 15 日大湾区建设领导小组第一次会议召开后，大湾区建设速度不断加快，从中央到地方各级政府，从企业到居民，对大湾区建设怀有巨大热情和激情，并且积极投入其中。

一、大湾区建设的推进情况

过去一年多时间以来，官产学研各界从发展规划、体制机制改革，到经济、社会、生态、文化等各个领域，深入探讨和大力推动粤港澳大湾区建设。从国家层面的统筹到地方政府的积极推动，从重大平台的点状合作到“点线面”全领域合作，大湾区建设推进速度加快。

（一）国家层面的推进

粤港澳大湾区建设是习近平总书记亲自谋划、亲自部署、亲自推动的重大国家战略。2018 年是改革开放四十周年，大湾区成为广东省在新时代继往开来、勠力改革的新机遇。习近平总书记用“若网在纲，有条而不紊”寓意广东新时代改革开放，其中的“纲”就在粤港澳大湾区建设。2018 年 10 月，习近平总书记考察广东时强调，要把粤港澳大湾区建设作为广东改革开放的大机遇、大文章，抓紧抓实办好。11 月，习近平总书记在会见香港、澳门各界庆祝国家改革开放四十周年访问团时强调，“实施粤港澳大湾区建设，是我们立足全局和长远作出的重大谋划，也是保持香港、澳门长期繁荣稳定的重大决策”。希望香港、澳门继续带头并带动资本、技术、人才等参与国家经济高质量发展和新一轮高水平开放，支持和推动香港、澳门更好融入国家发展大局。

1. 大湾区建设领导小组第一次会议形成顶层架构

2018 年 8 月 15 日，大湾区建设领导小组举行第一次全体会议。中共中央政治局常委、国务院副总理韩正任组长，香港特首林郑月娥及澳门特首崔世安均担任小组成员。这是港澳特首第一次被纳入中央决策组织，显示中央对港澳在大湾区建设和融入国家方面给予充分的重视和信任。《人民日报》评论指出，“小组治大国，大事建小组”早已成为惯例，意味着大湾区建设进入新阶段。“在中国发展昂首步入新时代的宏大背景下，粤港澳大湾区建设的蓝图正化为脚步坚实的行动，愿景正变成风生水起的现实。”领导小组会议还提到，与大湾区建设有关的政策，会“成熟一项推一项”。

大湾区建设领导小组第一次会议明确了大湾区建设的顶层架构，由副国级领导人担任小组组长，与京津冀协同发展、雄安新区两个国家战略保持战略层面的一致。同时，港澳特首担任小组成员将进一步加快大湾区建设的协同推进。

2.《大湾区规划纲要》为大湾区建设指明方向

2019 年 2 月 18 日，党中央、国务院印发了《粤港澳大湾区发展规划纲要》，这是大湾区未来建设的纲领性文件。“开放”一词在《大湾区规划纲要》中共出现了 53 次，凸显了中央对大湾区继续扩大开放的基本要求和美好愿景。一方面，大湾区要进一步深化改革、扩大开放，建立与国际接轨的开放型经济新体制，通过区域双向开放，构筑“丝绸之路经济带”和“21 世纪海上丝绸之路”对接融汇的重要支撑区。充分认识和利用“一国两制”制度优势、港澳独特优势和广东改革开放先行先试优势，为全国推进供给侧结构性改革、实施创新驱动发展战略、构建开放型经济新体制提供支撑。另一方面，《大湾区规划纲要》更加明确了港澳在国家对外开放中的不可替代的战略定位。大湾区要依托香港、澳门作为自由开放经济体和广东作为改革开放排头兵的优势，加快制度创新和先行先试，建设现代化经济体系，更好地融入全球市场体系，建成世界新兴产业、先进制造业和现代服务业基地，建设世界级城市群。

3. 大湾区建设领导小组第二次会议进一步释放政策利好

2019 年 3 月 1 日，大湾区建设领导小组第二次全体会议在北京召开。会议主要根据《大湾区规划纲要》研究 2019 年的工作，提出符合粤港澳大湾区需要的切实措施，满足三地居民需要。会上，中央就推进大湾区建设推出八项政策措施，这些措施将便利香港居民到大湾区内地城市学习、就业、创业和生活，并加强大湾区内人流、物流、资金流等方面的便捷流通。

第二次会议是《大湾区规划纲要》公布后小组成员第一次开会研究和讨论如何具体落实，根据“成熟一项推出一项”的原则，更多利好政策将陆续推出。

（二）香港和澳门的推进

1. 香港推进大湾区建设的行动

2017 年 8 月至 2018 年 5 月，香港特别行政区行政长官林郑月娥率领的香港特别行政区政府代表团先后实地考察、访问深圳、中山、珠海、惠州、广州等城市，行程覆盖珠三角过半区域。2018 年 10 月 10 日，林郑月娥发布了《行政长官 2018 年施政报告》，表示将在特别行政区政府内成立一个高层次的“粤港澳大湾区建设督导委员会”并出任主席，成员包括所有司局长，全面统筹香港参与大湾区建设事宜。2019 年 3 月 12 日，香港特别行政区政府政制及内地事务局 12 日向香港立法会正式提交文件，建议设立粤港澳大湾区发展办公室，并委任专员统筹管理。目前，政制及内地事务局网站已经专门开辟了粤港澳大湾区专栏。

从行业领域来看，香港近期主要聚焦科技创新和金融两个领域。科技创新方面，2019 年 2 月 21 日，《大湾区规划纲要》宣讲会在香港举行。2019 年 3 月 20 日，中央人民政府驻香港特别行政区联络办公室主任王志民发表《全面贯彻落实全国两会精神　不断推进香港“一国两制”实践》的演讲。王志民表示，香港在粤港澳大湾区中的“主场”和“主角”地位清晰，未来香港参与粤港澳大湾区建设还将得到国家的进一步支持。以科技创新为主导发展目标的落马洲河套地区，正在有序开发建设过程中，深港双方合作机制正在完善。在培育和挽留人才方面，香港创新及科技局会启动 5 亿港元的科技专才培育计划，训练和会聚更多高质素科技人才，包括推出博士专才库企划、资助企业聘用博士后专才，以及以配对形式资助本地企业人员接受先进制造技术，尤其是“工业 4.0”的培训。

金融方面，2019 年 3 月，经中国人民银行总行批复同意，在中国人民银行深圳市中心支行推动、协调、组织下，中国银行深圳市分行、中银香港推出“中银香港代理见证开立内地个人银行账户业务”。2019 年 3 月 20 日，深港首笔代理见证开户业务在中国银行深圳人民南支行成功办理。

其他方面，香港特别行政区政府拟成立 20 亿元的“再工业化资助计划”，以配对形式资助生产商在港设立智能生产线，同时会向香港科技园公司增拨 20 亿元，在香港的工业区物色合适的土地，兴建专项制造业所需的生产设施。

2. 澳门推进大湾区建设的行动

为有序推动落实《大湾区规划纲要》，澳门区政府配合中央部署开展了一系列工作。包括为不断加强机制建设，成立了“建设粤港澳大湾区工作委员会”，统筹澳门参与粤港澳大湾区建设的整体工作；编写了澳门五年发展规划附件，增加配合大湾区发展的相关内容；澳门特别行政区也正做好《大湾区规划纲要》的宣讲工作，鼓励社会各界积极参与。具体来说有以下三个方面：

一是全面深化与大湾区内地城市合作，继续推进经济适度多元发展。以建设“一中心一平台”为主轴，大力发展会展、中医药、特色金融和文化创意等新兴产业，积极主动融入国家发展大局，进一步加强区域合作，把大湾区作为澳门经济适度多元发展的腹地，其中最主要是横琴新区。截至 2018 年 7 月底，粤澳合作中医药科技产业园（横琴）已累计注册 88 家企业，涉及中医药、保健品、医疗器械、医疗服务领域。

二是积极推进与内地科技合作。澳门《2019 年财政年度施政报告》中提出，要建立完整及有层次的科研和科技创新机制，健全科技创新生态体系。澳门“建设粤港澳大湾区工作委员会”下设有“科技创新和智慧城市工作小组”，负责澳门本土科创和智慧城市建设，以及加强与大湾区内地城市的合作。2018 年 10 月，国家科技部和澳门科技委员会联合举办“2018 中华文明与科技创新展”；2019 年，澳门科学技术发展基金推出“高校博士后专项资助计划及高校科研仪器设备专项资助计划”，旨在支持澳门高等院校聘任海内外优秀科技学科的博士来澳全职做博士后研究工作，提升本地高等院校科技创新能力。自 2018 年来，澳门与内地进行了多方面的科技合作，具体内容如表 18-1 所示。

表 18-1 澳门与内地开展的科技合作（2018—2019 年）

时间	部门	合作内容
2019 年 4 月	深圳市中医院与澳门科技大学	共建澳门科技大学临床教研基地，在临床、教学、科研、人才培养等领域进一步开展深入的合作
2019 年 4 月	中国科学院科技战略咨询研究院与澳门科技大学	双方将发挥各自优势，协同开展重点领域发展战略研究，加强创新人才培养与交流，共享信息资源，提升双方科技战略咨询能力，共同筹建“大湾区可持续发展创新政策联合研究中心”，并以此为平台，深化双方合作，为国家科技创新发展与大湾区建设提供高质量的研究成果和政策参考
2019 年 3 月	澳门科技大学与兰州空间技术物理研究所	双方同意共同开展空间及行星环境科学和探测技术研究，推动在空间科学项目协作、新技术研究及产品开发等方面的深度合作，打造优势互补、合作共赢的创新平台
2019 年 1 月	澳门科技大学与广东欧比特人工智能研究院、广东城智科技有限公司	加快产学研融合步伐，加大与外部实体机构的合作力度。空间大数据人工智能技术研究院的成立，有利于联合引入高层次人才，培养高水平的工程技术人员
2018 年 12 月	澳门科技大学、中山大学、香港大学	三方共同建立“粤港澳空间科学联盟”，旨在汇集粤港澳精英大学在空间科学领域的研究力量，促进三地在空间科学领域的交流协作、资源共建共享，以及提升在空间科学领域的合作层次和水平
2018 年 6 月	澳门创新科技中心及东莞滨海湾新区管理委员会	双方均认同可利用澳门在娱乐科技的独特优势，在滨海新区设立软件和人才培训及创业中心，加强双方合作

资料来源：根据公开资料整理。

三是推动人文湾区建设。2018 年 12 月，澳门特别行政区政府与国家发展和改革委员会签署了《支持澳门全面参与和助力“一带一路”建设的安排》，将大湾区和“一带一路”建设有机衔接。2019 年 4 月，在深圳举行的文博会首次设立粤港澳大湾区文化产业馆，“澳门创意馆”以“澳门创意、美食文创、小区文创”为主题，组织了 7 家以创意设计重新打造的社区特色店家参展，向外展示澳门文创特色产品与服务，宣扬澳门创意城市美食之都的文化形象。另外，2018 年 10 月成功举办了“大湾区青年论坛”。

此外，为配合《大湾区规划纲要》和澳门特色金融发展的需要，澳门金融管理局正在积极研究在澳门设立以人民币计价结算的证券市场。2019 年 4 月，中国银行首只大湾区主题债券基金成立，这也是全球首只澳门元公募基金。

（三）广东省和珠三角九市的推进

1. 广东省推进大湾区建设的行动

为深入学习贯彻习近平总书记关于大湾区建设重要论述和对广东重要讲话、重要指示批示精神，对深入学习贯彻《大湾区规划纲要》进行全面部署推动，广东省召开了多次全省推进粤港澳大湾区建设工作会议，具体内容见表 18-2。

表 18-2　广东省推进粤港澳大湾区建设领导小组各次会议情况

	时间	地点	主要内容
广东省推进粤港澳大湾区建设领导小组全体会议	2018 年 8 月 19 日	广州	广东省委书记李希强调，广东省要抓住这一重大历史机遇，以高度的政治责任感和使命感，举全省之力推动粤港澳大湾区建设取得扎实成效
广东省推进粤港澳大湾区建设领导小组第二次全体会议	2018 年 12 月 4 日	广州	李希指出，要认真学习贯彻习近平总书记关于粤港澳大湾区建设的一系列重要指示精神，全面深入系统领会，不折不扣抓好贯彻落实，确保大湾区建设始终沿着正确方向前进，引领广东在更高起点、更高层次、更高目标上推动改革开放再出发
广东省推进粤港澳大湾区建设领导小组第三次全体会议	2019 年 2 月 16 日	广州	研究部署广东省推进粤港澳大湾区建设工作。李希强调，要深刻认识推进大湾区建设是树牢“四个意识”、坚定“四个自信”、坚决做到“两个维护”的政治要求和具体行动，是落实国家发展战略布局的重大任务，是广东服务“一国两制”实践的光荣使命，是新时代广东改革开放再出发的重大历史机遇
广东省推进粤港澳大湾区建设领导小组第四次全体会议	2019 年 4 月 26 日	广州	深入学习贯彻习近平总书记关于粤港澳大湾区建设重要指示精神和粤港澳大湾区建设领导小组第二次全体会议精神
广东省推进粤港澳大湾区建设领导小组第五次全体会议	2019 年 12 月 16 日	广州	坚持以粤港澳大湾区建设为“纲”，以支持深圳建设中国特色社会主义先行示范区为牵引，全面激发大湾区、先行示范区利好叠加的“双区驱动效应”，推动广东高质量发展

资料来源：根据公开资料整理。

另外，《粤港合作框架协议》与《粤澳合作框架协议》（以下统称《框架协议》）的 2018 年重点工作，也对推进粤港澳大湾区建设做了相应部署。根据广东省公开资料，目前仅公布了《实施〈粤澳合作框架协议〉2018 年重点工作》，具体内容见表 18-3。

表 18-3　《实施〈粤澳合作框架协议〉2018 年重点工作》中与大湾区建设相关内容

协议	与大湾区建设相关的内容
《实施〈粤澳合作框架协议〉2018 年重点工作》	1. 共同落实粤港澳大湾区发展规划，完善工作机制，协商重大议题和确定合作项目，做好规划出台后分工落实、政策解读、宣传推广工作 2. 强化 CEPA 服务贸易协议的实施，促进贸易投资便利化，最大限度促进经贸要素跨境便捷流通，进一步提升市场一体化水平 3. 建立粤港澳大湾区跨境金融合作统筹协调机制，协商解决存在的问题，推进大湾区金融创新发展 4. 争取提高澳门居民来往内地通行证便利化使用水平，谋划进一步放宽澳门单牌车入出横琴政策 5. 积极谋划打造粤港澳大湾区国际贸易平台，联合赴海外开展粤港澳大湾区投资营商环境推介活动 6. 联合打造粤港澳大湾区整体旅游品牌和形象，共同开发旅游线路，共同开展境内外旅游宣传推广 7. 携手推进粤港澳大湾区打造国际科技创新中心工作。研究制定智慧城市指标体系，建立定期联络机制，推动产学研合作，促进智慧城市间交流合作

资料来源：广东省人民政府网站。

2. 珠三角九市推进大湾区建设的行动

《大湾区规划纲要》公布后，珠三角各市及各区均制定了推进大湾区建设三年行动计划及年度工作重点（非公开）。本部分概述广州、深圳两个中心城市及其他节点城市推进大湾区建设的一些重要措施。

（1）广州。2019 年 2 月 19 日，广州南沙区（自贸区南沙片区）劳动人事争议仲裁委员会获国家人社部批复，同意试点开展聘任港澳籍人士担任劳动人事争议仲裁员，这在全国尚属首次。2019 年 4 月，《中新广州知识城总体发展规划（2019—2035 年）》《广州南沙粤港深度合作园建设实施方案（2019—2035 年）》《发挥广州国家中心城市优势作用支持港澳青年来穗发展行动计划》等有关文件获得审议通过。2019 年 5 月，广州市港务局等机构签署了大湾区 5G 港口创新中心战略合作协议，计划在广州建立粤港澳大湾区 5G 港口创新中心。

（2）深圳。2019 年 1 月 10 日，在深圳市委六届十一次全会对全市深化机构改革工作进行动员部署后，《深圳市机构改革方案》正式发布。深圳市设置党政机构 53 个，组建了市委推进粤港澳大湾区建设领导小组办公室，印发了《深圳市推进粤港澳大湾区建设 2019 年工作要点》和《深圳市贯彻落实〈粤港澳大湾区规划纲要〉三年行动方案（2018—2020 年）》。2019 年 2 月 13 日，深圳市推进粤港澳大湾区建设领导小组召开第三次全体会议，提出要“以饱满的精神状态和时不我待的奋斗姿态，举全市之力抢抓粤港澳大湾区建设重大机遇，不断增强核心引擎功能，当好新时代改革开放尖兵”。2019 年，前海城市新中心建设将总计安排 313 个项目，计划完成固定资产投资 596 亿元，一波更高的建设浪潮已经掀起。2019 年 3 月 27 日，深圳市政府公报发布了《关于支持港澳青年在前海发展的若干措施》，在总计 36 条措施中，有近 30 条将直接为港澳青年带来实惠，堪称“大礼包”。前海蛇口自贸片区自 2015 年 4 月 27 日挂牌以来，开发开放成果丰硕，累计推出 442 项制度创新成果，前海蛇口自贸片区制度创新总指数在全国自贸片区中排名第一。

其中，河套地区将成为粤港澳大湾区下的科技创新合作新引擎。2017 年 1 月，香港和深圳两地政府签署《关于港深推进落马洲河套地区共同发展的合作备忘录》，将河套地区定位为“港深创新及科技园”。2019 年 4 月 2 日下午，深港合作会议在深圳举行，明确落马洲河套地区将探索实施特殊的科技创新管理制度，打造融合“一国两制”优势的国际化开放创新平台，建设国际开放创新的先导区。目前，深港双方共同组建了联合专责小组，合作区的开发建设正在有力有序向前推进。

（3）其他节点城市。目前，珠海、佛山、惠州、东莞、中山、江门、肇庆等节点城市正充分发挥自身区位优势、发展优势，增强城市综合实力，以更开放的视野、更创新的思维进行谋篇布局，力争在湾区发展机遇中实现“弯道超车”。

表 18-4　大湾区其他城市推进大湾区建设的行动

城市	在大湾区中的定位	推进行动
东莞	粤港澳大湾区先进制造业中心、科技产业创新中心	优化制造业布局，打造具有全球影响力和竞争力的电子信息等世界级先进制造业产业集群； 支持东莞等市推动传统产业转型升级； 积极推进东莞松山湖（生态园）港澳青年创新创业基地等港澳青年创业就业基地建设； 与香港合作开发建设东莞滨海湾地区，集聚高端制造业总部，发展现代服务业，建设战略性新兴产业研发基地
惠州	现代化山水田园城市，大湾区生态担当，建设大湾区东部片区交通枢纽	探索开通香港—深圳—惠州—汕尾海上旅游航线； 推进惠州仲恺港澳青年创业基地等港澳青年创业就业基地建设； 高水平打造惠州粤港澳绿色农产品生产供应基地

续表

城市	在大湾区中的定位	推进行动
佛山	国家制造业创新中心、美食之都	提升国家新型工业化产业示范基地发展水平，开展制造业转型升级综合改革试点； 建设世界美食之都； 与香港开展离岸贸易合作； 推动粤港澳高端服务合作，搭建粤港澳市场互联、人才信息技术等经济要素互通的桥梁
珠海	珠江西岸核心城市、国际化创新型城市、生态文明新特区	建设通用航空产业综合示范区，建设国家煤炭储备基地，建成煤炭接收与中转储备梯级系统； 研究探索建设澳门—珠海跨境金融合作示范区； 推进珠海横琴粤港澳深度合作示范； 高水平建设珠海横琴国际休闲旅游岛，建设粤港澳物流园； 与澳门合作在横琴建设融养老、居住、教育、医疗等功能为一体的综合民生项目
中山	珠江东西两岸融合发展的支撑点、沿海经济带的枢纽城市、粤港澳大湾区的重要一极	深度挖掘和弘扬孙中山文化资源； 推进生物医疗科技创新； 积极推进粤港澳青年创新创业合作平台建设； 推进澳门和中山在经济、社会、文化等方面深度合作，拓展澳门经济适度多元发展新空间
江门	粤港澳大湾区西翼枢纽门户城市、珠江西岸新增长极	积极打造中国（江门、增城）“侨梦苑”华侨华人创新产业聚集区； 与港澳合作建设大广海湾经济区，拓展在金融、旅游、文化创意、电子商务、海洋经济、职业教育、生命健康等领域合作； 加快江门银湖湾滨海地区开发，形成国际节能环保产业集聚地以及面向港澳居民和世界华侨华人的引资引智创业创新平台
肇庆	大湾区连接大西南枢纽门户城市、国家低碳绿色发展示范区	适时开展广州经茂名、湛江至海安铁路和柳州至肇庆铁路等区域性通道项目前期工作； 高水平打造肇庆（怀集）绿色农副产品集散基地

资料来源：根据公开资料整理。

二、大湾区建设面临的问题与挑战

（一）政策梳理与成效评估

《框架协议》签署后，中央各部门及国务院各部委陆续推出便利港澳居民在内地发展的系列政策措施，为大湾区建设提供基础支撑，主要政策措施见表 18-5。

表 18-5　《框架协议》签署后中央推出的便利港澳居民在内地发展政策措施

序号	时间	政策文件	主要内容
1	2019 年 3 月 14 日	《关于粤港澳大湾区个人所得税优惠政策的通知》	广东省、深圳市按内地与香港个人所得税税负差额，对在大湾区工作的境外（含港澳台，下同）高端人才和紧缺人才给予补贴，该补贴免征个人所得税
2	2019 年 3 月 1 日	粤港澳大湾区建设领导小组第二次会议	确定境外居民在内地居住缴税操作标准，扩大境外人才所得税补贴，广东省的事业单位将公开招聘港澳居民，鼓励港澳青年到大湾区创新，港澳高校可以参与广东的科研计划，港澳居民出入境便利化，便利跨境非营运小汽车，减少粤港两地海关货物清关时间
3	2019 年 1 月 11 日	《关于港澳台居民在内地（大陆）申请中小学教师资格有关问题的通知》	研究开放港澳中小学教师、幼儿教师到广东省考取教师资格并任教；研究赋予在珠三角九市工作生活并符合条件的港澳居民子女，与内地人同等接受义务教育和高中阶段教育的权利。通知提到，港澳台居民申请认定教师资格需提交的无犯罪记录证明由香港特别行政区、澳门特别行政区和台湾地区有关部门开具。如有需要，各省级教育行政部门要为港澳台居民申请无犯罪记录证明提供函件等便利。港澳台居民申请教师资格，应达到国家语言文字工作委员会颁布的相应普通话水平等级标准
4	2018 年 8 月 19 日	《港澳台居民居住证申领发放办法》	三项权利：在居住地依法享受劳动就业，参加社会保险，缴存、提取和使用住房公积金的权利 六项基本公共服务：①义务教育；②基本公共就业服务；③基本公共卫生服务；④公共文化体育服务；⑤法律援助和其他法律服务；⑥国家及居住地规定的其他基本公共服务 九项便利：①乘坐国内航班、火车等交通运输工具；②住宿旅馆；③办理银行、保险、证券和期货等金融业务；④与内地（大陆）居民同等待遇购物、购买公园及各类文体场馆门票、进行文化娱乐商旅等消费活动；⑤在居住地办理机动车登记；⑥在居住地申领机动车驾驶证；⑦在居住地报名参加职业资格考试、申请授予职业资格；⑧在居住地办理生育服务登记；⑨国家及居住地规定的其他便利
5	2018 年 8 月 3 日	国务院宣布取消台港澳人员在内地就业许可	国务院宣布关于取消一批行政许可等事项的决定，其中包括取消台港澳居民在内地就业许可事项。取消审批后，人力资源社会保障部将尽快出台配套政策措施，进一步便利台港澳居民在内地就业、创业
6	2018 年 2 月 9 日	《关于鼓励香港特别行政区、澳门特别行政区高等院校和科研机构参与中央财政科技计划（专项、基金等）组织实施的若干规定（试行）》	港澳特别行政区的高等院校和科研机构（以下简称港澳机构），可通过竞争择优方式承担中央财政科技计划项目，并获得项目经费资助。中央财政科技计划资助港澳机构的科研活动，一般应当公开发布项目指南，明确提出资助方式及鼓励港澳机构参与申报的领域和方向

续表

序号	时间	政策文件	主要内容
7	2017年11月28日	《关于在内地（大陆）就业的港澳台同胞享有住房公积金待遇有关问题的意见》	全国各地住房公积金中心将按《意见》要求出台具体实施办法，细化政策规定。根据这一政策，在内地（大陆）就业的港澳台同胞，均可按照《住房公积金管理条例》和相关政策的规定缴存住房公积金。缴存基数、缴存比例、办理流程等实行与内地（大陆）缴存职工一致的政策规定。已缴存住房公积金的港澳台同胞，与内地（大陆）缴存职工同等享有提取个人住房公积金、申请住房公积金个人住房贷款等权利。在内地（大陆）跨城市就业的，可以办理住房公积金异地转移接续。与用人单位解除或终止劳动（聘用）关系并返回港澳台的，可以按照相关规定提取个人住房公积金账户余额
8	2017年10月13日	《港澳及华侨学生奖学金管理办法》	国家为来内地就读的港澳学生专门设立港澳及华侨学生奖学金，参照内地学生奖学金政策体系为港澳学生增设“特等奖”，不但增加了港澳学生的奖学金名额，还大幅提高了奖学金奖励标准。国家社科基金决定参照内地居民待遇，向在内地高校和科研院所工作的港澳研究人员开放国家社科基金各类项目申报

资料来源：根据公开资料整理。

此外，广东省和珠三角各市推进大湾区建设和便利港澳居民的政策措施，包括建设港澳青年创新创业基地、解决港澳居民子女就读、为港澳居民到内地工作提供租房住房等，这些政策为港澳居民进入内地工作、生活提供了较大便利，也进一步促进了大湾区人员、货物、资金等要素跨境流动。

（二）面临的问题与挑战

《大湾区规划纲要》提出大湾区建设的主要挑战是，在“一国两制”下，粤港澳社会制度不同，法律制度不同，分属于不同关税区域，市场互联互通水平有待进一步提升，生产要素高效便捷流动的良好局面尚未形成。大湾区内部发展差距依然较大，协同性、包容性有待加强，部分地区和领域还存在同质化竞争和资源错配现象。从开放的角度来看，规则和制度的不同导致的要素流动受限，是大湾区建设面临的最大的挑战。同时，体制机制、思维理念和文化差异等因素，也在一定程度上影响了大湾区建设。

1. “一国两制”及其相关问题

与京津冀、长三角及国际一流湾区不同，大湾区存在“一国两制”，这种制度差异既是大湾区的特点和优势，同时也对大湾区未来发展形成制约，这是大湾区建设面临的最大挑战。由“一国两制”衍生的要素流动、标准对接、制度衔接、制度对接问题，是对大湾区的规划者和建设者的智慧的极大考验。

要素难以实现自由流动。人员、货物、资金、信息、技术等要素在大湾区内的流动效率，一定程度上决定着大湾区的发展进程和所能达到的高度。在人员流动方面，目前港澳居民进出大湾区没有限制，只需在通关智能化、部门信息互通、交通接驳、口岸流量管理与服务等细节方面进行提升，提高通关效率和体验。但大湾区内地城市居民进出港澳仍采取管控措施，在普通签注、商务签注、公务签注等方面的限制较严，[①] 对大湾区建设十分不利。未来应逐步放宽各类签注的申请条件，增加签注弹性，提高内地居民赴港澳的便利性。货物通关方面，目前最大的问题是港澳与内地对货物检查的要求和标准不同。港澳是自由港，除极少数物品外，大部分货物免征关税，口岸监管宽松，申报程序简便。内地（广东）口岸大部分货物需计征关税，实行严格监管制度，通关手续相对繁杂，较之香港，货物通关要复杂很多。近年来，深圳、珠海两地口岸虽然进行了货物通关的制度创新和探索，国家也提出了对特定货物降低关税，[②] 但在“一线”关上，内地短期内很难放开，对货物检查和征税将保持较严格的局面。资金跨境流动方面，“深港通”中投资者门槛偏高、债券市场开放程度偏低、跨境电子支付系统尚未统一，解决这些问题需要中央授权先行先试。

标准差异。在工程建设领域，港澳与内地采用的标准差异很大，包括工业产品的强制性产品认证（CCC）、物流技术、建筑设计、施工、原材料、备件等。[③] 标准不统一，极大限制工程项目特别是跨境工程项目的推进，而基础设施的联通又是粤港澳大湾区建设的一个基本保证。如果不建立相对统一的标准，或达成系列协议，在粤港澳大湾区的建设过程中，仍旧会碰到类似的问题。在专业资格认证领域，港澳与内地采取的标准也不同。以律师为例，香港律师执照考试PCLL针对普通法法系设置，而内地司法考试是大陆法系标准，考试内容与香港差异很大，导致香港居民几乎没有可能通过考试获得内地律师资格。[④]

---

① 在赴港普通签注上，大湾区内的深圳目前实行“一周一行”政策，其他8个城市实行“一签一行”或“一签多行”政策，申请频次较高；在赴澳普通签注上，大湾区内地城市均实行“两月一行”政策，非常不便；在赴港澳商务签注、公务签注上，大湾区内地城市均实行按需申请原则，但在申请条件、使用次数上限制较大。

② 关税虽然降低，但海关、检验检疫的检查标准和程度并没有简化，进口货物通关的效率很难提升。

③ 港珠澳大桥建设前期，在施工、技术、材料等方面，虽达成了“择优”原则，但当时在沟通协调方面耗费了巨大的人力、物力等资源。

④ 前海之前参照香港的模式，试行过“以训代考”的方法让香港居民获得相应资质，但未推广。目前，内地省份如果要对港澳居民已经获得的专业资格进行单方认证，一些重要的、含金量高的专业资格，需要国家人社部授权。

制度对接困难。包括社保和税收制度。内地的基本医疗保险制度与香港的强基金、澳门的社会保障制度在缴纳额、时间、领取方式等方面存在很大差异，目前港澳与内地的社保制度未能对接、不能跨境携带。税收制度方面，港澳税制简单、税率低、税级少、抵扣项目科学合理，但内地的税收总体上税负高、税级多、抵扣项目少，当月扣缴的方式与港澳按年度申报的方式也不同，给已经在大湾区内地城市工作的港澳居民带来较大负面心理影响。而且更改税法是国家事权，难度极大。目前深圳前海采取财政补贴的方式来返还港澳居民在内地工作的税负差额的做法已经拓展到整个深圳，但其他城市仍未实施。

2. 统筹协调工作机制问题

从京津冀和长三角前期的建设实践来看，一个高效运转、强力统筹的工作机制是区域合作与发展的重要保障。虽然大湾区内地九市政府统筹（对其所管辖范围的统筹）能力较强但行政隔离力量很大。也就是说，大湾区的规划者和建设者不仅要解决内地与港澳治理模式差异问题，还要面临与其他区域同样存在的行政隔离、利益纷争问题。此外，香港、澳门、深圳、广州 4 个中心城市与大湾区其他城市发展水平差异不小，在区域一体化发展过程中，统筹协调工作十分吃重，远不是成立一个工作小组那么简单。以长三角城市群为例，在 2016 年 6 月公布《长江三角洲城市群发展规划》后近两年，上海、江苏、浙江和安徽“三省一市”才建立长三角区域合作办公室，构建决策、协调和执行三层机制，办公地点设在上海，采取轮值的方式。在具体推进过程中，阻力仍旧很大，特别是涉及各自核心利益和跨省份协调问题时，项目或政策落地较难。因此，大湾区的统筹协调工作机制不仅要在大湾区建设领导小组中加强统筹，还需要建立大湾区各城市之间的双边或者多边协调机制。此外，行业协会、研究机构、智库等社会组织对大湾区的咨询建议也非常重要。

3. 思维理念与文化差异问题

《大湾区规划纲要》是纲领性、方向性文件，并未涉及更多实施细节，相对灵活、弹性较高。这是内地规划纲要的基本逻辑和普遍特点。但港澳各界的思维理念与内地不同，不仅需要明确的目标，更需要实现目标的具体指引。一些具体项目实施过程中涉及的管理理念、财务规则、用人理念、奖励惩罚制度等，港澳与内地差异也较大。思维理念和文化差异是一种相对隐蔽的问题，但产生的阻力却不能不重视。

三、大湾区建设展望与若干建议

《大湾区规划纲要》是大湾区建设的一个新起点，是大湾区建设万里长征的第一步。《大湾区规划纲要》描绘了大湾区近期、中期和远期的目标，本部分将结合这些目标进行展望，并提出推进大湾区建设的若干建议。

（一）大湾区建设展望

1. 近期（2019—2022 年）展望

《大湾区规划纲要》出台后，近三年的重点是在基础设施、科技创新和金融等重点领域率先突破，打好基础并形成锚定和带动作用。重点领域突破方面，包括出台跨区域的基础设施规划，推动大湾区综合交通网络格局形成；建立区域创新体系，港穗深莞等科技创新支点城市在基础研究、科创投融资、现代服务、先进制造、科技孵化等领域优势互补、分工合作的格局形成，科技创新要素一体化得到有效推动；建立跨境跨区域治理机制，生态环保理念深入人心，成为粤港澳大湾区高质量发展的核心理念；港澳居民到大湾区发展的制度性障碍逐步被消除，包括“回乡证”功能更加完整、社保制度衔接、教育医疗等公共资源使用方便等，在自贸片区、河套等特定区域内，能够提供接近港澳的营商、工作和生活环境，港澳与大湾区内地城市在社会民生领域的融合发展趋势良好等。

2. 中期（2035 年）展望

跻身国际一流湾区和城市群，在科技创新、生态环保、国际化环境等领域处于全球领先地位。经过十几年的规划发展，粤港澳大湾区未来将成为现代化中国的一张“耀眼名片”，成为国际区域经济竞争中的佼佼者，是现代化中国最具经济活力、最开放包容、最宜居宜业宜游的区域。

经济产业方面，以港穗深为核心支撑的国际创新科技中心形成，人工智能、智慧城市、文化创意、先进制造等领域的创新能力卓越，各领域“跨界融合创新”不断丰富，国际高端科技创新要素（人才、资本、技术等）集聚，科技创新的国际效应凸显；基础研究、原创研发能力得到大幅度提升，重大科技项目和载体落地，与以市场为导向的应用型研究构成科技创新的两个基础支撑；金融、法律、会计、咨询、旅游等现代服务业高度发达，港澳资源深度进入内地融合发展；生态环保技术发达、产业规模和体系形成，生态环境跃居世界一流。

营商环境方面，市场化、法治化、国际化营商环境形成，与国际规则深度对接；成为国家全面开放新格局中最显眼的区域，国际高端要素集聚，管理理念与水平世界领先。

3. 远期（2050 年）展望

成为综合实力领先、国际影响力卓越的现代化开放型区域。到 21 世纪中叶，我国已经成为社会主义现代化强国，国际地位显著提升、影响力非凡。粤港澳大湾区将发展成为综合实力领先、国际影响力卓越的现代化、开放型区域。综合交通网络高度发达、居民生活水平很高、生态环境一流、城市规划与治理先进，可持续发展能力与潜力巨大，是全球范围内现代化水平、开放程度和竞争力等级最高的区域之一，是中国特色社会主义现代化强国的重要组成部分和最有力的支撑。

（二）大湾区建设的若干建议

大湾区建设是一个长期、复杂的系统性工程，保持规划和节奏的弹性是必要的。从总体上看，大湾区建设要坚持先易后难、先局部后整体、先单向后双向、市场化法治化方式。

1. 先易后难

大湾区建设必然面临选择先后的问题，粤港澳三地需要达成共识，在比较容易的领域率先推动，形成较好的氛围之后，再“啃硬骨头”。如优先铺设基础设施特别是轨道交通、跨江跨海大桥等，形成通勤都会圈；优先推动经济贸易领域的合作，再向社会、文化等领域突破；优先解决人员和货物的通关问题，再逐步实现资金和信息的互联互通；在 CEPA 中率先开放医疗、法律与会计等服务业的准入限制，再推动证券、保险等金融领域的开放等。选择先后的问题，需要在《大湾区规划纲要》下，列出每年的工作计划加以落实。

2. 先局部后整体

大湾区内地九市与港澳发展阶段和水平、合作基础、优势劣势等各有不同，全面撒网、“大水漫灌”式的建设思路不可取。大湾区建设要找到关键突破点，形成破局带动作用，再向整体面上推进。当前，深港河套地区、深圳前海蛇口、广州南沙、珠海横琴、中山翠亨新区、江门大广海湾、东莞松山湖等区域，港澳与内地合作基础较好。未来粤港澳大湾区建设过程中涉及的制度创新举措，仍需要在这些区域中或另行开辟新的合作区域（载体），进行局部探索和先行先试。这不仅是基于实际情况的考量，也是管控风险的需要。

3. 先单向后双向

从国家与区域发展大局和港澳实际出发，考虑政策实施效率，先推动大湾区内地城市向港澳单向开放，单向为港澳企业和居民到内地九市提供便利的政策措施，并不要求港澳对大湾区内地企业和居民提供对等的政策措施。以专业资格为例，可以考虑在大湾区内地九市率先单向认可港澳居民已经取得的专业资格，允许他们在大湾区执业并实行一定的监督管理措施。待粤港澳大湾区建设到一定程度时，再考虑港澳对内地的同等开放举措。

4. 市场化、法治化方式

韩正副总理在粤港澳大湾区建设领导小组第一次全体会议上强调要“注重用法治化市场化方式协调解决大湾区合作发展中的问题”。香港和澳门长期发展形成的“小政府大社会”模式要求港澳特别行政区政府厘定与市场的平衡角色和作用。大湾区建设的过程中，政策制定和平台建设要规范，尊重规则和惯例，注重法治含量和法理精神。高度重视并充分发挥市场在资源配置中的决定性作用，相关政策的决策应建立在市场需求之上，应有利于调动和激活市场主体，进而以市场化方式推进。

参考文献

［1］中华人民共和国中央人民政府．粤港澳大湾区发展规划纲要［EB/OL］．［2019-02-18］．http：//www.gov.cn/zhengce/2019-02/18/content_ 5366593.htm#1.

［2］深化粤港澳合作　推进大湾区建设框架协议［EB/OL］．［2017-07-04］．泛珠三角合作信息网，http：//www.pprd.org.cn/fzgk/hzgh/201707/t20170704_ 460601.htm.

［3］香港特别行政区政府政制及内地事务局．便利港人在内地发展的政策措施［EB/OL］．［2017-08-01］．https：//www.cmab.gov.hk/gb/issues/facilitation_ measures.htm.

［4］广东省人民政府．关于印发实施粤澳合作框架协议 2018 年重点工作的通知［EB/OL］．［2018-07-13］．http：//www.gd.gov.cn/gkmlpt/content/0/147/post_ 147004.html.

［5］国务院港澳事务办公室．国务院港澳办负责人谈中央各部门积极出台政策措施，为港澳同胞在内地学习、就业、生活提供便利［EB/OL］．［2017－08－10］．http：//www. hmo. gov. cn/xwzx/zwyw/201711/t20171107_ 654. html.

［6］国务院办公厅．关于印发《港澳台居民居住证申领发放办法》的通知［EB/OL］．［2018－08－19］．http：//www. gov. cn/zhengce/content/2018－08/19/content_ 5314865. htm.

［7］中华人民共和国香港特别行政区．行政长官 2018 年施政报告［EB/OL］．［2018－10－10］．https：//www. policyaddress. gov. hk/2018/chi/index. html.

［8］广东省人民政府港澳事务办公室．香港将委任专员统筹管理粤港澳大湾区发展办公室［EB/OL］．http：//hmo. gd. gov. cn/gzdt/content/post_ 2223435. html.

［9］王志民：香港在粤港澳大湾区中的“主场”和“主角”地位清晰［EB/OL］．［2019－03－13］．中国新闻网，http：//www. chinanews. com/ga/2019/03－20/8785691. shtml.

［10］香港居民可在港开立内地个人银行账户［EB/OL］．［2019－03－21］．http：//szsb. sznews. com/PC/content/201903/21/content_ 620119. html.

［11］广东省人民政府港澳事务办公室．澳门中医药借助大湾区平台迈向广阔天地［EB/OL］．［2018－08－30］．http：//hmo. gd. gov. cn/hzcg/content/post_ 128226. html.

［12］方舟．粤港澳大湾区：合作策略与香港未来［M］．香港：香港城市大学出版社，2018.

［13］马化腾．粤港澳大湾区：数字化革命开启中国湾区时代［M］．北京：中信出版社，2018.

［14］国世平．粤港澳大湾区规划和全球定位［M］．广州：广东人民出版社，2018.

第十九章　京津冀开放

——在协同发展战略下探索提质升级新路径

京津冀协同发展战略实施以来，三地在制度创新、产业升级、科技进步等方面取得重要进展，开放型经济新格局仍在不断完善，京津冀地区依旧是我国未来世界级城市群发展最具有潜力的地区之一。

面对当前国内外复杂的经济形势，京津冀自身经济发展与开放水平仍面临诸多不确定因素。为提高京津冀地区综合竞争力，需要进一步提升其对内与对外开放水平，从更高层次上参与国际分工，以加快形成国际经济合作竞争新优势，以开放合作推动该地区协同发展。

一、京津冀对外开放稳中有进

自 2016 年以来，京津冀地区开放型经济稳健发展。随着产业结构逐步升级，该地区在贸易结构优化、投资效益提升等方面呈现出一些新的变化。

（一）进出口贸易总体稳步回升，贸易结构优化

在贸易开放方面，受世界经济复苏缓慢、外部需求疲软影响，京津冀三省（市）进出口规模自 2014 年持续缩减，2017 年开始有所回升（见图 19-1）。该地区开放型经济呈现稳中有进的发展新态势。

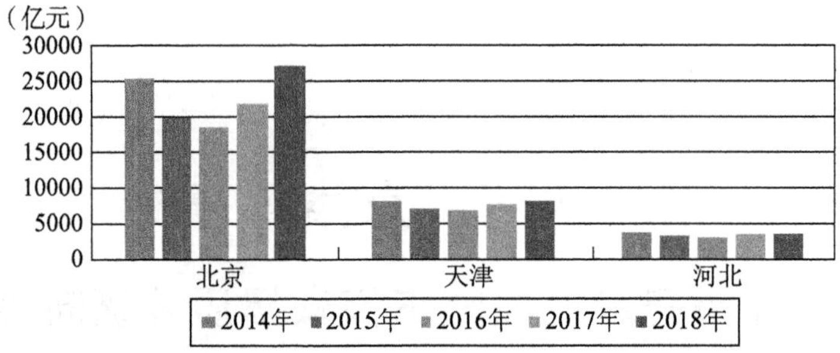

图 19-1　2014—2018 年京津冀三省（市）外贸进出口总额

数据来源：国家统计局，三省（市）年度国民经济和社会发展统计公报。

同时，京津冀地区的贸易结构仍在优化与改善。一是贸易方式更趋合理。2018 年三省（市）一般贸易进出口增长 25.9%，占该地区外贸总值的 79.3%，较 2017 年同期提升接近 5 个百分点。二是出口商品结构逐步优化。2018 年北京机电产品与高新技术科技产品较上年分别增长 13.4%与 34.9%，河北省则分别增长了 16.7%与 28.3%，国际竞争新优势逐渐显现。三是进出口市场趋向多元化。传统市场（欧美日）进出口全面回升，新兴市场进一步开拓，如北京对东盟、中东出口分别增长 45.4%与 20.8%，天津对“一带一路”沿线的俄罗斯、东盟出口分别增长 60.5%和 23.0%，河北省对非洲与拉美进出口分别增长 8.3%与 6.3%。四是外贸发展的内生动力进一步提升。该地区民营企业进出口增长 11.2%，占该地区外贸总值的 17.4%。

自 2017 年以来，全球经济逐步升温，中国进出口贸易形势有所回暖。京津冀外贸格局也呈现积极复苏迹象。2017—2018 年，该地区外贸依存度呈上升趋势（见图 19-2），表明京津冀经济开放型格局正在强化。

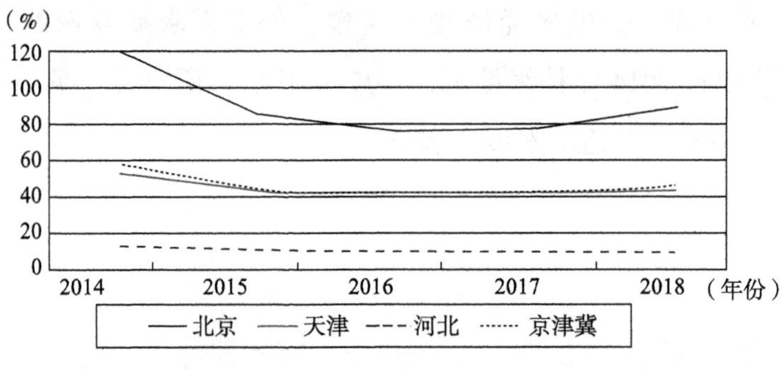

图 19-2　2014—2018 年京津冀三省（市）外贸依存度

数据来源：国家统计局，三省（市）年度国民经济和社会发展统计公报。

（二）利用外资增幅下降，外资产业结构有待改善

因全球经济发展低迷、逆全球化和贸易保护趋势不断增强，国际资本流动出现新的特点，总体呈下降趋势，对京津冀地区吸引外资产生不利影响。在目前利用外资下降的不利情况下，如何优化利用外资结构，形成新的增长动力至关重要。2014—2018 年京津冀三省（市）实际直接利用外资及外资依存度如图 19-3、图 19-4 所示。

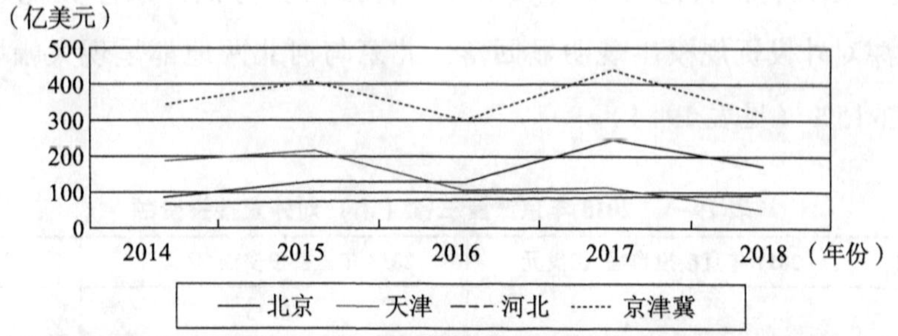

图 19-3 2014—2018 年京津冀三省（市）实际直接利用外资

数据来源：国家统计局，京津冀三省（市）年度国民经济和社会发展统计公报。

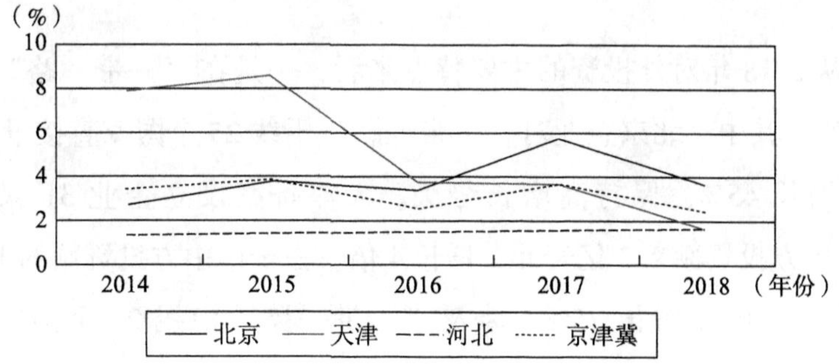

图 19-4 2014—2018 年京津冀三省（市）外资依存度

数据来源：根据三省（市）年度国民经济和社会发展统计公报数据整理。

从京津冀内部分析，在目前利用外资下降的不利情况下，有部分问题需要重视并加以改善，主要有：

（1）实际使用外资过分依赖服务业。北京服务业利用外资比重提升至 93%左右，但高端服务业态增长缓慢。天津方面，从外资产业结构分析，近几年天津引进外资超过 60%集中在融资租赁、商务服务等领域，科学服务、研发中心等高端业态

利用外资较少。

（2）高端研发制造业引资乏力。2018年，河北在制造业外资引进占比近76%，同比增长3%，但在培育新的增长点方面缺乏龙头带动，制造业产业主要靠旧的龙头项目增资和配套扩充，特别是劳动力成本越高，外资企业生产订单越少。

（三）对外投资脱虚向实，总体保持稳定发展

2018年，京津冀地区资本“走出去”规模进一步扩大，一大批企业积极对接“一带一路”倡议，扩大海外投资。在对外直接投资方面，京津冀地区同比增长2%。除天津对外投资规模出现明显回落，北京与河北两地都呈现大幅增长，同比增长均超过15%（见表19-1）。

表19-1　2018年京津冀三省（市）对外直接投资额

三省（市）	2017年直接投资额/亿美元	2018年直接投资额/亿美元	同比增长/%
北京	61.0	70.45	15.45%
天津	33.2	21.05	-36%
河北	37.8	43.70	15.4%
京津冀	132.0	135.15	2%

数据来源：三省（市）年商务委员会统计公报。

其中，从2018年对外投资的主要特点来看，一是在“一带一路”沿线国家的投资布局加快。其中，北京企业对“一带一路”沿线25个国家直接投资共2.82亿美元，同比增长45%，保持高增长势头。天津备案设立企业31家，同比增长120%，协议中方投资额2.2亿美元，增长4倍，占全市中方投资额的10.5%。河北备案企业42家，同比增长75%。涉及“一带一路”沿线24个国家，同比增长71%。协议中方投资额14.5亿美元，占全省中方投资额的33%。

二是投资结构多元化。北京方面，科学研究和技术服务业、线上教育、居民服务等服务业的投资，均较2018年同期增长超过200%。天津方面，行业分布为租赁和商务服务业、软件和信息技术服务业、制造业、采矿业、批发和零售业，协议中方投资额占比分别为52.9%、14.8%、10%、7.6%和4.3%。河北方面，制造业投资企业数居首位，占全省的29.7%，中方投资额8.5亿美元，占全省的19.5%。主要涉及钢铁、机械制造、建材、汽车及零部件、纺织、钢结构加工等行业。

三是国际产能合作稳步推进。北京市鼓励企业优质产能和优质装备“两优出

海”，带动北京制造和北京服务“走出去”，帮助解决当地企业与民生问题。天津国际产能合作以制造业、基础设施建设为主要领域，涉及 20 个国家，协议中方投资额增长 1.5 倍。河北国际产能合作涉及 23 个国家，对外投资总额 23.3 亿美元，占全省对外投资总额的 49.3%，同比增长 10%。

二、京津冀对外开放面临的风险与挑战

自“京津冀协同发展”战略提出以来，该地区的整体定位是“以首都为核心的世界级城市群、区域整体协同发展改革引领区、全国创新驱动经济增长新引擎、生态修复环境改善示范区”。可以看出，对内对外开放程度、协同发展水平及产业转型升级都对该地区开放型经济的提质升级有重要影响。

（一）国内与国际经济形势复杂多变

首先，国际市场需求疲软，贸易摩擦不断。2008 年的国际金融危机使得全球经济特别是发达经济体的经济发展遭受到明显的负面影响。一方面，受全球经济低迷的影响，我国重要贸易伙伴有效需求不足，同时跨国公司等市场主体的海外投资能力及意愿不强，使得京津冀三地对外贸易与吸引外资受到一定冲击。另一方面，为扩大出口、增加进口，一些西方发达国家实施以进口替代为特征的“产业政策”，采取财税、配额和外汇管制等贸易保护措施，并以资金和技术优势来制造技术贸易壁垒。作为我国重要的科技创新资源集聚地，京津冀在诸如新能源、信息技术、生物技术等高新技术的合作与引进方面将面临更为复杂的国际环境。

其次，“三期叠加”对国内经济的影响仍在持续。其中，经济对传统产业的拉动与需求明显减少，新的投资和经济拉动力量已经由原材料等基础工业转向高科技新兴产业、新能源产业、信息网络等第三产业，尤其过剩产能的固定资产投资明显下降。在京津冀优化生产力的背景下，升级产业结构、淘汰落后产能、提升产业竞争力尤为重要，这将降低该地区对原材料和资本品的进口需求。

（二）生态环境与市场环境双重约束

京津冀区域是大气污染、水污染、资源环境与发展矛盾较为突出的地区。在地形气候条件、偏传统的产业结构，以及机动车尾气排放和农业面源污染等内外因双

重作用下，京津冀地区大气污染日益呈现重度复合污染的趋势。同时，水资源的严重短缺，加上该地区重工业密集，造成京津冀平原地区水污染严重。尽管京津冀地区内部的产业转移有利于实现区域工业集聚及工业链重构，对于京津冀整体生态环境具有改善作用，但仍存在负面影响，部分产业园区与生态功能保护区重叠，会影响生态功能区的完整性。重化工业的沿海布局会破坏沿海地区生态环境。资源环境问题也是京津冀地区进一步吸引外商投资、国内外优秀人才的障碍。

同时，京津冀作为我国三大发展引擎之一，多年来由于诸多行政壁垒，或是行政权力过于强大集中，造成市场一体化进程缓慢，而政府对微观层面的经济活动的过多干预，促使地方各级政府实际成为政企不分的市场主体，给具有活力的非公有制企业带来了负面效应，进而引发资本市场的活力与动力相对不足，资本需求未能得到有效激发，市场辐射力及影响力有限。如今，北京城市副中心和河北雄安新区的“一核双翼”规划正在分别启动建设。基于我国的特殊制度条件，如何通过行政区划调整与空间资源的强制性变迁，通过政策引导，实现市场化利益引导来改变以行政为主导、依附于行政力量的市场格局，是京津冀地区实现市场活力，增强对内对外开放的内在要求。

（三）产业动力与创新动力有待提升

作为全国创新驱动经济增长新引擎，近年来，京津冀区域一体化的产业与创新动力有所减弱，这将对京津冀未来构建创新协同体系与提升对外竞争力造成影响。

近年来，在加快推进疏解非首都功能的背景下，北京产业投资动力出现弱化迹象，特别是在制造业与第三产业领域较为明显（见图 19-5、图 19-6）。

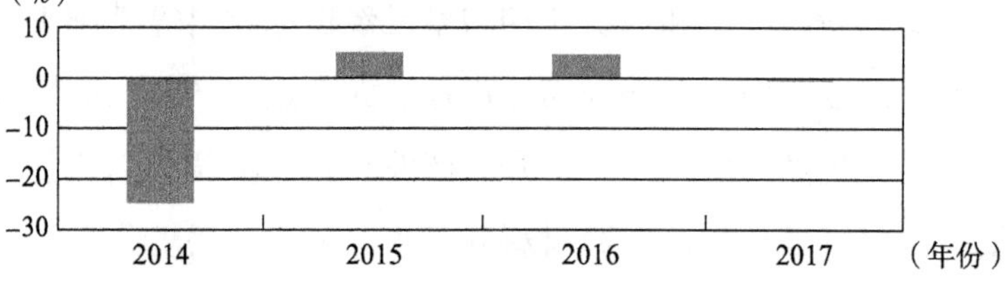

图 19-5　2014—2017 年北京制造业固定资产投资同比增速变化

数据来源：北京市统计局。

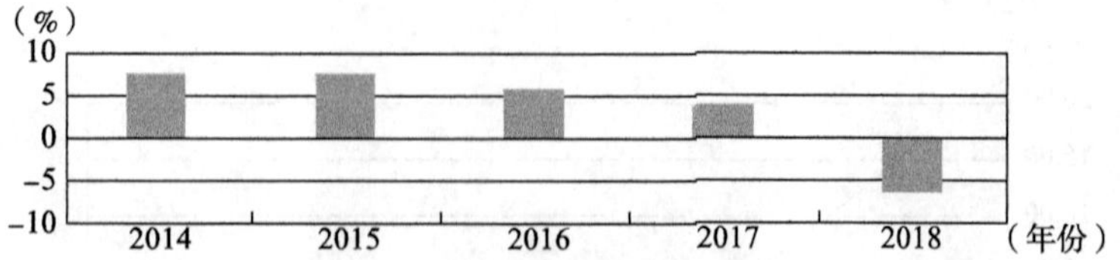

图 19-6 2014—2017 年北京第三产业固定资产投资同比增速变化

数据来源：北京市统计局。

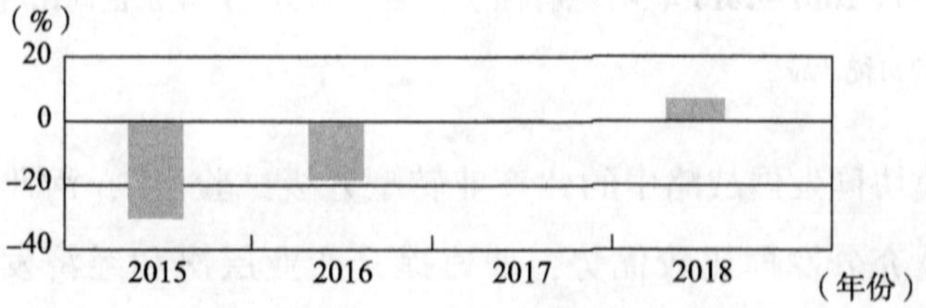

图 19-7 2015—2018 年北京科学研究和技术服务业固定资产投资同比增速变化

数据来源：北京市统计局。

另外，北京工业部门的创新研发动力在一定程度上也呈现弱化迹象。虽然其科学研究和技术服务业固定资产投资同比增速近几年呈现反弹态势（见图 19-7），但由于缺乏制造业的强力支撑，导致北京在推进新旧动能转化与打造高精尖产业结构的过程中，进一步增加了自身产业与创新动力的弱化效应，将对京津冀构建创新协同体系产生负面影响。

天津方面，作为京津冀协同发展战略中"全国先进制造研发基地"，其以制造业为主的产业发展动力也呈现弱化迹象（见图 19-8）。同时，天津高新技术产业（制造业）的产值增速自 2013 年的 16.5%跌至 2015 年的-2.7%后，近几年逐步回升，2018 年已恢复至 4%（见图 19-9），但仍可以看出天津在该领域的市场竞争能力有所下降，制造业部门作为推动该地区发展的基础性动力也已弱化。

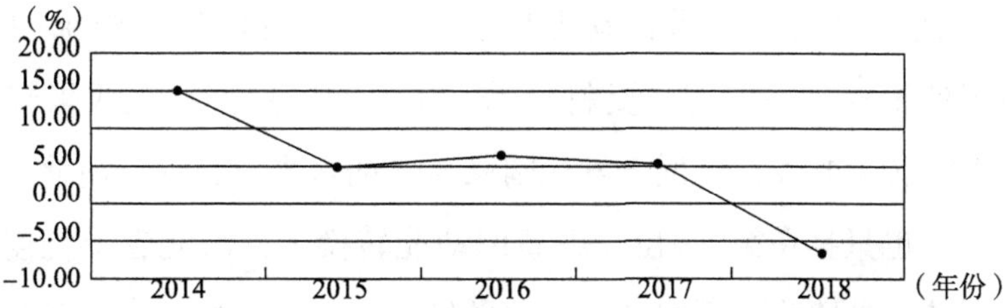

图 19-8 2014—2018 年天津第二产业固定资产投资同比增速变化

数据来源：天津市统计局。

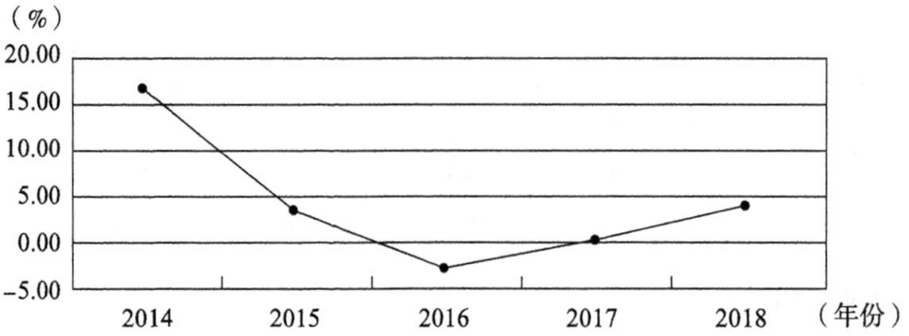

图 19-9 2014—2018 年天津高新技术产业（制造业）增加值同比增速变化

数据来源：天津市统计局。

作为京津冀协同发展战略中的“产业转型升级试验区”，河北重点承接京津制造业产业转移，充分发挥比较优势，加速提升产业层次和经济发展质量。2013—2018 年河北规模以上工业增加值同比增速变化情况如图 19-10 所示。多年来，河北以煤炭、石油、钢铁等为主的工业比重一直偏高，虽然装备制造业同比增长 8.3%，但因河北省传统制造业跨门类众多，且绝大多数产业处于衰退期，工业部门的发展动力后劲不足的困境依旧没能摆脱。

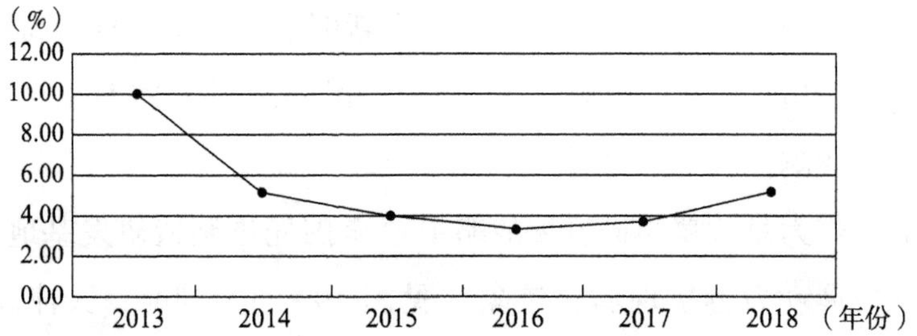

图 19-10 2013—2018 年河北规模以上工业增加值同比增速变化

数据来源：河北省统计局。

在创新产业培育方面，一些先进的战略性新兴产业由于正处于培植发育期，还未发展壮大，其产出效率和增长动力仍然较弱。在科研创新资源的应用与转化上，河北也仍处于较落后状态。资料显示，我国的应用性科技成果转化率大约为 25%，而河北省仅为 15%，远低于发达国家 80%的水平。目前，河北省的年技术吸纳交易额在全国也只排在第 22 位。在新旧动能转换上，河北省围绕创新驱动积极探索动能转换的发展路径，但究竟将哪些领域与产业作为新常态下动能转换的突破口，并没有明确的目标定位，从而造成河北省动能转换实际抓手的“盲区”，影响河北省在京津冀区域一体化中的产业转型升级。

（四）产业协调发展与布局有待完善

在京津冀产业协同发展方面，京津冀三省（市）各自产业发展目标与定位仍存在一定的重叠。如北京构建“全球有影响力的全国科技创新中心”的战略定位与天津建设“全国产业创新中心和国际创新城市”的战略目标存在重合现象。同时，京津两市地理距离近，院校与科研机构性质相近，产业结构也较为类似，这容易导致京津两市在创新资源上的竞争加剧，很难在创新驱动发展战略方面形成优势互补，进而削弱了两市的创新能力。另外，天津正处于工业化后期，河北省则处于工业化中期。在天津与河北的“十三五”规划中，均把装备制造业定位为主导产业，也存在产业定位重叠与同质化竞争的现象。在过去较长一段时期里，受以GDP为中心的经济考核体系的驱使，京津冀三地的发展大多从各自利益与需要出发，在一定程度上阻碍了该地区对内与对外开放发展。对内而言，三地比较优势突出但互补性差，总体呈现出竞争且分散的状态。对外而言，则难以形成整体对外开放合作的思路与机制。

在雄安新区建设方面，则面临着如何建立与其他国家特区、国家级新区与高新技术开发区相区别的独特优势。首先，国家级经济技术开发区目前多达200多个，全国各地的新区新城总体上已“饱和”。特别是考虑到邻近的天津及其滨海新区具有较大规模与实力雄厚的制造业，如何在雄安新区培育新的经济增长要素与技术创新要素将是涉及新区长期发展的关键。其次，考虑到雄安新区发展的“母城”为北京，如何妥善处理城市间利益纷争问题，有效推动北京的经济要素和技术创新要素向新区转移，形成“母城”与新区的相互需要的互动关系，也值得思考。

三、提高京津冀对外开放水平的相关建议

自“京津冀协同发展”战略提出以来，该地区的整体定位是“以首都为核心的世界级城市群、区域整体协同发展改革引领区、全国创新驱动经济增长新引擎、生态修复环境改善示范区”。可以看出，对内对外开放程度、协同发展水平及产业转型升级都对该地区开放型经济的提质升级有重要影响。当前，对深化京津冀地区对内对外开放合作，有以下相关建议：

（一）发挥独特区位优势，拓展对外开放格局

京津冀地处东北亚经济圈的中心地带，对于我国扩大对外开放有着重要意义。首先，应积极拓展对外开放格局，充分利用京津冀三地独特的区位优势、良好的工业基础与港口优势，加强与区域内经济体的交流，以及地方间的次区域合作，提升京津冀在东北亚经济中的活跃度，凸显其在“一带一路”倡议向北开放中的重要作用。同时，利用开通石家庄中欧班列的机遇，深化与“一带一路”沿线中亚及欧洲国家的合作，增强京津冀对沿线地区的辐射作用，进一步扩大对外贸易和双向投资。其次，可借助京津冀协同发展战略实施优势，推动共组投资集团、共建发展基金，建立与亚投行、丝路基金等平台的对接机制，促进当地优势产业在“一带一路”沿线国家和地区布局与落地，推动国际产能和商贸流通合作。最后，借力“一带一路”倡议，坚持“引进来”和“走出去”相结合，促进国际国内两个市场、两种资源有效对接，全面开展项目、产能、技术、标准、园区等合作，通过引进先进的技术、人才、资本，助推京津冀地区新旧动能转换，提升创新能力和发展质量，增强融入全球产业链条的能力。

（二）产业协作推动贸易转型，提升对外贸易水平

一方面，合理规划京津冀三地产业协调布局，通过各地产业结构的调整和空间重组，促进区域内开放型产业梯次发展，以提升该地区整体对外贸易发展水平。在北京、天津的对外贸易中，机电和高新技术产品占有较大的出口比重，而河北则以劳动密集型和粗加工产品出口为主。应利用好河北各类要素价格相对低廉的优势，将部分京津两地的制造业和高新技术产业向河北转移，并通过政策引导加速企业向河北的京津冀共建产业园区转移，在形成京津冀区域优势互补产业链的同时，实现河北产业结构的转型升级，进而推动河北出口贸易转型。

另一方面，京津冀三地间的服务贸易发展依然有很大空间。应利用三地发展服务贸易的比较优势，在京津冀三地建立服务贸易链，逐步提高附加值高的新型服务贸易的比重，推动该地区服务贸易协同发展。其中，以京津冀协同发展、天津自贸区建设和滨海新区开发为契机，加强京津两地新兴服务业合作，推动金融保险、现代物流、咨询等行业向天津聚集，着力吸收外资，促进天津服务贸易率先转型。同时，由于河北劳动力成本较低，优势集中体现在劳务输出、工程承包等传统服务贸

易行业。推动有条件的河北省内城市承接京津两地转移出来的信息、通信等行业，通过技术引进转变贸易增长方式，提升该地区的对外贸易竞争力。

（三）推动区域内基础创新与应用创新的对接，提升京津冀科技创新集群的国际竞争力

集聚国内外创新资源和创新要素，加快形成自研发设计至终端产品完整产业链的整体优势，是京津冀实现高质量协同发展、提升国际竞争力的重要路径。但三地创新链与产业链有效融合、科技与产业相互联动的发展模式仍未建立，该创新集群还未能实现聚合发力。

一是发挥雄安新区创新载体的作用，提升河北科技创新水平，减少河北与京津创新发展的落差。一方面，应在雄安新区探索建立与国际接轨的研发与创新社区，吸引国内外知名科研组织、创新企业、国内外创业者入驻，形成创新发展的实体支撑。另一方面，应从政策引导层面推动北京与天津科研机构与科技企业向雄安新区转移，使京津冀三地创新资源实现自由流动和高效配置，充分利用京津冀地区工业基础雄厚的优势，探索工业自动化与 IT 技术结合发展的新路径。

二是完善京津冀区域内的源头创新和市场应用的成果转化链条，实现创新链与产业链的融合。可推动河北相关科技创新平台，如石保廊全面创新改革试验区、京南国家科技成果转移转化示范区，与中关村、滨海新区创新源头加强对接，共建技术转移机构与新型研发机构。支持三地企业与高校、科研机构合作，设立研发中心基地，形成以企业为主体、产学研用相结合的技术创新体系，加快前沿性创新成果的转化落地，形成带动三地产业融合发展的新动能，提升京津冀科技创新集群的国际竞争力。

（四）以雄安新区建设为契机，加快推进京津冀以“有为政府”+“有效市场”为导向的体制机制改革

近两年，京津冀三地的外资依存度出现不同程度的下降，如何进一步优化营商环境，建立对接国际标准的市场制度尤为重要。从雄安新区建设初期可以看出，政府支持的力量发挥着重要作用，特别是通过行政力量化解该地区完全依附行政力量的市场格局，主导空间布局的改革，主导北京的非首都功能疏解。在看到雄安新区

优势的同时，也要看到其不足：一是区域创新要素的供给与需求不匹配；二是雄安新区自身创新发展的环境有待形成。

对此，应发挥“有为政府”与“有效市场”相结合的力量。尤其在新区建设初期，核心是通过行政强制力和利益诱导机制，对雄安新区进行规划与建设。包括：优化公共资源的配置，构建与创新发展相适应的人才环境，通过落实新出台的《外商投资法》营造公平竞争、公开透明的市场化环境，完善推动创新发展的制度和政策环境（降低各种制度性交易成本），以及提高市场准入和知识产权保护等相关标准。这样才能通过政策引导，实现市场化的利益引导，吸引京津，乃至全国其他地区的优质资源向新区转移，并提升对外资企业的进驻吸引力，以更好地激发京津冀区域内的创新驱动发展动力，实现创新要素在区域内的高效转移与配置，加快要素市场一体化的建设。

参考文献

[1] 北京市 2018 年国民经济和社会发展统计公报 [EB/OL]. [2019-03-20]. http://www.bjstats.gov.cn/tjsj/tjgb/ndgb/201903/t20190319_418980.html.

[2] 天津市 2018 年国民经济和社会发展统计公报 [EB/OL]. [2019-08-12]. http://stats.tj.gov.cn/Item/28657.aspx.

[3] 河北省 2018 年国民经济和社会发展统计公报 [EB/OL]. [2019-03-01]. http://www.hetj.gov.cn/hetj/tjgbtg/101548813276747.html.

第二十章　海南自贸区

——探索中国特色自由贸易港

一、海南经济特区改革开放再出发

（一）海南经济特区开放基础和优势

海南因改革开放而生、因改革开放而兴。自建省兴办经济特区以来，海南由一个封闭落后的边陲岛屿，发展成为我国最开放、最具活力的地区之一，实现了翻天覆地的变化。

1. 开放基础

（1）经济综合实力跨越式发展。经济持续健康发展。2018 年，海南全省生产总值达 4832 亿元，是 2010 年的 2.4 倍，年均增长 11.3%；人均 GDP 也从 2010 年的 23627.0 元增至 2018 年的 51717.3 元，涨幅达 118.9%（见图 20-1）。2018 年全省新增市场主体超过 14 万户，同比增长 15.5%，其中新增企业超过 5.7 万家，同比增长 37.5%，发展的内生动力显著增强。

外贸发展稳中向好。2018 年，海南实现进出口总额 849 亿元，增长 20.8%（见图 20-2），2010—2018 年间年均增速 1.9%。2018 年，与海南有贸易往来的国家及地区有 161 个，东盟、美国、欧盟为海南前三大贸易伙伴。近年来，海南不断加强与东盟国家的产能合作，东盟逐渐成为海南省传统产品的主要出口市场。新兴市场多元化开拓进一步深化，2018 年海南省对“一带一路”沿线国家进出口总值 319.1 亿元，增长 0.6%，占同期海南外贸进出口总值的 37.6%，其中对印度、埃及和土耳其进出口分别增长 51.7%、1.9 倍和 2 倍。

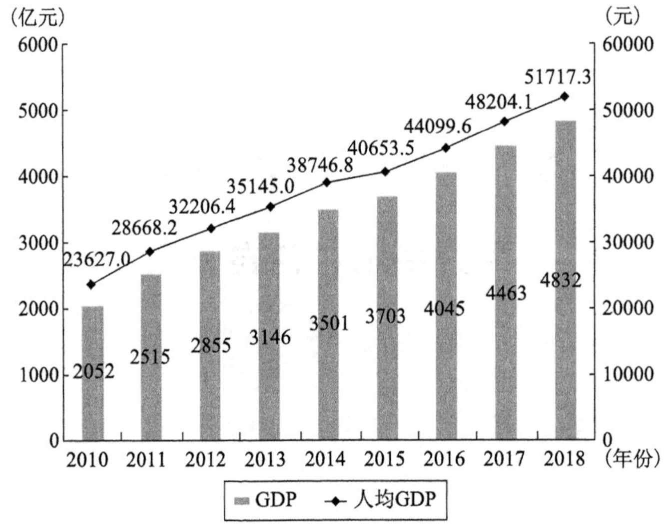

图 20-1　2010—2018 年海南省地区生产总值及人均地区生产总值情况

数据来源：海南省统计局。

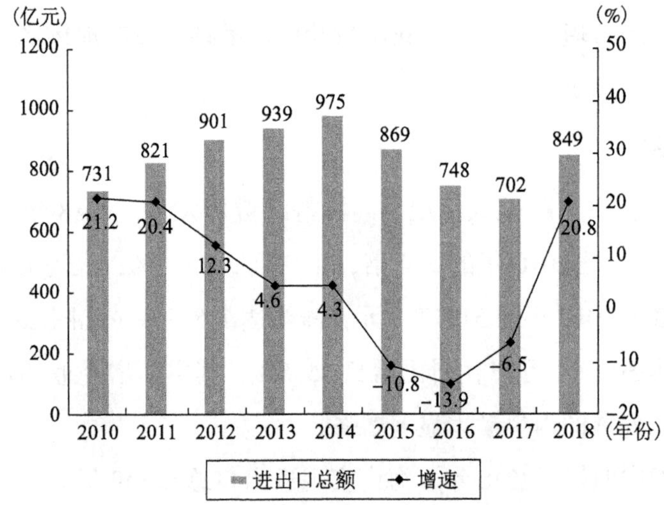

图 20-2　2010—2018 年海南进出口总额及增速情况

数据来源：海南省统计局。

利用外资快速增长。在海南建设自由贸易试验区和中国特色自由贸易港背景下，越来越多的外资企业正积极参与海南发展。2018 年，海南省实际利用外资总额达 49 亿美元，与 2017 年相比实现翻番（见图 20-3），创历史新高，新设外商投资企业 167 家，比 2017 年增加 77 家，增长 85.6%（见图 20-4）。投资领域也从房地产一枝独秀，到租赁和商贸服务业、制造业、批发和零售业、交通运输、仓储和邮政业等行业并起，投资方式进一步多样化，促进了海南产业结构的进一步优化。

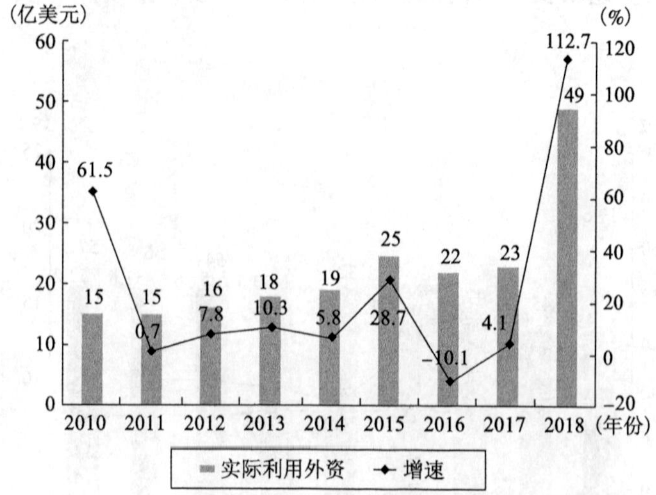

图 20-3　2010—2018 年海南实际利用外资金额及增速情况

数据来源：海南省统计局，其中，2018 年实际利用外资金额为根据所公布增速推算值。

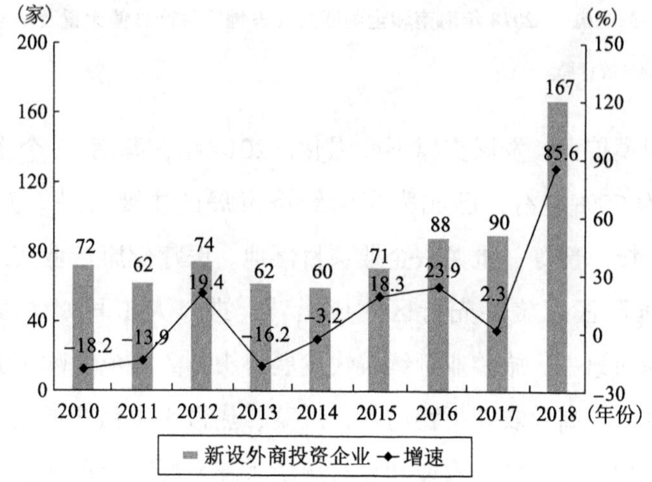

图 20-4　2010—2018 年海南新设外商投资企业及增速情况

数据来源：海南省统计局。

（2）现代产业体系不断完善。产业结构调整优化，服务业占比提高。2018 年，海南服务业占地区生产总值的比重为 57%，较 2010 年提高了 11 个百分点，高出全国 4.8 个百分点（见图 20-5）。从对经济增长的贡献率来看，服务业已成为海南主导产业。但总的来看，海南服务业结构中，传统服务业比重较大，健康、医疗、文化、信息、金融、物流等现代服务业比重较低。面对全国对海南服务型、国际化消费需求的快速增长，海南加快服务业市场开放、推动服务贸易创新发展的潜力巨大。

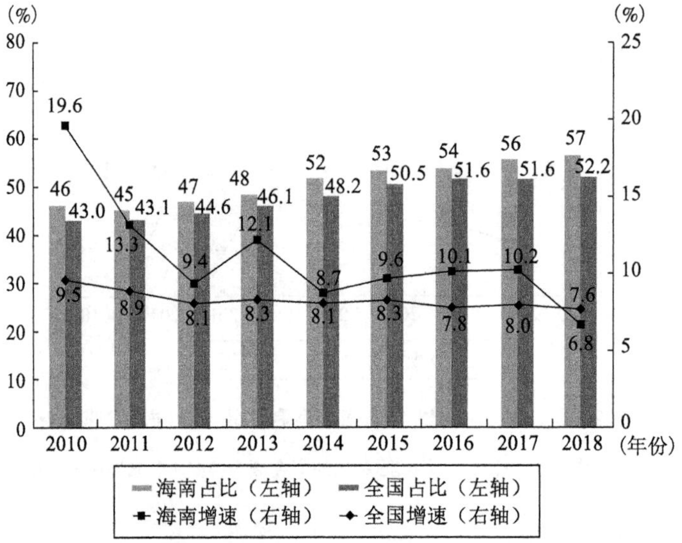

图 20-5 2010—2018 年海南和全国服务业占地区生产总值比重及增速情况

数据来源：海南省统计局。

重点产业规模扩大，发展支撑不断强化。2018 年，海南 12 个重点产业对 GDP 增长的贡献率为 70% 左右，已成为海南经济发展的主要支撑。互联网业快速成长，阿里巴巴区域总部等一批龙头企业项目落地。医疗健康产业实现突破，恒大医院在博鳌乐城国际医疗旅游先行区建成运营，进口人工耳蜗、眼角膜等顺利应用，创造多个国内第一。旅游业延续较快发展势头，离岛免税购买人数和金额都有明显增长。热带特色高效农业平稳向好，瓜菜、热带水果稳产增收，中草药材、花卉等特色种植面积扩大，休闲农业和乡村旅游兴旺发展。会展业、现代物流业保持了较快增长势头，金融业、教育文化体育产业等也都取得新进展。

科技创新能力增强，经济新动能不断积聚。2018 年，海南新增高新技术企业 112 家，产业规模突破 1000 亿元，其中互联网产业收入突破 600 亿元，增长 40%。海南共有 30 家企业被认定为总部企业，太平金融服务有限公司被认定为跨国公司地区总部，阿里巴巴（海南）有限公司等 22 家企业被认定为综合型（区域型）总部，大新华飞机维修股份有限公司等 7 家企业被认定为高成长性总部，综合型总部或区域总部成为海南省总部企业主体。海南还在构建航天领域重大科技创新基地、国家深海基地南方中心、国家南繁科研育种基地、国家热带农业科学中心、全球动植物种质资源引进中转基地等“五大平台”。

（3）多项重大改革取得突破。海南充分利用经济特区优势，改革开放向纵深推进，体制机制活力得以彰显。2003 年 3 月，海南成为我国内地第一个开放部分航权的试点省。2011 年 4 月，海南作为全国唯一试点正式实施离岛旅客免税购物政策，建成全球最大的单体免税购物中心三亚海棠湾免税购物中心。2013 年 2 月，国务院批准设立海南博鳌乐城国际医疗旅游先行区，成为我国第一家以国际医疗旅游服务、低碳生态社区和国际组织聚集为主要内容的国家级开发园区。2015 年 6 月，海南开启“多规合一”改革试点，基本形成了主体功能区、生态保护红线、城镇体系、土地利用、林地保护利用、海洋功能区 6 个空间规划的统筹，为全省实现“一张蓝图干到底”奠定了关键基础。2018 年 4 月，习近平总书记在庆祝海南建省办经济特区 30 周年大会上郑重宣布，党中央决定支持海南全岛建设自由贸易试验区，支持海南逐步探索、稳步推进中国特色自由贸易港建设。

（4）国际交流合作日益密切。海口、三亚成为国家“一带一路”建设支点，海南正成为我国对外开放重要窗口。博鳌亚洲论坛年会、金砖国家领导人峰会、澜湄会议、中非合作圆桌会议等外事活动均在海南成功举办，与周边国家交流合作加强，有效服务了国家总体外交。依托博鳌亚洲论坛集聚的全球高层优质人脉资源，海南着力打造“21 世纪海上丝绸之路岛屿经济论坛”“中国—东盟省市长对话”“南海合作分论坛”“华商领袖与华人智库圆桌会议”等一系列对外交往平台体系，逐渐成为立足亚洲、面向世界的主要国际交流平台。

2. 开放优势

（1）全国最好的生态环境。2013 年习近平总书记在海南视察时强调指出，良好的生态环境是最公平的公共产品，是最普惠的民生福祉。“青山绿水、碧海蓝天”是建设国际旅游岛的最大本钱，必须倍加珍爱、精心呵护。希望海南处理好发展和保护的关系，着力在“增绿”“护蓝”上下功夫，为全国生态文明建设当个表率，为子孙后代留下可持续发展的“绿色银行”。近年来，海南生态保护与建设力度不断加大，环境质量持续全国领先。生态环境专项整治成效显著，“绿化宝岛大行动”五年造林 174.1 万亩，森林覆盖率 62.1%；开展全岛海岸带专项整治，收回海岸线土地 8765 亩；清理处置闲置土地 14.05 万亩；创建文明生态村 4241 个，覆盖率达 81%；大气、水体和近海海域等生态环境质量持续保持全国一流，空气优良率保持 99%以上，海南成为国人向往的重要度假旅游目的地。

（2）全国最大的经济特区。经济特区是我国改革开放的重要窗口，1988 年 4 月，广东省海南行政区撤销，海南省和海南经济特区正式成立。作为全国最大经济特区，海南后发优势多、发展潜力大。海南地理位置独特，拥有全国最好的生态环境，同时又是相对独立的地理单元，具有成为全国改革开放试验田的独特优势。海南先后设立了洋浦开发区、海口保税区、亚龙湾国家旅游度假区等，积极融入世界经济的竞争与合作，实现了从封闭、半封闭经济到开放型经济的重大转变。

（3）全国唯一的省域国际旅游岛。2009 年 12 月，海南国际旅游岛建设正式上升为国家战略，海南迎来了继建立经济特区后的又一重大历史机遇。习近平总书记在 2013 年视察海南时强调：“当前和今后一个时期，海南发展的总抓手就是加快建设国际旅游岛，这是中央做出的重大决策，也是海南的最大机遇和最强比较优势。”

（4）全国最大的自由贸易试验区。国家支持海南全岛建设自由贸易试验区，给了海南前所未有的优惠政策。全岛对外开放，全面彰显海南打造中国对外开放新高地的优势。海南岛全域面积为 3.54 万平方千米，是国内其他 11 个自贸试验区面积总和的 27 倍，开放力度空前。另外，全岛试点领域全覆盖三次产业，涉及投资贸易、金融服务、生态文明、海洋经济和军民融合等方面，形成更有利于建立完备现代产业体系的优势，同时与其他自贸试验区形成了互补。

（二）海南经济特区开放成就和特点

海南一直争当中国改革的“试验田”和“排头兵”，充分利用“全国最大的经济特区”这一闪亮的金字招牌，取得了令人瞩目的成就。

1. 开放成就

（1）金融开放。金融领域的改革开放是海南自由贸易区、自由贸易港建设的重要内容，也是其他领域对外开放的重要支撑。在中国人民银行的支持下，海南自由贸易账户（HNFT）于 2019 年 1 月 1 日正式上线运行。自由贸易账户的设立，减少了以往各种专户关于资金划转以及结售汇等方面的限制，资金跨境流动更加便捷高效。同时，海南自由贸易账户体系放宽跨境双向人民币资金池准入限制，也为落户海南的外资企业打通了境外资金入境渠道。

（2）医疗开放。博鳌乐城国际医疗旅游先行区于 2013 年 2 月 28 日经国务院批准设立，是我国第一家以国际医疗旅游服务、低碳生态社区和国际组织聚集为主要内容的国家级开发园区。2018 年 3 月 31 日，位于海南博鳌乐城国际医疗旅游先行区的博鳌超级医院隆重开业，吸引 12 个顶尖学科团队入驻。随着“国九条”在海南博鳌乐城国际医疗旅游先行区逐一落地，超级医院可在引进国外药物、设备和新技术方面先行先试，海南在医疗健康领域的开放又迈出一大步。

（3）旅游消费开放。着力于国际旅游岛的建设，海南继对日本、泰国、韩国等 21 个国家旅游入境居留 15 天免签证，率先实行了面向全球的落地签证政策。自 2018 年 5 月 1 日起海南入境游免签国增加到 59 国以来，已有 30 余万名外国人免签赴海南旅游，同比增长 12.9%。海南实现从开放第三、四、五航权到“南面开口，北面开放”的航路调整，成为全国第一个航权开放的试点省份。海南不断加密直达全球主要客源地的国际航线，2018 年国际航线拓展到 74 条，开通 14 条国际邮轮航线。海南在全国率先实施境外游艇入境关税保证保险制度以及率先开展对境外游艇临时开放水域审批试点。2018 年，海南省出入境邮轮游艇 141 艘次，接待出入境游客 6.8 万人次。通过实施更加开放便利的离岛免税政策，海南 2017 年免税购物人数同比增长 20%，销售额同比增长 26%。

2. 开放特点

（1）探索服务业市场开放。服务业市场的开放是中国下一步对外开放的重点，服务业的开放是海南之前的 11 个自贸区面临的共同任务与挑战，诸如教育、卫生医疗、文化旅游等项目的开放进程都比较缓慢。2018 年 4 月 14 日发布的《中共中央国务院关于支持海南全面深化改革开放的指导意见》对海南服务业开放提出了具体要求和扶持政策，不仅支持海南设立国际能源、航运、大宗商品、产权、股权、碳排放权等交易场所，还明确指出要重点发展旅游、互联网、医疗健康、金融、会展等现代服务业，加快服务贸易创新发展，形成以服务型经济为主的产业结构。海南特色重点体现在现代服务业上，以服务业市场开放为重点形成海南服务贸易发展的新优势，可以为全国的开放转型提供更多可复制、可推广的经验，为我国引领经济全球化发挥重要作用。

（2）探索建设中国特色自由贸易港。2018 年 4 月 13 日，习近平总书记在庆祝海南建省办经济特区30周年大会上郑重宣布，党中央决定支持海南全岛建设自由贸易试验区，支持海南逐步探索、稳步推进中国特色自由贸易港建设，分步骤、分阶段建立自由贸易港政策和制度体系。自由贸易港是当今世界最高水平的开放形态，作为全球开放水平最高的区域，海南探索建设中国特色自由贸易港需要在市场准入、金融制度、税收等方面做出一系列特殊的政策安排，在货物流通、货币流通、人员流通、信息流通以及法律和监管方面进行全方位变革。

（3）服务国家重大战略需求。从地理位置来看，海南处于经马六甲海峡到日本的航线之上，是这条国际航线的中转和枢纽之一，战略位置极其重要。海南是“21世纪海上丝绸之路”的重要节点，中国在太平洋、印度洋推进“一带一路”建设，海南作为前沿将扮演关键角色。海南是中国连接南海各国的重要枢纽，是中国面向南海的窗口，与东南亚各国合作紧密，有条件成为泛南海合作的先导区，形成以服务贸易为重点的开放新格局，促进泛南海自由贸易网络的形成。

二、海南自贸试验区政策体系构建、存在的问题和面临的挑战

（一）海南自贸试验区政策体系构建

1. 加强以建立开放型经济新体制为重点的制度创新

全面推进制度创新，鼓励各市县各部门各行业大胆试、大胆闯、自主改，创造更多可复制、可推广的制度创新成果。重点围绕构建开放型经济新体制，依据需求导向，提出现行投资准入负面清单中需要重点突破的限制领域条目，进一步降低外资市场准入门槛。利用大数据技术，创建国际投资“单一窗口”，建成具有海南特色的国际贸易“单一窗口”，推动通关效率达到全国领先水平，提升投资贸易便利化程度。研究制定跨境交付、境外消费模式下服务贸易促进新机制，实施服务贸易出口先导性计划。加大外资金融机构引进力度，抓紧补齐海南金融组织体系短板，优化提升海南自由贸易账户体系，探索开展金融领域开放创新先行先试，加快设立具有海南特色的交易场所，差异化发展绿色金融、金融科技等。争取实施更加开放、便利的入境免签政策，逐步扩大和延长入境免签国家范围和停留时间。开展与自由贸易试验区建设相适应的法定机构改革试点。

2. 构建与国际标准对接的投资贸易规则体系

围绕投资贸易便利化，主动对接国际高标准规则体系，实时跟进自贸区发展动态，在市场准入、贸易规则、跨境电子商务、法律服务等领域持续复制推广在自贸试验区试验成功的制度与经验，构建符合国际惯例、适应高水平对外开放的规则体系和制度框架。

（1）实施内外资负面清单管理模式。对外商投资实行准入前国民待遇加负面清单管理模式，对负面清单之外的外商投资项目实行备案制（国务院规定对国内投资项目保留核准的除外）；同步实施内资投资项目负面清单，对负面清单之外的领域，按照内外资一致原则实施管理，发布实施指南，做好相关引导工作。

《自贸试验区负面清单》中未列出的与国家安全、公共秩序、公共文化、金融审慎、政府采购、补贴、特殊手续和税收相关的特别管理措施，按照现行规定执行。自贸试验区内的外商投资涉及国家安全的，须按照《自由贸易试验区外商投资国家安全审查试行办法》进行安全审查。

《自贸试验区负面清单》之外的领域，在自贸试验区内按照内外资一致原则实施管理，并由所在地省级人民政府发布实施指南，做好相关引导工作。

香港特别行政区、澳门特别行政区、台湾地区投资者在自贸试验区内投资参照《自贸试验区负面清单》执行。

（2）建设国际贸易“单一窗口”。建立涵盖海关、检验检疫、外汇、边检、海事等管理部门的综合管理服务平台。加快电子口岸平台建设，推进便利化通关模式与“单一窗口”的衔接、融合。争取国家相关部门支持，在国际贸易“单一窗口”中使用统一的数据、技术和接口标准。借鉴国际知名自由贸易园区管理运营经验，开展口岸综合监管方案研究，探索以“单一平台”实现国际贸易“单一窗口”。

（3）完善跨境电子商务监管体系。积极研究建立适应跨境电子商务发展的口岸监管机制，争取在优化跨境电子商务一体化通关管理模式、建立跨境电子商务企业信用管理体系和零售出口贸易统计等方面先行先试。完善跨境电子商务检验检疫监管制度和业务管理系统，推行新型检验检疫监管模式，探索支付机构跨境外汇支付业务试点。

3. 建设依法规范行政体系和公平竞争市场机制

创新体制机制，加快转变政府职能，深化行政审批制度改革，推动政府管理从事前审批向事中事后监管转变，建立以社会信用体系为核心的市场监管体系，建设法治政府和服务型政府。

（1）建立行政权责清单制度。按照权责一致的原则，在全市探索推行权责清单制度，明确政府职能边界，编制权力运行流程图，并向社会公开。

（2）深化行政审批制度改革。进一步简政放权，最大限度地减少行政审批事项，建立行政审批事项目录。推进行政审批管理标准化，实行集中审批、并联审批。推行一体化行政审批廉政监督机制，实行行政审批过错责任追究制度。

（3）建立统一的社会信用体系。开展社会信用体系建设创新示范，建立企业信用信息数据库及信用公示平台。以市场监管部门企业数据库和人民银行征信中心数据库为基础，逐步向公安、税务、社保、水电气、通信、口岸监管等相关数据库拓展，通过大数据平台实现企业信用信息公示及查询服务，为事中事后监管提供支撑。实施企业年度报告、经营异常名录、企业信息抽查等制度，并将其纳入企业信用信息数据库及信用公示平台，建立和实施"一处违法，处处受限"的失信惩戒和约束联动机制。探索支持市场主体参与公共征信体系建设，发展市场化大数据征信产业。

（二）海南自贸试验区建设存在的问题和面临的挑战

海南经济基础薄弱，产业结构单一，市场发育不全，外向度不高，在此背景下推进自贸区和自贸港的建设，面临较大挑战。海南是唯一包括农村和农业建设的自贸试验区，其面临区域发展不平衡、经济发展水平不高、"三农"问题突出、实体产业薄弱等问题，与国内其他 11 个自贸试验区有着较大差异。这决定了海南自贸试验区建设不能简单地模仿、照搬其他自贸区经验，而是要通过分步走和渐进式推进，在实践中探索符合中国国情、符合海南发展定位的改革办法。

1. 经济发展整体水平不高

（1）主要宏观经济指标对比。从地区生产总值、增速及人均 GDP 来看（见表 20-1），在我国 12 个自贸区中，广东 GDP 达 89705. 23 亿元，居首位，且远高于其他自贸区，GDP 增速为 10.95%；然后是浙江和河南，GDP 分别达到 51768.26 亿元、44552.83 亿元；天津的 GDP 总量排名倒数第 3，但其人均 GDP 相对较高；海南的 GDP 总量和人均 GDP 在 12 个自贸区中分别为倒数第 2、第 3 名，但其 GDP 增速排第 5 名；上海的 GDP 总量最少，但由于其常住人口较少，人均 GDP 最高。由此可知，改革开放后海南经济增速较高，但在经济总量和均量上仍与我国其他自贸区存在较大差距。

表 20-1　我国自贸区 2018 年 1—11 月宏观经济指标对比

省份	常住人口/万人	GDP/亿元	GDP 增速/%	人均 GDP/元
海南	926	4462.54	10.10	48191.58
上海	2418	3062.99	8.71	126687.3
广东	11169	89705.23	10.95	80316.26
天津	1557	18549.19	3.71	119134.17
福建	3911	32182.09	11.70	82286.09
辽宁	4369	23409.24	5.22	53580.32
浙江	5657	51768.26	9.56	91511.86
湖北	5902	35478.09	8.61	60111.98
重庆	3075	19424.73	9.49	63169.85
四川	8302	36980.22	12.28	44543.75
陕西	3835	21898.81	12.88	57102.50
河南	9559	44552.83	10.08	46608.25

数据来源：根据国家统计局公开数据整理。

（2）港口吞吐量规模。2018 年 1—11 月我国货物吞吐量为 122.24 亿吨，从图 20-6 货物吞吐量指标数据来看①，我国自贸区港口货物吞吐量差距悬殊，广东港货物吞吐量最大，高达 15.83 亿吨，占全国货物吞吐量的 12.95%；浙江港、辽宁港和上海港货物吞吐量分别排第 2、第 3、第 4 名，分别占全国货物吞吐量的 10.09%、7.91%、5.15%；海南港货物吞吐量仅 1.60 亿吨，占全国货物吞吐量的 1.31%，排名倒数第 2。

① 由于陕西和河南货物、集装箱吞吐量数据缺失，因此未将这两个省份列入对比。

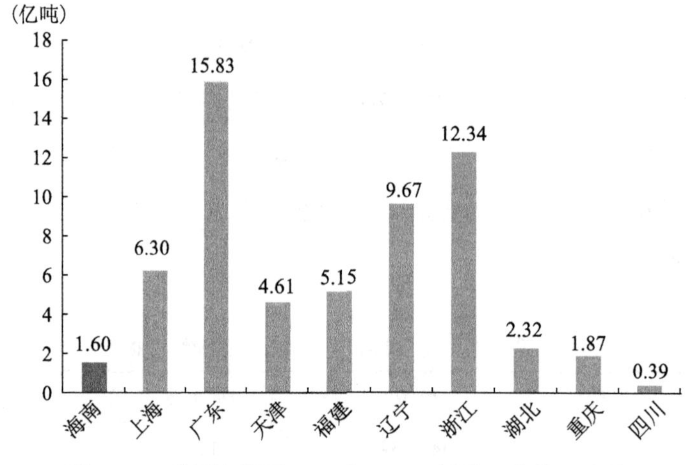

图 20-6　我国自贸区 2018 年 1—11 月港口货物吞吐量

数据来源：根据交通运输部公开资料整理。

从 2018 年 1—11 月集装箱吞吐量指标数据来看（见图 20-7），在我国自贸区港口中，广东港的集装箱吞吐量最大，达到 5241 万标准箱，远远高于其他港口水平；其次为上海港和浙江港，分别列第 2、第 3 名，集装箱吞吐量分别为 3843 万标准箱、2685 万标准箱；再次为辽宁港、福建港和天津港，集装箱吞吐量分别达到 1734 万标准箱、1510 万标准箱、1478 万标准箱；海南港的集装箱吞吐量在我国自贸区港口中排名倒数第 4，远低于广东港和上海港水平；其余港口集装箱吞吐量规模较小。

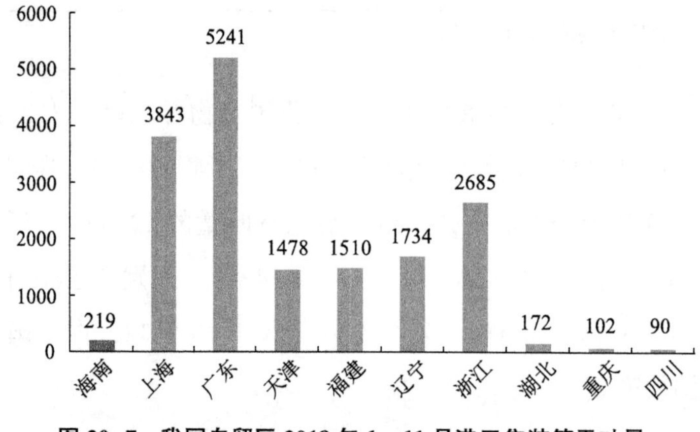

图 20-7　我国自贸区 2018 年 1—11 月港口集装箱吞吐量

数据来源：根据交通运输部公开资料整理。

通过对比发现，海南港 2018 年 1—11 月的货物吞吐量和集装箱吞吐量在我国自贸区港口中分别排名倒数第 2 和倒数第 4。海南拥有多处深水良港，港口吞吐量规模却与国内外其他大型港口存在较大差距，想要建设自由贸易港，必须提供相应的大型港口与之配套，同时应充分发挥海南港的综合性枢纽作用。

（3）传统工业发展受限，亟待向高科技产业转型。目前，海南工业经济仍处于产业链低端，在自主研发、设计产品、提高产品技术含量方面关注较少，同时抑制了制造业对知识密集型生产服务业的需求。工业经济内在结构不尽合理，目前海南的主要工业产品是石油化工及衍生产品，一方面原料从国外进口，另一方面成品大量出口，受国际市场的影响很大。其他一些主要工业产品受两头在外、物流和人力成本过高等因素制约，依靠传统发展之路简单扩大规模已难以为继。全省产业园区起步晚、起点低，往往是在现有零零星星企业的基础上扩展为园区，有完善配套服务功能的产业园区较少，产业生态环境尚未形成，许多产业仅有寥寥可数的几家企业，没有形成产业规模和产业链条，岛内产业发展配套不足，过于依赖岛外的发展要素。

科技创新是发展之本，高科技产业的政策、资金支持方面都有待加强。高科技产业以创新为导向，不仅需要对前瞻性技术进行攻关，还需要大量资金投入，且资金投入风险较大。由于海南省公共财力不足，对技术创新的资金投入明显不足，制约了高科技产业的发展。支持高科技产业发展的金融创新也不足，虽然建立了一些产业投资基金和投融资机制，但远不能满足科技成果转化的融资需要，更是缺少针对高科技产业的风险投资基金。

（4）旅游业发展水平和质量仍有较大提升空间。根据我国自贸区 2018 年接待游客人次数和旅游收入的数据指标情况（见表 20-2），四川旅游人次数最高，达 67260 万人次，旅游总收入为 8923.03 亿元，位列第 3；旅游人次数排第 2、第 3 位的是河南、湖北，分别为 66511 万人次、63868 万人次，旅游总收入排名分别为第 4、第 5；广东旅游人次数仅排第 7 位，其旅游总收入却列首位；海南旅游人次数和收入均在自贸区之中处于最低水平，分别为 6745 万人次、811.99 亿元。

海南“全域旅游”在规模、环境、政策、交通方面都具有我国其他自贸区难以企及的优势，但从其旅游发展现状来看，海南旅游业仍有巨大的发展空间。我国对海南的发展定位为“国际旅游岛”，然而，2017 年海南入境旅游人次仅有 112 万，占总旅游人次的 1.66%；国际旅游收入仅有 45.23 亿元，占总旅游收入的

5.57%，说明海南对国际游客的吸引力不足。要想打造国际旅游消费中心，除了具备高端的旅游环境外，还必须有与之配套的基础设施和高端服务。

表 20-2　我国自贸区 2018 年旅游业发展情况

省份	人次数/万人次	排名	收入/亿元	排名
海南	6745	11	811.99	11
上海	32718	9	4484.81	9
广东	44385	7	11994.79	1
天津	21114	10	3545.37	10
福建	38309	8	5082.96	6
辽宁	50597	6	4740.71	9
浙江	63080	4	9322.63	2
湖北	63868	3	5514.9	5
重庆	—		—	
四川	67260	1	8923.03	3
陕西	52284	5	4814.00	7
河南	66511	2	6751.27	4

数据来源：各省份统计年鉴和国民经济与社会发展统计公报。

2. 自由化和开放水平仍有待进一步提升

海南在开放型经济新体制建设方面，与已有的 11 个自贸试验区相比仍有差距。在引入跨国公司投资、发展服务贸易的体量和结构优化程度上，与上海、广东、天津等地的自贸试验区相比，也存在较大差距。

金融不仅是联系国内外市场的重要纽带，同时也是服务业发展的重要组成部分。上海自贸区是国内自贸区中率先实行对人民币资本项目可兑换、金融市场利率市场化、人民币跨境使用的试点，由于上海金融市场系统完善，其在应对资本自由流动带来的外部冲击上有一定的实力和优势。海南受自身经济实力的限制，不能照搬国内其他自贸区的发展路径。另外，我国金融市场尚未完全开放，自由化水平不高，资金不能够实现完全自由进出。例如，由于离岸账户中存在大量的逃税、逃汇的漏洞，以至只能不断收紧监管，严重制约了离岸贸易和离岸金融的发展。对离岸贸易的严格限制与监管，在防止通过虚假贸易实施贸易套利的同时，也限制了真实的离岸贸易的业务空间，这是无法适应建设自由贸易港的要求的。没有高度自由的资金进出保障，不仅离岸贸易甚至转口贸易也很难发展起来。海南只能另辟蹊径，探索适合自己且不同于目前国内监管的一些制度和形式，逐步实现资金在自由贸易港的自由进出。

3. 国内缺乏全域自贸试验区经验和模式参考

目前，全世界有130多个自贸港和2000多个与自贸港功能类似的自由经济区域，从涵盖的地理范围大小，可将自贸区建设模式划分为三种类型（见表20-3）。从表面来看，港城发展模式更接近海南建设全岛自贸区的定位，但对比香港的港城发展模式和现状来看，海南又是全国唯一一个包括农村和农业的自贸区；迪拜自贸港则是一个因起步晚、基础弱、发展快速成为世界经济奇迹的典型案例。海南需要在充分学习国内外各种类型的自由贸易园区经验的基础上，在制度创新的内容、政策体系的建立、社会管理职能的履行等方面逐渐摸索和积累，逐渐探索出一套既符合海南自身定位又具有中国特色的发展模式。这意味着海南自由贸易港的建设需要经历较长时期的摸索过程。

表20-3　国内外自贸区发展模式概况

自贸区建设模式	概况
港区模式	依托特定海港或空港划出较小的地理范围作为自贸区（港），并以物理围栏形式与周围去隔离开来，一般不允许居民居住。主要功能是发展进出口贸易、转口贸易、仓储物流及出口加工等临港工业。如美国纽约港、德国汉堡港
港城模式	把整个城市作为自贸区（港），允许公民居住和购买免税商品，同时实行自由经营企业制度。功能定位为国际航运中心、贸易中心、金融中心，拥有完备的法制环境，无外汇管制，实行低税收政策等。如中国香港、新加坡
港产模式	这种模式介于港区模式和港城模式之间，把自贸区（港）建设与产业开放、发展结合起来。如迪拜

4. 高层次人才资源短缺

各大自由贸易港如新加坡、中国香港等都是高科技、高素质人才的聚集之地，拥有众多顶尖院校，科研教育水平高，每年培育出大量的高素质人才。而海南当地高水平的科研教育机构匮乏，经济基础较差，也缺乏相应的产业吸引外来的各类高层次人才。

海南缺乏具有现代化服务意识、拥有专业技能和管理能力的专业服务人才，尤其在技术研发、会计、法律、审计、信息、咨询、物流、会展策划与管理、广告、营销等服务行业中，缺乏专业服务和专业管理人员。以互联网产业为代表的战略性新兴产业，属于知识技术密集型产业，是“智力产业”和“创造产业”，对专业性人才和经营者要求很高。据统计，海南专科及以上学历仅58422人，占总人口比重为0.63%，研究生及以上学历仅1336人，占总人口比重为0.01%。由此可见，一般性人力资本尚不能完全自给，专业性技术人才、企业家人力等高层次人才更加不足。同时，由于产业氛围不足、发展平台缺乏，教育、医疗、就业等配套条件不够，造成招人难、留人也难。人才匮乏成为海南自贸试验区未来发展产业的重大制约。

三、探索中国特色自由贸易港的政策建议

（一）建立高度自由化的贸易制度

探索建立“一线放开、二线管住、港内自由”的高度自由化贸易制度，实现货物贸易便利化。优化行政审批流程，完善包括单一窗口、信息共享、多证合一在内的行政审批制度，形成全面信息化管理的高效海关监管模式，将口岸物流全部环节纳入“单一窗口”审批模式，推进“单一窗口”制度的国际化；打造全球最为高效的海关贸易网络系统，通过该系统实现与进出口或国际中转贸易有关的申报、审批、许可、监管等手续的全面系统操作，减少申报手续环节，提升办理效率。

（二）建立高度便利化的投资制度

1. 建立最高标准的市场准入制度

完善负面清单制度，除涉及国家安全、社会公共秩序等少数领域外，全面取消金融、环保、交通运输和航运服务等领域对外商投资的准入限制，取消投资者股比、经营范围等准入限制，营造有利于各类投资者平等准入的市场环境。减少禁止类，更多采取比例限制、岗位限制、差别待遇等方式，降低行业限制强度。支持海南博鳌乐城国际医疗旅游先行区建设，取消对“少量、急需”药品的限制，将国外已批准上市但国内尚未批准的药品在海南境内使用的审批权限全面下放海南。

2. 实行最低干预程度的商事登记监管制度

创建覆盖企业准入、准营、退出全生命周期的商事制度改革机制，探索试点商

事登记确认制，以商事登记实名认证、全程电子化办理、要件式智能化审理、申请人承诺制为支撑，最大限度地简化商事登记手续。在出台“E 登记”基础上，在海南探索外国（地区）企业直接登记制度，实现企业“自由生”；探索企业简易注销制度，实施“E 注销”，实现企业“自由死”。放宽港内企业住所（经营场所）登记条件，取消企业经营范围限制，在合法的前提下企业可自由经营各项业务，无须审批。

（三）建立便利要素自由流动的政策体系

1. 建立以提升跨境金融服务为重点的金融自由化制度

基于跨境资金宏观审慎管理和风险可控的金融风险监管要求，在自由贸易港实行贸易结算资金自由收付制度。金融机构可凭港内企业提交的收付款指令，直接办理经常项下本外币结算业务。支持金融机构为港内企业提供有真实贸易背景的本外币国际贸易融资与再融资。推进港内国际贸易结算自由，港内可使用任何货币进行贸易结算。企业在港内银行可开立多种货币账户，自由选择贸易结算币种。加快完善资本监管、行为监管和功能监管方式，逐步实现境外资金自由进出。

2. 实行自然人自由进出政策

在自由贸易港实施针对外籍人员“一线放开、二线管住”、针对国内人员“一线管住、二线放开”的管理制度。外籍人员进入自由贸易港，可直接办理落地签证，如果由自由贸易港进入关内（“二线”），则须按国家制度办理相关入境手续，前期可先放宽对高科技人才进出自由贸易港的限制，待条件成熟后再全部放开。国内人员可通过电子卡口自由进出自由贸易港，如离开境内（“一线”），则需按国家制度办理相关出境手续。支持自由贸易港允许外籍和港澳台地区技术技能人员按规定在自由贸易港就业、永久居留①；扩大外籍科技人才长期居留许可签发范围，探索对符合条件的外籍专业人士颁发“高科技人才绿卡”，使其享受中国公民同等待遇。

3. 实行便利使用国际互联网信息政策

在保障网络信息安全的前提下，运用电子身份证、人脸识别等先进技术，允许

---

① 郭永泉 . 中国自由贸易港的海关制度创新研究［J］. 海关与经贸研究，2018，39（2）：22-23.

自由贸易港内实名认证人员查阅国际互联网信息。[①] 探索以试点形式逐步提升互联网资讯开放水平，推广前海通过公共 Wi-Fi 网络平台“深港通”向香港客户提供上网通道做法，允许部分合格企业经登记后，更开放地接入域外网站。

（四）建立具有国际竞争力的财税政策

1. 探索实施关税、增值税及部分消费税免征政策

除少数特殊商品外，一般货物免征关税和进口环节海关代征税。国内货物入港视同出口，实行出口退税。探索全面免征增值税，除一些奢侈品或国家限制出口或进口的商品征收一定的消费税外，其他商品或服务的消费可以免征消费税。[②] 在符合税制改革方向、国际惯例及不导致利润转移和税基侵蚀前提下，积极研究完善适应境外股权投资和离岸业务发展的税收政策。

2. 探索实施低税率的所得税政策

借鉴国际经验，对初创型科技企业实行企业所得税“两免三减半”政策，其他公司所得税按 15%的税率征收；对企业聘用外籍员工、拥有境外永久居民身份的员工、归国留学人员等，其工资薪资所得应纳税额超过应纳税所得额 15%的，可选择个人所得税按 15%的税率征收；对在港内开展对外贸易投资业务的企业和个人，其对外业务所得的利息、股息、红利和股票等收益实行免征所得税政策。

3. 研究推进简单税制改革

试点简单税制改革，合并和减少税收和收费项目，探索税费制度改革。基于企业总体税赋水平，简化税种，研究设置企业所得税、个人所得税和物业税 3 种直接税，并设立免税额制度，对技术先进型服务企业和科技型中小企业在科技研发方面的费用和收入进行税收减免。

（五）建立规范高效的法治体系

研究自由贸易港国家立法。从国际上看，许多国家都会制定自由贸易区（港）法规制度，确定自由贸易区（港）的法律地位、管理体制等。如美国的《对外贸

① 李锋．中国特色自由贸易港的政策和制度体系研究［J］．中国国情国力，2019（2）：52-55.

② 孙超．自由贸易港的税收制度研究——兼论我国海南自由贸易港的税收激励机制的构建［J］．税收经济研究，2018（4）：50.

易区法案》、新加坡的《自由贸易区法》。建议制定《中华人民共和国自由贸易港（海南）特别法》，规定海南自由贸易港的海关监管、外汇管理、税收征管、贸易促进政策等；或是制定《中华人民共和国自由贸易港法》，为自由贸易港建设提供顶层法治保障，做好市场风险防范。

参考文献

[1] 钱耀军．从数据看海南经济特区三十年发展［J］．中国统计，2018（9）：26-28.

[2] 龚月．海南省经济特区30年发展现状研究［J］．改革与开放，2019（3）：26-29.

[3] 舒朝普．设立海南自贸区：打造新时代中国对外开放新标杆［J］．中国外资，2018（21）：60-61.

[4] 邓传明．以自由贸易账户为基础　推动海南金融改革开放［N］．海南日报，2019-02-21（A05）．

[5] 郭达．以服务贸易为重点打造对外开放新高地［N］．海南日报，2019-04-03（A06）．

[6] 夏锋，郭达．海南经济特区开放型经济发展的基本经验与战略选择［J］．改革，2018（5）：27-36.

[7] 郭永泉．中国自由贸易港的海关制度创新研究［J］．海关与经贸研究，2018（9）．

[8] 李峰．中国特色自由贸易港的政策和制度体系研究［J］．中国国情国力，2019（2）．

[9] 孙超．自由贸易港的税收制度研究——兼论我国海南自由贸易港的税收激励机制的构建［J］．税收经济研究，2018（4）：44-50.

[10] 李猛．新时代中国特色自由贸易港建设中的政策创新［J］．经济学家，2018（6）：38-47.

第二十一章　北部湾经济区

——对接东盟，转型加速

广西北部湾经济区地处华南经济圈、西南经济圈和东盟经济圈的接合部，是我国西部地区唯一的沿海区域，也是我国唯一与东盟海陆相连的区域，战略地位突出。广西北部湾经济区自2006年成立以来，坚持开放开发，立足服务“三南”（西南、华南、中南）、沟通东中西、面向东南亚，坚持以开放谋合作，以创新促改革，着力发挥连接多区域的重要通道、交流桥梁和合作平台作用，“三基地一中心”（即商贸基地、物流基地、加工制造基地和信息交流中心）、西南及中南地区开放合作新的战略支点、“一带一路”有机衔接的重要国际区域经济合作区的功能定位加速实现。北部湾经济区历经十多年发展，创造了“北部湾速度”，取得了令人瞩目的巨大成就，综合实力显著增强，主要经济指标成倍增长，增速领跑全区，以广西1/3的面积创造了接近1/2的经济总量和财政收入、近90%的外贸总量，成为引领广西加快发展的核心增长极，走出了一条后发展欠发达地区迅速崛起的成功之路。

一、北部湾经济区开放开发的实践

广西北部湾经济区开放开发，始终践行新发展理念、全面深化改革，服务国家“一带一路”倡议，培育发展产业集群，在发展中保障和改善民生，坚持人与自然和谐共生等内容，体现了中国特色社会主义思想和基本方略，是中国特色社会主义理论的重要探索和创新。

（一）主动融入国家战略，着力推进区域协调发展

区域协调发展是全面建成小康社会的必然要求，是加快建设社会主义现代化必须面对的重大课题。北部湾经济区紧扣国家战略，认真贯彻落实党中央协调发展理念和思想，着力推进促进区域协调、协同、共同发展。经过十多年的开放开发，将

区位优势转化为发展优势，在区域发展战略中的地位不断提升，正在从广西开放发展的龙头成长为我国沿海发展新的一极，已经从西南出海大通道迈向西部大开发战略新高地。

1. 审时度势，加快北部湾经济区开放开发

自治区党委、政府根据国家对外开放合作的新形势新要求，紧紧抓住中国—东盟自贸区建设、中国—东盟博览会落户南宁等重大机遇，做出了加快北部湾（广西）经济区开放开发的重大战略部署。2005 年 10 月，《中共广西壮族自治区委员会关于制定国民经济和社会发展第十一个五年规划的建议》第一次以文件形式明确提出加快北部湾经济区开放开发。2006 年 1 月，北部湾（广西）经济区开放开发正式被纳入广西“十一五”规划建设重点。2006 年 3 月，成立涵盖南宁、北海、钦州、防城港 4 市（随后延及两翼的玉林、崇左）的北部湾经济区，组建北部湾（广西）经济区规划建设管理委员会。

2. 谋定后动，高起点谋划北部湾经济区发展规划

北部湾经济区成立伊始，围绕国家区域发展总体战略布局，立足广西独特的区位战略，谋定而后动，高质量、高起点谋划北部湾经济区协调发展战略。2008 年 1 月，国家批准实施《广西北部湾经济区发展规划》，这是我国第一部以主体功能区理念为指导编制的区域规划，也是第一部在省级行政区内实施的区域规划，还是国家区域发展战略的具体体现。广西以此为起点，围绕国家赋予北部湾经济区的战略使命和功能定位，坚持北部湾经济区优先、产业发展优先、交通建设优先发展战略，全力推进项目建设、开放合作、改革创新、空间重构，全力发展大产业大建设大交通，北部湾经济区开放开发取得了显著成效。

3. 落实规划，积极建设海陆一体蓝色生态湾区

“十三五”时期，习近平总书记提出了“协调既是发展手段又是发展目标”。为了从更大范围、更深层次推进北部湾地区协调发展，积极推进北部湾城市群发展蓝图的绘制，推动编制《北部湾城市群发展规划》，以建设宜居城市和蓝色海湾城市群为核心，助力国家塑造大中小城市和小城镇合理分布、协调发展的城市化战略格局，加快实现全面建设小康社会的目标。2017 年，国务院批复了《北部湾城市群发展规划》，北部湾经济迎来新的跨越发展的历史机遇，将着力推动北部湾经济区升级发展，建设开放北部湾、质效北部湾、畅通北部湾、同城北部湾、智慧北部湾、蓝色北部湾，增强对广西的引领带动作用和对西南、中南的支撑辐射功能。

（二）服务“一带一路”建设，务实推进对外开放合作

对外开放是我国一项长期基本国策。习近平总书记要求广西加快建设“国际通道、战略支点、重要门户”，北部湾经济区作为国际大通道的主通道、战略支点的核心区、“一带一路”的衔接点，立足国家发展战略，主动参与“海上丝绸之路”建设，着力打造面向东盟开放发展的新枢纽新门户，建设西南、中南地区开放发展新的战略支点，促使北部湾经济区在更广范围、更宽领域、更深层次融入国内国际开放格局，在服务国家战略中进一步提升广西开放型经济发展水平。

1. 积极推动中国—东盟自贸区建设，加快构建面向东盟的国际大通道

北部湾经济区做足“边”的文章，以服务和对接国家周边外交战略为核心，由服务中国—东盟“10+1”，拓展到服务区域全面经济伙伴关系“10+6”，再到服务中国—东盟自贸区升级发展新平台建设，积极助推中国与东盟战略合作伙伴关系快速发展。2018 年广西对东盟国家进出口额超过 2000 亿元，同比增长 6. 3%，占广西进出口总额的一半，汽车、工程机械、农机、电动摩托车、化肥等产品深受东盟国家欢迎。一是推进与东盟互联互通建设，全面构建面向东盟的海陆空国际大通道。北部湾港已开通外贸航线 24 条，实现东盟主要港口全覆盖，并开通至南非的外贸远洋集装箱航线。二是搭建了中国—东盟博览会和中国—东盟商务与投资峰会、泛北部湾经济合作论坛等一系列重大合作活动平台，“南宁渠道”已成为我国与东盟间最重要的区域合作机制。三是建设中越东兴—芒街和凭祥—同登跨境经济合作区、文莱—广西经济走廊、东兴国家重点开发开放试验区、凭祥重点开发开放试验区、广西沿边金融综合改革试验区、防城港边境旅游试验区等开放平台，国家先后批准建设凭祥、钦州、南宁、北海综合保税区。

2. 着力提升服务经济能力，打造服务西南、中南开放发展的战略支点

北部湾经济区充分发挥地处中国—东盟自贸区、面向东南亚、背靠大西南、毗邻粤港澳的区位优势，联动西南、中南，加快建设服务广西和西南、中南地区的合作平台，着力打造促进广西和西南、中南地区开放发展的战略高地。一是依托通边达海的立体交通体系，加快融入粤桂黔高铁经济带，将港口服务功能前置，积极在贵州、昆明、遵义、长沙，以及区内的贺州、柳州、玉林、来宾、河池等地规划建

设“无水港”，打造区域性国际商贸物流基地。二是加强积极发挥临港产业园区和临港产业集群优势，规划建设与云南、贵州、四川等省的飞地经济产业园，为内陆腹地连接东盟提供平台和支点。

3. 扎实推进中国—中南半岛经济走廊的合作，建设“一带一路”有机衔接的重要门户

北部湾经济区在深度参与“一带一路”建设中抓住机遇、找准定位，勇挑“一带一路”南向经济走廊的建设重任。积极拓展与丝路沿线国家交流合作，大力推进建设“一廊”（中国—中南半岛经济走廊）、“两港”（中国—东盟港口城市合作网络和中国—东盟信息港）、“两会”（中国—东盟博览会和中国—东盟商务与投资峰会）、“四基地”（跨境产能合作示范基地、要素资源配置基地、人文交流基地和北部湾自由贸易试验基地），在防城港市建立国际医学开放试验区，与“一带一路”有机衔接的重要门户建设取得重要进展和成效。

4. 紧抓国家实施粤港澳大湾区建设重大历史机遇，全面推进对接大湾区建设各项工作

为加快推进全面对接粤港澳大湾区建设各项工作，广西壮族自治区党委、政府联合印发《关于全面对接粤港澳大湾区加快珠江—西江经济带（广西）发展的若干意见》及10个配套文件。北部湾经济区加强与大湾区的交流合作，联合开展了交通基础设施互联互通、产业协同融合、重大合作平台建设等7个方面28项重大工作。持续推进对接粤港澳大湾区重大交通基础设施前期工作，确保将“一纵一横”高速铁路主通道等重大项目纳入粤港澳大湾区城际铁路建设规划和相关国家铁路规划。进一步推进粤桂合作特别试验区、粤桂黔高铁经济带合作试验区、桂东承接东部产业转移示范区等重大合作平台建设，提升承接大湾区优质产业转移的能力和水平。

（三）积极探索创新发展，全力营造向海发展格局

创新是引领发展的第一动力，是建设现代化经济体系的战略支撑，是推动一个国家、一个民族向前发展的重要力量。创新发展是北部湾发展的基点、核心和第一动力。北部湾经济区深化创新驱动发展战略，大力打造“向海经济”，建立了现代化的港口群、临港产业经济带、国际产能合作示范区等多位一体的发展格局。与此

同时，通过一系列富有成效的实践，破除体制机制障碍，形成强大发展合力，有力地推进了北部湾开放开发，积累了诸多可复制、可推广的成功经验。

1. 立足向海经济，构建开放型现代产业新体系

自北部湾经济区成立以来，着力建设北部湾港口，大力发展向海经济，打造开放型现代产业新体系，努力写好“21 世纪海上丝绸之路”新篇章。一是着力发展港口经济。通过重点支持北部湾港码头和航道建设，北部湾港在能力建设、服务水平提升、集疏运完善、深化体制改革等方面取得长足进步，港口辐射能力、综合竞争力得到较大提升。二是大力发展现代临海大工业。设立北部湾经济区重大产业发展专项资金，支持重大产业项目，形成了石化、冶金、装备制造、电子信息、粮油食品等产业集群，形成了一批千亿级支柱产业。三是坚持创新驱动发展。2018 年 1 月，广西壮族自治区人民政府办公厅印发《贯彻落实创新驱动发展战略 打造广西九张创新名片工作方案（2018—2020 年）》，持续打造九张创新名片，在传统优势产业、先进制造业、新一代信息技术、互联网经济、高性能新材料、生态环保、优势特色农业、海洋资源开发利用、大健康产业等领域精心打造九张在全国具有竞争力和影响力的创新名片。加快培育和发展新一代信息技术产业、高端装备制造业、新材料产业、生物医药、新能源、新能源汽车等战略性新兴产业，提升战略性新兴产业和高新技术产业占 GDP 比重。四是实施工业高质量发展行动计划。强龙头、补链条、聚集群，推动玉柴、南南铝等龙头企业发展，打造汽车、工程机械、铝精深加工等产业链及产业集群，支持南宁、玉林打造现代制造城。五是吹响数字广西建设号角。获批建设中国—东盟信息港，加快推进广西政务云、中国—东盟“商贸通”数字平台等一批重大项目。六是推进港产城融合。初步形成了以五象新区为龙头的“1+5”新城新区体系，为承载临港工业、推进农业转移人口市民化、打造北部湾经济区新增长极夯实基础。七是加强国际产能合作。充分利用两个市场、两种资源，开创了“两国双园”国际园区新模式，形成跨境产业链和产业集群。

2. 先行先试，勇当改革创新先行者

北部湾经济区以“探索者”的勇气和“先行者”的气魄，不断从改革中找动力、从创新中寻活力。一是改革创新跨行政区管理新体制。打破行政分割和利益藩篱，成立北部湾（广西）经济区规划建设管理委员会及其办公室，统筹协调规划编制、产业布局、基础设施建设、港口铁路发展和岸线资源开发利用等北部湾经济区开放开发工作，以及参与东盟开放合作事务，创造了全国首个跨行政区域统筹协调的新模式。二是在全国港口首先推进整合发展。组建北部湾港口管理局，统一港口规划建设、政策制定、执法监督和港口公益性基础设施建设管理维护，统筹港口统一调度、引航等港政公共服务；组建广西北部湾国际港务集团，整合开发防城港、钦州港、北海港，形成融港口、物流、工贸、地产和投资等为一体的完整产业链，实现北部湾港“规划、建设、运营、管理”四个统一。三是在全国率先提出行政管理、通关作业、信息技术、综合服务和口岸协调管理一体化改革；推进经济区“六市一关”；推进海关、检验检疫、海事、边检等部门共同参与的一次申报、一次查验、一次放行的“三个一”改革，推行查验部门间“信息互换、监管互认、执法互助”，实行跨关区快速通关和边境口岸“合作查验、一次放行”，创新区域通关模式。四是沿边金融改革试验区建设通过国家验收，形成 12 条可复制推广的创新经验，获批建设北海国家海洋经济发展示范区、防城港边境旅游试验区，国际贸易“单一窗口”在口岸实现全覆盖。

（四）生动演绎绿色发展，努力建设现代蓝色港湾

北部湾经济区紧紧围绕党中央关于生态文明建设的重大决策部署，大力推进现代蓝色港湾建设，走出了一条大产业、大工业与白海豚、红树林共存共生的绿色发展道路。

1. 严格执行生态环境保护功能规划

贯彻国家主体功能区战略，科学布局生产空间、生活空间、生态空间。以《广西北部湾经济区发展规划》为指导，制定一系列促进北部湾经济区绿色发展措施。广西壮族自治区人民政府编制印发了《广西壮族自治区海洋主体功能区规划（2018）》，推进北部湾经济区形成海洋主体功能区布局，构建陆海统筹、人海和谐的海洋空间开发格局。开展生态文明建设示范创建活动，实施百色、崇左、南宁山水林田湖草生态保护和修复工程。

2. 严格项目和产业的准入门槛

牢固树立保护生态环境就是保护生产力、改善生态环境就是发展生产力的理念，始终把生态环境保护放在更加突出位置，打好蓝天、碧水、净土三大保卫战。制定和出台促进北部湾经济区开放开发的产业发展支持政策，严格项目和产业准入

门槛，严格限制“两高”（高耗能、高排放）产业进入园区，鼓励和支持生态园区建设，力求从源头上有效控制新污染源的产生。推进农村人居环境整治三年行动，完成“美丽广西·宜居乡村”建设任务。

3. 加强沿海生态系统建设

先后推进防城港西湾海域环境整治工程、防城港市海岸保护与整治工程、十万大山自然保护区工程、北仑河口红树林保护区工程、茅尾海等红树林保护区工程、合浦山口红树林保护区工程等一批海洋环境整治与保护重大工程建设，成立了北部湾中华白海豚保护与研究中心。

（五）深入践行共享发展理念，加快推进经济区同城化

共享既是新发展理念的出发点，也是落脚点，既是北部湾经济区发展的过程，也是人民共享发展成果的过程。北部湾努力践行以人民为中心的发展思想，坚持全民共享，实现人民福祉新提升。自 2013 年以来，着力念好“公平、协调、共享”六字诀，以户籍同城化为“牛鼻子”，全力推进同城化改革工作，户籍、社会保障、通信、金融、交通等领域同城化率先取得阶段性成果和实质性进展，促进了经济区内城际融合和一体化发展，老百姓在实施同城化的多个领域享受到真正的实惠和便利。

1. 推进户籍同城化

打破各市之间行政区划藩篱，放宽在南宁、北海、防城港、钦州四市户籍迁移和落户条件，在这四市工作、居住及参加社会保险的连续年限可以跨市累积，办理迁移也将简化程序，实现网上审批。同时，推进经济区社保一体化、就业服务一体化、城乡医保“三合一”，教育均衡发展以及经济区内户籍居民购房同城待遇等，实现以人为核心的资源要素流动便利化和基本公共服务一体化。

2. 推进通信同城化

在全国开创性地实施通信同城化“北部湾模式”，在不调整长途区号和不改变电话号码的情况下，取消经济区内移动电话的漫游费和长途费、固定电话的长途费，实现“服务同城化、资费同城化”。最终统一四市的长途区号，实现北部湾经济区通信同城化。

3. 加快金融服务同城化

打破行政区划，把南宁、北海、钦州、防城港四市视为一个服务区，实施银行服务收费同城化，取消同一银行内一切以异地为依据而设立实施的差异化收费项目，实施银行服务收费、银行资金汇划、保险售后服务、区域性股权交易市场搭建、小额贷款公司经营区域同城化试点等。发行北部湾市民卡，可以在北部湾经济区六市范围内用于高速公路、公交、地铁等公共交通的消费支付，也可以在试点医院进行在线预约就诊、在试点旅游景区购买门票、进行电水费的查询和缴费，未来将拓展到社会保障、文化体育等领域，实现“一卡多用、一卡通用”，为经济区市民带来实实在在的便利。

4. 推进交通同城化

推进北部湾经济区出行公交化、交通一体化、信息智能化，完善城市候机楼服务系统，建设高速公路不停车收费系统，实现高铁公交化运营，打造“一小时通勤圈”和公交出租一卡通，北部湾经济区“ETC”系统与全国实现联网，客运交通“一卡通”已获得交通运输部批复同意纳入示范工程。

二、北部湾经济区开放开发面临的困难

当前，面对复杂严峻的国际环境和艰巨繁重的改革发展稳定任务，北部湾经济区开放开发遇到新挑战、新问题、新矛盾，需要引起高度重视。

（一）开放发展的硬软件需要进一步优化

一是基础设施短板问题显现。港口基础设施投资不理想，航道、防波堤等公共基础设施建设资金缺口大。口岸基础设施建设较为滞后，存在配套设施不完善、通关能力弱等问题。二是面向东盟的开发合作仍需进一步深化。泛北合作缺乏国家层面的机制推动及资金支持；中越两国政府尚未批复共同总体方案，跨境合作区有关的基础设施、投融资难以全面发力，“两国一检”建设方案、查验业务流程尚未达成共识。

（二）产业发展动力不足，产业结构有待进一步优化

产业发展结构性矛盾仍然突出，工业的增长较多依靠石化、冶金、造纸等传统

优势产业，对各产业的补链、强链研究不够深入，产业链短、层次不高、集聚度偏低；战略性新兴产业重大项目储备不足，新旧动能转化任务艰巨。产业园区定位差异化不足，产业招商难度大。

（三）要素支撑不足，营商环境亟待进一步优化

金融创新力度不足，企业融资难、融资贵问题比较突出，多数园区资金筹措渠道比较单一，项目资金缺口较大，影响建设进度。在用地方面，各重点产业园区普遍反映用地指标严重不足和征迁困难，直接影响了项目落户建设。经济区人才总量少，人才结构不够优化，急需高层次人才特别是拔尖领军人才紧缺。金融、物流等专业性人才匮乏，人才结构难以支撑产业转型升级，人才创新创业环境和条件仍有待改善提升。

（四）绿色发展的压力仍然较大

产业链延伸不足，高附加值产品、中高端产品短缺，产业同质化等问题严重；城镇化和工业化步伐加快对生态环保造成较大压力，使得近岸海域的环境保护和生态建设压力增大。

（五）重点领域改革仍面临较多难题

东兴、凭祥重点开发开放试验区管理体制改革方案有待落实到位。同城化改革进入“深水区”，统筹协调难度加大，同时面临着更多的机制体制障碍和其他的制约因素，导致纵深发展进程缓慢。

三、北部湾经济区新时期开放开发的建议

（一）推进开放发展升级

一是继续夯实北部湾开放发展的基石。持续推进基础设施建设。以深水航道、泊位为重点，加强北部湾港口、航道等公共基础设施建设。推进港航重点项目和物流园区建设。加强与中远海运集团的战略合作，加快实施钦州集装箱自动化码头合作建设运营，拓展远洋航线和国际陆海贸易新通道班列，全面推进北部湾区域性国

际航运中心加快建设。重点支持推动国际陆海贸易新通道班列和远洋航线开行。持续推进北部湾港内陆无水港体系建设。支持凭祥、东兴园区加快基础设施建设。二是拓展开放发展新空间。围绕服务国际陆海贸易新通道，推动泛北论坛升级发展，积极与东盟有关国家建立对接渠道，带动西部省区深度参与，推动各方务实参与国际陆海贸易新通道建设。加快中国—东盟港口城市合作网络建，争取将合作网络纳入中国—东盟互联互通合作委员会和中国—东盟交通部部长特别会议等合作机制。加快中国—东盟港口物流信息中心二期建设。完成中马钦州产业园区管理体制改革方案。扎实推进海关特殊监管区域建设，统筹协调南宁综合保税区、钦州保税港区、北海综合保税区、凭祥综合保税区、防城港保税物流中心（B 型）等海关特殊监管区域科学发展。推进中越跨境经济合作区申报建设。

（二）推进产业转型升级

一是大力推动产业集群发展。发展向海经济，抓住制造业向东南亚转移的机遇，实施产业高端高质化提升工程，实现石化、冶金、电子信息、食品加工等向“两千亿元产业”突破，促进形成生物医药、智能制造设备若干个战略性新兴产业集群，打造全区先进制造业和战略性新兴产业集聚发展示范区。二是大力发展互联网经济、物流经济、智能经济、生态经济、高铁经济、空港经济、旅游经济等新经济新产业新业态。三是搭建创新驱动平台。围绕千亿元产业和战略性新兴产业，提高企业创新发展能力，布局建设一批重点实验室和产业研发中心、孵化器、加速器、产学研战略联盟等创新服务平台，推动区域性国际科技创新合作，打造中国技术、中国标准走进东盟和产能向东盟转移的重要窗口和便捷通道。四是加强精招商工作，认定北部湾经济区重点产业园区，推动园区错位发展，由同质竞争向差异化集约化发展转变。推进沿海三市产业一体化发展，统筹重点园区产业链延伸招商，打造若干个优势产业集群。绘制重点产业的产业树全景图。

（三）推进营商环境升级

一是突出抓好重大项目资金保障。发挥北部湾经济区发展专项资金引导作用，积极化解融资难问题。继续组织好银企对接，综合运用多种金融产品、金融工具和融资方式筹集资金。积极探索 PPP 项目建设模式，鼓励、引导和支持民间资本以独资、合作、参股等方式参与重点项目建设。二是将北部湾经济区用地的储备和供应与各级土地利用规划相衔接，优化创新用地等产业发展要素相关政策。三是统筹实施北部湾经济区重大人才项目，聚焦产业发展提供产学研和产业孵化新模式，探索人才开发新模式。四是大力优化营商环境，完善构建经济区营商环境评价指标体系和评价机制，进一步优化营商环境相关各项政策措施，大力改善投资环境。

（四）推进绿色发展升级

一是始终坚持把生态环境保护放在突出位置，统筹协调经济区各市按照中央环保督察组和自治区相关部署积极做好各项环保工作。二是组织实施好《北部湾港总体规划》，指导沿海港口科学定位、合理分工、有序开发建设。三是建设广西涉海规划“多规融合”平台，进一步科学合理有效开发利用和保护沿海岸线资源。四是引导双高产业项目科学布局、集聚发展、升级发展。

（五）推进体制改革升级

着力推进供给侧结构性改革，大力推进简政放权和政策创新，深化行政管理港口及口岸管理体制机制等改革，完善法治化、国际化、便利化的营商环境，健全有利于合作共赢、与国际贸易规则相适应的体制机制，通过体制机制和政策的改革创新进一步优化经济区发展环境。

参考文献

［1］《广西北部湾经济区十年》编委会．广西北部湾经济区十年（2006—2015）［M］．桂林：广西人民出版社，2016.

［2］国务院新闻办公室．广西举行国家批准实施北部湾经济区发展规划十周年发布会［EB/OL］．http：//www. scio. gov. cn.

［3］南宁海关．2018 年广西外贸进出口总值创历史新高［EB/OL］．http：//www. customs. gov. cn.

［4］新华社．广西深度参与“一带一路”建设　推进与东盟全方位合作［EB/OL］．http：//www. xinhuanet. com/world/2017-05. htm.

［5］习近平：支持在防城港市建立国际医学开放试验区［N］．广西日报，2019-06-15.

［6］北部湾经济区：同城升级促发展［N］．广西日报，2019-02-22.

［7］付丽明，雷磊．广西北部湾经济区经济发展研究［J］．经济研究导刊，2012（11）：37-38.

第二十二章　边境地区开放

——对外开放稳中有进

一、边境地区开放情况

（一）边境地区开放概况

1. 边境地区经济总体步入调整期

人口具有流出的趋势。截至2017年底，我国边境九省份共计拥有常住人口28498万人，占全国的20.5%，比2016年同期占比略微下降，平均的自然人口增长率约为0.38%，低于全国的0.59%。另外，2017年边境九省份的常住人口增速为0.42%，低于全国水平，其中辽宁、吉林及黑龙江增速为负，人口净流出规模持续扩大，西藏与新疆的常住人口增速也未能保持在2%以上。总体而言，边境地区的人口增长速率进一步放慢，且有人口流出的趋势，见表22-1。

表22-1　2015—2017年边境地区常住人口、自然增长率及增速　　单位：万人

省份	2015年			2016年			2017年		
	常住人口	人口自然增长率/%	增速/%	常住人口	人口自然增长率/%	增速/%	常住人口	人口自然增长率/%	增速/%
内蒙古	2511	0.24	0.25	2520	0.33	0.36	2529	0.37	0.36
辽宁	4382	0.25	-0.20	4378	0.34	-0.09	4369	0.37	-0.21
吉林	2753	0.26	0.03	2733	0.34	-0.73	2717	0.38	-0.59
黑龙江	3812	0.27	-0.55	3799	0.34	-0.34	3789	0.38	-0.26
广西	4796	0.28	0.79	4838	0.34	0.88	4885	0.38	0.97
云南	4742	0.29	0.59	4771	0.34	0.61	4801	0.38	0.63
西藏	324	0.21	2.02	331	0.34	2.16	337	0.38	1.81

续表

省份	2015年			2016年			2017年		
	常住人口	人口自然增长率/%	增速/%	常住人口	人口自然增长率/%	增速/%	常住人口	人口自然增长率/%	增速/%
甘肃	2600	0.21	0.34	2610	0.34	0.38	2626	0.38	0.61
新疆	2360	0.21	2.68	2398	0.34	1.61	2445	0.38	1.96

经济增长放缓。近年来，我国经济发展处于放缓调整阶段，边境地区的GDP综合达到12.49万亿元人民币，占全国GDP总额的15.5%，而2015年及2016年的占比为18.29%及16.35%，占比持续下降，2017年全国GDP增长率为6.9%，而边境地区2017年GDP增速有半数以上的省份未赶上全国整体水平，总体平均增速为6.03%，低于全国平均水平。2017年云南GDP总量达到了1.6万亿元人民币，增速达到了9.5%并高于2015年及2016年，经济发展势头迅猛，令人瞩目。广西拥有1.85万亿元人民币的GDP，增长率达到了7.1%，虽然增速一直处于略微下降的趋势，但在总量已经形成一定规模的情况下为正常现象。西藏的GDP增速虽然达到10%，但由于GDP总量过小，拥有高增长率是较为正常的。此外，新疆的GDP增速也超过了全国平均水平达到了7.6%，见表22-2。

表22-2　2015—2017年边境地区GDP及增速　　单位：亿元

省份	2015年		2016年		2017年	
	GDP	增速/%	GDP	增速/%	GDP	增速/%
内蒙古	17831.51	7.70	18128.10	7.20	16096.21	4.00
辽宁	28669.02	3.00	22246.90	-2.50	23409.24	4.20
吉林	14063.13	6.30	14776.80	6.90	14944.53	5.30
黑龙江	15083.67	5.70	15386.09	6.10	15902.68	6.40
广西	16803.12	8.10	18317.64	7.30	18523.26	7.10
云南	13619.17	8.70	14788.42	8.70	16376.34	9.50
西藏	1026.39	11.00	1151.41	10.10	1310.92	10.00
甘肃	6790.32	8.10	7200.37	7.60	7459.90	3.60
新疆	9324.80	8.80	9649.70	7.60	10881.96	7.60

贸易状况总体向好。边境地区在经历了2015年及2016年的进出口贸易额大幅度下降后，终于在2017年迎来了贸易额的大幅度回升，这得益于2017年全球贸易额的总体回升，WTO的报告显示，在美元计价下全球贸易总额增长了10.5%，我

国贸易额增速为7.8%。边境九省份2017年进出口贸易总额为17429.90亿元人民币，增速达15.99%。除了甘肃及吉林之外，2017年的进出口贸易额增速均达到2位数以上，其中广西的增速最高，达到了21.95%，贸易总额达到了3866.34亿元人民币，位居九省份中的第2，其次是内蒙古，增速达到了21.75%（见表22-3）。辽宁的进出口贸易额在九省份中最高，达到了6712.64亿元人民币，增速达到了16.80%。吉林的进出口贸易额虽未连续下跌，但2017年只有3.06%的增长水平。甘肃的进出口贸易额持续下降，增长率下跌幅度持续扩大。

表22-3　2015—2017年边境地区进出口贸易总额及增速　单位：亿元

省份	2015年		2016年		2017年	
	进出口贸易总额	增速/%	进出口贸易总额	增速/%	进出口贸易总额	增速/%
辽宁	5984.37	-15.69	5746.92	-3.97	6712.64	16.80
吉林	1176.18	-27.61	1216.91	3.46	1254.15	3.06
黑龙江	1307.30	-45.29	1093.70	-16.34	1280.70	17.10
新疆	1225.62	-27.89	1193.17	-2.65	1394.97	16.91
内蒙古	792.54	-11.35	772.78	-2.49	940.86	21.75
甘肃	494.00	-6.06	453.20	-8.26	341.53	-24.64
西藏	56.55	-59.16	51.67	-8.63	59.19	14.55
广西	3190.31	28.07	3170.42	-0.62	3866.34	21.95
云南	1527.64	-16.05	1328.39	-13.04	1579.52	18.90

外资利用度各省份差异巨大。已经公布实际利用外资的省份数据显示，辽宁在经过2年的实际利用外资额大幅度下降后，2017年的实际外资利用额大幅度回升，增速达77.89%，实际利用外资额达到53.35亿美元。黑龙江的实际利用外资增速虽为微量负增长，但是其实际利用外资额仍然是边境九省份中最高的，达到58.57亿美元，降幅最大的省份为新疆，其实际利用外资额增速为-51.06%，利用外资最少的省份为甘肃，仅有0.44亿美元。此外，边境九省份各年实际利用外资额波动剧烈，表明各省份每年实际外资利用额差异巨大。

2. 边境地区进出口贸易情况回暖

（1）小额贸易总体上升。边境小额贸易是只有经国家批准对外开放的边境地区内企业才可申请的贸易类型，相较于一般贸易具有金额在5万美元以下、交易分散、不受贸易方式及经营分工限制等特点。我国边境地区小额贸易一样受到全球总体贸易氛围影响，近三年内增幅波动较大，总体贸易额呈下降趋势，各地边境小额贸易的发展趋势不一，见表22-4、表22-5、表22-6。

表22-4　2015—2017年边境地区小额贸易情况　　单位：亿元

省份	进出口总额			出口总额			进口总额		
	2015年	2016年	2017年	2015年	2016年	2017年	2015年	2016年	2017年
辽宁	51.01	49.77	42.07	38.68	37.47	32.05	12.33	9.20	6.75
吉林	17.25	18.09	24.74	7.79	7.40	7.97	9.47	9.56	16.77
黑龙江	217.13	176.24	209.93	88.71	57.94	72.30	128.42	107.32	121.36
新疆	599.14	733.56	934.06	582.38	670.81	843.67	16.76	17.04	17.97
内蒙古	192.39	208.30	302.90	31.00	182.00	271.60	161.39	26.30	31.30
甘肃	—	—	—	—	—	—	—	—	—
西藏	30.49	29.86	23.34	29.90	27.76	21.34	0.59	0.24	0.20
广西	1058.91	786.80	836.30	1014.20	752.58	799.02	44.71	34.23	37.29
云南	155.15	195.75	231.11	104.33	109.06	120.33	50.82	74.49	92.80

表22-5　2015—2017年边境地区小额贸易占总体比重　　单位：%

年份	辽宁	吉林	黑龙江	新疆	内蒙古	甘肃	西藏	广西	云南
2015	0.85	1.46	16.61	48.88	24.02	—	53.46	33.17	10.16
2016	0.87	1.48	16.04	61.48	27.20	—	57.79	24.82	14.74
2017	0.63	1.97	16.42	66.96	32.14	—	39.50	21.63	14.63

表22-6　2015—2017年边境地区小额贸易总额增速　　单位：%

年份	辽宁	吉林	黑龙江	新疆	内蒙古	甘肃	西藏	广西	云南
2015	-18.48	-22.00	-52.48	-32.38	-13.47	—	-75.16	15.44	-30.40
2016	-8.52	-1.74	-23.89	14.81	8.80	—	-1.23	-25.64	18.31
2017	-16.84	34.24	17.18	25.27	45.42	—	-21.71	6.29	16.15

小额贸易受外围环境影响较大。2015年及2016年全球的贸易状况不佳，波及了各地区的进出口贸易，各类贸易额都出现了不同程度的下跌，边境小额贸易下跌幅度高于总体水平，回升速度也高于总体水平。边境小额贸易在2015—2016年呈持续下降趋势，降幅分别为20%及5.3%，高于同期总贸易额降幅水平。随着贸易市场的回暖，2017年边境地区小额贸易增速恢复到了18.47%，超过了边境地区贸

易总额15.99%的增速。

新疆及内蒙古的边境小额贸易份额上升。新疆的边境小额贸易份额占比及增速持续上升，其边境小额贸易总额在2017年超过广西成为边境九省份的第一位，突破了900亿元的大关，增速达到25.27%，占九省份贸易总额比重升至66.96%。这有赖于新疆大力在域内各地兴建边民互市贸易区并推行贸易便利化措施，加强了与边境周边国家的边境小额贸易往来，实现了在总体贸易环境较差的情况下小额贸易总额的持续上升，进一步提升了边民互市的开放水平。内蒙古的边境小额贸易额也保持了2年的增长，2017年的增速达到45.42%，占省内贸易总额比重升至32.14%。

广西边民互市转型升级卓有成效。广西的边境小额贸易总额下降至900亿元以下，占省份贸易总额比重降至21.63%，2017年的增速为6.29%，低于省内贸易总额增速。但是到了2018年边境小额贸易额快速回升至1076.2亿元，超过了2015年的历史水平，增速达到了22.2%。广西的东兴依然拥有着我国最大的边民互市贸易区，面对边境小额贸易进出口额衰减的状况，贸易区积极探索互市贸易转型升级途径，在原有互市的基础上大力引进加工贸易企业在边民互市贸易区内落地，形成规模效应后，不但拉动了边境小额贸易额回升，还提高了加工贸易的份额，同时增加了工业产值。

（2）一般贸易为主要国际贸易贡献者。进出口贸易主要由一般贸易、边境小额贸易等类型组成，边境地区2017年的贸易构成及占比见表22-7及表22-8。由于各省统计年鉴口径不一，并未公布所有贸易类型的构成，本篇仅对已有数据进行分析。

从数据来看，在公布了详细贸易分类的省份中，除了新疆之外其他省份的一般贸易额都是对总贸易额贡献最大的。其中，辽宁及广西的一般贸易最为活跃，2017年辽宁的一般贸易额达到了3656.08亿元，列九省份中的第一位，占全省总贸易额的54.46%。随后是广西，2017年一般贸易额达到1423.59亿元，占全省贸易额的36.82%。吉林的国际贸易主要依赖于一般贸易，一般贸易占总体的比重达到84.41%。黑龙江的一般贸易对省内总贸易额贡献较大，占比达到66.87%。

边境九省份的加工贸易都不是强项，加工贸易最活跃的省份是辽宁，总加工贸易额为1793.73亿元，占比26.72%，低于国家总体加工贸易占比（28.99%）；其次是广西的加工贸易较为活跃，加工贸易总额达到804.25亿元，占比20.8%，也低于全国平均水平。加工贸易也受到全球外围经济不景气影响，增幅缓慢甚至停滞。

表 22-7　2017 年边境地区贸易构成　　单位：亿元

省份	进出口贸易总额	边境小额贸易	一般贸易	来料加工装配贸易	进料加工	其他
辽宁	6712.80	42.07	3656.08	543.99	1249.74	1220.93
吉林	1254.15	24.74	1058.58	9.58	98.10	63.15
黑龙江	1280.41	209.93	856.26	25.66	126.53	62.03
新疆	1394.97	934.06	381.95	8.96		70.01
内蒙古	940.86	302.90	535.30	22.70		79.96
甘肃	341.53	—	—	—	—	—
西藏	59.19	23.34	—	—	—	35.85
广西	3866.34	836.30	1423.59	176.60	627.65	802.19
云南	1579.52	231.11	911.16	—	—	437.25

表 22-8　2017 年边境地区各类贸易占比　　单位：%

省份	进出口贸易总额	边境小额贸易	一般贸易	来料加工装配贸易	进料加工	其他
辽宁	100.00	0.63	54.46	8.10	18.62	18.19
吉林	100.00	1.97	84.41	0.76	7.82	5.04
黑龙江	100.00	16.40	66.87	2.00	9.88	4.84
新疆	100.00	66.96	27.38	0.64		5.02
内蒙古	100.00	32.14	56.80	2.41		8.50
甘肃	100.00	—	—	—	—	—
西藏	100.00	39.50	—	—	—	60.56
广西	100.00	21.63	36.82	4.57	16.23	20.75
云南	100.00	14.63	57.69	—	—	27.68

3. 边境地区口岸开放程度提高

（1）边境地区开放口岸持续扩大开放。边境口岸作为我国对外开放的前端窗口，承担了与接壤国家人员货物往来的重要职责，2017 年我国及边境地区开放口岸的运行状况见表 22-9、表 22-10、表 22-11、表 22-12、表 22-13 及图 22-1。

表 22-9　2017 年全国口岸运行状况

口岸类型	外贸货物/万吨	进出境人员/万人次	进出境运输工具/艘、辆、架次
海运口岸	351543.71	455.94	343642
内河口岸	45567.14	438.29	4120
公路口岸	1380.90	42173.15	28582240
铁路口岸	5025.37	465.79	60048
航空口岸	1150.13	1150.13	924212
合计	404667.25	44683.30	29914262

表 22-10　2017 年我国各边境开放口岸数量

省份	边境各类开放口岸数目/个						边境线长度/公里	接壤国家
	公路口岸	铁路口岸	内河/河港口岸	海/港运口岸	空运港口	合计		
辽宁	1	1	—	9	2	13	306	朝鲜
吉林	10	3	1	—	2	16	1439	朝鲜、俄罗斯
黑龙江	4	2	15	—	4	25	2981	俄罗斯
新疆	14	2	—	—	3	19	5600	俄罗斯、哈萨克斯坦、吉尔吉斯斯坦、塔吉克斯坦、巴基斯坦、蒙古国、印度、阿富汗
内蒙古	12	2	—		4	18	4200	蒙古国、俄罗斯
甘肃	1	—	—	—	2	3	66	蒙古国
西藏	3	—	—	—	1	4	3842	尼泊尔、印度、缅甸、不丹
广西	8	1	3	5	3	20	637	越南
云南	—	1	2	—	4	18	4060	缅甸、老挝、越南
合计	53	12	21	14	25	136	—	—

表 22-11　2017 年边境地区开放海运口岸排名

排名	省份	港口	货运量/万吨	集装箱/箱次	出入境人员/人次	运输工具/艘次
1	辽宁	大连	16322.00	3481015	305521	9627
		营口	8711.70	63930	70967	2970
2	广西	防城	7917.87	90124	56168	2218

表 22-12 2017 年边境地区开放陆运口岸排名

口岸类型	省份	口岸名称	排名	2017 年运量/万吨	2016 年运量/万吨	增幅/%
公路口岸	新疆	霍尔果斯	1	2870.6100	2557.5568	12.24
	内蒙古	甘其毛都	2	1974.6100	1553.5196	27.11
		策克	3	1289.6000	1197.7688	7.67
	新疆	阿拉山口	4	1257.3100	—	—
	云南	瑞丽	5	795.3600	414.3674	91.95
		河口	6	531.6500	265.0512	100.58
	广西	友谊关	7	339.1100	319.759	6.05
	云南	腾冲	8	280.7900	158.5176	77.13
		磨憨	9	210.6000	158.5044	32.86
	新疆	老爷庙	10	198.9300	62.1151	220.26
	辽宁	丹东	11	166.2700	166.5656	-0.18
	内蒙古	满都拉	12	114.5300	38.0014	201.39
		珠恩嘎达布其	13	100.0800	61.7086	62.19
	吉林	南坪	14	81.1500	108.1543	-24.97
	内蒙古	满洲里	15	79.0100	62.1151	27.21
铁路口岸	内蒙古	满洲里	1	1589.2237	1395.7721	13.86
		二连浩特	2	1085.2413	970.3068	11.85
	黑龙江	绥芬河	3	1084.1366	887.5453	22.15
	新疆	阿拉山口	4	746.7666	651.2344	14.67
	吉林	珲春	5	242.8141	195.7069	24.07
	新疆	霍尔果斯	6	114.8751	56.7434	102.45
	云南	河口	7	66.8543	39.0524	71.19
	广西	凭祥	8	30.9351	40.7917	-24.16

表 22-13 2017 年边境地区开放空运口岸排名

省份	港口	排名	货运量/吨	出入境人员/万人次	运输工具/艘次
云南	昆明机场	1	57187	340.01	27805
辽宁	大连机场	2	62540	166.42	12474
	沈阳机场	3	12885	151.61	8741
广西	南宁机场	4	97	118.63	8863
新疆	乌鲁木齐机场	5	10837	82.25	7845
黑龙江	哈尔滨机场	6	2003	75.83	5957

续表

省份	港口	排名	货运量/吨	出入境人员/万人次	运输工具/艘次
吉林	延吉机场	7	132	69.29	4476
	长春机场	8	5758	51.21	3656
广西	桂林机场	9	247	38.84	2811
甘肃	兰州机场	10	299	15.78	1076

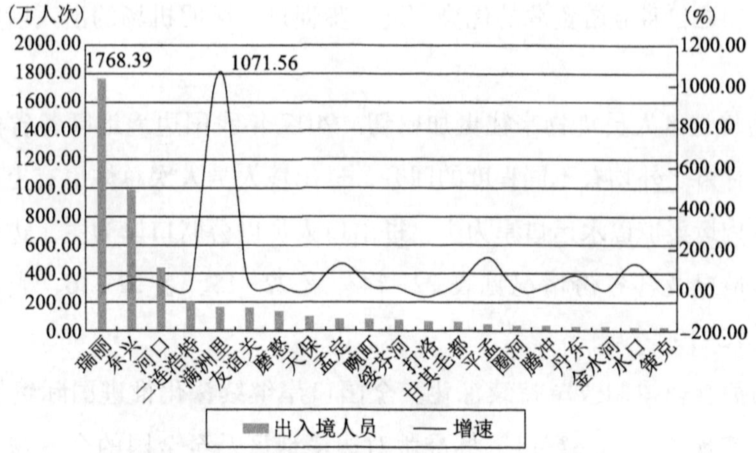

图 22-1　2017 年边境地区公路口岸人员出入境流量排名

2017 年全国口岸贸易密度持续提升，进出口货物量、人员出入境人次及运输工具数量均有提升。其中，经过公路口岸进出口货物量增幅最大，达到 1380.9 万吨，增速达到 29.59%，但是海运口岸仍然是外贸进出口货物最多的口岸类型，进出口总货物达到 351543.71 万吨，比 2016 年同期增加 21.21%。公路口岸及航空口岸为进出境人员选择的两种主要通关方式，尤其公路口岸远远超过其他四类口岸的总和。

2017 年我国边境地区开放口岸，数量达到 136 个，比 2015 年增加 6 个，其中黑龙江拥有 25 个开放口岸，位列九省份第一。公路口岸总数量为 53 个，是边境地区口岸中最常见的类型，以新疆及内蒙古为首。海运港口的数量是所有口岸类型中最少的，只有辽宁与广西拥有海运港口，但是其却承担着最多的货运量，2017 年边境九省份海运进出口货物流量达到 40929.53 万吨，远超剩余 4 种口岸的总和。

在陆路口岸方面，新疆的霍尔果斯公路口岸及内蒙古满洲里铁路口岸的货运量仍然稳坐边境地区的榜首，但是在人员出入境方面云南的瑞丽口岸自 2016 年超越广西东兴位列榜首后，2017 年继续保持了自身的人流流量。这与瑞丽口岸边民互市贸易优惠政策的进一步普及密不可分，导致边民参与贸易热情提高，人员货物往来频率进一步提高，其 2017 年边民互市进出口货运量增长达到 91.95%，2018 年边民互市进出口额增长 80.7%。

在航空口岸方面，云南省的昆明机场进出境人员人次数最多，为第 2 名的两倍，昆明机场的主要国际航线分布在亚洲国家，并于 2016 年开设了境外旅客离境退税业务，加之自身旅游资源的优势，进一步促进了昆明机场的出入境旅客流量的提升。

（2）边境地区人员货物来往更加密切。2017 年我国边境地区各省份的进出口货运量除了甘肃之外均有不同程度的回升，进出境人员人次总体也有上升。边境九省份进出口货运渠道以水运口岸为主，进出口人员以公路口岸为主，边境九省份开放口岸总体情况及各省份情况见表 22－14、表 22－15、表 22－16、表 22－17、表 22-18 及表 22-19。

口岸通关管理体制改革持续深化。全国口岸继续深化推进国际贸易“单一窗口”建设，实现了“单一窗口”标准版对边境地区乃至全国的全覆盖，并实现了统一数据、统一认证、统一门户、统一运维。边境九省份中以进出口货运量最大的辽宁及广西在“单一窗口”业务中表现最佳，其业务指标完成量位居沿海城市中的第二，辽宁全面协调省内各相关单位兼容“单一窗口”业务，并开展针对企业的“单一窗口”业务培训。作为广西最主要进出口货运渠道的海运港口已经百分百使用“单一窗口”进行进出口申报，覆盖了 800 多家外贸企业，还启动了“北部湾港集疏运一体化”改革，使得集装箱通关时间缩短 1～3 天，企业成本降低 20%～30%。

各省份开放口岸特征分化明显。辽宁以大型机械设备为主的贸易仍然以海运方式为主。广西形成了以北部湾为主的轻工业品及粮食出口链条及重工业原料进口链条，并大力发展南向通道，于 2017 年 9 月下旬首发了第一班海铁联运（重庆—北部湾港—新加坡）。新疆和内蒙古以“一带一路”陆路运输为主，其中中欧班列发挥了重要作用，新疆是以小商品为主的公路运输，内蒙古则是以农业品及工业品为主的公路铁路混合运输。

边民互市成为对外开放前沿高地。依托国家发布的《兴边富民行动“十三五”规划》，边境各省份依托现有活跃口岸大力建设边民互市，并发展出相应的边民互市贸易区，通过不断更新的贸易便利化及结算便利化的政策，加强了边境各省份与接壤国家的贸易合作，促进边境地区的人员与货物往来。广西的东兴边民互市贸易区已经发展出了“东兴模式 3.0”，即“互市贸易+全产业链条”，实施落地加工合法化、落地加工商品通关便利化等“五化”措施，实现落地加工互市商品品种多样化，实现落地 48 家加工企业，工业产值 40 亿元。

表 22-14　2017 年我国各边境省区开放口岸贡献度一览

省份	进出口货运						进出境人员					
	运量/万吨	同比增速/%	各类口岸占比/%				人数/万人次	同比增速/%	各类口岸占比/%			
			公路	铁路	水运	空运			公路	铁路	水运	空运
新疆	5452.44	46.30	84.18	15.80	—	0.02	161.37	-17.88	45.89	2.96		51.15
内蒙古	6376.70	17.30	58.06	41.94	—	0.00	580.61	63.61	93.53	3.05	—	3.42
云南	2014.53	73.58	96.40	3.32	—	0.28	3175.46	17.62	88.94	0.04	0.19	10.84
广西	13456.61	12.54	3.09	0.23	96.68	0.00	1396.45	36.63	86.99	0.51	2.39	11.51
吉林	469.67	5.32	45.96	53.92	—	0.13	221.57	-3.29	44.99	0.63	—	54.39
黑龙江	2929.83	8.25	3.71	37.30	58.98	0.01	346.43	-3.06	40.42	5.01	3.38	25.95
西藏	11.77	8.95	99.78	—	—	0.22	21.79	48.26	72.90	—	—	27.10
辽宁	28549.23	80.43	0.58	0.04	99.36	0.03	426.90	-4.98	10.20	3.44	0.18	74.50
甘肃	0.03	-61.32	—	—	—	100.00	15.78	-6.00	—	—	—	100.00
总计	59260.82	43.60	18.82	8.42	72.73	0.05	6346.35	18.84	78.08	0.11	0.29	19.00

表 22-15　2017 年边境地区各省开放公路口岸运行状况

省份	进出口货运量/万吨	同比增速/%	进出境人员/万人次	同比增速/%	运输工具/辆	同比增速/%
新疆	4589.71	52.11	74.05	-20.95	255127	25.52
内蒙古	3702.08	20.58	543.04	71.59	1817677	18.50
云南	1941.96	73.61	2824.14	16.37	5730474	3.06
广西	415.77	8.44	1214.81	43.34	300172	80.53
吉林	215.84	-6.34	99.68	9.34	226654	-7.61
黑龙江	108.65	12.66	140.02	-1.72	118431	8.85
西藏	11.74	8.89	15.88	91.88	32615	15.06
辽宁	166.27	-0.18	43.56	73.20	159328	3.37
甘肃	—	—	—	—	—	—
总计	11152.02	37.78	4955.17	25.40	8640478.00	8.00

表 22-16　2017 年边境地区各省开放铁路口岸运行状况

省份	进出口货运量/万吨	同比增速/%	进出境人员/万人次	同比增速/%	运输工具/列	同比增速/%
新疆	861.64	21.70	4.77	-33.59	13568	30.32
内蒙古	2674.47	13.03	17.71	-2.59	20801	18.48
云南	66.85	71.19	1.18	62.08	1922	56.64
广西	30.94	-24.16	7.19	-1.94	1526	-8.46
吉林	253.24	17.85	1.39	-54.64	2276	-0.87
黑龙江	1092.88	21.94	17.36	-6.00	8339	17.50
辽宁	10.30	-23.32	14.69	1.37	1946	54.08
西藏	—	—	—	—	21	—
甘肃	—	—	—	—	—	—
总计	4990.33	16.64	64.29	-7.43	50399	21.39

表 22-17　2017 年边境地区各省开放内河口岸运行状况

省份	进出口货运量/万吨	同比增速/%	进出境人员/万人次	同比增速/%	运输工具/艘	同比增速/%
黑龙江	1728.10	0.85	99.17	2.77	58828	-5.02
广西	445.46	-6.03	0.97	0.85	1192	-1.08
云南	0.00	-100.00	5.93	118.68	4120	12.29
新疆	—	—	—	—	—	—
内蒙古	—	—	—	—	—	—
吉林	—	—	—	—	—	—
西藏	—	—	—	—	—	—
辽宁	—	—	—	—	—	—
甘肃	—	—	—	—	—	—
总计	2173.57	-0.64	106.07	5.89	64140.00	-3.99

表 22-18　2017 年边境地区各省开放海运口岸运行状况

省份	进出口货运量/万吨	同比增速/%	进出境人员/万人次	同比增速/%	运输工具/艘	同比增速/%
广西	12564.41	13.61	12.69	32.36	6099.00	26.12
辽宁	28365.12	81.40	50.62	-22.66	14490.00	-0.36
新疆	—	—	—	—	—	—
内蒙古	—	—	—	—	—	—

续表

省份	进出口货运量/万吨	同比增速/%	进出境人员/万人次	同比增速/%	运输工具/艘	同比增速/%
云南	—	—	—	—	—	—
吉林	—	—	—	—	—	—
黑龙江	—	—	—	—	—	—
西藏	—	—	—	—	—	—
甘肃	—	—	—	—	—	—
总计	40929.53	53.32	63.30	-15.64	20589.00	6.25

表 22-19　2017 年边境地区各省开放空运口岸运行状况

省份	进出口货运量/万吨	同比增速/%	进出境人员/万人次	同比增速/%	运输工具/架	同比增速/%
新疆	1.08	-32.35	82.55	-13.70	7954	-9.86
内蒙古	0.16	233.05	19.86	-1.76	2236	-9.66
云南	5.72	95.36	344.22	27.73	28360	35.25
广西	0.03	-5.49	160.79	2.63	11911	-0.61
吉林	0.59	-5.31	120.50	-10.66	8132	-9.48
黑龙江	0.20	-25.65	89.88	-10.07	7126	-9.89
西藏	0.03	47.67	5.90	-8.00	573	5.33
辽宁	7.54	14.55	318.03	-7.59	21215	-10.75
甘肃	0.03	-61.32	15.78	-6.00	1076	-12.80
总计	27.80	128.16	1206.03	5.40	82650	-4.66

4. 边境地区与“一带一路”沿线国家贸易情况

2017 年全国对“一带一路”沿线国家进出口总额达到 73745 亿元，边境九省份对“一带一路”沿线国家进出口额总计达到 5987.96 亿元（其中西藏的数据无法获取），见表 22-20。其中，广西对“一带一路”沿线国家进出口额是九省份中最多的，达到 1915.69 亿元，占广西进出口贸易总额的 49.55%，新疆则是对“一带一路”沿线国家进出口额占贸易总额比重最大的省份，占比达到 81.9%。

截至 2018 年底，“一带一路”倡议中重要的贸易纽带——中欧班列共发出 6300 列，共有 14 条线路，无一例外地从 4 个边境口岸之一经过，即新疆的阿拉山口、霍尔果斯及内蒙古的二连浩特及满洲里，这 4 个口岸已经成为边境地区对“一带一路”沿线国家开放的重要桥头堡。

表 22-20　2017 年边境地区各省份对“一带一路”沿线国家进出口额　单位：亿元

进出口额	省份									
	辽宁	吉林	黑龙江	新疆	内蒙古	甘肃	西藏	广西	云南	总计
	921.23	243.35	0.03	1142.49	603.29	143.43	—	1915.69	1018.45	5987.96

（二）各区域探索特色开放路径

1. 开放基础良好

伴随着国家对边境地区基础建设的不断投入与持续重视，边境各省份的基础设施建设情况良好，能够为对外开放提供良好的人员货物往来通道，为边境居民及来访境外人员提供良好的来访、贸易、生活环境。

经过五年间对基础设施的不断投入及建设，边境九省份建成的公路及铁路众多，重点市区已经实现了高速铁路及高速公路的全覆盖，重点县域也实现了高等级公路的基本覆盖，建制村则是实现了几乎 100%的公路覆盖。此外，还开展了诸多水利、电力及核电项目，如内蒙古的安全饮水、云南的滇中引水、中缅油气管道、广西的防城港红沙核电站及黑龙江的清洁能源发电机组等，电网范围覆盖至域内所有的行政村，还铺开了通信设备及光网的覆盖范围。除此之外，甘肃和广西参与建设了中新（新加坡）南向通道，为边境九省份的贸易打开了新的通路。

2. 广西—东盟高质量开放

2016 年 7 月，广西出台了《关于实施开放带动战略全面提升开放发展水平的决定》，并提出了“开放五十条”，继续深化与东盟国家的开放，并着重开放北部湾经济开发区。经过一年多的发展，广西及北部湾经济开发区交出了一份优秀的对外开放答卷，全区六市 GDP 突破万亿元大关，同比增长 8.3%。

广西通过举行中国—东盟博览会、商贸与投资峰会等双边合作平台，积极发展对外招商等服务平台，并打造中国—东盟信息港。广西已建成各类跨国基础设施和公共服务平台，如中国—东盟信息交流中心一期、亚欧 5 号、亚太直达及亚非欧 1 号海缆等，开拓了包括中新互联互通南向通道在内的“一道两港”等项目，开发海铁、陆铁联运，并进行口岸体制改革，大幅度降低集装箱通关时间，为企业节省成本，提高对外贸易效率的同时还推广了跨境人民币结算，开放水平成为中国西部和边境省份第一。

北部湾经济开发区拥有广西的三大海运港口及优势产业，联合自身的口岸优势大力发展产业园区，其中，有依靠东兴口岸的边民互市贸易区加工贸易园区、中马钦州产业园区和马中关丹产业园区等，开创了“两国双园”国际产能合作新模式，不但使加工贸易成为拉动广西经济新突破点，而且为“一带一路”的建设提供了探索经验。此外，还不断引进补充了域内产业链条缺失的部分，如煤化工行业、新材料产业等。

3. 中蒙俄经济走廊成为设施联通新高地

内蒙古作为我国向北开放的桥头堡之一，拥有两大边境口岸满洲里及二连浩特，是中欧班列必经的边境线口岸之一，边境连接着俄罗斯与蒙古国，2016 年 6 月三国有关部门在乌兹别克斯坦首都塔什干签署了《建设中蒙俄经济走廊规划纲要》（以下简称《纲要》），标志着“一带一路”首个多边经济合作走廊正式实施。

为更好地发展中蒙俄经济走廊，内蒙古与俄蒙两国地方政府和部门初步建立了多层次互访和协商会晤机制，在此基础上与外贝加尔边疆区政府签署了农业合作协议等各类区域合作机制，谋求大力发展国际贸易及产业链条相互补全。三方先对中蒙俄经济走廊区域内原有铁路进行改造升级，并按照纲要内规划稳步推进新设线路建设，随后两大口岸及发展加工贸易园区、国际物流园区等基础设施，均已经开始发挥重要作用，实现了资源落地加工，年产值和销售收入均突破百亿元。

在基础设施联通、贸易畅通的背景之下，中蒙俄经济走廊承载的资金融通得以持续发展，对蒙俄的跨境结算创下新高，内蒙古各商业银行已与俄蒙商业银行建立代理结算关系 58 个，开立金融同业往来账户 156 个，蒙方人民币境外参加行已覆盖蒙古国所有商业银行，人民银行总行已正式批复外汇交易中心推出人民币对蒙图银行间市场区域交易业务。

二、边境地区开放政策评估及存在的问题

（一）大部分边境地区开放政策到位

国家的各项政策依然为“一带一路”倡议发展提供良好的政策环境，在此背景下国家出台了《国务院关于支持沿边重点地区开放开发若干政策措施的意见》及

《兴边富民行动“十三五”规划》对边境九省份的发展方向和路径提出明确的方向性指引。此外，“一带一路”倡议不断地壮大也为边境地区的发展提供更多的机遇。

2019 年 4 月 25 日，第二届“一带一路”国际合作高峰论坛在北京举行。论坛前夕及期间各国政府、地方、企业等达成了一系列合作共识。其中，与边境九省份经济贸易发展相关的有：一是与老挝签署中老经济走廊合作文件，与缅甸签署中缅经济走廊合作规划；二是与新加坡签署关于加强第三方市场合作实施框架的谅解备忘录；三是中国国家发展改革委与欧盟欧委会发布关于开展中欧基于铁路的综合运输通道研究联合声明；四是中国、白俄罗斯、德国、哈萨克斯坦、蒙古国、波兰、俄罗斯 7 国铁路部门签署《中欧班列运输联合工作组议事规则》；五是中国与俄罗斯开展国际铁路联运“一单制”金融结算融资规则试点；六是中国海关总署倡议实施“海关—铁路运营商推动中欧班列安全和快速通关伙伴合作计划”（简称“关铁通”）。

边境各省份根据中央制定的总规划及自身情况出台了省级的《沿边重点地区开放开发若干政策措施的意见》及《兴边富民行动“十三五”规划》，详细评估如下：

1. 辽宁边境地区开放政策

辽宁省没有跟进《沿边重点地区开放开发若干政策措施的意见》出台省级文件，仅仅跟进了《兴边富民行动“十三五”规划》，制定了《辽宁省兴边富民行动“十三五”规划》，旨在推进重点工程和重点任务的实施，促进边境地区和民族地区加快发展。本规划主要囊括 6 个方面：强化基础设施建设、进行民生安边工程、推动特色农业产业升级、推进国门湾互市贸易区及出境加工产业园的建设、着重保护生态、团结稳边。

兴边富民行动至今已经经历了 20 年，处于第三个五年规划期中，辽宁省的规划有五大特点：一是根据中央总规划的思路结合地区原有较好发展情况将基础设施建设的重点放在提升教育文化质量、低等级公路升级等“提质项目”上；二是根据扶贫要求通过产业扶贫等方式对省内贫困民众开展精准扶贫；三是针对沿边口岸城市大力支持其建设国门湾互市贸易区、出境加工产业园、丹东市中朝边民互市贸易区综合服务中心等贸易相关园区；四是不但将农业发展与生态保护相结合，而且将垃圾分类推广至农村；五是通过普法交流活动加深民族团结。

此外，辽宁省并未发挥自有丹东边境经济合作区的优势，相应的边境经济合作区与边民互市发展尚不活跃。

2. 吉林边境地区开放政策

吉林于2018年1月印发了《吉林省“十三五”兴边富民行动规划》，综合研判了吉林边境地区发展现状，对应国家总规划提出六大发展任务和七大政策措施。任务囊括：一是基础设施通达升级、提高边境地区城市化水平；二是以农业、加工业及旅游产业帮助贫困户因地制宜地进行精准脱贫、提高教育质量及医疗社保覆盖范围；三是提振吉林老工业基地并发展特色农业、加工业、少数民族文化及接壤国家文化相结合的旅游产业；四是加强边境经济合作区等开放平台的合作及建设，加强跨境金融及贸易的进行；五是加强生态保护及污染治理；六是加强政府治理能力并深化民族团结教育。

针对边境发展滞后的问题，吉林根据自身情况提出了七大措施，具有以人为本，辅以财政、金融、土地三大后盾的特点，并提出社保向边境困难人员倾斜的扶助措施，针对边境地区人才大量流失的困境提出落实工作补贴及工作培训等机制。此外，还提出生态保护补偿政策。

3. 黑龙江边境地区开放政策

黑龙江于2016年11月跟进出台了《黑龙江省人民政府关于贯彻落实国务院支持沿边重点地区开发开放若干政策措施的实施意见》，将中央文件的要点都落实到了具体的黑龙江政府部门身上，延续了中央文件以人为本、制度创新、差异扶持、重点领域突出的特点。

4. 新疆边境地区开放政策

新疆生产建设兵团于2018年6月印发了《新疆生产建设兵团兴边富民行动“十三五”规划》。承接中央规划总思路，提出了特色的重点工程：一是针对新疆作为“一带一路”向西开放桥头堡的职能，强化新疆的丝路经济带交通枢纽地位，加强交通基础设施建设；二是根据新疆农牧业与季节变化的特点，发展特色旅游、种植、养殖等产业；三是为满足文化建设及教育培训的需要，进一步加强广播电视网等公共服务设施建设；四是满足“一带一路”开放需求，霍尔果斯经济开发区主动学习推广上海自贸区的成功可复制经验，并支持小额贸易向多元化贸易转变；五是兵团以防沙治沙为主解决新疆生态固有的历史遗留问题。[①]

5. 云南边境地区开放政策

云南于2016年10月发布了《云南省人民政府关于支持沿边重点地区开发开放若干政策措施的实施意见》，主要与国家总文件及云南省国民经济“十三五”规划进行衔接，进一步加强云南对“一带一路”建设参与度，对于补齐沿边开发开放短板、激发沿边地区活力、增强沿边重点地区辐射带动作用、更好服务和融入“一带一路”建设等国家发展战略、建设面向南亚东南亚辐射中心具有重要意义。

云南于2018年9月印发《云南省深入实施兴边富民工程改善沿边群众生产生活条件三年行动计划（2018—2020年）》，围绕兴城镇、夯基础、强产业、惠民生、促开放、固边境实施六大任务和38项重点工程，计划总投入资金126.1亿元，重点建设48个城镇，旨在增强沿边小城镇辐射带动作用，提高基本公共服务水平。

该计划仍然沿袭中央总规划的六大主体任务思路，根据自身情况提出发展珠宝玉石、木材等特色资源深加工行业，因地制宜地发展少数民族旅游业及手工艺品等加工行业。在此基础上打造沿边民族文化品牌，培育一批具有地域特色、民族特色的旅游景区、民宿、乡村生态民俗和特色餐饮，办好民族风情节，大力发展沿边旅游和跨境特色旅游。云南的瑞丽口岸已经跃升为我国边境省份进出口人流量最大的口岸，依托瑞丽等重点口岸进一步发展开发开放试验区、边（跨）境经济合作区、综合保税区建设，将各类开发开放平台建设成为集加工贸易、特色农产品商品交易、物流仓储、跨境旅游、跨境电子商务等于一身的综合经济功能区。

6. 广西边境地区开放政策

广西于2018年1月印发了《关于贯彻落实兴边富民行动“十三五”规划的实施意见》，承接中央规划的六大主体任务，具有四大亮点：一是精准推进边境贫困人口居边脱贫，并提高人口教育文化素质，实施义务教育均衡发展工程，发展符合边境地区实际的职业教育；二是结合特色产业兴边优势，提升沿边开发开放水平，深化自有蔗糖等特殊农业产业链条，深入推进国家和自治区级“菜篮子”标准化示范基地、出口食品农产品质量安全示范区建设，并推进边境地区特色加工制造

---

① 新疆生产建设兵团兴边富民行动“十三五”规划［EB/OL］.［2018-06-12］. http：//bttzb. xjbt. gov. cn/c/5305048. shtml.

业、特色服务业发展，将通道经济转向多元的口岸贸易经济；三是持续抓基建谋发展，联系自身对东盟开放的优势，大力发展公路、铁路及内河运输，并加强电网、电视广播、宽带等电气化基础设施建设；四是民族团结护边疆，以“和谐壮乡·团结进步”为主基调，大力展开以爱国主义为核心的民族团结进步宣传教育，妥善处理涉及民族因素可能影响民族团结的矛盾纠纷，并切实加强边防稳固和有效维护边疆安宁。

（二）政策问题凸显，地区发展掣肘

1. 地区政策红利失灵

边境地区因为地域及发展落后的关系，往往能得到大量的独享优惠政策，但并不能对当地的经济发展及对外开放起到根本性的推动作用。以新疆霍尔果斯经济开发区的避税政策为例，税收优惠政策并未引来优质企业增强实体经济，而是吸引了大量的皮包公司及空壳公司，除了注册地在霍尔果斯之外，任何的生产经营活动都未在域内进行，甚至仅仅一栋办公大楼的 8 楼就注册了 957 家影视公司，一旦政府开始严查注册公司的详细信息，就会引起大量公司“出逃”。

造成这种现象的根本原因在于地方尚无相关产业基础，便贸然推出相关税收优惠政策，并不能马上带来产业链条的完善，只会吸引一批投机套利的空壳公司或皮包公司，产业链的聚集与发展并不是依靠一纸公文便能一蹴而就的，还是需要多年的深耕与引导才能打造基础扎实的产业链条，为当地经济及对外开放提供有效的支撑。

2. 边境地区产业规模效应缺失

从各省 2017 年的常住人口数量来看，东北三省已经毫无疑问地成为人口流出地区，其他区域的常住人口增速均有下降，这是由于全国长期经济发展不均衡导致的，也是发展城市化、大城市群的必然结果。纵观全球成熟经济体的发展过程，此乃必然趋势，如美国的南部区域相对于沿海区域的大规模城市群等。成熟经济体应对这种现象的方案是依靠人口减少的趋势，将农业资源集中整合，辅以农业现代化措施形成规模效应，培养出具有自身特色的现代农业产业链，并借此扩大农产品加工链条。

边境地区的农业大多存在“小散弱”等问题，空闲的农业资源并未有效地流动起来，国家虽然已经推出承包区经营权分离制度，但是由于交易市场、交易制度、交易监管等各个方面的缺失，要素自由流动并未形成，无法更好地支持边境地区货物贸易往来等对外经济活动。

3. 普惠金融未能充分支持边境地区开放

普惠金融近年来虽然一直得到大力的推广，但是由于底层金融体系的缺失，容易造成坏账过多的现象，从而降低了金融机构实行普惠金融及推广普惠金融的热情，也变相地加大了想要进行生产贸易活动的边民获得普惠金融支持的难度。因此，应该由底层的个人征信范围扩大、普及金融知识入手，拓宽抵押品种类，对无法进行信誉贷款的种类进行质押贷款，并补齐普惠金融风险补偿基金及抵押品拍卖交易市场等金融体系。

三、边境地区对外开放政策建议

（一）加快完善边境地区工业链转型开放

在现有产业链条上进一步挖掘产业链深处产品，例如，液化天然气进口过程中的冷能释放、动物制品转为工业必需品如滑动剂等，并进行引进落地的可行性研究。结合边民互市贸易区发展加工贸易的趋势，进一步深耕落地加工产品的迭代升级，完善加工产品的上下游产业链条，寻求形成国际技术合作或者具有自主技术的产业集聚。

（二）抓住周边国家局势变革机遇

关注周边国家局势的变化，做好将口岸经济转变为多元经济的准备，提前研判何种加工贸易能够落地在口岸贸易区内，对其产业链条如何发展进行前瞻性研究。

（三）突出跨境经济合作区优势

在现行“一带一路”框架背景之下，跨境经济合作区承载的对外开放责任越发凸显，作为我国沿边地区对外开放肩负着国际保税物流、供应链金融、国际大宗商品交易、国际经贸技术合作等服务任务，在各类通路基础设施建设基本完成的背景下，突出发展自身原有的贸易、产业优势，持续转向生态环保、文化旅游、健康医疗、国际产能、金融创新、人才交流等领域的全面合作。

（四）构建边境地区跨境信用大数据网络

针对边境地区普惠金融推行困难、坏账率高等问题，究其原因在于征信系统的缺乏，现行征信系统覆盖范围过窄，应将小额贷款公司及典当行也纳入个人征信系统，并运用大数据的手段与全国乃至周边国家进行信息互通，建设全方位的金融信用体系。

（五）探索全面开放边境地区外国人落地旅游签证的可能性

2013 年，广西的东兴口岸开通了外国人口岸签证业务，因贸易、旅游并符合规定的外国人可直接在口岸申请落地旅游签证。友谊关口岸于 2017 年成为广西第二个开通外国人口岸签证业务的陆路口岸，对广西边境的边民互市及跨境旅游发展起到了巨大的拉动作用。以此探索其余边境地区陆路口岸推广此项业务的可能性，以期更好地促进边境贸易往来，进一步扩大边境地区的对外开放程度。

第五部分

特殊功能区的开放

第二十三章　自由贸易试验区
——扩容后迈向新征程

建立中国自由贸易试验区是党中央、国务院做出的重大战略决策，是新形势下推进改革开放的重大举措。2018 年，中国自贸试验区已走过近五年历程，在这五年间，自贸试验区域由上海拓展到了天津、福建、广东，以及湖北、重庆、四川、陕西、辽宁、浙江、河南、海南等多个新的区域，实现了从沿海向内陆的扩容，在加快我国政府职能转变、推进管理模式创新、全面深化改革和扩大开放探索新途径等方面开展了积极探索，形成了一批可复制可推广的重要经验。未来，中国自由贸易试验区将加强与“一带一路”、金融开放等国家战略的有机联动，不断推动我国融入更加开放的全球经济一体化发展环境。

一、2018—2019 年中国自贸试验区开放成果与特征

（一）初步形成“1+3+7+1”自贸试验区新格局

1. 上海自贸区发挥开放“领头雁”作用

上海自贸试验区是我国第一个自由贸易试验区，自成立之日起，就肩负着主动适应国际高标准的规则要求、以开放促改革、服务构建开放型经济新体制、推动中国在新一轮的国际经济竞争中抢占先机的重大使命。2018 年，上海自贸区在负面清单管理、贸易投资便利化及金融开放等多个方面取得显著成就，发挥了自贸区开放“领头雁”作用。

一是持续推进以负面清单为核心的投资管理制度改革。上海自贸区成立五年来，不断加大力度推进负面清单管理制度，从 2013 年的 190 项措施“瘦身”到 2018 年底的 45 条措施，增加了政策的透明性和可预期性，从而激发了市场创新活

力和经济发展动力。截至2018年11月底，上海自贸区累计新设立企业超过5.8万家，五年来新设企业数是前20年同一区域企业数的1.6倍。

二是推动贸易投资便利化。上海自贸区加快“单一窗口”建设，以“一个平台、一次提交、结果反馈、数据共享”为原则，通过简化贸易程序、提高政策管理和手续办理的透明度，为国际贸易投资活动创造良好环境。在自贸试验区的带动下，2018年浦东新区外贸进出口五年来持续保持增长，1—11月浦东新区完成进出口总值1.9万亿元，同比增长6.5%，占上海全市比重为60.6%。

三是积极探索金融业开放。2018年，上海自贸区推出了《中国（上海）自由贸易试验区关于扩大金融服务业对外开放进一步形成开发开放新优势的意见》，提出在吸引外资金融机构集聚、便利外资金融机构落户、全面深化金融改革创新、金融服务科创中心建设、集聚发展高层次金融人才、构建与国际规则接轨的金融法治环境等方面加大开放力度，主动承接国家金融服务业开放。

2. 津闽粤自贸区承担开放“主力军”作用

天津、福建和广东自贸区作为全国第二批相继成立的自由贸易区，承担着新时期沿海开放的重要使命，成为我国对外开放的“主力军”。

其中，天津自贸区是中国北方第一个自贸试验区，背靠京冀，辐射东北、西北、华北，是“一带一路”重要节点。其主要特点是依托北方最大港口及华北第二大航空货运基地，积极推动融资租赁、航空制造、高端制造、平行进口汽车及跨境电商等产业发展。天津自贸区成立四年来，坚持以制度创新为核心，以可复制可推广为基本要求，对照国际一流标准，推出了涵盖投资、贸易、金融、通关、政府服务等领域近400项先行先试改革措施，实现跨境投资、跨境融资、跨境发债、跨境人民币资金池、跨境外币资金池5个跨境金融便利化，着力打造国际化、市场化、法治化、便利化营商环境，积极服务京津冀协同发展战略。

福建自贸区充分发挥沿海近台优势，对标国际先进规则，打造全面深化改革试验田。截至2018年5月，福建自贸区总体方案186项重点试验任务已实施并取得明显成效，深化方案136项重点试验任务实施率达85.3%，推动实施创新举措14批378项，其中全国首创141项，对台81项，推动了“一照一码”、投资体制改革“四个一”、工程项目建设审批“五个一”、国际贸易单一窗口等重要创新成果实施，新增外资企业3853家，引进了壳牌、亚马逊、ABB等一批世界五百强企业。

广东自贸区打造高水平对外开放门户枢纽。广东自贸区成立四年来，共形成456项制度创新成果，向全省复制推广了四批共102项改革创新经验，累计发布了92个制度创新案例，新一批20项改革创新经验和51个案例即将印发实施。与其他自贸区相比，广东自贸区还是粤港澳大湾区建设的先行区和示范区，因此还承担着加强与港澳制度规则对接，促进人员、物流、资金、信息便捷有序流动，继续建设好粤港澳合作平台，打造新时代改革开放的新高地的重要使命。

3. 新设自贸区承担开放经验推广应用职能

2017年4月1日，我国第三批自贸试验区（辽宁、浙江、河南、湖北、重庆、四川、陕西）挂牌成立。2018年4月14日，海南自贸试验区（港）挂牌成立，成为我国第12个自贸试验区。第三批自贸试验区及海南自贸试验区（港）主要作用在于广泛吸收第一、第二批自贸区的开放发展经验，并为构筑全方位开放格局提供有力支撑。

辽宁自贸区以振兴东北为重要使命，积极推动制度创新、国有企业改革及优化营商环境，取得了一系列重要成果。在投资方面，截至2018年底，自贸区新设立企业1.3万家，其中外商投资企业267家，合同外资98.2亿美元，实际利用外资19亿美元。在贸易方面，自贸区进出口总额1665.2亿元人民币，其中进口额1163.6亿元人民币，出口额501.5亿元人民币。在金融方面，新增金融机构804家，其中持牌金融机构9家，非持牌金融机构795家，跨境人民币结算金额12.3亿元。在创新方面，自贸区新增专利申请716件，专利授权1016件。新增高新技术企业151家，营业收入191.5亿元人民币。

浙江自贸区以打造东部地区海上开放门户、国际大宗商品贸易自由化先导区为使命，积极推动对外开放，取得了实质性进展。2018年上半年，浙江自贸试验区新增外资企业172家，合同利用外资25.05亿美元，实际利用外资1.56亿美元，带动全市新增外资企业同比增长11倍，合同利用外资同比增长22倍；实现跨境人民币结算量266.47亿元，同比增长近11倍。浙江自贸试验区的口岸通关效率、外贸进出口增速、大宗商品贸易交易量等多项指标位居全省第一、全国前列。同时，浙江自贸区123项改革任务已全部启动，有效实施率达到77.2%。形成59项制度创新成果，其中全国首创23项，6项列入国务院第四批改革试点经验向全国复制推广，在第三批自贸试验区中位居前列。

河南自贸区定位为加快建设贯彻南北、连接东西的现代立体交通体系和现代物流体系，将自贸试验区建设成为服务“一带一路”建设的现代综合交通枢纽、全面改革开放试验田和内陆开放型经济示范区。截至2018年5月，河南自贸试验区累计入驻企业3.6万家，注册资本额4421.9亿元人民币。其中，外资企业209家，实际利用外资7.4亿美元。同时，出台了自贸试验区政务、监管、金融、法律、多式联运五大专项改革方案，首批下放455项省级经济社会管理权限，在自贸试验区开展“证照分离”改革试点。此外，河南自贸区布局了“四条丝路”：建设以中欧班列（郑州）为主的“陆上丝绸之路”，以郑州—卢森堡航线为主的“空中丝绸之路”，以跨境电子商务为主的“网上丝绸之路”，积极对接“海上丝绸之路”。

湖北自贸区除了要做好贸易、投资、行政管理和金融服务便利化外，其重要任务还要推动战略性新兴产业和高新技术产业集群发展。截至2018年9月底，湖北自贸试验区新设企业19657家，其中外资企业151家，合同外资33亿美元，实际使用外资21亿美元；备案境外投资机构34家，中方协议投资额7亿美元；实现税收收入245亿元人民币；完成进出口总额1536亿元人民币，约占全省同期的1/3。同时，湖北自贸区在科技创新等领域表现尤为突出。据商务部通报，2017年湖北自贸试验区新增专利申请14118件，新增专利授权6303件，新增高新技术企业242家，在11个自贸试验区中均遥遥领先。

重庆自贸区的发展定位为“两区五中心”，即战略性新兴服务业集聚区、战略性新兴制造业集聚区、内陆功能性金融中心、内陆科技创新示范中心、内陆国际物流中心、内陆国际贸易中心和内陆生产性服务业中心。截至2018年底，重庆自贸试验区总体方案151项改革试点任务已实施129项，国家复制推广的自贸试验区改革试点经验已实施127项。同时，重庆自贸试验区已探索形成13个创新典型案例、34项制度创新成果。在项目落地方面，重庆自贸试验区累计新增注册企业22054家，注册资本总额2317.68亿元人民币，引进项目1677个，签订合同（协议）总额5269.35亿元人民币。百度、阿里巴巴、腾讯三大互联网巨头先后落户，商汤科技人工智能、金泰克内存生产基地等标志性项目落地。在营商环境方面，重庆自贸试验区外资项目备案实现立等可取，覆盖率达到100%。

四川自贸区定位为中国西部开放的门户，也是“一带一路”的重要起点。截至2018年底，四川自贸试验区新设立企业5.3万家，引进外商投资企业628家，其中85%集中在高端服务业领域。四川自贸试验区以不足全省1/4000的面积，承载了全省近 1/10 的货物进出口、近 1/2 的外商投资企业。在成立的近两年内，四川自贸区改革试验任务实施率逾 95%，形成超过 400 个实践案例，其中 49 项案例上报国务院部际联席会议办公室。四川自贸试验区探索形成了“首证通”行政审批改革、“企业开办小时清单制”、“知识产权案件快审机制”等一批具有全国影响力的制度创新案例。

陕西自贸区的定位是更好发挥“一带一路”建设对西部大开发的带动作用，加大西部地区门户城市开放力度，努力将自贸试验区建设成为全面改革开放试验田、内陆型改革开放新高地、“一带一路”经济合作和人文交流重要支点。截至 2018 年 4 月，陕西自贸试验区新增注册市场主体 14811 户，新增注册资本 3478. 05 亿元人民币。2017 年 4 月至 2018 年 2 月，自贸区进出口总额 1983. 58 亿元人民币，占全省进出口总额的 73. 1%。同时，自贸区实施“多证合一”综合审批运行服务模式、简化“资金池”管理等 48 项任务已基本完成，并且形成了 34 个确定可复制可推广的案例。“放管服”改革加快推进，213 项省级管理事权下放（委托）自贸试验区办理；制定并全面推开“证照分离”改革试点工作。

海南自贸区（港）为我国最新成立的自贸区，其定位为国家生态文明试验区、国际旅游消费中心和国家重大战略服务保障区，是我国面向太平洋和印度洋的重要对外开放门户。2019 年 2 月，海南省委深改办（自贸办）发布了首批 8 项自贸区制度创新成果。在首批 8 项制度创新成果中，商事登记改革领域的案例共 4 个，分别是商事登记“全省通办”制度、简化简易商事主体注销公告程序、商事主体信用修复制度、减免商事主体公示负面信息。此外，海南省委深改办（自贸办）还发布了 3 个金融领域方面的制度创新案例，包括全国首单知识产权证券化、天然橡胶价格（收入）保险、设立国际热带农产品交易中心。

（二）围绕自身定位推动不同领域开放

1. 沿海自贸区：探索对标国际投资贸易规则

沿海自贸区承担着国家对外开放前沿功能作用，因此，不论在战略定位还是实际运作中，对标国际通行的投资贸易规则、推动体制机制创新，都是其发展的重要内容。以广东自贸区为例，前海蛇口片区对标香港投资贸易体系，设立了前海商事法庭，对接香港专业调解机构，开展商事案件诉前调解，并试行港籍陪审机制，以更好地处置国际化商业贸易纷争。上海自贸试验区则率先开展投资贸易便利化改革和金融开放创新，探索了 FT 账户功能拓展和金融要素平台，引领全国金融市场化改革。此外，“单一窗口”建设、智慧通关、电子口岸等改革创新措施也主要由沿海自贸区率先提出并加快应用，为内陆自贸区成果复制提供了重要经验。

2. 内陆自贸区：以内生改革对接全面开放

与沿海自贸区探索引领开放前沿相比，内陆自贸区发展的重点在于通过区域内行政体制改革及营商环境的改善，更好对接开放发展格局，推动内陆不同地区对外开放进程。内陆自贸区在积极吸收沪津闽粤等沿海自贸区创新成果的基础上，加快推动制度创新，不断优化营商环境。例如，武汉片区的“马上办、网上办、一次办”、重庆自贸试验区的“一带一路国际物流大通道”、成都区域的“科技金融生态链”等制度创新成果都为当地行政体制改革及良好营商环境的塑造奠定了重要基础，为服务我国“一带一路”建设，推进沿海内陆全面开放发挥了重要作用。

3. 海南自贸区：面向太平洋、印度洋的重要开放门户

海南自贸区的发展方向是建设中国特色自由贸易港，打造面向太平洋、印度洋的重要开放门户。因此，在开放创新方面，不仅要完全复制前三批自由贸易区可推广的稳妥经验，还要着重构建更为自由便利的营商环境，包括探索“人员、资金、货物、技术”自由的监管机制，发展离岸贸易、离岸金融、离岸注册等创新试点。与其他自贸区相比，海南自贸区更加需要国家政策支持，尤其在低税率、简税制方面需要有重大突破，并以此构建自身核心竞争力，吸引全球优秀企业、人才来海南发展，并以海南为平台深入对接中国庞大的市场经济体系。

（三）形成一系列可复制可推广的经验成果

1. 制度创新经验

经过五年的发展，三批自贸区发展紧紧围绕制度创新开展了一系列探索，并取得了多项可复制可推广的经验成果。尽管不同自贸区制度创新的方向和重点有所区别，但从总体来看，主要围绕创新理念和开放重点领域开展。一是在创新理念方面，倡导了法无禁止即可为的理念。《中国（上海）自由贸易试验区条例》规定，凡是法律、法规、规章未禁止的事项，公民、法人和其他组织皆可在自贸试验区开展试验创新。这为制度创新确立了重要的法律依据，因此各自贸区均出台了相应负面清单，并不断缩小负面清单范围，为制度创新开展创造了很大空间。二是开展重点领域制度创新。各自贸区根据自身定位及发展特点，在重点领域开展了一系列制度创新。例如，在金融领域促进自贸区投融资汇兑便利，推动自由贸易账户设立，促进人民币跨境使用等；在贸易领域推动海关征税和监管程序的便利化，推动货物贸易快速通关。

2. 简政放权经验

沪津闽粤自贸区在设立之初便将简政放权、提高效率作为自贸区开放创新的重要内容，探索出一系列重要经验，如“单一窗口”“多证合一”，简化行政审批流程，优化企业营商环境。第三批自贸区积极复制相关经验，结合自身特点推动简政放权实施。河南自贸区推出“集群注册”“35 证合一”“投资项目承诺制”“多规合一”“区域整体评勘”等创新政策；陕西自贸区推出“国地税融合”“54 证合一”“微信办照”，工商登记注册实现全程电子化，形成了“一枚公章管审批、一支队伍管执法”的政府管理新模式；湖北自贸区推出“马上办、网上办、一次办”实践案例，国地税合办营改增试点作为国税总局案例拟在全国复制推广；浙江自贸区推行“最多跑一次”改革、保税油供应体系建设；辽宁自贸区在“五证合一、一照一码”的基础上，一年时间实现了“46 证合一”。

3. 贸易投资便利化经验

在贸易投资便利方面，三批自贸区均实施负面清单加准入前国民待遇制度，对负面清单以外的外商投资由审核制转为备案制，与国际通行规则相接轨。同时，各自贸区还积极探索提升贸易投资便利化程度的路径。如湖北自贸区实施内外贸同船运输货物智能放行、“先出区、后报关”2 项创新措施；重庆自贸区航空口岸启用“联合查验，一次放行”系统，实现“线上预约、指令对碰、联合查验、一次结费、一次放行”，开立全球第一份铁路提单国际信用证，形成“四自一简”（海关监管）、“3C 免办”（检验检疫）、“创新推动国际物流大通道建设”、“创新实施铁路运输信用证结算”等 6 个全国首创的制度创新案例；四川自贸区实施外商投资企业全程网上登记、多式联运“一单制”；浙江自贸区实行国际航行船舶进口岸无纸化申请审批，建立“1+N”综合受理服务体系。

二、2018—2019 年中国自贸试验区开放面临的问题与挑战

（一）与国际新标准和规则对接有待加强

尽管我国自贸试验区积极开展贸易便利化改革，创新成果在数量上和质量上都取得较大进步，但与国际通行标准和规则的对接还存在一定问题。主要体现为我国自贸区在竞争中立、金融业开放及知识产权等方面同国际高标准规则存在着明显差距，缺乏各领域明确的开放时间表与路线图。同时，在市场准入方面，管理制度规则还有待完善，距离国际通行的主体资格与经营资格登记分离还存在一定差距。尽管各自贸区提出要“证照分离”，打造一流营商环境，但许多改革措施仍然停留在减少审批和简化审批层面上，“自由流入”“特许经营”等改革工作还存在许多衔接问题。此外，国际高标准贸易协定把政府采购、知识产权、环境、电子商务、竞争、国有企业等纳入最新规则议题，而我国自贸区在此类规则对接方面还存在一定差距，这也使得我国自贸区需要参照国际先进通行规则标准，加快实施更大范围的开放。

（二）服务业开放程度有待提高

我国自贸区负面清单的内容不断精简，对外商投资审批范围进一步缩小，但服务业开放仍有待加强，主要体现在：一是关键服务领域对外资开放仍然不足。2018 年版自贸区负面清单在种植业、油气矿产资源等行业采取了较为积极的开放措施，但在电信业、运输服务业、教育培训等服务业的限制较多，包括外资股权占比、服务范围、投资领域均有严格限制，使得服务业开放难以达到预期成效。二是服务业开放相关配套制度不完善。目前，我国自贸区对外资安全审查制度还不完善，信用体系没有建立健全，服务贸易开放规则制定还不够清晰，与其相关的监管、非关税壁垒及市场开放度的压力测试开展不足，存在一定风险。

（三）金融业开放创新程度低于预期

金融业开放是我国自贸区开放创新的重中之重，但从总体来看，金融业开放效果远低于预期。一是涉及资本账户开放的创新措施未实现新突破。自贸区金融业开

放的重要目的是主动构建与国际规则接轨的金融环境，出于风险防范的考虑，目前自贸区对于有限额内可兑换、本外币境内外拆借等多项涉及资本账户开放的创新政策或细则均未出台实施，这对于更好对接国际金融市场有着一定限制作用。二是自贸区账户（FT 账户）推广力度不大。目前，FT 账户仅在上海自贸区试行，其使用范围较小，同时，由于 FT 账户使用范围窄，功能有限，如不适用短期资本流动等，使用账户的企业比例也非常低，并不能真正满足企业现实使用需求。因此，金融业开放创新程度还有进一步提升空间。

（四）自贸区运作未摆脱原有行政体制约束

目前，我国多数自贸区在管理机制设置方面基本沿用了现有的一级政府行政框架，尽管广东自贸区前海片区探索了法定机构治理模式，但与国际典型自贸区单一化或企业化的管理运作体制存在差距，导致自贸试验区的行政管理创新受原有体制的制约明显。自贸区运作的独立性较小，人员编制权及财政权的自主性缺乏，多数改革创新措施均需要向上报批，自我更新和升级的能动性不足，管理体制与“先行先试”的定位存在较大差距。

（五）贸易保护与逆全球化影响扩大

近年来，随着美国逆全球化思维的出现，以及美国退出 TPP、力促制造业“回流”等政策的出台，全球贸易保护主义进一步抬头。中美贸易摩擦不断升级，美欧、美日等围绕汽车、农产品或高科技等敏感行业的摩擦依然存在，发达经济体收紧外商投资法规，对全球贸易、产业链发展和国际直接投资形成抑制作用。这迫使贸易体制向单边发展，区域经济一体化的进程变缓，对我国自贸区的建设都产生了较大的影响，增加了实现区域经济一体化的难度。

三、中国自贸试验区开放展望与建议

（一）中国自贸试验区开放展望

1. 自贸试验区向自由贸易港升级

习近平总书记在党的十九大报告中做出探索建设自由贸易港的战略部署，这对于我国进一步加大对外开放，创造更高标准，更高层次的营商环境，打造开放型经济具有重要推动作用。目前，我国已形成“1+3+7+1”的自贸区开放试点格局，各自贸区正围绕不同领域开展积极的开放创新试验。其中，上海、天津、福建和广东自贸区已完成最初的探索阶段，且具备一定的开放创新基础，需在广泛吸纳国际先进自由港的发展经验基础上，探索自由贸易港模式。一是更大限度地提高贸易自由度，促进贸易便利化。这需要进一步减少政府对自由贸易的管控，简化行政审批程序，提高办事效率，可全面采用现代信息技术，实施电子口岸建设，形成“一站式”通关体系。二是大力发展离岸贸易与离岸金融。海南自贸区已明确提出发展离岸服务贸易和离岸金融，可据此探索资产管理、投融资、风险控制等方面的金融配套服务，为企业跨境交易提供安全稳定的环境保障，上海、广东自贸区经济外向度高，应优先发展离岸贸易与离岸金融，促进贸易和金融对外开放。三是探索减少外汇管制措施。学习借鉴发达国家和地区自由港建设的经验，探索资本自由流动渠道，进一步减少外汇管制措施，吸引外资进入，创造良好营商环境。

2. 内陆自贸试验区加快特色领域开放探索

我国第三批自贸区中包含2个中部内陆自贸区和3个西部内陆自贸区，分别对应长江经济带建设和西部门户开放国家战略。与沿海自贸区相比，内陆自贸区在地理位置、贸易成本、制度环境、专业人才等方面存在一定劣势，因此需要立足自身地位，避免“同质化”发展，围绕区域特色实施开放探索。湖北自贸区可发挥水陆空交通枢纽综合优势，凭借中部战略性新兴产业和高新技术产业基地优势，推动光电信息产业、生物医药、高端装备制造、新能源、节能环保产业开放。河南自贸区可依托“两体系一枢纽”优势，建设内陆“自由港”和全球物流网络体系，成为我国“一带一路”建设的重要通道。四川自贸区可以凭西部航空和铁路枢纽优势，打造内陆地区中转体系，发展转口贸易。陕西自贸区可依托“丝绸之路”经济带，充分发挥西部航空枢纽、文化优势和科技创新优势，推动与“一带一路”沿线国家的文化交流，逐步形成自贸区“科技+文化”特色产业集群。重庆自贸区可以充分利用长江“黄金水道”，优化水陆空交通，吸引高端制造加工、高新技术研发、金融服务、总部经济等产业往自贸区集聚。

3. 各自贸试验区加强协同联动发展

随着我国自贸区进一步扩容，自贸区内部各片区、各自贸区之间的沟通协同难度将进一步提升。为有效避免不同自贸区各自为政、区域间和城市间的不良竞争等情况发生，需要加强自贸区协同联动发展机制建设。不仅可探索设立自贸区定期联系制度，建立信息沟通交流的常态化机制，定期开展相关会议和调研，充分吸收各自发展的最新成果，弥补区域开放发展中的不足；也可在各个自贸区设立垂直领导的分支机构，实现统筹协调下的差异化发展，杜绝“信息孤岛”现象，构建一体化合作环境。

（二）中国自贸试验区开放建议

1. 加快国际投资贸易通行规则对标建设

以发达国家和地区投资贸易规则为对标，进一步加快投资贸易各领域开放进程。在投资领域，不断放宽外商投资准入标准，缩短自贸区外商投资负面清单，推进金融服务、电信、互联网、文化教育、运输服务等现代服务业开放，对外资切实实行准入前国民待遇。在金融领域，在保障金融安全的前提下，进一步探索资本项目可兑换、人民币国际化、对接境外金融市场，推广 FT 账户使用等措施，力争在金融开放关键领域取得突破。在贸易便利化方面，加快推动贸易通关、电子口岸等建设，提高通关效率，积极推动服务贸易发展。

2. 赋予自贸试验区充分的改革自主权

进一步转变自贸试验区管理机构职能，减少行政体制对自贸区开放创新工作的束缚，赋予自贸区更加充分的改革自主权，聚焦区域开发、投资贸易便利化政策制定、制度创新等核心工作。积极探索充分授权、封闭运作、灵活机制的管理模式，企业化管理、市场化运作的法定机构运作新机制。在风险可控前提下，通过下放相关权限，支持自贸试验区大胆试、大胆闯、自主改。推动相关措施在自贸试验区先行先试，在契合自贸试验区发展定位的关键领域开展探索活动，进一步发挥自贸试验区试验田作用。给予自贸试验区有针对性的扶持政策，根据各自贸试验区的特色功能定位，提出不同的深化改革创新措施，引导各自贸试验区有针对性地进行探索。

3. 加强自贸试验区建设与区域及国家开放战略结合

自贸区要和国家战略结合，加大与“一带一路”、金融开放等国家战略的联动，共同构建我国对外开放新格局。在这几大战略中，“一带一路”建设侧重以基础设施为先导促进沿线经济体互联互通；自贸区战略则强调降低贸易门槛、提升贸易便利化水平，并打造与国际规则接轨的政务环境、营商环境和法治环境；金融开放战略强调进一步减少境内外资本的流动限制，推动境内外金融合作。三者相互依存、相互促进，因此自贸区应发挥“一带一路”经贸合作的重要载体作用，将开放创新经验主动融入“一带一路”和金融开放等国家战略，推动区域内形成宽领域、深层次、高水平、全方位的合作格局，提升区域经济影响力和主导权。

参考文献

[1] 毛艳华．自贸试验区是新一轮改革开放的试验田［J］．经济学家，2018（12）：47-56.

[2] 凌一文．自贸区建设面临的瓶颈及进路［J］．新疆师范大学学报（哲学社会科学版），2018（6）：145-150.

[3] 陈波．中国自贸区：开放创新，多点开花［J］．中国经济报告，2018（11）：90-96.

[4] 张成玉．我国第三批自贸区运行一周年主要成效比较研究［J］．洛阳师范学院学报，2018（9）：58-62.

[5] 李越．开放型经济体制下自贸区改革的特征逻辑［J］．中国经贸导刊，2018（2Z）：14-16.

第二十四章　综合保税区转型升级

——构建适应新战略新形势要求的开放平台

综合保税区是我国海关特殊监管区域中开放程度最高、功能最全的一种类型，叠加了保税区、出口加工区和保税物流园区的政策，承担着承接国际产业转移、连接国内国际两个市场的使命，其开放功能在国内仅次于自由贸易试验区和正在探索建设的自由贸易港（区）。自 2006 年 12 月国内设立首个综合保税区——苏州工业园综合保税区以来，经过 12 年的发展，综合保税区已发展成为我国开放型经济发展的先行区、加工贸易转型升级的集聚区，在承接国际产业转移、推进区域经济协调发展、促进对外贸易和扩大就业等方面发挥了重要作用。在我国新一轮扩大开放、强化创新驱动发展和中美贸易摩擦不断的新形势下，综合保税区作为区域开放创新的枢纽节点和独特载体，将继续发挥更加重要的引擎和辐射作用。

一、综合保税区发展概况

（一）综合保税区的发展历程

自 20 世纪 90 年代起，随着改革开放的深入推进，为适应不同时期开放型经济发展的需要，我国陆续批复设立一系列海关特殊监管区域，形成“三个层次、十种模式”的海关特殊监管区域体系。其中，第一层次为由国务院批准设立的海关特殊监管区域，包括保税区、出口加工区、跨境工业区、保税物流园区、保税港区和综合保税区；第二层次为由海关总署批准设立的海关特殊监管区域，包括保税物流中心（A 型）和保税物流中心（B 型）；第三层次为由直属海关批准设立的海关特殊监管场所，包括保税仓和出口监管仓。

综合保税区是设立在内陆地区的具有保税港区功能的海关特殊监管区域，集保税区、出口加工区、保税物流区、港口的功能于一身，可以发展国际中转、配送、采购、转口贸易和出口加工等业务，享受的优惠政策包括：国外货物入区保税；货物出区进入国内销售按货物进口的有关规定办理报关，并按货物实际状态征税；国内货物入区视同出口，实行退税；区内企业之间的货物交易不征增值税和消费税等。

自2006年12月国务院正式批准设立苏州工业园综合保税区以来，综合保税区进入了快速发展阶段。截至2011年底，全国共批复设立了19家综合保税区（见图24-1），其中东部沿海城市获批10家，中部和西部省份分别获批4家和5家。自2012年起，为推动综合保税区更好地建设发展，同时为解决全国海关特殊监管区域种类过多、功能单一、重申请设立轻建设发展等问题，国家出台了《关于促进海关特殊监管区域科学发展的指导意见》（国发〔2012〕58号），明确要求推动海关特殊监管区域优化整合，逐步将现有出口加工区、保税物流园区、跨境工业区、保税港区及符合条件的保税区整合为综合保税区，同时针对新设立的特殊监管区域，原则上统一命名为"综合保税区"。2015年，国务院办公厅印发了《加快海关特殊监管区域整合优化方案的通知》（国办发〔2015〕66号），要求加快海关特殊监管区域整合优化，促进海关特殊监管区域科学发展。至此，经过多年的整合优化，截至2018年底，国务院批复设立的综合保税区达到96个，仅2018年全国就有14个出口加工区整合升级为综合保税区。

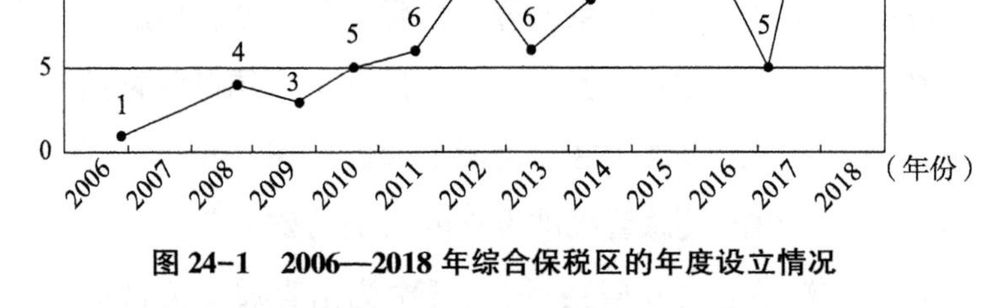

图24-1　2006—2018年综合保税区的年度设立情况

数据来源：根据《国家开发区公告目录2018年版》及国务院公开批文整理。

（二）综合保税区的发展特点

1. 东部区域布局数量占比超过一半

截至2018年底，国务院批复的综合保税区达到96个，占全部海关特殊监管区域比重达到69%（见图24-2）。从地域分布来看，根据已经掌握的94个综合保税区名单，其中有49个分布在东部沿海地区，占比达到52%；中部和西部地区分别拥有22个和23个综合保税区，占比分别达到23%和25%（见图24-3）。从省份分布来看，除青海、西藏外，综合保税区已经覆盖全国29个省级行政区。截至2018年底，江苏获批的综合保税区数量达到20个，占全国比重为21%，其次是山东、上海、湖南、浙江等省份，获批的综合保税区数量依次为7个、6个、5个和4个。

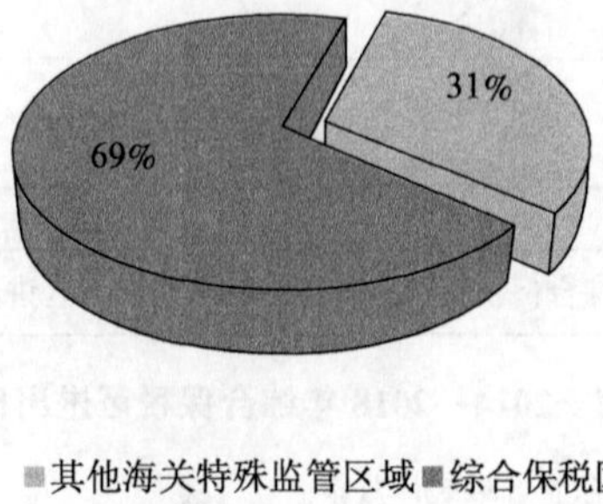

图24-2　综合保税区占全国海关特殊监管区域的比重

数据来源：根据国务院公开发布的新闻信息整理。

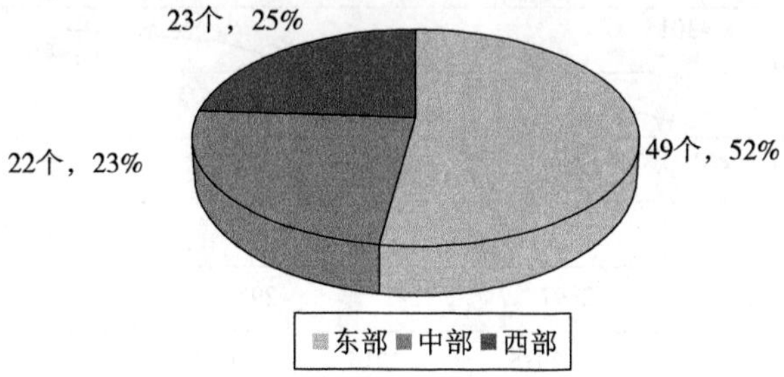

图24-3　国内综合保税区东中西布局情况

数据来源：根据《国家开发区公告目录2018年版》及国务院公开批文整理

2. 外向型经济发展水平持续提高

从外贸进出口额来看，2014—2018年综合保税区进出口额由2192亿美元增长到 3454 亿美元，突破 3000 亿美元大关（见图 24-4），年均增速达到 12%，远高于同期全国进出口总额年均增速（高出 10.2 个百分点）；占全国进出口总额的比重由 5.1%上升到 7.5%（见图 24-5），累计上升 2.4 个百分点。从招商引资来看，截至 2018 年底，包括综合保税区在内的海关特殊区域实际利用外资累计已超过 1000 亿美元，吸引了三星、富士康、戴尔、惠普、空客和波音等世界知名生产制造企业和一大批现代物流、服务企业入驻，创造了 200 多万个直接就业岗位。

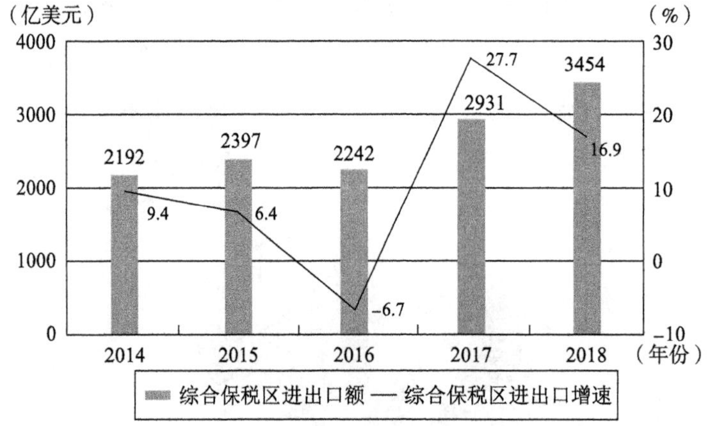

图 24-4　2014—2018 年综合保税区进出口情况

数据来源：海关总署公布的特殊监管区域统计月报。

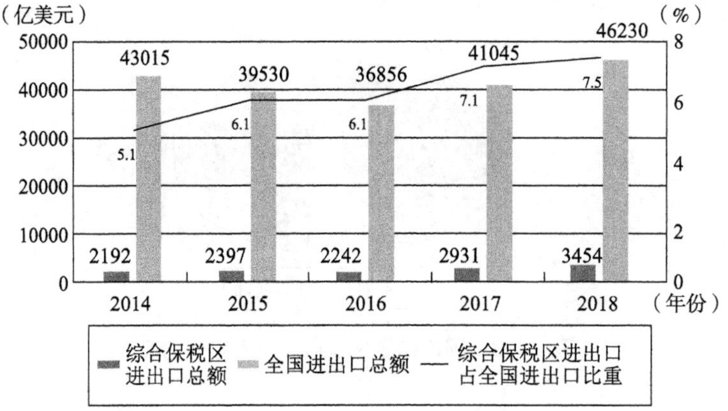

图 24-5　2014—2018 年综合保税区进出口与全国进出口对比

数据来源：海关总署公布的特殊监管区域统计月报。

3. 产业集聚及业态创新向纵深推进

综合保税区作为地区开放型经济发展的重要平台，依托功能、制度和政策创新优势，成为重要的外向型产业集聚基地、保税业态创新发展区。东部沿海地区及中西部地区核心城市中的综合保税区，已开始由设立初期“大进大出”的保税加工、保税仓储、国际贸易等传统业态，向“优进优出”的保税智造、保税研发设计、全球检测维修、保税供应链、保税展示、融资租赁、跨境电商、国际采购与配送、国际中转和转口等新业态拓展升级，由低附加值劳动密集型企业持续向高附加值高技术的研发制造企业转型。中西部地区非核心城市中的综合保税区，仍处于以开放平台加速产业、要素集聚的工业化初中期发展阶段。

专栏一：综合保税区优化升级探索新业态

（一）苏州工业园综合保税区——虚拟空港助力国际贸易物流中心

2006 年 12 月，国务院批准苏州工业园开展具有保税港区功能的海关特殊监管区域试点，并将原出口加工区与原保税物流中心（B 型）进行区域整合，命名为“综合保税区”。园区选址由东西两个围网区构成，西区为原出口加工区 A 区，面积 1.4 平方千米；东区规划面积为 5.25 平方千米。

苏州工业园综合保税区功能定位为上海洋山港、浦东空港及太仓港在内陆地区的喂给、疏散港，发展成为集保税物流、国际分销配送、保税加工制造、产品检测、研发、商品展销、虚拟港作业等功能于一身的综合经济区。苏州工业园综合保税区创造性地建设了“虚拟空港口岸”，即将苏州工业园综合保税区视为一个国际空港，使用国际航空组织（IATA）规定的苏州城市代码 SZV 为标识，并以苏州作为“目的港”“始发港”，使国际货物在上海机场口岸与苏州工业园区“虚拟口岸”之间实现了“一次报关、一次查验、一次放行”，省去了传统转关模式下需要在上海机场入库暂存的环节，为企业节省大量物流时间（2 天以上）与成本（10%~50%），提高了苏州工业园区的服务水平。

（二）深圳盐田综合保税区——以区港联动服务“一带一路”建设枢纽港

2014 年 1 月 22 日，国务院批准设立深圳盐田综合保税区，规划面积 2.17 平方千米，包括原沙头角保税区、原盐田港保税物流园区、原盐田港保税区 3 个片区。

深圳盐田综合保税区依托世界集装箱吞吐量最大的单一集装箱码头——盐田港区，其南片区紧邻盐田港区，并开通了一条直达码头的全封闭 24 小时“绿色通道”，形成区港联动运行模式，支持发展临港国际贸易、采购、中转、拆拼箱等功能，支撑盐田港区不断巩固和提升华南地区远洋主枢纽港的地位。通过新一轮高效区港联动，盐田港区及其后方陆域形成具有“前港、中园、后城”特点的第三代港口经济发展圈层。

（三）郑州新郑综合保税区——以龙头带动打造内陆开放经济高地

郑州新郑综合保税区（以下简称“综保区”）是我国中部地区设立的第一个综合保税区，规划面积5.073平方千米，位于郑州航空港经济综合试验区内，是河南省构建内外互动开放型经济体系的核心示范区。

综保区是引入重大项目后迅速建成的项目配合型综保区，采取了灵活高效的“边建设、边生产、边监管”的创新做法，仅用时100天即成功获批，创造了综保区建设的“河南速度”。依托富士康这一重大项目的带动，综保区已发展成为航空港试验区经济增长引擎，中原经济区外向型经济发展的桥头堡。2014年，综保区生产的苹果手机85%通过航空配送到世界各地，综保区电子信息产业产值已占全省电子信息产业产值的70%，并带来配套生产厂商100多家，实现了郑州产业结构的信息化、轻型化、高新技术化。

（四）重庆西永综合保税区——中西部地区加工贸易创新发展典范

重庆西永综合保税区于2010年2月26日正式挂牌成立，是我国规划面积最大的综合保税区，总规划面积为10.3平方千米，两区之间有专用通道连接。周边西永微电子产业园区、台资信息产业园、西永商务中心区、西永团结村铁路集装箱中心站、重庆大学城、重庆高新技术开发区（西区）等多种功能组团环绕，产业基础雄厚。

重庆抓住了全球IT产业第三次转移的历史机遇，大力引进惠普、华硕、宏碁、微软、IBM、富士康、NTT、英业达、广达、新普等国际IT产业巨头，发展“制造+研发、整机+配套、生产+结算”一体化加工贸易新模式，成为世界级电子信息终端产品生产基地。

基于对国际中转、配送、采购、转口贸易等业务的巨大需求，重庆构建了以渝新欧铁路为重要节点的进出口战略通道，通过综保区与铁路口岸的联动，推动加工贸易向服务贸易转型升级，打造融IT、商贸、大数据和跨境电商为一体的复合型内陆开放口岸。

（五）长春兴隆综合保税区——面向东北亚的跨境电商新平台

为打造高层次对外开放平台，推动东北老工业基地振兴，2011年12月16日，国务院正式批准设立长春兴隆综合保税区，选址位于长春国家级经济技术开发区境内，规划面积4.89平方千米，具备公路、铁路、航空“三位一体”的综合交通优势。

长春兴隆综合保税区作为内陆地区的综保区，存在起步晚、开放经济发展基础弱的问题，因此依托长春位于东北亚几何中心的区位优势和国家大力发展跨境电商的政策优势，兴隆综合保税区积极推动跨境贸易电子商务及国际物流产业的发展，出口跨境电商发展势头迅猛，产品主要面向日、韩等东北亚地区，闯出了起步发展的可行路径。

4. 投资贸易便利化水平显著提高

各地综合保税区积极践行功能、政策和制度创新，由单一依靠特殊政策积极向构建国际化软环境优势转化。国内设立自贸试验区普遍以规划范围内的综合保税区（保税港区）等海关特殊监管区域为依托，已经批复设立的12个自贸试验区范围内共包含了37个海关特殊监管区域（含综合保税区）。这些被纳入自贸试验区范围的综合保税区成为探索推动更高水平投资贸易便利化的重要载体，创新探索形成了"先入区、后报关""先出区、后报关""海关特殊监管区域'四自一简'监管创新""集中汇总纳税"等多项监管创新制度。与此同时，非自贸试验区范围内的综合保税区，在属地海关、检验检疫、地方政府等多方紧密协作下，积极复制国内自贸试验区制度经验和创新通关监管模式，推动区域投资贸易便利化水平逐年提升。

表 24-1 中国四大自贸试验区依托的海关特殊监管区域（综合保税区）

自贸试验区	自贸试验区片区	自贸试验区内的海关特殊监管区域
中国（上海）自由贸易试验区（四大片区）	保税片区	上海外高桥保税区
		上海外高桥保税物流园区
		洋山保税港区
		上海浦东机场综合保税区
	陆家嘴片区	—
	金桥开发片区	金桥出口加工区
	张江高科技片区	—
中国（天津）自由贸易试验区（三大片区）	天津港东疆片区	东疆保税港区
	天津机场片区	天津港保税区（空港部分）
		滨海新区综合保税区
	滨海新区中心商务区	天津港保税区（海港部分）
		天津保税物流园区
中国（广东）自由贸易试验区（三大片区）	广州南沙新区片区	广州南沙保税港区
	深圳前海蛇口片区	深圳前海湾保税港区
	珠海横琴新区片区	比照海关特殊监管区

续表

自贸试验区	自贸试验区片区	自贸试验区内的海关特殊监管区域
中国（福建）自由贸易试验区（三大片区）	福州片区	福州保税区
		福州出口加工区
		福州保税港区
	厦门片区	象屿保税物流园区
		厦门海沧保税港区
	平潭片区	比照海关特殊监管区域

5. 形成日益彰显的区域经济辐射力

近年来，我国部分中西部地区外向型经济发展异军突起，增幅显著高于全国平均水平，其中一个重要原因是当地的综合保税区平台发挥了“小区推动大省”融入全球产业链的积极作用。以综合保税区作为承接国际产业转移的平台，吸引外资龙头企业入区，带动周边集聚一批配套企业，打通本地国际通道，促进外向型经济建设发展，已成为带动中西部地区开放发展的现实路径。以成都、郑州、重庆为例，2018 年成都高新综合保税区、郑州新郑综合保税区和重庆西永综合保税区进出口总额分别实现 532. 3 亿美元、510. 4 亿美元和 312. 7 亿美元，占同期四川省、河南省、重庆市外贸进出口总额的比重高达 59. 2%，61. 3%和 40. 0%。2017—2018 年进出口额超百亿美元的综合保税区如图 24-6 所示。

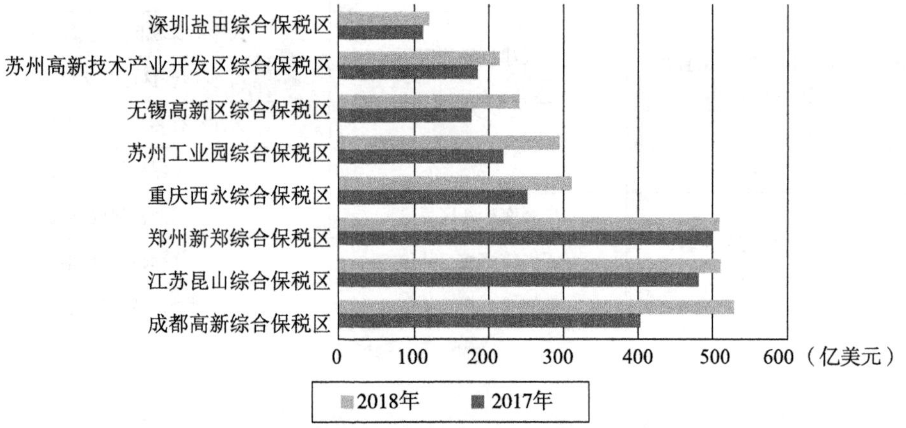

图 24-6　2017—2018 年进出口额超百亿美元的综合保税区

数据来源：海关总署公布的特殊监管区域统计月报。

二、综合保税区存在的问题

（一）开放型经济发展的能级有待提高

从全国范围来看，自身发展水平良好并且能够真正带动地区外向型经济发展的综合保税区数量仍然偏少，主要集中于部分发达地区和中部发达城市。2018 年，纳入海关统计的 65 个综合保税区中，进出口额超过百亿美元的有 8 个，数量所占比重仅为 12.3%；超 500 亿美元的有 3 个，数量所占比重仅为 4.6%。与此同时，进出口额低于 10 亿美元的高达 41 个，占全部 65 个综合保税区的比重达 63%，其中有 9 个进出口额低于 1 亿美元（见表 24-2），对地区经济的贡献低于 5%。近年来，外贸形势日趋严峻，在各项成本普遍上涨的情况下，部分综合保税区呈现各类业务不同程度的下滑、企业利润率下降趋势。2018 年，65 个纳入统计的综合保税区中，只有 42 个实现进出口额的正增长，剩余 23 个均处于负增长状态，其中东部、中部和西部地区分别为 9 个、6 个和 8 个。

表 24-2 2018 年纳入海关统计的 65 个综合保税区外贸进出口情况

进出口总额（亿美元）	数量（个）
500 及以上	3
100~500	5
50~100	4
10~50	12
1~10	32
低于 1	9

数据来源：海关总署公布的特殊监管区域统计月报。

（二）产业创新发展水平质量需要提升

参照《中华人民共和国海关保税港区暂行办法》（中华人民共和国海关总署令第 164 号/191 号），综合保税区可以开展国际转口贸易，国际采购、分销和配送，国际中转，检测维修，商品展示等业务。目前，国内大多数综合保税区主要以开展传统的保税功能为主，入区企业以保税加工或物流企业为主，附加值较低；即使是部分沿海地区发展较好的综合保税区，在国际中转、检测维修、商品展示、跨境电子商务、融资租赁、服务贸易方面的创新发展水平也较为有限，综合保税区已被赋予的高端产业功能尚待加快落地。随着日益深度参与全球竞争，综合保税区产业升级爬坡过坎的复杂性、紧迫性与日俱增，高质量发展需要更多地依靠创新人才、技术和创新产业集群支撑，这对综合保税区构建开放型现代产业体系提出了迫切需求。

（三）投资贸易环境有待进一步便利化

综合保税区产业创新发展水平质量不高的一个重要因素是投资贸易环境不够便利化，产业转型升级的迫切需求与日益聚焦的监管服务优化、制度创新等制约因素形成较为突出的矛盾。从产业创新的发展趋势来看，综合保税区的货物品类、价值结构及流转方式正在发生重大变化。加工类产品、低附加值产品比重逐步下降，消费类产品、中高附加值产品比重逐年提高。随着跨国公司的全球资源整合，制造、研发、销售、售后活动及与之配套的供应链管理都发生一系列的深刻变化。货品的规模化仓储运输转向小批量、多批次、高频率和智能化供给，贸易采购的零单、小单已趋于主流。产品拼柜、分拨、流通性增值加工业务兴起，保税与非保税货物同仓存储、进口与出口同仓调拨、小额交易与大宗贸易同仓交割成为新趋势。

与此同时，海关监管方式创新目前稍显滞后于产业创新发展的需求。经过多年努力探索，海关监管创新取得了多项积极成效，适应“大进大出”模式的监管服务体系正在向服务“优进优出”模式的监管服务体系升级切换。在这一转型过程中，快速兴起的新业态、新需求与相对滞后的监管创新之间产生了较为突出的结构性矛盾。金关工程二期上线处于调试磨合期，园区信息化辅助管理系统功能模块不全，现有数据平台统筹与数据交换不便利不充分，无纸化账册手册管理尚未全覆盖，监管查验设施信息化、智能化支撑不足，“一线”查验缺乏针对新业态、高价值、易变质、高时效货品的绿色通道配套措施。一方面，现有海关监管模式更加适用综合保税区内“大进大出”的保税加工、保税仓储等功能，但这些保税加工、保税仓储业务越来越受到成本上升、外需不振的负面影响；另一方面，综合保税区内亟待拓展的研发设计、商品展示、检测维修及其他创新功能，却难以得到现有海关监管模式的有力支撑，导致了突出的结构性矛盾。

（四）服务新时期国家战略的成效不足

时至今日，在日益深化的全球自由贸易大潮中阶段性地爆发了中美贸易摩擦和贸易保护主义，我国则迈入以新一轮扩大开放和创新驱动助推高质量发展的新时代。以综合保税区等海关特殊监管区域为依托的自贸试验区成为构建开放型经济新体制、支撑全球创新网络布局和引领人类命运共同体建设的战略中枢，大量的制度和功能创新将责无旁贷地在综合保税区内先行先试。与此同时，越来越多的科技研发项目加速向综合保税区布局，将带动设备仪器、原料试料等新兴供应链管理需求。样品、单品、备品备件、快件等不定期地沿研发、加工、流通链条快速流转成为保税业务新常态，保税政策与科技创新的联动需求越来越强烈。

目前，综合保税区在更好地利用“两个市场”“两种资源”提升开放型经济能级和发展效益、探索制定国际经贸新规则等方面的作用还不够突出；在主动对接国家科技开放战略、强化科技研发和保税产业创新布局、深入推进“保税+科技创新”联动方面还处于起步探索阶段；在开展综合保税区的区域合作和“走出去”国际合作方面着力较少，尚未彰显出在新时期国家开放、创新战略中新定位示范、新结构引擎、新合作引领、新资源配置的核心枢纽作用。

三、展望与政策建议

（一）发展形势展望

建设海关特殊监管区域是我国遵循世界开放经济发展一般规律、落实改革开放基本国策的重大战略举措。自经济全球化以来，海关特殊监管区域在我国融入国际产业分工体系、推进快速工业化城市化进程中发挥了核心载体和辐射带动作用。在我国新一轮扩大开放、强化创新驱动发展和中美贸易摩擦逐步升级的新形势下，综合保税区作为区域开放创新的枢纽节点和独特载体，其使命、功能与作用不仅不会弱化，反而与日俱增。

综合保税区发展将呈现新的特点：一是沿海的开放质量和内陆的开放力度全面提升。沿海地区的综合保税区将在制度复制与创新、产业结构升级方面呈现更大成效，在服务贸易、境外投资开放、推动跨区跨国产业合作等方面取得更大的进展和更加突出的亮点。在“一带一路”倡议深入推进的背景下，大部分内陆地区迎来了从开放末梢向开放前沿转变的机遇，综合保税区作为目前国内开放层次最高、优惠政策最多、功能最齐全、手续最简化的特殊开放区域，将充当起内陆开放型经济发展的重要平台，在发展对外贸易、吸引外商投资、促进产业转型升级、推动内陆地区担当对接“一带一路”的重要开放节点中发挥更重要作用。二是海关特殊监管区域向综合保税区的整合优化加速推进。具有转型升级条件的保税区、出口加工区、保税物流园区等将进一步向综合保税区转型升级，成为承担更高定位和更强功能的开放载体和产业发展引擎。

（二）转型升级建议

一是加快推动综合保税区由外向型经济高地向开放型经济中枢转变。强化服务国家重大战略的能力，提升综合保税区的经济能级，加快拓展新功能新业态。以政策、制度、监管创新为依托，加快产业链再造和价值链提升，引进一批高技术、高附加值、符合环保要求的高质量外资项目，推动传统保税制造向保税研发、保税智造、保税租赁、保税文化贸易、全球检测维修、汽车平行进口、跨境电商等新兴产业能级倍增，推动新兴业态成为开放型经济增长主引擎。实施科技创新布局计划，主动对接参与国家创新驱动发展战略，探索科技支撑、应用带动与保税功能紧密结合的“保税+科技”发展模式。加大保税区域宝地宝用力度，降低一般性产业项目比重，着重围绕成熟市场的塔尖梯队、高成长细分行业，以及创新链、产业链、供应链、消费链的关键环节，引进集聚一批跨国公司、民族翘楚、知名企业和著名品牌，形成层次丰富的多业态布局，推动综合保税区发展成为具有全球影响力和竞争力的加工制造中心、研发设计中心、物流分拨中心、检测维修中心、销售服务中心。

二是加快推动综合保税区由重要开放节点向高水平参与国际经济合作新平台转变。推进“一带一路”布局计划，在“一带一路”重点区域、关键创新节点布局一批海外仓、海外营销中心和海外创新中心。加强综合保税区与其他开发区、自贸试验区和中欧班列的紧密联动，依托对口合作、战略合作等多种机制建立保税产业分工和多式联运机制。推动与国外自由区、境外经贸合作区缔结友好合作关系，提升综合保税区在推动形成全面开放新格局中的支撑作用。

三是加快推动综合保税区由海关特殊监管区域向自由贸易港（区）转变。打好投资贸易便利化的攻坚战，深入、全面、快速地推进区域信息化建设，健全信息统筹机制，为企业减负提速增效，建立全国领先的“一线放开、二线管住、区内自由”作业制度和监管模式，支撑各类科技、产业创新切实落地。围绕国家开放新战略要求，主动创造制度创新的试验田条件与机遇，推动综合保税区与自贸试验区、高新区、经开区等制度叠加，探索产业、要素、规则、法治建设“双向开放”方案，形成一系列制度创新的拳头成果。围绕宝贵经验传承和人类命运共同体建设要求，主动参与制定、应用国际经贸新规则，着力形成一批适应不同发展阶段、不同地域需要的综合保税区开放创新经验体系，强化制度文化积淀，服务中国经验输出和发展中国家学习借鉴需求。

参考文献

[1] 唐芳，张奇．自贸试验区背景下海关特殊监管区域发展模式的思考 [J]．国际贸易，2017 (11)：19-24.

[2] 佘建明．海关特殊监管区域管理模式述评 [J]．海关与经贸研究，2019 (2)：25-35.

[3] 中华人民共和国国务院．国务院关于促进海关特殊监管区域科学发展的指导意见 [J]．中华人民共和国国务院公报，2012 (32)：21-22.

[4] 中华人民共和国国务院办公厅．关于印发加快海关特殊监管区域整合优化方案的通知 [J]．中华人民共和国国务院公报，2015 (26)：52-56.

[5] 中华人民共和国国务院．关于印发《优化口岸营商环境促进跨境贸易便利化工作方案》的通知 [J]．交通财会，2018 (11)：87-90.

第二十五章　中国的经济特区和开发区

——开放进行时

我国经济特区和开发区的开放包括两个方面：一是主动扩大对外经济交往；二是放宽政策，取消保护内部市场和投资的各种政策。对外开放的成果体现在经济规模、商品流通、服务贸易和资金进出等经济增长方面，也体现为各类经济主体在全国经济发展中的影响力。

一、2018—2019 年经济特区对外开放的状况

改革开放之初，我国设立了 4 个经济特区，分别是深圳经济特区、珠海经济特区、汕头经济特区和厦门经济特区。经过多年的发展壮大，这 4 个经济特区先后扩区设市，其对外开放的成果就是深圳、珠海、汕头和厦门 4 个城市对外开放的成果。从总体来看，对外开放成果最突出的是深圳市，其次是厦门市。

（一）深圳对外开放的水平最为领先

深圳不仅经济规模是 4 个经济特区中最大的，对外开放的水平在 4 个经济特区中也是最领先的。2018 年，深圳全年实现地区生产总值 24221.98 亿元，比 2017 年增长 7.6%。在商品贸易领域，深圳进口规模快速扩大，尤其是与周边国家和地区，包括中国台湾、韩国和东盟国家的进口增速达到 30%上下。在服务贸易领域，深圳利用外资增长 10.8%。在金融业领域，全国 2018 年新批准落户中国的 6 家外资银行中，有 4 家选择落户深圳。在教育领域，从学前教育到义务教育到国际高中，再到高等教育，深圳全面开放，引进了多家世界著名的教育机构和院校为深圳培养有全球视野的人才。

1. 深圳商品贸易领域的对外开放成就

2018 年，深圳全年货物进出口总额 29983.74 亿元，比 2017 年增长 7.0%。其

中，进口总额 13709.05 亿元，增长 19.4%，出口总额 16274.69 亿元，下降 1.6%。进口增速显著快于出口，贸易顺差显著缩小。2018 年深圳对主要国家和地区货物进出口总额及增速如表 25-1 所示。

表 25-1　2018 年深圳对主要国家和地区货物进出口总额及增长速度

国家和地区	出口额/亿元	比上年增长/%	进口额/亿元	比上年增长/%
中国香港	6758.33	4.0	49.46	-8.9
美国	2383.94	-5.8	380.29	-2.6
中国台湾	143.86	8.7	2596.09	22.0
韩国	260.44	-10.3	1374.04	22.6
日本	483.73	-0.4	981.73	8.9
东盟	1330.30	-10.8	2984.65	35.7
欧盟 28 国	2064.51	-3.4	651.18	6.3

2. 深圳吸引外商投资方面的开放成就

2018 年，深圳全年新签外商直接投资合同项目 14834 个，比 2017 年增长 119.5%；实际使用外商直接投资金额 820.3 亿美元，增长 10.8%（见表 25-2）。

表 25-2　2018 年深圳分行业外商直接投资及增长速度

行业	合同外资金额/万美元	比上年增长/%	实际使用金额/万美元	比上年增长/%
总计	2824526	-23.3	8203013	10.8
农、林、牧、渔业	813	-98.9	3	-40.0
采矿业	266	—	—	—
制造业	160580	-12.5	174025	82.2
电力、热力、燃气及水的生产和供应业	4488	5728.6	—	—
建筑业	10845	24.2	811	-46.8
批发和零售业	505296	-9.8	89680	-18.0
交通运输、仓储和邮政业	382297	802.2	48859	342.5
住宿和餐饮业	5078	23.8	243	-67.8
信息传输、软件和信息技术服务业	483570	31.7	41542	110.6
金融业	173872	-87.6	77900	-12.2
房地产业	78104	-26.5	164843	-19.2
租赁和商务服务业	781241	8.1	204015	27.2
科学研究和技术服务业	214096	8.2	17066	-65.0
水利、环境和公共设施管理业	883	1739.6	—	—

续表

行业	合同外资金额/万美元	比上年增长/%	实际使用金额/万美元	比上年增长/%
居民服务、修理和其他服务业	9748	-1.9	482	995.5
教育	2700	22.0	4	-69.2
卫生和社会工作	916	17.0	—	-100.0
文化、体育和娱乐业	9103	149.5	828	—
公共管理、社会保障和社会组织	—	—	—	—

3. 深圳旅游服务领域的对外开放成就

2018 年，深圳接待入境过夜游客 1220.21 万人次，比 2017 年增长 1.1%；其中，接待入境过夜外国游客 172.96 万人次，下降 2.6%；港澳同胞 1009.39 万人次，增长 2.1%；台湾同胞 37.86 万人次，下降 8.2%。全年旅游外汇收入 51.18 亿美元，增长 2.6%。

4. 深圳会展服务领域的对外开放成就

2018 年，深圳组织国际性展会 39 场，数量超过深圳全年展会数量的 1/3（见表 25-3）。

表 25-3　2018 年在深圳举办的国际性展会

序号	开展时间	展会名称	展会主题
1	2018 年 3 月 1 日	2018 第十六届深圳（春季）国际汽车改装服务业展览会	汽摩配件
2	2018 年 3 月 7 日	2018（春）深圳国际家纺布艺暨家居装饰博览会	房产家居
3	2018 年 3 月 19 日	2018 深圳时尚家居设计周暨 33 届深圳国际家具展览会	房产家居
4	2018 年 3 月 29 日	2018 第 19 届深圳国际机械制造工业展览会	机械工业
5	2018 年 4 月 1 日	2018 第六届深港韩时尚美容博览会	美容美发
6	2018 年 4 月 9 日	2018 第六届中国电子信息博览会	消费电子
7	2018 年 4 月 9 日	2018 第 91 届中国（深圳）电子展览会	电子电力
8	2018 年 4 月 14 日	2018 深圳国际电子烟产业博览会	消费电子
9	2018 年 4 月 19 日	2018 第十三届中国（深圳）国际品牌内衣展览会	服装配饰
10	2018 年 4 月 25 日	第二十六届中国（深圳）国际礼品、工艺品、钟表及家庭用品展览会	礼品玩具
11	2018 年 5 月 1 日	2018 深圳国际宠物展览会	礼品玩具
12	2018 年 5 月 10 日	第十四届中国（深圳）国际文化产业博览交易会	文化艺术
13	2018 年 5 月 17 日	2018 第 16 届深圳国际小电机及电机工业磁性材料展览会	电子电力
14	2018 年 5 月 17 日	2018 中国（深圳）激光与智能制造博览会	机械工业

续表

序号	开展时间	展会名称	展会主题
15	2018年5月18	2018年中国（深圳）房地产投资博览会	房产家居
16	2018年6月21	第十一届国际触控显示暨应用（深圳）展览会	消费电子
17	2018年6月21日	第29届中国（深圳）国际钟表展览会	奢侈品
18	2018年6月22日	2018第七届深圳国际智能交通与卫星导航位置服务展览会	交通工具
19	2018年6月27日	2018华南国际工业自动化展览会	机械工业
20	2018年7月5日	2018深圳国际纺织面料及辅料博览会	纺织纺机
21	2018年7月13日	2018第十七届深圳国际汽车改装服务业展览会	汽摩配件
22	2018年7月26日	2018宝安产业发展博览会	贸易进出口
23	2018年7月31日	2018第十届国际物联网博览会·夏季展	信息通信
24	2018年7月31日	2018深圳国际智能建筑电气&智能家居博览会	房产家居
25	2018年8月23日	第6届深圳国际IP授权及衍生品展览会	创业加盟
26	2018年8月28日	2018中国汽车电子技术展览会	汽摩配件
27	2018年8月29日	2018中国国际节能减排产业博览会	环保水处理
28	2018年9月12日	2018深圳国际工业自动化及机器人展览会	机械工业
29	2018年9月12日	2018深圳国际3C自动化装配与测试展览会	机械工业
30	2018年9月12日	2018深圳国际3D打印产业展览会	印刷包装
31	2018年9月12日	2018深圳国际连接器、线缆线束及加工设备展览会	电子电力
32	2018年9月13日	2018深圳国际珠宝展览会	奢侈品
33	2018年10月11日	2018中国（深圳）国际物流与交通运输博览会	运输物流
34	2018年10月11日	2018年深圳国际互联网与电子商务博览会	消费电子
35	2018年11月16日	第20届高交会　第五届深圳国际移动医疗健康产业博览会	医疗保健
36	2018年11月16日	2018中国国际高新技术成果交易会	贸易进出口
37	2018年12月10日	2018深圳国际锂电技术展览会	电子电力
38	2018年12月10日	2018深圳国际氢能暨燃料电池技术展览会	电子电力
39	2018年12月21日	2018深圳国际体育博览会	体育休闲

5. 深圳金融领域的对外开放成就

深圳金融领域的对外开放领先于其他特区，也是全国范围内对外开放成果最显著的。截至2018年末，9个国家和地区的35家银行在深圳设立了38家外资营业性机构，深圳外资银行资产总额达3811.76亿元，同比增长1.04%；各项贷款余额1603.68亿元，同比增长20.31%；各项存款余额1906.49亿元，同比下降4.49%。

2018年，有4家外资银行落户深圳。根据银保监会的公开信息，初步统计

2018年全国共有6家外资银行获批，其中4家选择了落户深圳，包括中国信托商业银行深圳分行、浦发硅谷银行有限公司深圳分行、集友银行有限公司深圳分行和东亚银行（中国）有限公司前海支行。

6. 深圳教育领域的对外开放成就

大学阶段，深圳积极开展中外合作办学，深圳北理莫斯科大学于2018年9月开始招生。

学前到高中教育阶段，深圳积极引进世界著名的教育机构落地深圳。2018年共引进7家来自英国和美国的著名教育机构进入深圳，开设学前到高中的12年一贯制学校，分别是：

2018年9月，超过185年历史的英国私立学校曼彻斯通城堡学校在深圳的首间海外姊妹学校正式招生。

2019年1月，英国国王学校深圳分校开始建设，预计2021年招生。

2019年3月，深圳市荟同学校落址深圳前海开始建设，将打造教育领域的新标杆。

2019年3月，英国莱爵公学深圳分校开始建设。君胜控股集团有限公司与国开教育子公司开元教育基金在深圳签订协议，宣布斥资10亿元人民币以上，建设英国莱爵公学深圳分校。

2019年6月，英国哈罗公学签约入驻深圳前海，7月正式开工建设。

2019年8月，英国驻广州总领事携深圳合一教育集团，与深圳市盐田区协商英国圣比斯公学盐田分校办学计划。

2019年11月，英国海丁顿学校深圳分校与深圳职业技术学院、深圳市鸿霖投资发展有限公司签订建设合作意向书，确定学校选址和用地面积。

（二）珠海的开放状况

珠海在商品贸易领域、吸引外商直接投资、旅游和体育赛事方面的对外开放成果显著，促进了珠海经济的快速稳定发展。2018年，珠海实现地区生产总值2914.74亿元，同比增长8.0%。在商品贸易领域，“一带一路”沿线国家是珠海的主要贸易国家。在引进外资企业方面，珠海快速增长，2018年，外商赴珠海设立外资企业数量大幅增长，比2017年增长153.9%。在文化和体育交流方面，珠海独树一帜，成功举办了世界级的网球 WTA 赛、足球峰会、公路自行车赛等，带动 2018 年珠海国际旅游外汇收入大幅增长 21%。

1. 珠海商品贸易领域的对外开放成就

2018 年，珠海完成外贸进出口额 3246.28 亿元，增长 8.5%。其中，进口额为 1359.15 亿元，增长 22.5%；出口额为 1887.13 亿元，增长 0.2%；进出口差额（出口减进口）527.98 亿元，比 2017 年减少 247.87 亿元。“一带一路”沿线国家是珠海的主要贸易国家，韩国、东盟国家和伊朗是珠海的主要进口国。2018 年珠海对“一带一路”沿线国家进口 470.65 亿元，出口 702.06 亿元（见表25-4、表25-5）。

表 25-4　2018 年珠海对主要国家和地区进口额及增速

国家和地区	进口额/亿元	比上年增长/%
东盟	182.88	13.3
欧盟	88.49	22.5
“一带一路”沿线国家	470.65	3.8
韩国	185.82	147.0
伊朗	175.95	13.5
日本	94.80	14.5
中国台湾	92.02	10.9

表 25-5　2018 年珠海对主要国家和地区出口额及增速

国家和地区	出口额/亿元	比上年增长/%
东盟	226.52	6.7
欧盟	274.27	-7.5
“一带一路”沿线国家	702.06	11.6
美国	274.49	-5.3
中国香港	265.23	-6.8
印度	249.57	28.0
日本	119.22	21.3

2. 珠海吸引外商投资的开放成就

2018 年，珠海新设外商投资企业 3973 家，比 2017 年增长 153.9%；合同外资金额 75.37 亿美元，下降 29.7%；实际利用外资金额 23.92 亿美元，下降 1.7%。实际利用外资金额中，制造业占 34.3%，租赁和商务服务业占 29.9%，居民服务、修理和其他服务业占10.8%，房地产业占9.1%。来自“一带一路”沿线国家的实际外资金额580万美元，下降52.4%。截至2018年底，珠海累计设立外商投资企业19072家，合同外资金额666.68亿美元，实际利用外资金额305.65亿美元。截至2018年底，商事登记为在营状态的外商投资企业实有12410家。

2018年新增对外协议投资额4.02亿美元，对外实际投资额3.49亿美元。对外劳务合作新签劳务人员合同工资总额0.74亿美元，劳务人员实际收入总额3.85亿美元。对外承包工程和劳务合作年末在外人员共3.75万人。

在向海外资本开放方面，2018年，珠海赴境外上市的企业2家。

3. 珠海旅游服务业的开放成就

2018年，珠海接待入境旅游人数513.73万人次，增长2.9%。其中，外国人67.51万人次，增长7.3%；香港、澳门和台湾同胞446.22万人次，增长2.2%。国际旅游外汇收入14.68亿美元，增长21.3%。

4. 珠海体育赛事领域的开放成果

2018年，珠海举办了4个世界级的体育赛事峰会，在4个经济特区中独具特色，分别是2018年亚洲帆板锦标赛 & 亚洲风筝板锦标赛、2018 Soccerex全球足球产业峰会、2018珠海WTA超级精英赛、2018环中国国际公路自行车赛（珠海站）。

（三）厦门的开放状况

厦门的对外开放成绩显著，尤其是吸引外商投资方面。2018年，厦门实际使用外资107.31亿美元，是4个城市中规模最大的。全年引进104个千万美元以上的重大投资项目。截至2018年末，厦门历年累计共有62家全球500强公司在厦门投资112个项目。在商品贸易领域，厦门的外贸规模也超过了6000亿元人民币。在服务贸易领域，厦门旅游创汇39.40亿美元，增长22.3%。2018年，厦门全年生产总值4791.41亿元人民币，比2017年增长7.7%。

1. 厦门商品贸易领域的对外开放成就

2018年，厦门实现外贸进出口总值6005.31亿元人民币，比2017年增长3.3%，其中进口额2663.77亿元，增长4.0%；出口额3341.54亿元，增长2.7%；贸易顺差677.76亿元，下降2.1%。

民营企业进出口总值2123.93亿元，下降1.4%，其中出口额1502.15亿元，下降4.3%，进口额621.78亿元，增长6.4%；外资企业进出口总值2431.87亿元，增长2.6%，其中出口额1431.17亿元，增长3.3%，进口额1000.70亿元，增长1.6%。

2. 厦门吸引外商投资的开放成就

《厦门市2018年国民经济和社会发展统计公报》显示，2018年，厦门新批外商投资项目1215个，合同外资465.91亿元，比2017年增长42.0%；实际使用外资107.31亿元。全年引进千万美元以上项目104个，合同外资66.68亿美元，比2017年增长64.6%，其中新批项目70个，合同外资44.21亿美元，增资项目34个，合同外资22.47亿美元。截至2018年末，历年累计共有62家全球500强公司在厦投资112个项目，合同外资45.67亿美元，实际使用外资30.27亿美元。

在对外劳务与投资方面，厦门2018年对外协议投资项目109个，投资额9.96亿美元，下降61.7%。实现对外承包劳务合同总金额0.16亿美元，下降78.0%；实现营业额1.46亿美元，下降34.2%；派出各类劳务人员13540人，增长2.9%；至年末，在外劳务人数12319人，比2017年末增加219人。

3. 厦门服务业领域的开放成就

旅游服务方面，2018年，厦门接待入境游客430.43万人次，增长11.4%，入境过夜游客282.18万人次，增长13.2%，旅游创汇39.40亿美元，增长22.3%。

体育赛事方面，2018年厦门成功举办国际马拉松赛，来自42个国家（地区）的21640名选手参加，连续11次获评“国际田联路跑金标赛事”，成为国内唯一一个11连冠的国际金标赛事。

（四）汕头的开放状况

2018年，汕头积极扩大对外开放。但与深圳、厦门和珠海相比，汕头对外开放的成果不太突出。在商品贸易领域，汕头进出口总额比2017年下降4.3%。在吸引外商投资方面，全年实际利用外资9637万美元，下降了72.9%。但是，由于内需较好，汕头的经济增长态势依然平稳，2018年汕头市实现地区生产总值2512.05亿元，比2017年增长6.9%。

1. 汕头商品贸易领域的对外开放成就

2018年，汕头市进出口总额84.28亿美元，比2017年下降4.3%。其中，出口总额61.95亿美元，下降7.7%；进口总额22.33亿美元，增长6.5%；进出口差额（出口减进口）39.62亿美元，比2017年减少6.53亿美元。

从进口的国家和地区来看，进口总额靠前的有东盟、阿联酋、沙特阿拉伯、日本，分别为4.61亿美元、2.93亿美元、1.95亿美元和1.73亿美元，合计进口额占全市进口总额的50.2%。

从出口的国家和地区来看，出口总额靠前的有美国、欧盟（28国）、东盟和中国香港，分别为12.00亿美元、9.13亿美元、8.96亿美元和7.52亿美元，合计出口额占全市出口总额的60.7%。

2. 汕头吸引外商投资的开放成就

2018年，汕头实际吸收外商直接投资金额9637万美元，下降72.9%；新签投资项目105个；其中投资规模在500万美元以上的项目12个，比2017年增加6个。

3. 汕头旅游服务业的开放成就

2018年，汕头接待过夜游客2164.44万人次，比2017年增长15.2%。其中国际游客33.78万人次，增长16.1%；实现旅游总收入534.49亿元，增长20.0%，其中旅游外汇收入1.99亿美元，增长24.8%。

二、2018—2019年国家级经济技术开发区对外开放的状况

2018年，我国国家级经济技术开发区共有219个，总体发展态势良好，在外贸进出口、吸引外商投资和高技术产品进出口等方面的对外开放取得了显著的成绩。2018年，全国219个经开区实现地区生产总值10.2万亿元，占全国生产总值的11.3%，但外贸进出口总规模约占全国的1/5以上，吸引外资总规模约占全国的1/5以上，高技术产品贸易总额约占全国的1/4。可以说，经开区是我国对外开放最重要的参与者之一。

（一）总体情况

2018年，全国219家国家级经济技术开发区（以下简称国家级经开区）实现地区生产总值10.2万亿元，同比增长13.9%，增幅高于同期全国平均水平（6.6%）7.3个百分点，占同期国内生产总值比重为11.3%。其中，东中部地区的

经开区增速较快。具体来讲，东部地区的 107 个国家级经开区实现地区生产总值 67333 亿元，同比增长 14.6%，中部地区的 63 个国家级经开区实现地区生产总值 21389 亿元，同比增长 14%，西部地区的 49 个国家级经开区实现地区生产总值 13302 亿元，同比增长 10.2%。

（二）国家级经济技术开发区在商品贸易领域的对外开放成就

2018 年，219 个国家级经开区实现进出口总额 61937 亿元（其中，出口 34108 亿元，进口 27829 亿元），同比增长 10.8%，占全国进出口总额的比重为 20.3%。

东部地区 107 个国家级经开区进出口总额 54281 亿元（其中，出口额 29953 亿元，进口额 24328 亿元），同比增长 9.5%。中部地区 63 个国家级经开区进出口总额 5681 亿元（其中，出口额 3059 亿元，进口额 2622 亿元），同比增长 23.1%。西部地区 49 个国家级经开区进出口总额 1975 亿元（其中，出口额 1096 亿元，进口额 879 亿元），同比增长 13.6%。

（三）国家级经济技术开发区在吸引外商投资方面的开放成就

2018 年，219 个国家级经开区实际使用外资和外商投资企业再投资金额 513 亿美元，同比增长 5.5%，占全国吸收外资（含外商直接投资和其他投资）比重约 1/5。

东部地区 107 个国家级经开区实际使用外资和外商投资企业再投资 306 亿美元，同比增长 2.1%。中部地区 63 个国家级经开区实际使用外资和外商投资企业再投资 154 亿美元，同比增长 9.3%。西部地区 49 个国家级经开区实际使用外资和外商投资企业再投资 53 亿美元，同比增长 15.9%。

（四）国家级经济技术开发区在高技术产品贸易领域的开放成就

2018 年，国家级经开区高新技术产品进口额达到 9001 亿元，同比增长 21.2%，占国家级经开区进口总额的 32.3%，占全国高新技术产品进口总额的 20.3%。高新技术产品出口额达到 12531 亿元，同比增长 12.8%，占国家级经开区出口总额的 36.7%，占全国高新技术产品出口总额的 25.4%。

三、2018—2019 年经济特区和国家级经开区出台的开放政策

（一）深圳扩大开放，优化营商环境“引进来”

开放就是要“引进来”。深圳努力完善国际型企业跨境投资时最看重法治环境，建立与国际接轨的法治化、国际化、便利化营商环境。2018 年 2 月，深圳出台营商环境改革“20 条”和降低实体经济成本“28 条”，对标新加坡等发达国家和地区，以世界银行营商环境评价体系为参照，取消、下放市级行政职权 175 项，清理规范深圳市直部门行政职权中介服务事项 24 项，建立与国际接轨的营商环境。

（二）深圳积极参与“一带一路”倡议，扩大开放“走出去”

深圳深化与“一带一路”沿线国家经贸、投资等合作制度和政策，拓展驻外经贸代表机构服务职能，推进中白物流园、印尼深圳产业园等境外园区建设，进一步扩大开放。2018 年 6 月，深圳公布“关于促进深圳港加快发展的若干意见”，提出推动建立深圳国际港口链，将深圳港打造成为自由贸易港及“一带一路”建设的重要支撑区。支持企业参与巴林、斯里兰卡、吉布提、土耳其等国家港口建设运营，开通深圳至明斯克的首条中欧班列，与“一带一路”沿线国家贸易额增长 19.8%。新增美国夏洛特市、法国伊夫林省等 3 个国际友好交流城市。加强与沿线节点城市的合作，积极参与新疆丝绸之路经济带创新驱动发展试验区和中巴经济走廊建设，携手开拓中亚、南亚市场。

（三）深圳、珠海和汕头积极落实《广东省进一步扩大对外开放积极利用外资若干政策措施（修订版）》

2018 年 9 月，广东省政府公布了《广东省进一步扩大对外开放积极利用外资若干政策措施（修订版）》。深圳、珠海和汕头积极落实该政策措施，推动三市在更高层次、更高水平对外开放，进一步增强三市对高端外资、高端人才的吸引力。主要在 10 个方面扩大利用外资的支持政策，包括外资市场准入、财税、用地等方面，具体来讲，进一步扩大了市场准入领域、加大利用外资财政奖励力度、加强用

地保障、支持研发创新、加大金融支持力度、加大人才支持力度、加强知识产权保护、提升投资贸易便利化水平、优化重点园区吸收外资环境、完善利用外资保障机制等。其中，深圳前海、珠海横琴在优化吸引外资环境方面的举措占据了领先地位，两区制定的“企业所得税优惠目录”被广东省推广到省内其他城市。

（四）珠海市出台《珠海市扩大对外开放促进外资增长若干政策措施》和《珠海市进一步扩大对外开放积极有效利用外资若干政策措施》

2018 年 2 月，珠海市出台了《珠海市扩大对外开放促进外资增长若干政策措施》。2018 年 12 月，珠海市出台了《珠海市进一步扩大对外开放积极有效利用外资若干政策措施》。两份文件都是围绕扩大对外开放促进外资增长的鼓励措施。具体来讲，包括进一步扩大市场准入领域，全面落实《外商投资准入特别管理措施（负面清单）（2018 年版）》。放宽外资投资金融领域，取消在珠海设立银行和金融资产管理公司的外资持股比例限制，支持外国银行同时设立分行和子行；支持外资设立合资证券公司、证券投资基金管理公司、期货公司、寿险公司，外资股比不超过 51%；支持符合条件的外国自然人投资者开立 A 股证券账户。

促进粤港澳经济深度合作，加快将横琴自贸片区建设成为粤港澳大湾区国际航运、国际金融、国际科技创新的重要承载区，打造与港澳营商环境对接、经济发展协同的合作体系，深入推进粤港澳服务贸易自由化。①推动外资参与区域中心城市建设：推进区域性国际贸易中心建设，完善珠海市促进外贸发展扶持政策，加大促进出口、扩大进口、引进外资物流项目支持力度；推进区域性国际消费中心建设；推进区域性国际航运中心建设；推进区域性国际会展城市建设。②加大利用外资财政奖励力度。③加强用地保障。④支持研发创新。⑤加大金融支持力度。⑥加大人才支持力度。⑦优化利用外资环境。⑧拓宽利用外资渠道。⑨完善保障机制等。

（五）厦门市出台《厦门市促进外资增长若干措施》

2018 年 5 月，厦门市出台了《厦门市促进外资增长若干措施》（以下简称《措施》）。《措施》共 12 条，主要从进一步落实扩大外资开放领域、促进外资增长、鼓励引进与留住人才、优化营商环境等 4 个方面进行鼓励扶持，结合厦门实际与重点发展产业需求，大力促进厦门利用外资，吸引集聚优质外资资源，助推产业高质量发展。旨在提振外资投资厦门的信心与水平，促进厦门利用外资稳定增长，提高利用外资的质量。包括：进一步落实扩大外资开放领域，全面实施准入前国民待遇加负面清单管理制度；进一步扩大市场准入对外开放范围；进一步促进外资增长；鼓励外资新设到资；鼓励现有企业到资；鼓励优质外资并购；鼓励境外投资者持续扩大在厦投资；鼓励境外上市企业返程投资；支持外资研发投资；鼓励企业人才；加大用地支持；提升外商投资服务水平；强化依法履约、诚信履约、持续创新，鼓励外商投资。

根据政策，2018—2022 年，在厦门市新设立的外商投资企业（不包括并购项目），投资厦门市重点发展产业项目，年实际利用外资金额达 1000 万美元及以上的到资给予两方面奖励：一是按照其到资金额的 2%给予一次性奖励，奖励封顶为每家企业不超过 2000 万元人民币。二是年实际利用外资金额达到 1000 万美元后，从企业缴纳首笔增值税的当年度起，缴纳的企业所得税和增值税地方留成部分前两年给予 100%奖励，后三年给予 50%奖励。

针对近年来厦门不断有优质企业成功在境外上市的情况，厦门各区、各部门开辟“绿色通道”，联合协助企业解决返程投资过程中遇到的困难和问题，协调争取国家、省、市各相关部门的政策支持。对境外上市企业返程投资，厦门市鼓励优质外资参与当地企业优化重组，鼓励外资参与国有企业混合所有制改革。主要从提升对并购项目的服务及资金奖励两方面来鼓励优质外资并购。

2018—2022 年，对年实际利用外资金额达 1000 万美元及以上的并购项目（包括股权并购、资产并购），资金奖励是按实际利用外资金额的 2%对并购后设立的外资企业给予奖励，奖励封顶为 2000 万元人民币。

四、政策展望和建议

随着国家对扩大开放政策的落实和推进，各经济特区和国家级经开区支持对外开放方面的政策将进一步推出，支持力度也会加大。“一带一路”倡议和“粤港澳大湾区”建设，将是未来两年深圳、珠海、厦门和汕头 4 个城市扩大对外开放的重要依托，充分利用好这两个重要平台，是 4 个经济特区在新时代对外开放方面再次走在全国前列的基础。国务院在 2019 年 5 月出台《关于推进国家级经济技术开发区创新提升打造改革开放新高地的意见》，将是未来两年 219 个国家级经开区扩大开放、创新提升的纲领性和指导性的政策依据，这个意见将有力地支持国家级经开区在新时代下承担起开放创新发展的新责任。

（一）经济特区扩大开放的政策展望

1. 厦门出台《关于进一步深化改革打造开放发展新高地行动方案》

2019 年 1 月，厦门市委、厦门市人民政府印发了《关于进一步深化改革打造开放发展新高地行动方案》（以下简称《行动方案》）。推出 10 个方面 98 条可操作性强的扩大开放的新举措。在“进一步扩大投资领域”方面，全面落实外商投资准入负面清单，进一步推动放宽金融、专业服务、文化娱乐、电信等现代服务业准入限制；在“创新培育贸易新业态新模式”方面，支持打造新业态发展平台，优化通关服务和监管，打造高效便捷的投资贸易平台。在“推进更高层次的金融开放”方面，“提升跨境投融资便利化水平”，“推动金融创新业务先行先试”并“推动特色金融机构项目落户”。在“促进创新”方面，加快建设福建自贸试验区、福厦泉国家自主创新示范区。厦门市将对年产值 5000 万元以上、税收达 1000 万元以上，且研发经费内部支出占主营业务比重超过 5%的研发投入企业，研发经费内部支出超过上年度的增量部分，给予适当比例的补助。境外企业在厦注册的独立法人可根据相关要求牵头或参与国家重点研发计划项目申报，享受与厦门企业同等政策。此外，厦门在《行动方案》中还就增强航运物流全球竞争力、打造对台战略支点城市、海上丝绸之路战略节点城市建设、深化“放管服”改革、国有企业改革等方面提出了进一步开放的举措。

2. 福建省政府支持厦门建设“中国服务外包示范城市”

2019 年 1 月，福建推出《关于进一步深化改革扩大开放的若干措施》，加快厦门和全省的外向型服务贸易的扩大开放。明确厦门将全面实施“互联网+不动产登记”。支持厦门建设“中国服务外包示范城市”，支持建设一批主导产业突出、创新能力强的服务外包产业集聚区，发展新业态服务外包。加快建设厦门等地“海丝”门户枢纽机场，推进实施厦门等一类航空口岸落地签证政策，推动厦门试点实施国际邮轮入境外国旅游团 15 天免签政策。加快厦门东南国际航运中心建设，推动邮轮、游艇等出行便利化，推进厦门、平潭邮轮港口建设，支持厦门建设东南亚海事服务基地，对为国际航行船舶服务的引航船、拖轮、港口设备设施等开放保税油供给。支持厦门等地建设集货中心，推进国家跨境电商综合试验区、跨境电子商务试点城市建设。依法合规支持厦门机电设备展示交易平台、厦门国际酒类展示交易平台等建设。支持厦门打造一站式航空维修基地，深化集成电路产业链保税监管模式改革。加快厦门等地汽车整车进口口岸建设，开展3C认证改革试点。

（二）经济特区扩大开放的政策建议

1. 深圳、珠海和汕头将站在“粤港澳大湾区”的平台上开放发展

深圳、珠海和汕头都位于粤港澳大湾区城市群内，“开放”和“国际化”是三地的鲜明特征。深圳是国家重要的外经贸大市，一大批企业已经“走出去”，在利用国际国内两种资源、两个市场上已有不少经验和成绩。而且，随着港珠澳大桥、深中通道、深珠城际轨道等重要基础设施的落地，深圳、珠海将成为深莞惠、珠中江和广佛肇三大城市组团之间的重要连接点，以及珠江口两岸三大国家级新区（自贸区）的重要转换节点。汕头位于粤港澳大湾区的东部。深圳、珠海、汕头的扩大开放，首先就是对港澳的开放，就是与港澳的要素便捷流动，加深面向香港、澳门的开放和合作，促进人员、资金、信息、技术、物资的便捷和自由流动，以开放促发展，为粤港澳大湾区的建设、为国家开放型经济新体制的建设提供支撑。

2. 发挥“珠海横琴”和“深圳河套”自贸区引领开放先行先试的优势

珠海和深圳要在目前的基础上进一步扩大开放，首先，要最大限度地发挥“横琴”和“深圳河套”特殊区位的引领开放和先行先试的优势。着力推动粤港澳深度合作示范区建设迈上新的台阶。其次，要把港澳先进成熟且与世界接轨的自由贸易港系列机制体制和“珠海横琴”和“深圳河套”自贸区的制度优势集成叠加，形成“制度接合部”，实现更大程度的开放和更深入的合作。包括在经济领域营造趋同港澳的投资贸易环境：谋划探索珠海横琴与澳门、深圳河套与香港之间的货物贸易、技术研发实现“一线”基本开放、“二线”高效管住；在民生和社会领域，推动大湾区内人流、物流、资金、技术和专业服务高效便捷流动。

3. 发展厦门对台先行先试、厦门自贸区、海丝战略节点城市的独特优势，扩大开放

厦门一直承担着经济特区、台商投资区、对台综合配套改革、自贸试验区、“一带一路”海丝战略节点城市等一系列重大改革开放试验任务，开展了许多先行

先试的探索，未来的扩大开放将进一步依托对台先行先试、厦门自贸区、“一带一路”海丝战略节点城市的独特优势，在对台贸易、港口海运、服务外包、吸引外资、金融服务等领域扩大开放。

（三）国家级经开区扩大开放的政策展望和建议

2019年5月，围绕扩大开放这一主题，国务院发布了《关于推进国家级经济技术开发区创新提升打造改革开放新高地的意见》。可以预见，未来经开区扩大开放创新提升发展的相关政策将主要依据这一意见精神进一步深化和展开。

《关于推进国家级经济技术开发区创新提升打造改革开放新高地的意见》（国发〔2019〕11号），为国家级经开区提出了“三创新、两提升”（开放创新、科技创新、改革创新，提升对外合作水平、提升经济发展质量）的新发展方向。该意见必将成为未来一段时间里国家级经开区发展的纲领性文件，推动国家级经开区的发展再上台阶。这是国务院首次以“打造改革开放新高地”为主题发布的经开区发展政策。

《关于推进国家级经济技术开发区创新提升打造改革开放新高地的意见》允许国家级经开区在一些存在争议的领域先行先试，比如土地、人才、机制、资金等领域，并提出了一些实际可执行的措施，为国家级经开区的开放发展创造了有利条件。具体来看，本意见在12个方面提出了突破性的举措，包括开放质量、产业升级、创新机制、机构编制、用人机制、土地制度、营商环境、资本支持、区域倾斜、基础设施、产城融合、平台合作机制。

《关于推进国家级经济技术开发区创新提升打造改革开放新高地的意见》包含24条意见，涉及六大方面。其中，在开放质量方面，提出“提高引资质量，重点引进跨国公司地区总部、研发、财务、采购、销售、物流、结算等功能性机构”，并且支持国家级经开区按程序开展符合其发展方向的自贸试验区、综合保税区等。在产业升级方面，鼓励发展数字经济、智能、新型工业化、生态工业、重大产业项目、产业联盟等。在创新机制方面，明确提出对新兴产业实行包容审慎监管，减收科技人员的个人所得税，支持专利和知识产权运营等。在土地制度方面，支持国家级经开区内企业利用现有存量土地发展医疗、教育、科研等项目，鼓励地方政府通过创新产业用地分类推动土地混合使用，提高产业用地土地利用效率，实行用地弹性出让、长期租赁、先租后让、租让结合供地等，鼓励经开区产城融合发展。

参考文献

[1]《中国开发区审核公告目录》（2018 年版）公告［EB/OL］.［2019-04-09］. http：//www. ndrc. gov. cn/gzdt/201803/t20180302_ 878800. html.

[2] 国务院关于推进国家级经济技术开发区创新提升打造改革开放新高地的意见［EB/OL］.［2019-05-18］. http：//politics. people. com. cn/n1/2019/0528/c1001-31107570. html.

[3] 深圳市人民政府印发关于加大营商环境改革力度若干措施的通知［EB/OL］.［2018-02-26］. http：//www. sz. gov. cn/zfgb/2018/gb1039/201802/t20180226_ 10797790. htm.

[4] 深圳市人民政府关于促进深圳港加快发展的若干意见［EB/OL］.［2018-06-25］. http：//www. sz. gov. cn/zfgb/2018/gb1056/201806/t20180625_ 12213576. htm.

[5] 广东省人民政府关于印发广东省进一步扩大对外开放积极利用外资若干政策措施的通知［EB/OL］.［2019-03-07］. http：//zwgk. gd. gov. cn/006939748/201809/t20180906_ 780452. html.

[6] 珠海市扩大对外开放促进外资增长若干政策措施［EB/OL］.［2018-02-28］. http：//www. zhsswj. gov. cn/zwgk/zcfgjjd/201803/t20180305_ 25909326. html.

[7] 珠海市进一步扩大对外开放积极有效利用外资若干政策措施［EB/OL］.［2018-12-07］. http：//www. zhsswj. gov. cn/zwgk/tzgg/201812/t20181205_ 49884341. html.

[8] 厦门市促进外资增长若干措施［EB/OL］.［2018-04-13］. http：//www. siming. gov. cn/xxgk/xwgg/szfxx/201804/t20180423_ 212496. htm.

[9] 关于进一步深化改革打造开放发展新高地行动方案［EB/OL］.［2019-01-18］. http：//jr. xm. gov. cn/hydt/201901/t20190118_ 2210623. htm.

[10] 关于进一步深化改革扩大开放的若干措施［EB/OL］.［2019-01-11］. http：//www. fujian. gov. cn/xw/ztzl/xtfzq/zcwj_ 35024/201902/t20190222_ 4765251. htm.

[11] 高标准建设深港科技创新特别合作区［EB/OL］.［2018-10-23］. http：//www. sz. gov. cn/wsbgs/xxgk/zyxw/201810/t20181025_ 14325451. htm.

[12] 新平台，新引擎！深港科技创新合作区统筹规划蓝图初步成型［EB/OL］.［2019-05-09］. http：//gzw. sz. gov. cn/xxgk/qt/gzdt/201905/t20190513_ 17486618. htm.

[13] 关于港深推进落马洲河套地区共同发展的合作备忘录［EB/OL］.［2017-09-06］. https：//sc. isd. gov. hk/TuniS/www. info. gov. hk/gia/general/201701/03/P2017010300605. htm.

[14] 粤港澳大湾区发展规划纲要［EB/OL］.［2019-02-18］. http：//www. gov. cn/zhengce/2019-02/18/content_ 5366593. htm#1.

附　录

附表 1　自 2018 年 3 月以来的中国开放系列重大举措

时间	举措	主要内容
大幅度放宽金融市场准入		
2018 年 4 月 27 日	中国银行保险监督管理委员会办公厅发布《关于进一步放宽外资银行市场准入有关事项的通知》	允许外资银行依法开展代理发行、代理兑付、承销政府债券业务，无须获得国务院银监管理机构的行政许可。允许外国银行在中国境内的分行经营人民币业务和衍生产品交易服务
2018 年 4 月 27 日	中国银行保险监督管理委员会办公厅发布《关于放开外资保险经纪公司经营范围的通知》	经批准并获得业务许可证的外资保险经纪机构可在中国境内经营包括拟定投保方案、办理投保手续、协助索赔、再保险经纪、防灾、风险管理咨询等业务
2018 年 11 月 9 日	外资首次获批进入中国银行卡清算市场	美国运通成为第一家获准在中国境内筹建银行卡人民币清算网络的外资公司。央行 11 月 9 日在官网发布消息称，中国人民银行日前会同中国银行保险监督管理委员会审查通过了“连通（杭州）技术服务有限公司”（以下简称连通公司）提交的银行卡清算机构筹备申请
2018 年 11 月 25 日	中国银保监会批准筹建首家外资全资控股保险公司	安联集团获得中国银保监会批准，在上海筹建中国第一家新设立的外资全资保险控股公司
2018 年 11 月 30 日	证监会核准首家外资控股中国境内证券公司	11 月 30 日，证监会发布消息称，于近日依法核准 UBS AG（瑞银集团）增持瑞银证券有限责任公司的股比至 51%，核准瑞银证券有限责任公司变更实际控制人。12 月 24 日，瑞银集团宣布，相关股权收购交易已圆满完成。瑞银正式成为首家增持内地合资证券公司股权以实现控股的外资金融机构
2019 年 1 月 28 日	境外信用评级机构首次获准进入中国	中国人民银行营业管理部 1 月 28 日发布公告称，对美国标普全球公司在北京设立的全资子公司——标普信用评级（中国）有限公司予以备案。同日，中国银行间市场交易商协会公告称，接受标普信用评级（中国）有限公司进入银行间债券市场开展债券评级业务的注册。这标志着标普已获准正式进入中国开展信用评级业务

续表

时间	举措	主要内容
创造更有吸引力的投资环境		
2018年3月13日	第十三届全国人大第一次会议批准《国务院机构改革方案》，组建国家市场监督管理总局	组建国家市场监督管理总局，作为国务院直属机构。其主要职责是，负责市场综合监督管理，统一登记市场主体并建立信息公示和共享机制，组织市场监管综合执法工作，承担反垄断统一执法，规范和维护市场秩序，组织实施质量强国战略，负责工业产品质量安全、食品安全、特种设备安全监管，统一管理计量标准、检验检测、认证认可工作等。考虑到药品监管的特殊性，单独组建国家药品监督管理局，由国家市场监督管理总局管理
2018年7月28日	国家发展改革委、商务部28日发布《外商投资准入特别管理措施（负面清单）（2018年版）》	大幅扩大各领域开放。取消银行业外资股比限制，承诺2021年取消金融领域所有外资股比限制。允许外资参与兴办铁路干线路网、电网、铁路旅客运输公司、国际海上运输、国际船舶代理、加油站、粮食收购、互联网上网服务。汽车行业取消专用车、新能源汽车外资股比限制。船舶、飞机行业取消外资限制，放宽农业、能源领域诸多方面的准入
2018年10月16日	设立海南自由贸易试验区	4月13日，习近平总书记在庆祝海南建省办经济特区30周年大会上宣布中共中央决定支持海南全岛建设自由贸易试验区。10月16日，国务院批复设立海南自贸区，同时印发《中国（海南）自由贸易试验区总体方案》。海南自贸区以发展旅游业、现代服务业、高新技术产业为主导，增设海关特殊监管区域并在其中开展以投资贸易自由化便利化为主要内容的制度创新，业务重点包括投资贸易、保税物流、保税维修。在自贸区内大幅放宽外资市场准入，创新贸易综合监管模式，加快金融开放创新
2019年3月15日	《外商投资法》通过	2019年3月15日，第十三届全国人大第二次会议通过了《中华人民共和国外商投资法》，该法将取代原有的“进口三法”，为外商在华投资提供关键政策指引和保障。《外商投资法》将对外商投资实行准入前国民待遇加负面清单管理制度，坚持“内外资一致”原则，注重知识产权保护，建立健全外商投资服务体系以及外商投资信息报告制度
2019年3月29日	宣布将进一步放宽外资准入	李克强总理在3月29日的博鳌论坛上宣布，中国将再次修订发布外商投资准入负面清单、自由贸易试验区外商投资准入负面清单、鼓励外商投资产业目录。6月20日，商务部新闻发言人高峰表示，6月底之前，中国政府将发布新修订的全国和自贸试验区外商投资准入负面清单，进一步扩大对外开放的领域

续表

时间	举措	主要内容
加强知识产权保护		
2018年3月13日	第十三届全国人大第一次会议批准《国务院机构改革方案》，重新组建国家知识产权局，加大知识产权保护力度	将国家知识产权局的职责、国家工商行政管理总局的商标管理职责、国家质量监督检验检疫总局的原产地地理标志管理职责整合，重新组建国家知识产权局，由国家市场监督管理总局管理。其主要职责是，负责保护知识产权工作，推动知识产权保护体系建设，负责商标、专利、原产地地理标志的注册登记和行政裁决，指导商标、专利执法工作等。商标、专利执法职责交由市场监管综合执法队伍承担
主动扩大进口		
2018年5月1日	全面降低药品关税	包括抗癌药品在内的28个税目的进口关税调整为零
2018年7月1日	更大力度降税举措	对218个税目的汽车及零部件降税。将汽车整车税率为25%的135个税号和税率为20%的4个税号的税率降至15%，将汽车零部件税率分别为8%、10%、15%、20%、25%的共79个税号的税率降至6%。同时，对1449个税目的日用消费品进行平均幅度达56%的降税
2018年11月1日	进一步降低进口关税	降低1585个税目工业品等商品进口关税税率，将部分国内市场需求大的工程机械、仪器仪表等机电设备平均税率由12.2%降至8.8%，纺织品、建材等商品平均税率由11.5%降至8.4%，纸制品等部分资源性商品及初级加工品平均税率由6.6%降至5.4%，并对同类或相似商品减并税级
2018年11月5日	首届中国国际进口博览会	进博会是迄今为止世界上第一个以进口为主题的国家级展会。本届进博会以"新时代，共享未来"为主题，共吸引了172个国家、地区和国际组织参会，3600多家企业参展，超过40万名境内外采购商到会洽谈采购，展览总面积达30万平方米。截至11月10日中午12时，累计进场达80万人。此次进博会交易采购成果丰硕，按一年计，累计意向成交578.3亿美元
2019年1月1日	下调部分进口产品关税	降低锂离子电池、棉花、毛皮和一些制药原材料等产品的关税，继续对飞机发动机、焊接机器人和天然饲料等产品实施较低的进口暂定税率。根据与新西兰、秘鲁等23个国家和地区达成的贸易协定，降低进口商品协定税率。同时，化肥、磷灰石、铁矿砂、矿渣、煤焦油、木浆等产品的出口关税将下调或取消
2019年4月1日	增值税税率下调	增值税一般纳税人发生增值税应税销售行为或者进口货物，原适用16%税率的，调整为13%；原适用10%税率的，调整为9%。以2018年进口货值静态测算，4月1日起实施增值税降税政策后，全年将为进口企业减少进口环节增值税税负约2250亿元，有效降低进口企业税负和资金压力

后　记

2012年9月，在陈锦华名誉理事长的倡导、项怀诚理事长的支持、深圳市综研软科学发展基金会的资助下，我院启动了《中国开放报告》的持续研究计划。《中国开放褐皮书（2018—2019）：建设更高水平开放型经济新体制》是中国开放报告系列的第四本，在全院研究人员的共同努力下完成。

陈锦华名誉理事长任本书的总顾问并撰写了序言，项怀诚理事长和樊纲院长任本书的编委会主任。樊纲院长提出了本研究的基本思路和整体框架，并组织全体研究人员进行多次讨论。由郭万达常务副院长牵头，郑宇劼、付永嘉、张国平、郑天骋等组成工作小组，承担研究工作的协调、推进及本书前言部分的撰写工作，由郭万达、郑宇劼负责本书的统稿工作。

本书主体内容共分5个部分，25章。各部分主题和执笔人具体如下：

第一部分为中国与世界的开放，共两章。其中，第一章由郑鑫执笔，第二章由陈秀珍、刘鎏执笔。

第二部分为中国经济领域的开放，共十章。其中，第三章由刘斯宇、王振执笔，第四章由周冬暖、刘容欣执笔，第五章由余晖、林信群执笔，第六章由程传海、王梅、周歆执笔，第七章由彭晓钊执笔，第八章由王国文、张翼举、李九兰、杨龙龙执笔，第九章由彭坚、莫静玲执笔，第十章由丁骋伟、蔡冰洁、杨阳、冯猜猜、安然执笔，第十一章由刘宇、王倩执笔，第十二章由郑鑫执笔。

第三部分为中国社会文化领域的开放，共四章。其中，第十三章由汪云兴执笔，第十四章由甄学军执笔，第十五章由曹钟雄执笔，第十六章由阮萌、钱柔冰执笔。

第四部分为中国区域的开放，共六章。其中，第十七章由聂鉴强执笔，第十八章由谢来风、李佳桧执笔，第十九章由刘志杰、冯月秋执笔，第二十章由张洪云、陈美婷执笔，第二十一章由阮萌、何渊源执笔，第二十二章由梁姣姣执笔。

第五部分为特殊功能区的开放，共三章。其中，第二十三章由余鹏执笔，第二十四章由彭坚、单梦霖执笔，第二十五章由于珺执笔。

借本书的出版，怀念始终关注中国开放的陈锦华名誉理事长，并感谢深圳市综研软科学发展基金会对本研究的支持和资助。同时，感谢中国经济出版社在本书编辑和出版过程中给予的支持。

中国（深圳）综合开发研究院

2019 年 7 月